珍藏本
纪念版

汉译世界学术名著丛书

罗马史

上卷

〔古罗马〕阿庇安 著

谢德风 译

2017年·北京

Appian's

ROMAN HISTORY

With an English Translation by

Horace White, M. A. LL. D.

The Loeb Classical Library

London: William Heinemann

New York: The MacMillan Co.

据英国威廉·海涅曼公司洛布古典丛书本译出

汉译世界学术名著丛书
（120 年纪念版·珍藏本）
出 版 说 明

2017 年 2 月 11 日，商务印书馆迎来 120 岁的生日。120 年前，商务印书馆前贤怀揣文化救国的理想，抱持“昌明教育，开启民智”的使命，立足本土，放眼寰宇，以出版为津梁，沟通中西，为中国、为世界提供最富智慧的思想文化成果。无论世事白云苍狗，潮流左右激荡，甚至战火硝烟弥漫，始终践行学术报国之志，无改初心。

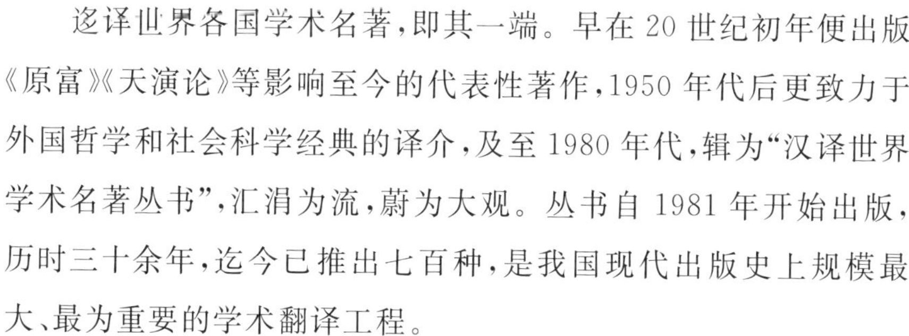

迻译世界各国学术名著，即其一端。早在 20 世纪初年便出版《原富》《天演论》等影响至今的代表性著作，1950 年代后更致力于外国哲学和社会科学经典的译介，及至 1980 年代，辑为“汉译世界学术名著丛书”，汇涓为流，蔚为大观。丛书自 1981 年开始出版，历时三十余年，迄今已推出七百种，是我国现代出版史上规模最大、最为重要的学术翻译工程。

丛书所选之书，立场观点不囿于一派，学科领域不限于一门，皆为文明开启以来，各时代、各国家、各民族的思想与文化精粹，代表着人类已经到达过的精神境界。丛书系统译介世界学术经典，引领时代思想，为本土原创学术的发展提供丰富的文化滋养，为推动中国现代学术和现代化进程做出了突出的贡献。

为纪念商务印书馆成立120周年，我们整体推出“汉译世界学术名著丛书”120年纪念版的珍藏本，寄望既利于文化积累，又便于研读查考，同时向长期支持丛书出版的译者、编者和读者致以敬意。

两甲子后的今天，商务印书馆又站在了一个新的历史时间节点上。我们不仅要铭记先辈的身影和足迹，更须让我们的步伐充满新的时代精神。这是商务人代代相传的事业，更是与国家和民族的命运始终紧密相连的事业。我们责无旁贷，必须做好我们这代人的传承与创造，让我们的努力和成果不仅凝聚成民族文化的记忆，还能成为后来人可以接续的事业。唯此，才能不负前贤，无愧来者。

商务印书馆编辑部

2017年10月

译 者 序

阿庇安是早期罗马帝国时期杰出的历史学家，约生于公元95年，卒于公元165年。这正是安敦尼王朝，罗马帝国在外表上最繁荣富强的时代，即所谓“黄金时代”。当时意大利及各行省的经济，从共和末年的破坏中逐渐恢复和繁荣起来了，生产技术达到了奴隶社会范围内最高的水平，拉丁文化普遍推广流行，各省的奴隶主贵族参加了罗马帝国的统治机构。但在另一方面，由于奴隶制大农庄的发展，中小农民纷纷破产；同时，军事独裁加强，整个罗马帝国的政治组织变为一部压榨人民的巨大机器，犹太、埃及、叙利亚和希腊各地人民起义，前仆后继，公元三世纪罗马奴隶社会总危机的因素已在逐渐发展中。阿庇安所处的时代正是这样矛盾的一个时代。

阿庇安是一个出生于埃及亚历山大里亚的希腊人。壮年时代，他已经在他的故乡担任过显贵的职位，后来移居罗马，担任过皇帝国库检察官的职务。这职位由哈得良皇帝设立，以监督意大利及皇帝直辖各行省的税收；如有偷税或舞弊者，他可以代表皇帝向之提起公诉。担任这项职务的人一定是骑士等级。由此可见，阿庇安不但取得了罗马公民权，而且列入了骑士等级。在他的晚年，通过他的好友、马可·奥理略皇帝的老师夫隆托的推荐，做了埃及总督，埃及总督是皇帝由骑士等级出身的理财官中选拔担任,以对抗元老贵族的。因为职务的关系,阿庇安和各行省的工商界有广泛的联系。这在他的著作中有所反映;[①]他的著作大部分按行省分卷,把每个行省作为一个独立的单位来考察。

作为史学家,阿庇安和其他罗马史学家比较起来,有些独特的优点。首先,阿庇安重视罗马共和国内部斗争的物质背景。恩格斯说:“在关于罗马共和国内部斗争的古代史料中,只有阿庇安一人清楚明白地告诉我们,这一斗争归根到底是为什么进行的,即为土地所有权进行的。”[②]马克思又指出,“他极力要穷根究底地探索这些内战的物质基础。”[③]当时在重税、兵役、高利贷、奴隶制经济的排挤等种种压迫之下,每一个偶然事故都可以使罗马的小农失掉生产手段,陷于破产的深渊。所以债务问题在罗马历史刚一开始的时候,就是一个很严重的问题。阿庇安在他的著作中很清楚地反映了这一点。根据他的叙述,早在公元前五世纪初,平民与贵族斗争,第一次退至圣山,是为了债务问题。[④] 在坎佩尼亚劫掠的罗马驻军被召回国,罗马统治者不敢利用军队去惩办他们,因为所有的军队都同样地受到债务的压迫。[⑤] 早期共和时代,平民与贵族的斗争都是围绕着免除债务、分配土地和担任高级官吏职位的权利三个问题而进行的。[⑥]随着罗马并吞地中海周围各国,霸权形成以后,以奴隶制经济为

---

① 见 X,6。

② 《马克思恩格斯全集》第 21 卷,第 347 页。

③ 《马克思恩格斯全集》第 30 卷,第 159 页。

④ 见 XIII,1。

⑤ 见 III(I)。

⑥ 见 XIII,1,7—8。

基础的大农庄迅速发展，遭受剥削和奴役的小农更普遍地陷于贫困的绝境。阿庇安正确地描写了这种情况说："富有者占领大部分未分配的土地，时间过久之后，他们的胆子大了，相信他们的土地永远不会被剥夺了。他们并吞邻近的地段和他们贫穷邻居的份地，一部分是在被说服之下购买的，一部分是以暴力霸占的，因此，他们开始耕种广大的土地，不是零星的地产。利用奴隶劳动力，因为害怕自由劳动者会从农业中被抽出去当兵；同时占有奴隶，由于奴隶子孙繁殖，奴隶的占有使他们获得很大的利益，因为奴隶不服兵役，所以繁殖得很快。这样，某些有势力的人变为极富，奴隶人数在全国增多起来了，而意大利人民的人数和势力，因受经济、捐税和兵役的压迫而衰落。"①小农的个体生产是无法与贵族奴隶主在大农庄上所利用的奴隶集体生产相竞争的。小农受贵族奴隶主经济势力的压迫，因而丧失土地，陷于贫困，这是必然的。因此，在整个罗马历史中突出地表现无产者和小土地所有者对大土地所有者的斗争，阿庇安把这个基本线索贯穿在全部《内战史》中。他很清楚地说明，军事将领怎样利用金钱和土地收买游民无产者和士兵，倚仗他们的力量夺取政权。自马略和秦那②、苏拉③、恺撒④、屋大维⑤以及喀西约和布鲁图⑥都是以分配土地为笼络士兵的手段。从阿庇安的具体叙述

① XIII，7。

② XIII，29，55，64。

③ 以老兵建立殖民地，XIII，96，104。

④ XIV，94。

⑤ XV. 87；XVII. 13。

⑥ XIV. 141；XVI. 118。

中，我们很清楚地看到争夺土地的问题是罗马共和末年内战的基本原因。

第二，阿庇安的著作反映了罗马统治阶段的贪婪、残暴和血腥的侵略战争，以及各族人民反罗马侵略的英勇斗争。阿庇安叙述罗马统治阶级不但残酷地压迫其本国人民，还不断地发动对外侵略的非正义战争，以满足其掠夺奴隶和土地的目的。公元前二世纪以后，他们的欺诈、贪污、无能和残酷达到了顶点，给地中海周围的各族人民带来了无穷的灾祸。例如他记载老伽图在西班牙下令于一天之内拆毁了各城市的城墙，①鲍鲁斯在伊利里亚一天之内劫掠了七十个城市，②琉卡拉斯违反誓言，屠杀已经投降了的考卡人。③ 阿庇安借西庇阿的口说明“巨大的灾祸是伟大光荣的基础”。④ 同时，罗马统治阶级的贪污腐化也达到了顶点，他记载朱古达说得好，“如果能够替它找到买主的话，整个罗马城也可以买到。”⑤罗马在亚细亚的将军们由于贪婪，激起米特拉达梯发动大规模的反罗马战争。关于亚细亚人屠杀罗马人和意大利人的事，阿庇安说，“这个事件很明显地表明亚细亚人不仅是由于对米特拉达梯的畏惧，而且也由于对罗马人有同样深的仇恨。”⑥在另一方面，阿庇安生动地叙述了地中海周围各国、各族人民反抗罗马侵略者的英勇斗争。例如他描

① VI.41。
② X.9。
③ VI.52。
④ VI.98。
⑤ VIII(下)，(I)。
⑥ XII.23。

写吕息坦尼亚人、[1]纽曼细阿人[2]以及迦太基人[3]的英勇斗争，可歌可泣，很令人感动。随着罗马侵略者的魔爪伸张到地中海周围地区，反抗罗马侵略者的烽火也蔓延到地中海四周区域。

第三，阿庇安在他的著作中也反映了罗马奴隶社会中各阶级间、各阶层间以及罗马人与被征服的国家和各族人民之间的尖锐矛盾。他生动地描绘了罗马平民争取土地的社会运动（例如革拉古兄弟的土地改革运动[4]），罗马人与意大利人之间的斗争（例如同盟战争，[5]意大利人争取罗马公民权的斗争也是争取土地的斗争，因为必须是罗马公民才能有分配土地的权利），骑士等级与贵族之间的斗争（例如马略与苏拉的斗争），罗马人与被征服的国家和各族人民之间的斗争（例如米特拉达梯战争等）。但是古代罗马奴隶社会中的基本阶级矛盾是奴隶与奴隶主之间的矛盾，它影响到其他各集团之间的矛盾。（按拉丁文字义来说，“内战”（bello civili）是指罗马公民之间的战争而言，但阿庇安却把奴隶起义的战争也包括在他的《内战史》中，这是值得注意的。）奴隶反抗奴隶主的斗争在公元前二世纪中叶以后，日益高涨，奴隶主阶级感觉好像坐在火山顶上，火山随时有爆发的危险。斯巴达克的奴隶大起义给罗马统治阶级以沉重的打击。阿庇安虽然站在奴隶主阶级的立场，对于奴隶没有好感，但是对于这次伟大的奴隶大起义，不能不予以重视。罗马社会各奴

① VI. 56—61，71 以下。

② VI. 76—98。

③ VIII（上），74 以下。

④ XIII. 2—16；21—32。

⑤ XIII. 38 以下。

隶主集团之间的斗争与地中海四周各国、各族人民反罗马侵略和压迫的斗争，都跟奴隶反抗奴隶主这个基本矛盾交织在一起，例如马略和秦那在反对苏拉的斗争中，米特拉达梯在反抗罗马的斗争中，绥克斯都·庞培在反抗屋大维的斗争中，都曾以解放奴隶来争取奴隶们的帮助。

第四，阿庇安的著作为后世保存了许多早已失传了的作品。阿庇安所记载的史实离他自己的时代很远，但是他利用了许多第一手资料。有些资料，他在叙述中暗示了出处；有些根本没有提到出处。[①]但是从他的记载中，我们可以发现他利用了许多古典著作。例如阿庇安关于米特拉达梯战争的记载，是古典著作中把三次战争作一个连贯的整体来叙述的唯一记载。关于第一次战争，他似乎利用了李维的著作；关于第二次战争，他利用了希腊人的著作，可能是利用了大马士革人尼古拉[②]的著作；关于第三次战争，他利用了阿基阿斯[③]的诗歌。关于第三次布匿战争和纽曼细阿战争，他利用了波里比阿[④]的著作。关于屋大维在伊利里亚的侵略战争，阿庇安的记载[⑤]也是古典著作中唯一连贯地叙述这些史实的记载，他利用了奥古斯都本人的回忆录。

① 参阅英译本序言。

② 著《通史》，自远古时代到赫罗德之死，共144卷，其中第96—110卷是叙述米特拉达梯战争的。

③ 他随着琉卡拉斯的军队，参加了这次战役，他写了很多诗歌，歌颂琉卡拉斯的胜利。

④ 他随着小西庇阿亲自参加了这两次战役。西庇阿围攻纽曼细阿时所用哨兵传信号的方法（VI. 92）是他的献策。阿庇安对小西庇阿个人才能的过分夸张，显然是受了波里比阿的影响。

⑤ X。

关于革拉古兄弟改革运动，他利用了盖·方尼阿斯[①]的著作，方尼阿斯是反对土地改革的，所以阿庇安的著作是古典著作中叙述改革派和反对派双方论点的唯一记载。关于同盟战争，阿庇安的著作也是古典著作中唯一连贯叙述的史料；他在写同盟战争以及马略和苏拉内战的时候，利用了琉·科尼利阿斯·西新那[②]的著作。在第 XIV－XVII 卷中，关于从恺撒到奥古斯都的叙述，他利用了阿西尼阿斯·波利俄的著作以及美塞拉·科淮那斯和奥古斯都的回忆录，所以他对恺撒、奥古斯都和安敦尼兄弟都有过分的偏袒。这些作家多半是亲自参加了当时的运动或战争的，他们的著作虽有阶级偏见，但也保存了不少真实的史料；这些书都已失传，幸而在阿庇安的著作中得以一部分地保存下来了。

此外，阿庇安在他的著作中，用朴素的语言，引人入胜地叙述历史事件的发展，没有牺牲内容以追求外表效果的辞藻修饰，没有斯多噶派哲学的伦理说教，没有专求引起读者庸俗兴趣的私人轶事琐闻；这些流弊在阿庇安时代的其他著作中是很流行的。[③]

从另一方面说来，由于时代和阶级的局限，阿庇安也有一些

---

① 公元前 133－前 131 年他担任大法官的职务，公元前 122 年他为执政官。他著了一部《罗马史》，自罗马的起源到他自己的时代为止，书已失传。西塞罗、萨拉斯提阿斯和布鲁图都称这部书为权威著作，因为他和他们的观点是相合的。

② 公元前一世纪后期人，著《史记》十二卷，记载同盟战争及内战，至苏拉之死为止。书已失传。普鲁塔克和阿庇安都利用了这部书的材料，所以两人所叙述的史实有类似的地方。

③ 普鲁塔克的《传记集》和斯韦托尼阿的《十二皇帝传》就是最显著的例子。

严重的缺点。首先，阿庇安以外省人的身份而加入了罗马帝国统治阶级的行列，对罗马帝国很有好感。他的种族偏见和阶级偏见必然反映在他的著作中。他歌颂罗马帝国的强大和罗马侵略者的勇敢，而藐视其他民族，特别是亚细亚诸民族。例如他在序言中说："关于成就和勇敢方面，亚细亚诸帝国是不能和欧罗巴最小的国家相比的，因为亚细亚诸民族优柔寡断和懦弱无能，正如在这部历史的进展中所将表现出来的。"[①]阿庇安对亚洲诸民族的藐视是与史实不符的。自古以来，亚洲诸民族是以英勇地抵抗外族侵略著名的，安息打败克拉苏和安敦尼就是最明显的例子。至于罗马人在短时间内征服了东方希腊化诸国，这是由于希腊化国家间的矛盾、希腊一马其顿统治者与广大本地居民间的矛盾、奴隶主与奴隶及小生产者间的矛盾和罗马侵略者挑拨离间、奸险欺诈的外交政策而产生的结果，不是由于罗马人的勇敢和亚洲人的懦弱而产生的结果。

阿庇安站在奴隶主统治阶级的立场，对人民是不信任的。他常污蔑民主派领袖为"群众煽动家"，[②]说人民"常有一种乌合之众所常有的愚笨"。

阿庇安对于奴隶是仇恨的。例如秦那利用奴隶群众的力量夺取政权。既取得政权之后，他趁奴隶们正在休息的时候，带着他的高卢士兵包围他们，把他们杀光了。阿庇安对这件事情评论说，"这些奴隶们迭次背叛他们的主人，这样受到了他们应得

---

① 序9。参阅恺撒藐视亚洲人的言辞，XIV. 74，91。阿庇安对罗马帝国的歌颂，集中反映在他的序言中。

② 例如VII. 9，17。

的处罚。”[1]阿庇安的时代已经是奴隶制开始衰落的时代，但是在他的著作中，很少叙述奴隶主压迫奴隶和两次西西里奴隶起义以及其他各地奴隶起义的情况。

第二，阿庇安没有完全摆脱宗教迷信思想。他相信命运、天意、预兆、神谶和灾异。这些荒谬的东西是已经被希腊史学家修昔底德否定了的。罗马共和末年杰出的唯物主义哲学家卢克莱修也曾诅咒过宗教迷信；[2]身为最高僧侣的恺撒也不相信占卜和灾异。[3] 为什么阿庇安远远地落后于他们呢？关于这一点，我们只能从阿庇安所处的时代背景中去寻找其根源。当时罗马君主专制政治加强，全国范围内无论自由民和奴隶，均为压榨的对象，各族人民的反抗遭到残酷的镇压。元老贵族也经常遭到屠杀。社会各阶层都感觉到现世没有出路，因此一切奇异的宗教迷信、巫术魔法在社会各阶层中流行起来，[4]这是罗马奴隶社会行将解体的反映。

第三，阿庇安的著作中的年代、人名、地名常有错误，一方面因为他的著作所包括的范围那么广泛（几乎包括了当时他所知道的全部世界），年代那么长（将近九百年），这些事件离他自己的时代又那么久远，他没有深入研究，详细调查；另一方面是由他的不正确的观点和立场而产生的。例如，他总误以为萨干

① XIII. 74。

② 参阅卢克莱修《物性论》，中译本（三联书店1958年出版），第3—4页。

③ XIII. 153。

④ 当时流行的小说，阿普里阿的《金驴记》和著名的历史著作，斯韦托尼阿的《十二皇帝传》都反映了这种情况。阿庇安虽然相信神谶、预兆等，但是他从来没有用神意来说明历史发展的原因。

坦是在挨布罗河之北，[①]这是因为他要把破坏和约的责任加在迦太基人身上而为罗马人推卸责任；他误以为亚历山大征服了整个亚洲，[②]这是因为他要夸大亚历山大个人在历史上的作用。

阿庇安的这些缺点，虽然是严重的，但几乎是所有的古典作家的共同缺点，这和他的优点比较起来是次要的。马克思说阿庇安的著作是"一部很有价值的书"。[③]资产阶级史学家往往以阿庇安著作中的年代、人名、地理上的错误作为贬低阿庇安著作价值的借口；纵然阿庇安在这些细节上有许多缺点，但从整个大的方面来观察，阿庇安重视当时罗马内部斗争的物质背景，生动地描述了各阶级、各社会集团间的斗争，例如阿庇安对于古代社会最伟大的奴隶起义领袖斯巴达克所描写的英雄形象，千余年来给反剥削、反压迫的革命运动中英勇的战士们以莫大的鼓舞。资产阶级史学家研究阿庇安的著作的时候，不从阿庇安的著作中所提供的生产关系的变革与阶级斗争的资料去揭露社会发展的规律，而只是烦琐地考证他所利用的史料来源，[④]引导读者误入迷途，而忘却社会发展规律的本质。我们必须在马克思主义、列宁主义和毛泽东思想的指导下，才能充分利用古典作品，取其精华，弃其糟粕；也只有这样，才能给予优秀的古典作品以应有的历史地位。

阿庇安所著的《罗马史》共二十四卷。[⑤] 其中叙述罗马人征

---

① VI.7。

② XIV.149。

③ 《马克思恩格斯全集》第30卷，第159页。

④ 参阅英译本序言，见本书第4页。

⑤ 其原拟写而没有写成的《帕提亚史》，不包括在内。

服埃及的第 XVIII－XXI 卷和叙述帝国时代图拉真侵略达西亚和阿拉伯诸战役的第 XXII－XXIV 卷，都已全部散佚。第 I－V 卷、第 VIII 卷（下）和第 IX 卷只有从其他古典作品[①]中所引用阿庇安的文字中搜辑起来的片断。现在保存下来的大约是阿庇安原书的一半，幸而这是比较重要的一半。我是根据《洛布古典丛书》中荷拉斯·怀特的英译本翻译的。英译本中的《内战史》五卷是独立的，其卷数号码和前十二卷不相衔接。本文外的旁批是英译者附加的；为了便于检查起见，我于每卷下的每章加了一个标题（不完整的诸卷，则没有章的标题）。本文中尖括弧〈　　〉内的字是阿庇安的希腊原文中有脱落，校勘者补上去的。方括弧[　　]内的字是英译者加进去，以说明阿庇安原文的意义的。

书中除英译者的原注外，我还增加了一些注释，注后加有“英译者”或“译者”字样，以示区别。此外，我还增加了几幅地图，及年表一个，我想这些对于读者是有帮助的。

在本书译述过程中，经常得到孙秉莹、李长林、莫任南诸同志的帮助。曾芸阁同志为我校阅了一部分原稿。谢贯屏和刘志雄两同志为我抄写了一部分原稿和绘制地图。山东大学陈同燮教授为我校阅全部译文，提供了许多珍贵的意见。均此表示衷心的感谢。

本书的译述开始于 1960 年 1 月，初稿完成于是年年底，后来又经过了两次修改。限于自己的业务和理论水平，错误难免，

① 关于所辑书籍的来源，参阅英译本序言，第 3－4 页。

盼望读者随时指正。

谢　德　风

1963 年 1 月 10 日初稿

1976 年 4 月 30 日修改

目　　录

地 图 目 录

英译本序言

史学家阿庇安是埃及亚历山大里亚人。关于他的事迹，我们只从他自己的著作中，从马可·奥理略①的老师夫隆托②的信札中，隐约地知道一点。我们推定他大约生于公元95年，卒于公元165年。近年所发现他的作品的一个片断说到在埃及，他曾冒险参加了一次对犹太人的战争。这可能就是公元116年图拉真皇帝在埃及镇压犹太人起义所进行的那次战争。他在他的历史著作序言中③说到他在本国已达高位，后来在罗马为皇帝案件的检察官(可能是皇帝金库检察官)。直到皇帝任命他为总督。要有担任总督职务的资格，他一定已经是一个骑士等级的罗马公民。在写序言的时候，他表示是在罗马城建立后的九百年，④这是在安敦尼·庇护统治的时代。⑤ 夫隆托有一封写给安敦尼的信传留下来了。这封信请求皇帝任命他的朋友阿庇安为总督，不是为了满足他的野心，也不是为了薪给的关系，而是当作他暮年所应得的荣誉。夫隆托证实他的朋友的荣誉和忠

---

① 罗马皇帝，公元161—180年。——译者

② 马可·科尼利阿斯·夫隆托(约公元100—166年)，为当时的雄辩家。——译者

③ 序15。——译者

④ 参阅序9。——译者

⑤ 公元138—161年。——译者

诚。阿庇安在他的序言中也说到，他已经写了一篇自传，[①]那些想更详细一点了解他的人可以从中获得情况。但是这篇著作，在公元九世纪时，福提阿斯也没有看见过，虽然那时候，阿庇安的全部历史著作还是保存无缺的。

阿庇安在他的序言第十四节中概括地叙述了他的计划。这个计划不是按年代顺序，而是按种族排列，依照罗马人跟其他民族以及他们自己内部所进行的战争，分散在各部分叙述的。关于他的作品最早的详细记载留传到我们手里的是君士坦丁堡的总主教福提阿斯[②]的记载，福提阿斯死于公元 891 年。他写了一部文献百科全书，名叫《群书摘要》，[③]这部书中包括有关于当时他们的著作还存在的二百八十个作家的评介。他所记载关于阿庇安的著作共二十四卷，[④]其中有十一卷完整地或者几乎完整地留传至今，即西班牙史、汉尼拔战争史、布匿战争史、伊利里亚史、叙利亚史、米特拉达梯战争史和内战史五卷。从别的书的引文中摘辑出来的片段材料，保存在大约公元 950 年根据君士坦丁·波菲罗真尼斯皇帝[⑤]的命令而编纂的两部拜占庭著作中：一部名叫《使节》，[⑥]另一部是《美德与恶行》。[⑦] 每一部书都

① 参阅序 15。——译者

② 公元 820？－891 年。——译者

③ Myriobiblon 或 Bibliotheca。——译者

④ 本书所译者共十七卷。第 XVIII－XXI 卷，记载埃及的被征服，第 XXII－XXIV 卷，记载帝国时代到图拉真在达西亚与阿拉伯诸战役为止，这些部分现已失传。此外，他原计划写的帕提亚历史，没有写成。——译者

⑤ 君士坦丁第七（公元 912－959 年）。——译者

⑥ Concerning the Embassies。——译者

⑦ Concerning Virtues and Vices。——译者

引用了阿庇安和其他史学家有关上述题目的文字。《使节》一书中所引用阿庇安的文字于公元1580年由福尔维奥·俄细尼(攸西那斯)在罗马草率地搜集起来,公元1580年在安特卫普出版。《美德与恶行》一书中所引用阿庇安的文字,公元1634年亨利·得·瓦罗亚在巴黎根据他的朋友皮累斯的一个手抄本,很忠实地翻译出来了。有少数分散的句子在修伊达斯[①]的字典及其他著作中发现。他的历史记载到公元前35年绥克斯都·庞培之死为止,[②]即在安敦尼与屋大维平分罗马世界之后不久。

阿庇安的著作在近代最早出版的是公元1452年教皇尼古拉第五的私人秘书彼得拉斯·康提都的一个拉丁文译本。希腊原文的最早出版是公元1551年卡罗卢斯·斯泰法那斯在巴黎印刷的。对于抄本最重要的校勘工作是斯特拉斯堡大学哲·什淮克豪塞教授做的,于公元1785年出版。我的译本主要是根据俄国多尔巴特大学门得尔松教授校刊的原文,这本原文是1879—1882年在莱比锡出版的他布纳版本。一个重要的版本是1877年在巴黎出版的提多校刊本,这个版本有拉丁译本和原文相对照。

阿庇安所记载的历史事件发生在他自己的时代以前很远,因此,知道他所利用的材料来源是很重要的。他把波里比阿、[③]

① 修伊达斯是一本字典的名字,不是一个作家的名字。原文出自拉丁语,意为"要塞"。此书编于十世纪末,书中保存了许多古典著作。——译者

② 按第十卷16—29节叙述屋大维(公元前35和34年)两次进攻伊利里亚的战役,这第二次战役发生在绥克斯都·庞培死后。——译者

③ 参阅VIII(上)132。——译者

鲍鲁斯·克劳狄、[①]海挨翁尼马斯、[②]恺撒、[③]奥古斯都[④]和阿西尼阿斯·波利俄[⑤]等当代作家都提到了，似乎暗示着他是引用了他们的著作的。他偶然也提到发罗、[⑥]非比阿·彼克托、[⑦]喀西约·赫密那[⑧]和卢提略·鲁福斯，[⑨]但是并未含有引用他们的著作的意思。他没有提到李维、[⑩]萨拉斯特、[⑪]戴奥尼素[⑫]或戴奥多拉斯的著作，[⑬]虽然所有这些作家们的著作都是他所能够看到的。尽管这样，我们不是没有方法利用其他古代作家们的著作来检验他的叙述的。这已经是最近几百年来德国学者们所喜欢搜索的园地，由于他们的辛勤劳动，产生了许多讨论阿庇安著作史料来源的博学论文。《保利一威索瓦古典百科全书》[⑭]中，格丁根大学什发兹教授的论文是最新的和最好的，是这类著作中

① 参阅 IV(I)3。——译者

② 参阅 XII. 8。——译者

③ 参阅 IV. (XVIII) 。——译者

④ 参阅 X. 14 以下；XVI. 110； XVII. 45 。——译者

⑤ 参阅 XIV. 82 。——译者

⑥ 参阅 XV. 47 。——译者

⑦ 参阅 VII. 27 。——译者

⑧ 参阅 IV. (VI) 。——译者

⑨ 参阅 VI. 88 。——译者

⑩ 公元前 59—公元 17 年，著《建国以来的罗马史》，叙述自罗马城的建立至公元前 9 年间的历史。——译者

⑪ 公元前 86—35 年，著《略提林战争史》、《朱古达战争史》、《历史》等著作，他是拥护大奴隶主利益的史学家。——译者

⑫ 约死于公元前 7 年，著《罗马考古》二十卷。——译者

⑬ 公元前一世纪西西里人，著《历史丛书》四十卷，叙述埃及、两河流域、印度以及希腊罗马的历史。仅 I—V，XI—XX 诸卷，留传至今。——译者

⑭ 这部著作最初是德国语言学家奥古斯特·保利(1796—1845)编的，1839 年以后陆续出版；后来乔治·威索瓦(1859—1931)又重订，于 1893 年以后陆续出版。后来威廉·克罗尔(1863—1939)又重订，于 1908 年以后陆续出版。——译者

的一篇不朽的巨著，但是著者在推翻其前人的结论方面比较成功；而在他自己指出真正来源方面比较失败。他认为阿庇安著作的来源，主要地（如果不是绝对地的话）是拉丁文著作；共和时代的资料是那些他所描写为“掌管编史工作的出身高尚的业余爱好者”的官方编年史家们①的著作，他说，“每当他们利用他们的闲暇，给一般没有知识、又无批判能力的群众报道的时候说谎，特别是因为爱国主义的缘故而说谎，对于这些业余爱好者甚至比对于修辞学家，还更加是可以容许的。”

阿庇安是事件的叙述者，而不是哲理的史学家。他的风格没有辞藻的修饰；但是在许多修辞整洁的章节中，他的风格是生动而有力，有时是雄辩的。有时候他提高到和古代世界最优秀的作家的同样高超的地位。《内战史》的绪论就是这一类的例子。在这里，导致革拉古兄弟悲剧的一些事件以庄严而整齐的步伐向前发展，后代有许多史学家模仿这种风格，但是没有人超过他。这是古代作家们关于土地问题的争执对于双方面的意见都加以叙述的唯一记载。

在阿庇安一系列的著作中，《内战史》第一卷可能是最有价值的，因为它是连接波里比阿和西塞罗之间“交替时代”的桥梁。② 在价值上仅次于这卷书的是第三次布匿战争和迦太基毁

① 古代罗马编年史家常捏造史实。——译者

② 波里比阿生活在罗马势力向地中海四周发展，罗马霸权形成的时代，西塞罗生活在罗马共和制即将倾覆，罗马帝国即将出现的时代；《内战史》第一卷叙述自革拉古兄弟改革运动起，终于斯巴达克奴隶大起义，正处于波里比阿和西塞罗两个时代之间。——译者

灭的历史。[1] 这是关于这些事件传到我们手中唯一的详细记载，它有高度的戏剧性。阿庇安这部分历史著作的来源可能是波里比阿已经失传了的著作。他在布匿战争史第 132 节[2]中引用了波里比阿的话。

因为细节上缺乏准确性，[3]阿庇安受到严厉的批评。根据近代批评的准则，准确性是史学家所必须具备的首要而不可缺少的条件；但是在古代世界不是这样的。与事实一般的符合当然是必要的；但是在大多数的情况下，古代作家的目的是在写作一本有兴趣的书，或者替他所怀抱的政治理想或道德原理提供一个背景。在这方面，阿庇安和他同时代的一般史学家比较起来，既没有更好些，也没有更坏些。什发兹教授很正确地说，阿庇安在《内战史》第三卷中，关于安敦尼与元老院斗争的记载，简直不是历史，而是“历史小说著作”，但是他补充说，“尽管在他的著作中，形象有些歪曲，内容有些虚构，但是大的线索是正确地、深刻地刻画出来了，他的虚构正是多少使他达到这个目的的。”这个批评可以准确地应用在阿庇安大部分的著作上。

古代史学家常常让他们著作中的主要人物发表演说，以提出那些鼓动各民族或各党派的思想，有时候向人们发表作者的道德教训。修昔底德这样做了，[4]诚如吉尔柏特·麦累[5]教授

---

① 即 VIII(上)，74—132。——译者

② VIII(上)，132。——译者

③ 分见于本书有关各节的附注中。——译者

④ 参阅拙译修昔底德《伯罗奔尼撒战争史》(商务印书馆 1960 年版)译者序言第 32—33 页。——译者

⑤ 英国古典学者(1866—1957 年)著《古代希腊文学史》(1897 年)。——译者

所说的，他的榜样是“他逝世后两千年来历史著作中一个重要的遗产”。阿庇安模仿了这个榜样。以风格而论，他这样发表的演说词，是他的著作中最好的部分。我们从中感觉到我们正在听着这位有经验的辩论家、这个有素养的皇帝法庭的检察官在说话。什发兹教授甚至把三巨头宣布公敌的命令(《内战史》第四卷，第8—11节)也归于这一类，虽然作者说，这个命令是他从拉丁文翻译为希腊文的。

总之，我们可以说，阿庇安的著作中，包括许多很有趣的事物，这是研究罗马历史的人所不能忽视的。

培利奥特学院希腊文教授狄奥多·来曼·赖特为我校正译文，并提出许多建议以修改语法，译者对他深表谢意。

序　　言

1. 在有意写罗马人的历史的时候，我认为必须从罗马人统 3
治下诸民族的疆域开始。这些民族可以列举如下：在海洋方面是那些住在不列颠群岛的大部分人们。然后从赫丘利石柱[①]进入地中海，并环海航行的时候，我们发现海中所有的岛屿和沿海的大陆都是在他们统治之下。右岸的诸民族中，第一个民族是沿着海岸的毛利泰尼亚人和远达迦太基的其他阿非利加诸民族。深入内地的是一些游牧部落，罗马人称之为努米底亚人，称其国为努米底亚；然后是住在叙尔特河附近，远达塞勒尼和塞勒尼本土的其他阿非利加人；同时也有马马利底人、阿谟尼伊人和那些住在马里俄提斯湖畔的人；然后是亚历山大在埃及边界上所建立的大城[②]和埃及本土，溯尼罗河而上，远达埃塞俄比亚东部；由海上航行，远达巴鲁新。

2. 从这里我们转变我们的方向，绕道而行，我们到达巴勒
斯坦—叙利亚，过了那里就是阿拉伯的一部分地方。腓尼基人占 5
据与巴勒斯坦接壤的滨海地区；越过腓尼基领土就是西利—叙利亚和由海滨深入内地到幼发拉底河的地区，即巴尔迈拉和四周围的沙漠地带，甚至伸张到幼发拉底河一带。叙利亚人之后就是西里西亚人；和西里西亚人邻近的是卡巴多西亚人和亚美尼

① 即直布罗陀海峡。——译者

② 即亚历山大里亚。——译者

亚国家中被称为小亚美尼亚[①]的那部分土地。攸克星海[②]沿岸是其他一些民族，总称为本都诸民族，受罗马人的统治。叙利亚人和西里西亚人的边界达到地中海，亚美尼亚人和卡巴多西亚人的领土达到本都诸民族，并且深入内地，达到大亚美尼亚，大亚美尼亚没有采取纳贡的方式臣服于罗马人，它的人民任命他们自己的国王。从西里西亚和卡巴多西亚下来到爱奥尼亚，我们看见一个大半岛，[③]右边以攸克星海、普罗蓬提斯、赫勒斯滂和爱琴海为界，左边以旁菲利亚海或埃及海（因为这个海有两个名称）为界。这个半岛上有一些国家面临着埃及海：即旁菲利亚和吕西亚；这两个国家之后就是开利亚，其领土达到爱奥尼亚。其他一些国家面临着攸克星海、普罗蓬提斯和赫勒斯滂：即加拉西亚人、俾泰尼亚人、密西亚人和福里基亚人。在内地是彼西底亚人和吕底亚人。这些是住在这个半岛上的民族，都是在罗马人统治之下。

3. 横过这些海岸边，他们统治攸克星海沿岸的其他各族，
7 即欧罗巴的密西亚人和攸克星海边的色雷斯人。越过爱奥尼亚就是爱琴海、亚得里亚海、西西里海峡、第勒尼安海，直达赫丘利石柱。这是从爱奥尼亚达到海洋的距离。沿海一带，我们发现下列诸国受罗马人的统治：全部希腊、帖撒利和马其顿，以及邻近的色雷斯人、伊利里亚人和巴诺尼亚人，和意大利本土；意大

① 亚美尼亚在高加索以南，两河流域以北，幼发拉底河上流以东整个高原地带为大亚美尼亚；以西为小亚美尼亚。——译者

② 即黑海。——译者

③ 即小亚细亚半岛。——译者

利是所有的国家中领土最长的一个国家，从亚得里亚海扩延，以第勒尼安海的大部分为界，达到克勒特人（罗马人称之为高卢人）所住的地方，有些克勒特人的居地面临地中海，有些克勒特人的居地面临北面海洋，[①]还有一些克勒特人住在莱茵河沿岸；北面海洋和西面海洋[②]沿岸直到赫丘利石柱的全部西班牙和克勒特一伊伯里亚也在罗马人的统治之下。关于这些民族，我将在叙述到每个民族的时候，谈得更详细一些。但是在这里，这样的叙述已足以说明罗马帝国沿海一带的主要疆界了。

4. 在向大陆的一方面，帝国的疆界是毛利泰尼亚跟埃塞俄
比亚西部和热带地区相毗连的那部分土地，这里野兽麕集，其地
区直达埃塞俄比亚东部。这些是在非洲的罗马疆界。在亚细亚
的边界是幼发拉底河、高加索山、大亚美尼亚王国、攸克星海沿
岸的科尔基斯人和其余的攸克星海沿岸。在欧罗巴方面，罗马
帝国大部分以莱茵河和多瑙河为界。这两条河中间，莱茵河流
入北面海洋，多瑙河流入攸克星海。但是在这两条河的那一边， 9
有些莱茵河外的克勒特人是在罗马人统治之下；在多瑙河之外，
有些叫做达西亚人的基提人。这些是罗马帝国在大陆上最近于
精确的疆界。

5. 同时地中海所有的岛屿——西克拉底斯群岛、斯波拉底斯群岛、爱奥尼亚群岛、挨金那提斯群岛、塔斯康群岛、[③]巴利阿利群岛和利比亚沿岸及利比亚海、爱奥尼亚海、埃及海、密多安

① 即欧洲北部的大西洋海面。——译者

② 即欧洲西部的大西洋海面。——译者

③ 在科西嘉与意大利之间，包括厄尔巴岛在内。——译者

海、西西里海和地中海其他海面上所有其余的名称各自不同的岛屿；同时，那些希腊人为了表示区别起见而称为大岛的，如塞浦路斯、克里特、罗得斯、列斯堡、优卑亚、西西里、撒丁尼亚和科西嘉以及所有其他大小岛屿都是在罗马人统治之下。横过北面海洋，到不列颠（这是比一个大洲还要大的岛屿[1]），罗马人占领了不列颠较好而且较大的一部分土地；其余的一部分，他们就不管了。当然，他们所占有的那部分土地，也不是对他们很有利益的。

6. 罗马人虽然占有了一个包括这样多、这样大的一些民族的帝国，但是罗马人辛勤操劳了五百年，[2]经过许多艰难困苦才在意大利本部巩固地建立了他们的势力。这个时期的前半段，他们是在国王统治之下；[3]但是他们驱逐国王，宣誓不再受国王统治之后，他们就采取了贵族政治，每年选举他们的统治者。在这五百年以后约二百年[4]中，他们的领土扩张得很大，他们在外国获得了史无前例的权力，使大部分国家处于他们的统治之下。
11 盖约［朱理亚］·恺撒打败了他的政敌[5]之后，他本人取得了最高的统治权，他使这种权力加强、系统化和巩固起来；他虽然保留了共和国的形式和名义，但却使自己成为一切的绝对统治者。这样，从那时候起，直到现在，[6]政体一直是君主政体；但是他们

① 当时罗马人对于大不列颠的地理情况还不很清楚。——译者

② 约公元前753—前265年，即从罗马城的建立到意大利的统一。——译者

③ 公元前753—前509年。——译者

④ 公元前264—前51年，即从第一次布匿战争爆发到恺撒征服高卢。——译者

⑤ 公元前48年，恺撒败庞培于法萨卢。——译者

⑥ 公元二世纪中叶。——译者

没有称他们的统治者为国王，我认为这是由于遵守古代誓言的缘故。他们称统治者为大元帅(imperators)[皇帝]，这个称号过去也是那些在军队中暂时负担总司令职务的人的称号。但是事实上他们正是国王了。

7. 自从皇帝出现到现在将近二百多年了；在这二百多年中，罗马城已经大大地美化起来了，它的收入增加得很多，在长久和平与安定的时期中，一切都已经向持久的繁荣进展。[①] 有些国家被这些皇帝并入帝国之内，其他一些国家的暴动被镇压下去了。因为他们占有陆地上和海洋上最好的部分，他们的目的，就整体来说，是以谨慎的办法来保全他们的帝国，而不是想无限地扩充势力来统治贫穷而又无利可图的野蛮部落；[②]我在罗马已经看见，这些部落中有些由它们的使节们自己申请愿做罗马的臣民，但是皇帝不愿接受他们，因为他们对他没有益处。对于其他许多不愿由本国政府来统治的国家，他们派去了国王。对于有些属国，他们所花费的多于他们从这些国家所取得的，因为他们认为纵或统治这些国家要花费许多金钱，但是放弃它们是不名誉的。他们用许多军队驻守在帝国四周，把整个陆地和 13
海上一带，好像一个完整的要塞一样地驻防起来。

8. 直到现在，还没有一个帝国曾经占有这样广阔的领土和

① 罗马皇帝安敦尼·庇护统治时代(138—161年)是罗马各行省最繁荣的时期。作者正生活在这个时代。安敦尼王朝(96—192年)末期，罗马帝国即日趋衰弱。——译者

② 作者美化了罗马统治者，当时罗马兵力衰弱，已无力向外侵略了。罗马兵力衰弱的原因，恩格斯曾有精辟的分析，见《德国古代的历史和语言》，人民出版社1957年版，第33—34页。——译者

维持这样长久的时间。至于希腊人，纵或我们把希腊史中最光荣的时代——大流士入侵以后雅典霸权、[①]斯巴达霸权[②]和底比斯霸权[③]等相连续的诸时代当作一个时代，进一步把阿明塔斯的儿子腓力在希腊的霸权[④]包括在内，比较起来，我们看到他们的帝国只不过持续了很短的岁月而已。他们的战争与其说是为了取得帝国，不如说是由于相互竞争而进行的；他们最光荣的战争是为了保卫希腊的自由而进行反抗外国侵略的战争。[⑤] 他们中间那些想扩充领土而侵入西西里的人失败了；[⑥]每当他们进军亚细亚的时候，他们成就很少，很快就退回来了。[⑦] 总之，希腊国家，虽然热衷于为争夺霸权而进行的战争，但是从来没有在希腊国外建立根据地；虽然他们在长期保卫他们的国家，使之不受奴役和不被战败这一方面取得了惊人的成就，但是在阿明塔斯的儿子腓力和腓力的儿子亚历山大的时代[⑧]以后，在我看来，他们的历史是最不光荣、对他们是最不足道的。

9. 关于成就和勇敢方面，亚细亚诸帝国是不能和欧罗巴最小的国家相比的，因为亚细亚诸民族优柔寡断和懦弱无能，[⑨]正如在这部历史的进展中所将表现出来的。罗马人所控制的是

① 公元前478—前404年。——译者

② 公元前404—前371年。——译者

③ 公元前371—前362年。——译者

④ 公元前338—前336年。——译者

⑤ 希波战争，参阅希罗多德 VI—IX。——译者

⑥ 参阅修昔底德，VII。——译者

⑦ 例如公元前399—前394年斯巴达人远征小亚细亚。——译者

⑧ 公元前336—前323年。——译者

⑨ 这是作者对亚洲人的污蔑。自古以来，亚洲人民以英勇抵抗外族侵略者著名。安息人打败克拉苏和安敦尼就是最明显的例子。——译者

这样的亚细亚民族，所以他们在几次战役中就把它们征服了，虽然马其顿人也和它们联合起来自卫；而罗马人之征服阿非利加 15
和欧罗巴，在许多情况下，却是竭尽了他们的力量的。再者，亚述人、①米提亚人②和波斯人③的延续的年代合并起来（这些是亚历山大以前三个最大的帝国）也不到九百年；而这样长的时期罗马此刻已经达到了；④他们的帝国的面积，我认为没有罗马帝国的面积一半那么大，因为罗马帝国的疆域从日落处和西面海洋到高加索山和幼发拉底河，通过埃及上达埃塞俄比亚和通过阿拉伯远达东面海洋，所以它的疆界东至太阳神上升的海洋，西至太阳神降落的海洋；同时他们统治了整个地中海和所有海中的岛屿以及海洋中的不列颠。但是米提亚人和波斯人的最大的海上势力也只包括旁菲利亚湾和塞浦路斯单独一个岛屿，或者可能包括地中海中属于爱奥尼亚的其他一些小岛。他们也控制了波斯湾，但是这个海面有多少是公海呢？

10. 再者，在阿明塔斯的儿子腓力以前的马其顿的历史是很不重要的；有一个时期，马其顿人实际上是一个附属的种族。腓力本人统治的时代充满了不可轻视的艰苦奋斗，但是就是他的事业也只牵涉到希腊和邻近的国家。亚历山大帝国，在它的广阔范围上，在它的军队上，在他征服的成功和速度上，是光辉灿烂、广漠无垠和史无前例的，但是它的时间短促，好像电光一

① 公元前930—前605年。——译者

② 公元前640—前553年。——译者

③ 公元前550—前330年。——译者

④ 这说明阿庇安写这篇序言的时候是在公元147年左右，正当罗马皇帝安敦尼·庇护统治的时代。——译者

闪。虽然分裂为几个省区，但就是这些分裂的部分也是光辉灿
17 烂的。单单我自己的国家[埃及]就有步兵二十万人、骑兵四万人、战象三百头、战车两千辆，还储备了可再供给三十万士兵的武装。这是他们的陆军势力。至于海军，他们有用撑杆推动的战船两千艘和其他较小的船只，有每边从一排半至五排桨手的大船一千五百艘和可供三千艘大船使用的船上设备，有八百艘设有舱位的船舶，船头和船尾都镶有金箔，以为作战时的炫耀，国王们常带着这些船舰进行海战。他们金库里的金钱达到七十四万埃及他连特。① 这是继承亚历山大位置后的第二个埃及国王②所记载和遗留下来的皇家记录上所表现的军备情况，这个国王是以精于聚敛金钱，善于挥霍金钱和大兴公共建筑著名的。在这些方面，其他许多省区似乎也不会差得很远。但是所有这些资源都在他们的继承人统治的时候，浪费于内战之中，伟大的帝国仅仅由于内战就被摧毁了。

11. 由于谨慎和幸运，罗马人的帝国达到伟大而持久的地位；当取得这个地位的时候，在勇敢、忍耐和艰苦奋斗方面，他们超过了所有其他的民族。在他们牢稳地巩固他们的势力之前，他们绝对不因为胜利而骄傲；虽然他们有时候，在单独一天内丧
19 失了两万人，在另一次丧失了四万人，又一次丧失了五万人，③虽然罗马城本身常在危急之中，④他们也绝对不因为不幸而沮

---

① 这个数目一定是大大地浮夸了。已经有各种不同的说法来解释这个错误的由来。

② 托勒密·菲列得尔福斯，卒于公元前 247 年

③ 例如在坎尼之役丧失了五万人，参阅 VII. 25。——译者

④ 例如汉尼拔进攻罗马，参阅 VII. 9，39。——译者

丧。饥馑、时常发生的瘟疫、人民暴动，甚至所有这些事情同时发生，都不能挫折他们的热忱；直到经过七百年胜负不能预测的斗争和危险，最后他们才达成现在的伟大，取得现在的繁荣，作为老谋深算的报酬。

12. 这些事情已经有许多希腊和罗马的作家们描述过了；马其顿帝国的历史是早期时代最长久的历史，而这部历史甚至比马其顿帝国的历史还要长久些。我对此很感兴趣，想仔细地把罗马人的势力跟其他每个民族的势力作一个比较，因此我的历史著作常常引导我从迦太基到西班牙，从西班牙到西西里，或者到马其顿，或者和一些使节一同到外国或到这些外国所建立的联盟国家；然后从那里再回到迦太基或西西里，好像一个流浪者一样，然后又到了别处，而我的著作还没有完毕。最后，我把各部分聚合拢来，以说明罗马人多么频繁地派遣军队或使节到西西里去，他们在那里做些什么，直到他们使西西里变成现在的状况；同时也说明他们多么频繁地跟迦太基作战和媾和，或者派遣使节往迦太基去，或者接待迦太基所派来的使节，他们使迦太基人受了一些什么损害，或者受了迦太基人一些什么损害，直到最后他们毁灭迦太基，使阿非利加变为罗马的一个行省为止，和他们怎样重建迦太基，使阿非利加变为现在的样子。关于其他各省，我也作了同样的研究，因为我想知道罗马人和每个行省的关系，以便了解这些民族的弱点，或他们的持久力量，以及他们 21
的征服者的勇敢和幸运，或者造成这种结果的其他任何情况。

13. 我认为大家喜欢这样学习罗马人的历史，所以我把每个国家有关的那部分历史分别叙述，略去其他国家中所同时发

生的事情，留到其他适当的地方再去叙述。似乎用不着把每件事情的年代都记下来，但是我将随时提到那些最重要的事件发生的年代。至于名字，罗马人也和其他民族一样，过去每人只有一个名字；后来他们有了第二个名字；不久之后，为着便于辨别，有些人又加上第三个名字，第三个名字有些是因为一些个人的事件而加上的，有些是因为有英勇的功勋而加上的，①正好像希腊人一样，除了本名之外，还有一个别名。为了便于区别，有时我提到全部名字，特别是那些著名人物的名字，但是大体上我将用那些最可以表现他们的特点的名字来称呼这些人或那些人。

14. 有三卷②是叙述罗马人在意大利的无数勋绩，这三卷合起来应当看作是意大利的罗马史；但是它们包含了许多事件，所以划分为数卷。第一卷将叙述王政时期历代国王（共有七王）统治时期中所发生的事件，我称这卷为《王政时期的罗马史》。其次就是亚得里亚海沿岸以外的意大利各地区的历史。为了和
23 前卷有所区别，这卷将称为《意大利的罗马史》第二卷。最后一个民族是萨谟尼安人，他们住在亚得里亚海滨，罗马人在最困难的情况下，和他们斗争了八十年，③但是最后罗马人征服了他们，并征服了跟他们同盟的邻近民族以及意大利南部的希腊人。为了和前两卷有所区别，这卷将称为《萨谟尼安的罗马史》。其

① 罗马人的名字，除本名外，有表明其家族和氏族的名字，例如“盖约·朱理亚·恺撒”，盖约是他本人的名字（Praenomen），朱理亚是他氏族的名字（nomen），恺撒是他的家族的名字（Cognomen）。有时因有特殊功勋，而加上一个别名，例如“西庇阿·阿非利加那”，意为“阿非利加的征服者西庇阿”。——译者

② 即I—III卷。——译者

③ 公元前343—前265年，包括南意之被征服在内。——译者

余诸卷将按照其内容，命名为《克勒特史》、《西西里史》、《西班牙史》、《汉尼拔战争史》、《迦太基史》、《马其顿史》等等。这些历史彼此前后的次序是按照罗马人跟每个民族发生战争时间的顺序，虽然那个民族灭亡以前的许多其他的事情也插入其中了。在所有的战争中，对罗马人说来，灾祸最深的是国内的暴动和内战，这些战争将以其主要的当事人命名，如《马略与苏拉的战争》、《庞培与恺撒的战争》、《安敦尼与第二恺撒·奥古斯都反对杀害第一恺撒的阴谋者的战争》，和《安敦尼与奥古斯都的战争》。最后，在这些内战的最后一次战争结束之后，埃及并入罗马统治之下，①罗马政府本身变为君主政体了。

15. 这样，国外战争是按照各民族分卷，国内战争是按照主
要的司令官分卷。最后一卷②将说明目前③罗马人的军事力量，
他们从各行省所征收的税收，他们为海军所耗费的费用和其他
类似的事情。最恰当的，是从我将叙述其勇武事迹的那个民族
的起源开始。我写了这些事情，当然有许多人知道我是谁，我已 25
经指明出来了。更坦白一点说，我是亚历山大里亚人阿庇安；在
我的本国，我已经取得了最高的地位，在罗马，我已经做了御审
案件的检察官，直到皇帝们认为我够得上资格，受命做他们的行
省的总督时为止。如果有人很想知道更多一点关于我的事情的
话，我有一篇专门谈论我的生平的文章。④

① 记载埃及的被征服在 XVIII—XXI 卷，现已失传。——译者

② 此卷失传。——译者

③ 公元二世纪中叶。——译者

④ 阿庇安的自传失传。参阅第 2 页，英译本序言。——译者

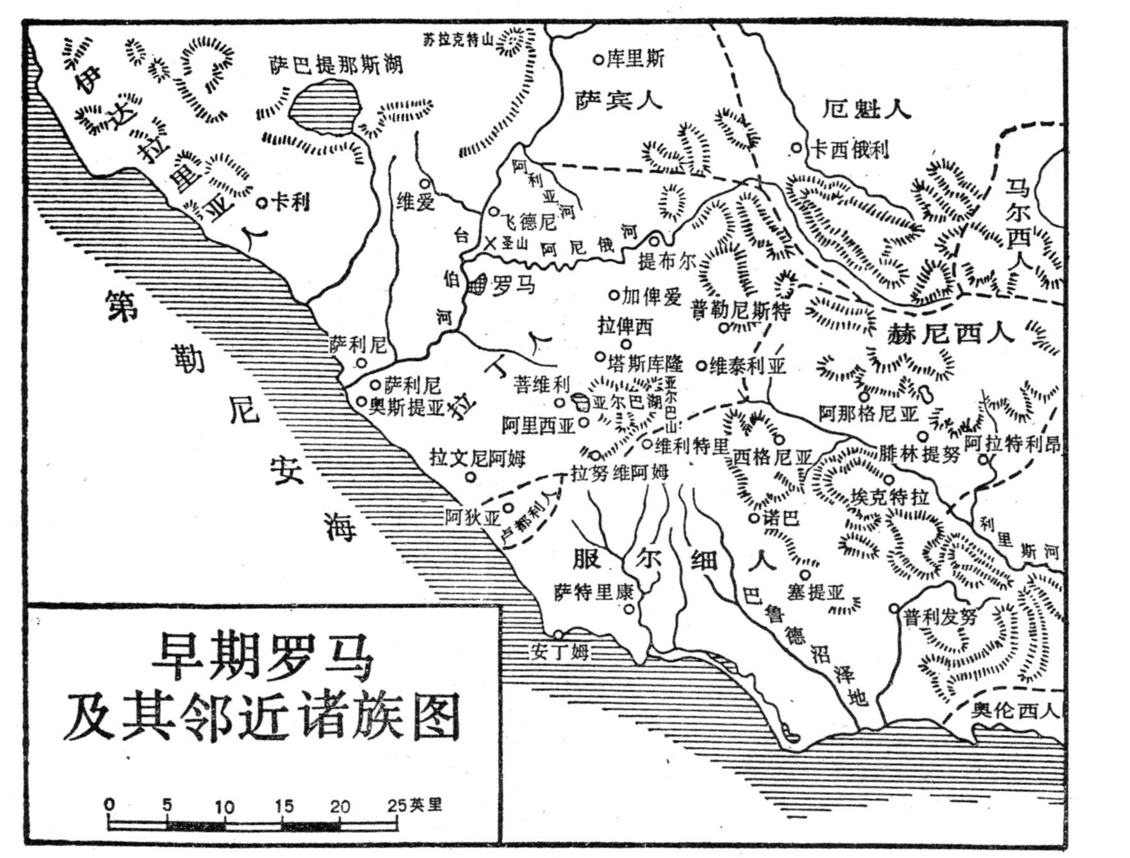
早期罗马
及其邻近诸族图
0 5 10 15 20 25英里
伊达拉里亚人
萨巴提那斯湖
苏拉克特山
卡利
维爱
台伯河
罗马
第勒尼安海
萨利尼
奥斯提亚
拉丁人
萨宾人
库里斯
厄魁人
卡西俄利
阿利亚河
飞德尼
圣山
阿尼俄河
提布尔
加伸爱
普勒尼斯特
拉伸西
塔斯库隆
维泰利亚
善维利
亚尔巴湖
亚尔巴山
阿里西亚
拉文尼阿姆
维利特里
拉努维阿姆
阿狄亚
卢都利人
服尔细人
萨特里康
安丁姆
西格尼亚
诺巴
塞提亚
巴鲁德沼泽地
埃克特拉
普利发努
奥伦西人
利里斯河
腓林提努
阿拉特利昂
阿那格尼亚
赫尼西人
马尔西人

第一卷　关于诸国王（片断） 29

I. 辑自《福提阿斯》

1. 阿庇安所著的历史从加彼斯的孙子、安基西斯[1]的儿子伊尼阿斯开始；在特洛耶战争时，伊尼阿斯正当壮年。特洛耶失陷后，他出逃，流荡很久之后，[2]他到了意大利海滨一个叫做劳林敦的地方；他在那里露营的地方，现在还可以看得见，因为他的缘故，那个海岸至今还叫做特洛耶海滨。当时意大利这个地区的土著居民是在马斯[3]的儿子福那斯统治之下，福那斯把他的女儿拉文尼阿嫁给伊尼阿斯，同时也给他方圆四百斯塔狄亚[4]的土地。他在此地建立了一个小镇，他命名为拉文尼阿姆，以纪念他的妻子。三年之后，当福那斯死了的时候，他因为婚姻的关系，继承了这个王国，他称当时的土著居民为拉丁人，以纪念他的岳父拉丁那斯·福那斯。再过三年之后，伊尼阿斯在和一个塔斯康部落卢都利人的战争中被杀死了，因为他的妻子拉文尼阿原先是和卢都利族人的国王订了婚的，战争由此而起。伊

---

① 特洛耶盟国达达那斯的国王。——译者

② 伊尼阿斯背着他的父亲，从特洛耶的火陷中逃出，先到迦太基，女王狄多恋着他，后来他到了利大利。参阅维吉尔的《伊尼依特》。——译者

③ 战神。——译者

④ 一斯塔狄亚约合 185 公尺，四百斯塔狄亚相当于 74 公里。——译者

尼阿斯和普赖阿姆[①]的女儿克利攸萨（他们是过去在特洛耶结婚的）所生的儿子攸里利昂（别号阿斯卡尼阿斯）继位为王。但
31 是有些人说，继位为王的阿斯卡尼阿斯是伊尼阿斯和拉文尼阿所生的儿子。

2. 阿斯卡尼阿斯也建立了一个城市，命名为亚尔巴，他从拉丁尼阿姆带来了一个移民团，定居在那里；亚尔巴建立之后四年，阿斯卡尼阿斯死了，西尔维阿斯继承了王位。他们说，这个西尔维阿斯有一个儿子，名叫伊尼阿斯·西尔维阿斯；伊尼阿斯·西尔继阿斯有一个儿子，名叫拉丁那斯·西尔维阿斯；拉丁那斯·西尔维阿斯有一个儿子，名叫加彼斯；加彼斯有一个儿子，名叫加彼都斯；加彼都斯有一个儿子，名叫提比利那斯；提比利那斯有一个儿子，名叫阿格里巴，阿格里巴是罗慕路的父亲；罗慕路触电而死，遗下了一个儿子亚文丁那斯，亚文丁那斯是普罗卡斯的父亲。所有这些人都以西尔维阿斯为姓。普罗卡斯有两个儿子，长子名叫努米托，幼子名叫阿穆略。当他们的父亲死后，长子继承王位的时候，幼子以武力夺取了王位。他又杀死了他哥哥的儿子厄基斯都，他强迫他哥哥的女儿利阿·西尔维亚做维斯塔神庙的女祭司，[②]使她不能生男育女。虽然有一个阴谋想杀害努米托的生命，但是因为努米托的性格温和宽厚，他本人得救了。西尔维亚违反法律，身怀有孕之后，阿穆略把她投入牢狱，以示惩罚；当她生了两个儿子的时候，他把两个婴孩交给一些牧人，命令他们投入附近的台伯河中。这两个小孩是罗慕

① 特洛耶最后一个国王。——译者

② 根据法律，服侍女灶神维斯塔的女祭司是不得结婚的。——译者

路和勒莫。[1] 在他们的母系方面，他们是伊尼阿斯的后裔，而他们的父系家谱则没有人知道。[2]

II. 同上 33

我的著作第一卷中包括罗马七个国王的事迹。这七个国王是：罗慕路、[3]纽马·潘彼略、[4]安卡斯·霍斯提略[5]、安卡斯·马喜阿斯[6](纽马的后裔)、塔魁尼阿斯、[7]塞维阿·图利阿斯[8]和琉喜阿斯·塔魁尼阿斯[9](另一个塔魁尼阿斯的儿子)。第一个国王是罗马城的创立者和建设者，虽然他的统治像一个父亲而不像一个绝对的君主，[10]但是他还是被杀害了，或者如有些人所认为的，升天了。第二个国王，比第一个国王更像一个国王的

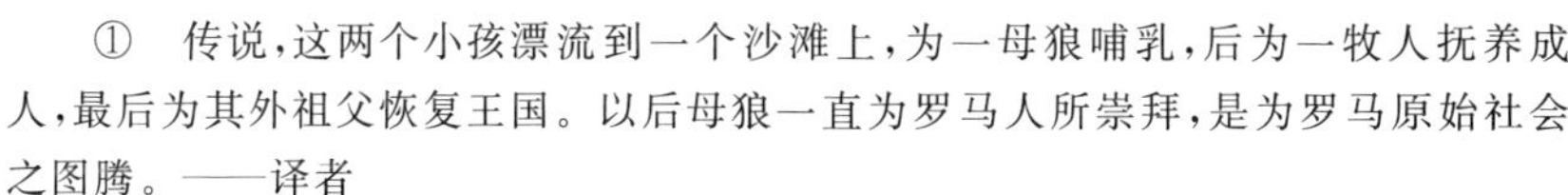

① 传说，这两个小孩漂流到一个沙滩上，为一母狼哺乳，后为一牧人抚养成人，最后为其外祖父恢复王国。以后母狼一直为罗马人所崇拜，是为罗马原始社会之图腾。——译者

② 这说明当时还是母系氏族社会。——译者

③ (前753—前715年)，传说罗马城的建立者。罗马史学家发罗推定罗马城的建立是在公元前754—前753年。以后罗马人即以此纪年。——译者

④ (前715—前673年)，罗马纪典的创立者。——译者

⑤ 安卡斯显然是图拉斯之误(前673—前641年)。——译者

⑥ (前641—前616年)。前面四个国王在历史上都是不可信的。——译者

⑦ (前616—前578年)。——译者

⑧ (前578—前534年)进行政治改革，按财产分公民为五个等级，建立百人队会议，使罗马国家初步形成。——译者

⑨ (前534—前510年)，推翻前王的许多政治改革，进行残暴的统治。前510年贵族驱逐国王，建立贵族共和。最后三个国王都来自伊达拉里亚，可见当时罗马实际是伊达拉里亚人统治的。——译者

⑩ 罗马王政时期是氏族社会末期，国王由选举产生，没有绝对权力，像希腊荷马时代的军事领袖。——译者

样子，享寿……岁时死亡了。第三个国王触电而死。第四个国王是病死的。第五个国王被一些牧人所杀害。第六个国王也是被人谋杀的。第七个国王因犯法而被逐出罗马城和罗马王国，从那时候起，国王的统治终结，政府的管理权力转移到执政官手里了。

III.　辑自《修伊达斯》

在注意防范她的父亲归来之后，她（塔彼亚）答应塔喜阿斯出卖驻军。①

IV. 同上

他们一听到塔喜阿斯的命令，就把黄金向那个女人②投去，直到她受伤而死，埋葬在黄金堆下为止。

35 V. 辑自《使节》

当塔喜阿斯对罗慕路作战③的时候，罗马人的妻子为他们

---

① 传说萨宾王塔喜阿斯进攻罗马时，以黄金贿赂罗马城的守将塔彼阿斯的女儿塔彼亚，引敌军入城。敌军入城后，以黄金盾牌掷之，使之致死。战争的结果见下面片断（V）。——译者

② 即塔彼亚。——译者

③ 罗马人抢劫萨宾妇女为妻，战争因此而起。这是群婚与母权制的遗迹。——译者

进行调停,因为罗马人的妻子是萨宾人的女儿。她们向父亲们的营幕前进的时候,向他们伸出她们的手,把她们替她们的丈夫们所生的婴孩给他们看,证明她们的丈夫们没有虐待她们。她们恳求萨宾人怜惜他们自己、他们的女婿们、他们的外孙们和他们的女儿们,恳求他们,如果不停止这个亲戚间的不神圣的战争,就首先把她们杀死,因为战争是因为她们而引起的。她们的父亲们,一则因为他们自己的困难,一则因为对这些妇女们的怜惜,并且看到罗马人之所以这样做,不是由于色情,而是由于需要,所以跟罗马人议和了。为了这个目的,罗慕路跟塔喜阿斯在一条大路上晤谈(这条大路因此命名为**圣路**),承认了下列的条件:罗慕路和塔喜阿斯两人都为国王;当时在塔喜阿斯军队里服务的萨宾人和其他愿意来罗马住的萨宾人都可以跟罗马人自己一样,在同样的条件下,按照同样的法律,在罗马居住。①

VI. 辑自《修伊达斯》 37

这位将军从他的一个私人朋友那里知道这件事实之后,马上把这个事情告诉了霍斯提略。

VII. 同上

有人责难他[图拉斯·霍斯提略],因为他把他的一切的赌

① 罗马人从开始就是拉丁人、萨宾人和伊达拉里亚人的混合,不是如反动资产阶级所说的纯粹种族。——译者

注错压在三个人(荷累喜阿斯兄弟)的勇武上。①

VIII. 同上

[罗马人认为][塔魁尼阿斯]可以根据加俾爱人所认为公平的条件，订立和约。②

IX. 辑自一个无名氏的文法家

[塔魁尼阿斯]以先前她所请求九卷的代价，[从西俾尔女巫手中]购买那三卷。③

X. 辑自《修伊达斯》

荷累喜阿斯[科克利斯]④ 是一个跛子。因为他的跛足，无

① 罗马和亚尔巴发生战争，两国国王约定，由双方各派代表三人来决斗，以决定战争的胜负。罗马方面的代表是荷累喜阿斯孪生兄弟三人，其中两人已被杀。最后一人佯败逃跑，亚尔巴代表追逐之，他乘机反扑，各个击破，尽杀之。被杀的三人中，有一人是他妹妹的未婚夫。凯旋时，其妹哭之。他把妹妹杀掉。他说："罗马的妇女为罗马的仇敌而哭泣者，应当死亡！"——译者

② 拉丁诸城中唯加俾爱城不服。罗马攻之，长久不下。最后国王用诡计攻陷之，订立和约，使罗马人可以做加俾爱公民，加俾爱人可以做罗马公民，两国联成一个国家。——译者

③ 根据索维《罗马史》的记载，邱米的西俾尔女巫出售《圣书》九卷，索价甚昂，国王嫌贵，拒绝了她，女巫焚毁三卷，一年后她又以剩下的六卷出售，索价如故。国王又拒绝了她。她又焚毁了三卷。一年之后，她又以剩下的三卷出售，索价照旧。国王购买之。藏于卡彼托尔朱比特神庙地下石盒中。圣书载有各种神谕，国家发生危难事情时，元老院即查阅〈圣书〉，以求解决方法。该书于公元 64 年罗马大火时被焚毁。——译者

④ 他以勇敢地保卫罗马木桥，阻止塔魁尼阿斯引导敌人攻入罗马而著名。——译者

论在战时或平时，他都没有取得执政官的职位。

XI. 同上

执政官们宣誓［以约束他们自己］，说他们宁愿放弃一切，不愿接回塔魁尼阿斯。[①]

XII. 辑自《美德与恶行》 39

塔魁尼阿斯煽动萨宾人反对罗马人民。[②] 累基拉斯镇中一 前 504
个有势力的萨宾人克劳狄反对破坏和约；因为这个行为而被判罪之后，他带着他的亲族、朋友和奴隶，人数达五千之多，逃往罗马。对于这些人，罗马人都给以住所、耕地和公民权。因为他反对萨宾人的光辉功绩，他被选为元老院的元老，一个新部落，即克劳狄部落，因他而得名。

XIII. 辑自《修伊达斯》

拉丁人虽然和罗马人订有同盟条约，但是他们向罗马人开 前 498
战。他们责难罗马人，说罗马人虽然跟他们建立了同盟，并且血统相同，但是罗马人藐视他们。

---

① 公元前 510 年罗马贵族驱逐塔魁尼阿斯，建立共和。——译者

② 塔魁尼阿斯的复辟活动。——译者

43 第二卷　关于意大利[①]（片断）

I. 辑自《修伊达斯》

前498 服尔细人并不因为他们邻族人的不幸而恐惧，他们向罗马人作战，围攻罗马的殖民地。

II. 同上

前491 当马喜阿斯［科利俄雷那斯］[②]请求做执政官的时候，人民不肯选举他，不是他们认为他不够资格，而是因为他们害怕他的跋扈。

III. 同上

前489 当马喜阿斯被罗马人放逐的时候，他痛恨罗马人；因此，他投到服尔细人那边去了，筹划一个很大的报复计划。

---

① 本卷所载是亚得里亚海沿岸地带以外意大利的历史。参阅《序》13。——译者

② 马喜阿斯出身贵族，仇视平民，罗马因连年战争，土地遭到蹂躏，发生饥荒，叙利亚送来谷物，元老院讨论，分配给平民，或以廉价出售，马喜阿斯反对，人民深恨之。——译者

IV. 同上

他说，他跑来，因为他已经放弃了他的祖国和亲族，认为他们是无关紧要的，有意和服尔细人站在一边，来反对他自己的祖国。 前488

V. 辑自《使节》 45

1. 当马喜阿斯被放逐而逃往服尔细人那里，前来攻打罗马人，驻扎在离罗马城仅四十斯塔狄亚的地方的时候，罗马人民威胁着：如果元老院不派遣使节去跟马喜阿斯商议和约的话，他们会开城投敌。元老院勉强派遣全权使节去商谈一个适合于罗马人民的和约。当他们到达服尔细人的军营里，被带着去见马喜阿斯和服尔细人的时候，他们提出：如果他停止战争的话，可以给予他以特赦，并允许他回到罗马来；同时他们还对他说，元老院从来就没有做过对不住他的事情。马喜阿斯一面谴责罗马人民对他和服尔细人所做的许多不公平的事情，一面应允：如果罗马人交出他们所夺取服尔细人的土地和市镇，允许他们以和拉丁人同样条件的公民权的话，他愿意为服尔细人和罗马人调解。但是如果战败者还保留着应属于战胜者所有的东西的话，他就不知道和约怎样能够订立。他把这些条件提出来之后，就遣退了使者们，给他们三十天的时间去考虑。于是他转而进攻其他的拉丁市镇；在三十天之内，他攻占了七个市镇之后，他就回来 前488

听取罗马人的答复。

2．罗马人回答说，如果他把军队撤出罗马领土，他们愿意派遣使节来和他订立一个公平的条约。当他拒绝了的时候，罗
47 马人又派遣十个其他的人去恳求他不要做出有玷辱他的祖国的事来，让和约不是在他的命令之下订立的，而是出自他们自己的意愿的；因为他应当尊重他的祖国的光荣和祖先的令誉，他的祖先是没有什么对不起他的地方的。他只回答说，他愿意再给三天的时间，让他们更好地考虑一下。于是罗马人派遣祭司们，穿着祭服，以加重他们恳求的力量，到他那里去。他对祭司们说，他们必须听从他的命令，否则他们不必再去见他。于是罗马人准备守城，把石头和投射器堆在城墙上，准备从城墙上打退马喜阿斯。

3．但是巴布利科拉的女儿发勒利亚带着一群妇女到马喜阿斯的母亲维都利亚和他的妻子佛拉姆尼亚那里去了。这些妇女都穿着丧服，带着他们的儿女们一道去哀求维都利亚和佛拉姆尼亚，请她们两人跟她们一道去见马喜阿斯，恳求马喜阿斯饶恕她们和她们的国家。于是，得到元老院的允许之后，她们这些妇女，只有妇女们，一道前往敌人的军营。马喜阿斯钦佩罗马城的高度勇敢精神，因为在罗马城内，就是妇女辈也是这样勇敢的，所以他前来会晤她们。由于对他母亲的尊敬，他撤去了侍从手中的棒束和斧钺的仪仗，跑往前面拥抱他的母亲，把她带到服尔细人的议事会中去，请她把她所想说的话说出来。

4．她说，因为她是他的母亲，她跟他一样，在他被逐出罗马城这一件事上受了委屈；但是她看见罗马人已经在他手中受

了很大的痛苦和足够的处罚,他们这样多的土地受到破坏,这样 49
多的市镇遭到摧毁;现在他们不得不采取最后的办法——哀求,
他们派遣执政官们和祭司们,他自己的母亲和妻子作为使节,到
这里来,力求以特赦和召回他作为补过的办法。她说:“千万不
要用一个不可补救的过恶去医治另一个过恶。不要造成那种毁
灭那些委屈你的人们,同时也毁灭你自己的灾害。你带着火把
往何处去?从田野到城市吗?从城市到你自己的炉灶旁边?从
你自己的炉灶旁边到神庙吗?我的儿啊,照我们的请求,怜惜
我,怜惜你的祖国吧!”她这样说了之后,马喜阿斯回答说:放逐
他的那个国家已经不是他的祖国,给他以避难所的国家才是他
的祖国。他说,没有人会爱那个虐待他的国家,或者仇视那个给
他以恩惠的国家的。他请求她看看当时在场的人们,他和他们
已经交换了互相忠诚的誓言,他们给他以公民权,选举他做他们
的将军,把他们私人的利益付托给他。他详述了他们所给他的
荣誉和他所做的誓言,他劝他的母亲把他们的朋友和敌人也当
作她的朋友和敌人。

5. 他还没有说完话,她勃然大怒,向天空举起她的双手,召
唤他们的家族神祇。她说,“已经有了两次妇女行列在危急的时
候从罗马出发:一次是在塔喜阿斯王时代,[①]另一次是在盖约· 51
马喜阿斯时代。在这两次妇女行列中,塔喜阿斯虽然是一个外
国人和公开的敌人,但是他还尊重妇女,对她们让步了。而马喜
阿斯却藐视包括他的妻子,还有他的母亲在内的这样伟大的一

① 参阅 I(V)。——译者

个妇女使团。希望没有别的母亲，因为没有得到神灵的庇祐而有这样的一个儿子，被迫而不得不跪在她的儿子的脚下。但是我就是在这一点上也屈服了：我宁愿拜倒在你的面前。”她这样说的时候就投身于地上。他哇地一声哭起来了，跳起来，抱着她，带着很深的感情大声说：“母亲，你胜利了，但是这个胜利会毁灭你的儿子。”他这样说了之后，率领军队回去，以便向服尔细人说明他的理由和使两个民族缔和。他是有希望可能说服服尔细人这样做的；但是因为服尔细人的领袖阿提阿斯的嫉妒，他被处决了。

V. 辑自《修伊达斯》

马喜阿斯认为反驳这些[要求]中的任何一条都是不恰当的。

VI. 同上

前 479　(非比阿族)所遭遇的不幸①令人怜惜，正和他们的勇敢值得赞扬一样。他们所遭遇的，对罗马人是一个很大的不幸，因为他们人数众多，家族高贵，他们全部毁灭了。他们遭遇不幸的那个日子，②后来永远被认为是一个不幸的日子。

---

①　公元前 477 年罗马进攻维爱时，非比阿氏族共男丁三百零六人，除一婴孩留在家外，全部出征，结果都阵亡了。参阅李维 II. 49。——译者

②　二月十五日。——译者

VII. 同上 53

军队对他们的将军(阿彼阿斯·克劳狄)表示反抗的情绪, 前 471
因为他们怨恨他。他们故意作战不力,把绷带缚在身上,好像受了伤的样子逃跑。他们拆散营帐,想要撤退,归咎于他们指挥官的无能。

VIII. 辑自《美德与恶行》

1. 维爱被攻陷后,朱比特显示的不祥预兆已经被人观察到 前 395
了。预言者说,有些宗教义务被忽略了。卡密拉斯记得,他忘记了把十分之一的战利品分配给那位显示关于湖的神谶的神祇。[①]因此元老院下令,凡在维爱取得了什么东西的人,每人应当自己作一个估价,宣誓把十分之一拿出来。他们的宗教情绪这样真诚,所以他们毫不迟疑地把他们已经出售了的土地出产和战利品的十分之一,一道作为酬谢神恩的贡献。他们把这样得来的金钱和一个金碗一道送往特尔斐神庙,这个金碗原是放在罗马和马赛利亚[②]的金库[③]中一个黄铜架上的;直到佛西斯战争

① 卡密拉斯围攻维爱时,亚尔巴湖突然涨水。参阅普鲁塔克《传记集》(《近代丛书》版英译本)第 156 页。——译者

② 马赛利亚即现在法国的马赛,原为佛西斯人的殖民地,设有金库在特尔斐。——译者

③ 金库,希腊文为 Oekos,是各地城邦在神庙附近建筑以储藏该邦献于神庙的珍贵物品的。特尔斐神庙有二十多个城邦建立的金库。——译者

时，[1]俄诺马库斯[2]才把黄金熔化下来。那个架子现在还在那里。

前 391 2. 后来卡密拉斯在人民面前被人控告，说这些不祥的预兆
55 是他本人捏造的。人民已经有一些时候不满意于他了，所以处他以五十万塞斯退斯[3]的罚款，虽然他最近死了一个儿子，但是人民也不怜惜他。他的朋友们捐助了这笔款项，使卡密拉斯本人不致受辱。他在极端愤怒之下，逃往阿狄亚城，作阿溪里的祈
前 389 祷，[4]希望有一天罗马人会渴望卡密拉斯。实际上，这件事不久就发生了，因为当高卢人攻陷罗马城的时候，罗马人逃往卡密拉斯那里去求援，他们又选举他为独裁官，如我在《高卢史》中所说的。[5]

IX. 同上

贵族马可·曼利阿斯挽救了罗马，使之免于高卢人的侵略，
前 384 他受到了最高的荣誉。后来当他看见一个常为祖国作战的老人被一个高利贷者变为奴隶的时候，他为之偿还债务。因为这件事情，他很受人称赞，因此，他免除了他自己所有的债务人的债

① 公元前 356—前 346 年。——译者

② 佛西斯的将军。——译者

③ 什淮克豪塞认为这个数目非常夸大，无疑地原文抄写必有讹误。——英译者

④ 在特洛耶战争中，阿溪里与希腊联军总司令阿伽美浓发生意见，愤不出战。后来希腊联军屡败，希腊人千方百计邀请阿溪里出战，始战败特洛耶人。参阅《伊利亚特》中译本第 12 页以下。——译者

⑤ 参阅 IV(V)。——译者

务。他的光荣因此大大增加,他又代替其他许多人偿清债务。因为他的煽动伎俩的成功,他更加得意洋洋,甚至建议所有的债务应当全部取消,或者人民出卖那些尚未分配的土地,利用这笔收益来救济债务人。①

① 马克思说:"从罗马历史最初几页起就有着重要作用的债务关系,只不过是小土地所有制的自然的结果。"《马克思恩格斯全集》,第28卷,第438页。——译者

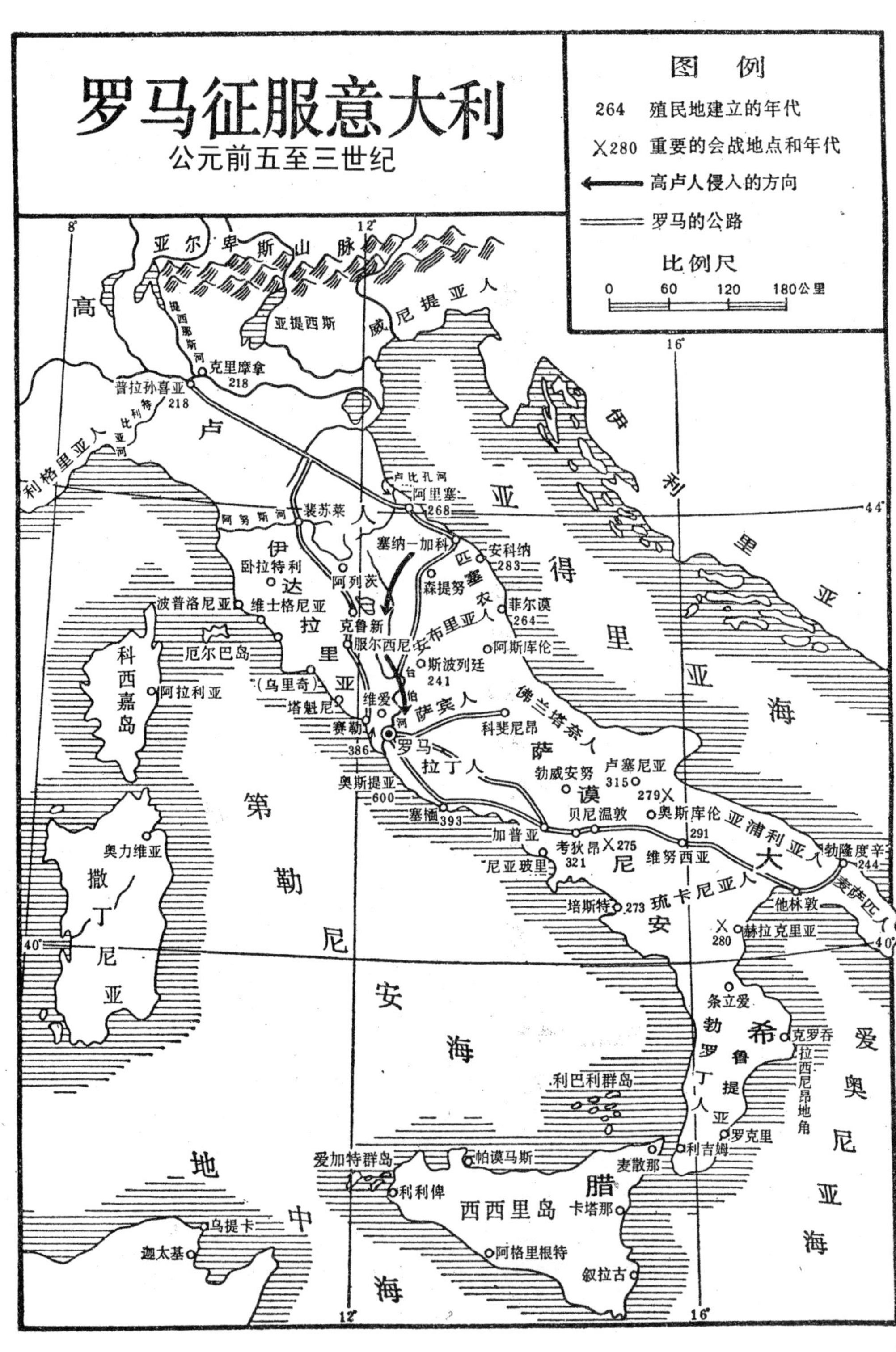
罗马征服意大利
公元前五至三世纪
图例
264 殖民地建立的年代
╳280 重要的会战地点和年代
高卢人侵入的方向
罗马的公路
比例尺
0 60 120 180公里
亚尔卑斯山脉
高卢
亚提西斯
威尼提亚人
克里摩拿 218
普拉孙喜亚 218
提西那斯河
比利特亚河
利格里亚人
阿里塞 268
卢比孔河
斐苏莱
阿努斯河
伊达拉里亚
卧拉特利
阿列茨
克鲁新
塞纳一加科
安科纳 283
匹塞农
森提努
菲尔谟 264
安布里亚人
阿斯库伦
斯波列廷 241
波普洛尼亚
维士格尼亚
厄尔巴岛
科西嘉岛
阿拉利亚
(乌里奇)
塔魁尼
维爱
赛勒 386
台伯河
萨宾人
科斐尼昂
罗马
拉丁人
佛兰塔奈人
萨谟尼
勃威安努
卢塞尼亚 315
279
贝尼温敦
奥斯库伦
奥斯提亚 600
塞播 393
加普亚
考狄昂 275 321
尼亚玻里
维努西亚
291
亚浦利亚人
勃隆度辛 244
麦萨匹人
他林敦
培斯特 273
琉卡尼亚人
280
赫拉克里亚
条立爱
勃罗丁人
克罗吞
拉西尼昂地角
希腊
鲁提亚
罗克里
利吉姆
麦散那
大希腊
利巴利群岛
爱加特群岛
帕谟马斯
利利俾
西西里岛
卡塔那
阿格里根特
叙拉古
乌提卡
迦太基
撒丁尼亚
奥力维亚
第勒尼安海
亚得里亚海
伊利里亚
爱奥尼亚海
地中海
8° 12° 16° 40° 44°

第三卷　萨谟尼安人的历史 59
（片断）

I. 辑自《美德与恶行》

1. 当罗马的将军科尼利阿斯和科维那斯以及平民狄西阿 前343
已经打败了萨谟尼安人之后，他们在坎佩尼亚留下一支驻军，以
防范萨谟尼安人的袭击。这些军士共同享受了坎佩尼亚人的奢
侈放纵的生活，他们的生活习惯腐化了，开始嫉妒这些人民的财
富，因为他们自己是贫穷的，在罗马负有惊人的债务。最后，他
们商量，阴谋杀害那些款待他们的人，夺取他们的财产，强占他
们的妻室。如果没有另外一位正在出发进攻萨谟尼安人的将军
马麦卡斯知道了罗马军士的这个阴谋的话，这件不名誉的事情
可能会实行了。他没有说出他的用意来，就把一些军士解除武
装，把他们当作应该免除长期兵役的士兵遣散了。他佯言有重
要的事情，命令那些比较凶恶的士兵到罗马去，同时派遣一个军
团将校跟他们同去，命令他秘密地监视他们。这两部分的士兵 61
都疑心他们的阴谋已经被泄露了，他们在特拉星那镇的附近离 前343
开了那个军团将校而逃跑了。他们释放所有那些正在田野工作
的人和奴隶监狱中的人，尽他们的能力武装他们，向罗马进军，
共有两万人。

2. 在离罗马约一天路程的地方，他们遇着科维那斯，他走 前342

入在他们附近的亚尔巴山上一个军营里。他很安静地留在他的军营里，等待事态的发展，他认为进攻他们是不聪明的。但是两部分人秘密地彼此混合起来了，士兵们好像在亲戚朋友中间一样，带着呻吟和涕泣承认他们是错误的，但是他们说，所有一切事情发生的原因就是他们在罗马所欠的债务。当科维那斯了解了这一点的时候，他不敢担当这样一个流血内战的责任，他劝元老院免除这些人的债务。他夸大了战争的困难，不相信他有战胜这样大的一队人的力量，因为这些人是会因绝望而拼命战斗的。他对于他自己的军队跟叛军的会晤和商谈的结果也很怀疑，因为他自己的军队是这些叛军的亲属，他们也同样地受到债务的压迫，他担心他自己的军队多少是不忠诚的。他说，如果他战败了的话，危险更会大大地增加；如果战胜了的话，这个胜利本身对于国家是最可悲伤的，因为这个胜利是征服他们自己这样多的人民而取得的。元老院被他的论据所感动，下令取消全体罗马人的债务，同时也赦免了这些叛军的罪过；于是这些叛军放下他们的武器，回到罗马来了。

63 ## II. 同上

前 340 现在请听听执政官曼利阿斯·托夸都的勇敢。他的父亲是一个守财奴，毫不照顾他，只使他和奴隶们一块在田野中工作，让他和奴隶们一块用餐。当保民官庞波尼阿斯控告他许多罪行，除了其他的事情之外，有意提到他虐待他的儿子的时候，年轻的曼利阿斯在衣服中暗藏短剑，跑到保民官的家里去，请求秘密地会见他,好像他对于这个案件有些重要的事情要说的样子。他被允许进去,正当他开始要说话的时候,他系紧门闩,威胁保民官说,如果保民官不宣誓撤销对他父亲的控诉的话,保民官将死在他的手中。保民官宣了誓,撤销他的起诉,向人民说明事情的经过。曼利阿斯因为这件事而大为著名;这样的儿子对待这样的父亲,因此,他受到赞扬。

III. 辑自《修伊达斯》

他带着嘲笑,要求和他单独决斗。对方[执政官的儿子曼利阿斯]抑制了一下;但是当他不能再忍耐这种挑战的时候,他就和他打起来。

IV. 辑自《使节》

1. 当萨谟尼安人正在劫掠夫累基利的领土上的时候,罗马人 前322
攻进了萨谟尼安人和多尼亚人的八十一个村落,杀死了他们两 65
万一千人,把他们赶出夫累基利地区。萨谟尼安人又派遣使节 前322
带着一些被他们杀戮因而引起战争的人的尸体和据说从他们的贮藏中取出来的黄金,到罗马去。因此,元老院认为他们是完全被打垮了,预料受到这样痛苦折磨的一个民族会放弃他们在意大利的霸权的。萨谟尼安人承认了其他的条件,至于他们还有异议的地方,他们是以忠告和请求的语气提出来的,或者建议把问题交由他们的城市去考虑。但是关于霸权,他们连听也不愿意听到再谈这个问题,因为,他们说,他们来的目的不是割让他们的城市，而是增进友谊的。因此，他们用他们带来的黄金赎回战俘，愤怒地离开了罗马，决心以后努力争取霸权。

前321 2. 因此，罗马人通过议案，再不接受萨谟尼安人的使节，而
要跟他们进行不可调和、毫不留情的战争，直到他们被武力征服
时为止。但是上帝憎恶这种傲慢的精神，所以不久之后，罗马人
被萨谟尼安人打败，被迫在轭门下通过。萨谟尼安人在他们的
将军蓬提阿斯领导之下，把罗马人包围在一个山峡[①]之中，罗马
人在那里受到饥饿的痛苦。于是执政官派遣使者到蓬提阿斯那
里去请求，说他会使得罗马人感激，而这种感激是很少有机会得
到的。他回答说，如果他们不准备把他们的武器和人交出来的
67 话，他们无须再派任何使者到他那里去了。因此罗马人大为悲
前321 伤，好像罗马城被攻陷了一样。执政官又犹豫了几天，不愿意做
出一种有辱于罗马的行为来。但是什么挽救的办法也没有了，
粮食的缺乏很严重了，山峡中有五万青年，他们不忍看见他们死
亡，于是他们投降蓬提阿斯，并且请求他，随他杀害他们也好，出
卖他们为奴隶也好，或者囚禁他们以等待赎金也好，只是不要在
这些不幸的人身上加盖可耻的烙印。[②]

3. 蓬提阿斯想跟他的父亲商量，他派人往考狄昂去，用一辆车子把他接来，因为他很老了。这位老人对他说："我的儿啊，对于大仇只有一个对付的办法——不是极端的仁慈，就是极端的严厉。严厉使人害怕，仁慈使人和解。你要知道，在一切胜仗中最重要的和最伟大的是准备最后的胜利。全部释放他们，不要

---

① 即考狄昂山峡，在现在的阿巴亚附近。——译者

② 在奴隶社会，奴隶主对犯人、奴隶及战争俘虏身上常加烙印。——译者

惩罚他们,不要给他们以侮辱,不要使他们有任何损失,使他们因受你的大恩而感激你。我听说他们对于他们的荣誉是很敏感的。只有深受恩惠的感动,才会使他们努力想在这件仁慈的举动方面超过你。你有力量使这种仁慈作为持久和平的保证。如果这个办法不合你的意的话,那么,就把他们全体都杀掉,不要留下一个去传递消息。照我的意见,我劝你采取前一个办法,不然就采取后一个办法。如果你对于他们加以任何侮辱的话,罗马人一定会报复的。在那种情况下,你应当首先给他们以打击,而绝对没有一个打击比同时杀戮他们五万个青年更严重的了。”

4. 他这样说了之后,他的儿子回答说:“父亲啊,你所提出 前321
的两个绝对相反的计划,我不诧异,因为你在开始就说到,你将 *69*
建议两个极端的办法,不是这个极端,就是那个极端。但是我不能一下杀死这样多的人。我害怕上帝的惩罚和人们的唾骂。我也不能做一件无可补救的恶事,使两国和解的一切希望都没有了。至于释放他们,我自己不赞成这个办法。罗马人已经对我们做了这样多祸害,同时,直到现在他们还占据我们这样多田野和市镇,要想安全地释放这些俘虏,是不可能的。我不愿意这样做。不加思考的宽恕是疯狂。现在,丢开我不说,只从萨谟尼安人的观点来看这个问题。萨谟尼安人的儿子们、父亲们和兄弟们遭到罗马人的杀害,他们丧失了他们的货物和金钱,因此,他们要求赔偿。一个胜利者自然是一个骄傲的人物,而我们的士兵们是渴望获得利益的。如果我既不杀戮,也不出卖,甚至也不处这些俘虏以罚款而把他们好像恩人一样释放的话,那么,谁能忍受呢?因此,我们放弃这两个极端——我们不能采取一个极

端，因为那不是我的力量所能做到的；不能采取另一个极端，因为我不能犯这样不人道的罪恶。但是为了在某种程度上屈辱罗马人的傲慢和避免世人的谴责，我一定要夺取他们常常用来进攻我们的那些武器和他们的金钱（因为就是他们的金钱也是他们从我们身上取去的）。然后我一定要使他们从轭门下安全通
71 过，这是他们所常用以加于别人身上的耻辱标识。然后我一定订立两国间的和约，选择他们最显贵的骑士们作为人质，以为遵守和约的保证，直到全民批准这个和约时为止。我认为这样，我是按照无负于一个胜利者和一个厚道的人所应当采取的方式而做的。我认为罗马人自己对于这些条件也会满足了，因为他们常常把这样的条件加于别人身上，而自称为有这样优良品质的。”

5. 当蓬提阿斯还在那里说话的时候，这位老人哇地一声哭起来了，于是他坐着他的车子回考狄昂去了。蓬提阿斯召集罗马的使者们来，问他们是否带了外事祭司①同来。但是没有外事祭司在那里，因为罗马军队是开出去进行一个不可和解、毫不留情的战争。因此，他命令使者向执政官、其他军官和全体军队宣布：“我们过去和罗马人是在永久的友谊中生活着的；你们帮助我们的敌人西狄星尼人，因而你们自己破坏了这个友谊。当再订了和约的时候，你们对我们的邻族尼亚玻里人作战。这些事情是你们想夺取全意大利领导权的计划的一部分，这也是瞒不过我们的。在最初的几次战役中，由于我们的将军们的无能，你们占了上风，你们对我们毫不客气。你们蹂躏我们的国家，占据本

① fetiales是一个罗马祭司集团。订立条约时，由他们批准；在宣战之前，由他们向敌人提出要求。——英译者

来不属于你们的险要阵地和市镇,把移民迁入其中;你们还不满足,进一步,当我们两次派遣使节到你们那里去,作了让步的时 前321
候,你们傲慢地增加你们的要求,要求我们放弃我们的整个帝 73
国,归顺于你们。① 你们把我们当作一个被征服了的种族,而不是当作一个跟你们来商议和约的国家看待。因此,你们下令宣布这个不可和解、毫不留情的战争,来对付你们过去的朋友和你们视同同胞公民的萨宾人的后裔。因为你们是贪婪无厌的,我们本不应该跟你们订立和约。但是因为我担心神明的愤怒(这是你们所藐视的)和没有忘记我们过去的关系和友谊,所以我承认:如果你们宣誓,放弃我们所有的土地和要塞,从这些地区撤退你们的移民,以后绝对不再跟萨谟尼安人作战的话,我一定允许你们每个人穿一件外衣,安全地从轭门下通过,不加伤害。”

6. 当这些条件传达到军营里的时候,罗马人长时地、大声地痛哭悲伤,因为他们认为从轭门下通过的耻辱,甚于死亡。后来当他们听到了关于那些将要做人质的骑士们的时候,又有一个长久的悲伤。但是他们为困乏所迫,不得不接受这些条件。因此,他们宣了誓,一边是蓬提阿斯,另一边是两个执政官,波斯都密阿斯和维都利阿斯,以及两个财政官,四个分团司令官和十二个军团将校——这些是还活着的全部罗马军官们。宣了誓之后,蓬提阿斯把防寨打开一部分,把两支长矛插入地中,把另外一支长矛横在顶上,使罗马人出来的时候,一个一个地从下面走过。他也给他们一些驮兽,运载他们的病号,并且把足够达到罗马的

① 参阅第1节。——译者

75 粮食给予他们。这种遣散战俘的方法，罗马人称之为在轭门下遣送；在我看来，这似乎是对战俘侮辱的意思。

7. 当这个灾难的消息传到罗马的时候，罗马人痛哭悲伤，如临公共的丧礼。妇女们对那些用这种不名誉的方法挽救了生命的人，好像对死者一样服丧。元老们取消了他们紫带袍。整个一年之内宴会、婚姻及其他一切类似的事情都被禁止，直到这个灾难得到弥补时为止。这些回来的士兵们，有些因为感到羞耻，躲避在田野中，有些在夜间偷偷地跑进城里来。执政官在白天进城，因为法律上规定他们必须这样做的，他们虽然戴着他们平常的职位标帜，但是他们不能再行使他们的权力了。①

V. 辑自《修伊达斯》

前290 因为钦佩他的勇敢，有一群精选的青年，数达八百人，惯于跟随着顿泰塔斯，②准备应付任何事变。这就是元老院在他们集会的时候所遭遇的困难。

VI. 辑自《使节》

前283 1. 有一次，许多克勒特部落的塞诺尼斯人援助伊达拉里亚

---

① 后来罗马元老院拒绝批准这个和约，战争又起，至公元前304年结束。萨谟尼安人承认罗马的最高统治权。后来战争又发生，公元前292年蓬提阿斯被俘，送往罗马被处决了。——译者

② 平民领袖，公元前290年为执政官。——译者

人,对罗马人作战。罗马人派遣使节往塞诺尼斯人的诸市镇,向
他们抱怨说:当他们还受条约约束的时候,他们就充作雇佣兵来
进攻罗马人。虽然罗马的使者们带着传令官的手杖,穿着他们
的官服,但是布列多马里斯把他们切成碎片,把他们的肢体抛
弃,说他的父亲是在伊达拉里亚作战的时候被罗马人杀死的。77
执政官科尼利阿斯,当他正在行军的时候,听到了这个可怕的事
情,马上放弃了向伊达拉里亚的进攻,很迅速地由萨宾人的领土
和匹塞浓,突击塞诺尼斯人的市镇,杀人放火,蹂躏了这些市镇。
他把他们的妇女和幼儿,作为奴隶带走了,除了布列多马里斯的
一个儿子外,所有的成年人都被他杀死了。他把布列多马里斯
的儿子残酷地拷打,带着他凯旋。

2. 那些在伊达拉里亚的塞诺尼斯人听到这个灾祸的时候,他们联合伊达拉里亚人向罗马进攻。经过各种不幸的事件之后,这些塞诺尼斯人无家可归,因为他们的不幸而处于疯狂状态;因此,他们袭击多密提阿斯[另一个执政官]。他们大部分人都被多密提阿斯所杀。其余的人由于绝望而自杀。这就是塞诺尼斯人因为对使节们所犯的罪行而受到的惩罚。

VII. 同上

1. 科尼利阿斯带着十条装有甲板的船舰,巡视大希腊①沿 前282
海一带。他林敦有一个煽动家,名叫法罗查里斯,他过着淫乱的

① 意大利南部。——译者

生活，因而得到一个绰号，叫做泰伊斯①。他对他林敦人说，根据一个老的条约，罗马人是不得航行越过拉西尼昂地角的。他这样煽动他们的情绪，结果，他说服了他们把船舰开往海上，进
79 攻科尼利阿斯。他们击沉了他的四条船舰，俘虏了一条船舰和船上所有的人。他们同时谴责条立爱人，说他们虽然是希腊人，但是对罗马人比对他林敦人还好些，罗马人之所以越过界线，主要是由于他们的过失。于是他们驱逐条立爱的最显贵的公民，围攻他们的城市，在休战旗帜下遣散罗马的驻军。

前282 2. 当罗马人知道了这些事情的时候，他们派遣一个使团到他林敦去，提出要求说，如果他们希望继续维持和罗马人的友好关系的话，他们应当交还俘虏，因为这些俘虏不是在战争中被俘，而是当作单纯的游览者被俘的；应当使那些被放逐的条立爱公民回到他们的家乡；应当归还那些被掠夺的财产，或归还一切损失的价值；最后，应当交出这些罪行的主谋者。他林敦人造成种种困难，使罗马使团根本不能出席他们的会议。当他们接见使团的时候，每次如果使者们说希腊语有错误的话，他们就嘲笑使者们。他们拿使者们的宽袍和袍上的紫带开玩笑。但是有一个喜欢开玩笑和说下流话的家伙，名叫斐罗尼达的人，跑到使团团长波斯都密阿斯的面前，推着波斯都密阿斯的背转向他，把波斯都密阿斯的衣服扯起来，把污秽涂在他的身上。观众看见了这个情景，哈哈大笑。波斯都密阿斯拿起他被脏污了的衣服来，说："你们——你们这些喜欢恶作剧的人，一定要用很多血来

① 泰伊斯是亚历山大部将托勒密的情妇，见普鲁塔克《传记集》(近代丛书英译本)，第828－829页。——译者

洗掉这些脏污!”因他林敦人没有作答复,使团离开了他林敦。波斯都密阿斯照样穿着原来被脏污了的衣服给罗马人看。

3. 罗马人民大为愤怒,下令给正在和萨谟尼安人作战的伊
密利阿斯,要他暂时停止对萨谟尼安人的军事行动,而去侵入他 81
林敦人的领土,向他们提出上次使团所提出的条件;如果他们拒绝的话,就用全力和他们作战。他按照命令向他林敦人提出了要求。这次他们没有笑,因为他们看见了这支军队。他们的意见分为人数几乎相等的两派;他们还在犹豫不决,争论不休,最后其中有一个人对他们说:“把公民交出,是一个已经被奴役了的民族的行为;但是孤军作战是危险的。如果我们想要坚强地捍卫我们的自由,在平等的条件下作战的话,我们可以邀请伊壁鲁斯国王皮洛斯来,请他做我们这次战争的领袖。”就照这样做了。

VIII. 辑自《美德与恶行》

船舰失事之后,伊壁鲁斯国王皮洛斯到了他林敦港。国王 前281
的军官们使他林敦人很为窘迫,他们强住在他林敦的公民家里,公开地凌辱他们的妻子和儿女们。后来皮洛斯禁止他林敦人宴饮以及其他社会集会和娱乐,认为这些事情跟战时情况不相适合,命令公民们受严格的军事训练,如果他们不服从的话,即处死刑。于是他林敦人为这些他们不习惯的训练和事务完全折磨得精疲力竭了;因此,他们从城市里逃往乡间,好像它是一个外国人的政府一样。于是国王关闭城门,驻扎卫兵守着。这样,他林敦人很清楚地看到了他们自己的愚笨。

83 ## IX. 同上

前280　1. 有些罗马军队驻扎在利吉姆，以保卫这个城市的安全而防止敌人的入侵。他们和他们的领袖狄西阿嫉妒当地居民的幸福生活，趁着他们正在一个假日宴会的时候杀害他们，强奸他们的妻子。他们提出一个作为这个罪行的借口，说利吉姆的公民们将出卖罗马驻军而投降皮洛斯。所以狄西阿变为一个最高统治者，而不是一个驻军司令官了。他和马麦丁人[①]订立同盟；马麦丁人住在西西里海峡的那一边，不久以前，他们对于他们的东道主也犯了同样的罪行。

2. 狄西阿患眼疾，他不信任利吉姆的医生，因而派人往麦散那去请一个医生，这个医生是很久以前从利吉姆迁居到麦散那的，人们都忘记了他是一个利吉姆人。这个医生劝他说，如果他希望快点好的话，他应当使用某种强烈的药剂。他使用了一种猛烈的、腐蚀性的油膏涂在狄西阿的眼睛上面之后，他告诉狄西阿忍着痛苦，等候他再来。于是他秘密地回到麦散那去了。狄西阿忍受痛苦很久之后，洗去油膏，发现他的眼睛已经失明了。

3. 罗马人派遣非布利西阿去恢复秩序。他把城市交还给
85 那些当时还活着的利吉姆人，把叛变的罪魁送到罗马去。这些
前280 人在广场被棒击后，就被枭首了，他们的尸体被抛弃而没有埋葬。狄西阿双目失明，守卫者疏于防范，他自杀了。

---

① 叙拉古的意大利雇佣兵，被遣散后，占麦散那独立，自称马麦丁人，意为“战神马斯的儿子”。——译者

X. 辑自《使节》

1. 伊壁鲁斯国王皮洛斯既战败了罗马人①之后，很想在激
烈战争之后补充他的军队，预料罗马人在那个时候是会特别希
望议和的，因此，他派遣一个帖撒利人西尼阿斯到罗马去，西尼 前280
阿斯是以巧于辞令著名的，人家把他和德谟斯提尼②相比。罗
马人允许他进入元老院议事厅的时候，他以各种理由颂扬皮洛
斯，特别强调他在胜利之后，能够节制，因为他既不直接进攻罗
马，也不攻击战败者的军营。他向罗马人提出和皮洛斯建立和
平、友谊和同盟的建议，只要罗马人把他林敦人包括在条约之
中，允许其他希腊人按照他们自己的法律，自由地居住在意大
利，退还他们在战争中所侵略琉卡尼亚人、萨谟尼安人、多尼亚
人和勃罗丁人的一切东西。如果罗马人愿意这样做的话，他说，
皮洛斯将退还全部战俘而不要赎金。

2. 罗马人由于皮洛斯的声誉和近来他们所遭遇的灾难而
胆怯，犹豫了很久。最后，绰号盲者的阿彼阿斯·克劳狄(他因年
老而失明)命令他的儿子们引导他到元老院议事厅来，他在那里
这样说："过去我因失明而悲伤；但是现在我深以没有同时失掉 87
听觉为遗憾，因为我是从来没有料想到会看见或者听见你们有
这种议论的。难道单单一个不幸的事件就使你们顿时忘掉了你
们自己，以致把那个造成你们的灾祸的人和那些邀请他到这里

① 赫拉克里亚之役。——译者

② 希腊有名的演说家(前384？—322年)。——译者

来的人叫做朋友，而不叫做敌人，把你们祖先们的遗产交给琉卡尼亚人和勃罗丁人吗？这不是使罗马人变为马其顿人的仆役又是什么呢？你们中间有人胆敢称此为和约而不是奴役！”阿彼阿斯举出了许多其他意义相类似的事情来，以鼓励罗马人的士气。如果皮洛斯想要跟罗马人订立和约、建立友谊关系的话，让他退出意大利，然后派遣他的使团来。他留在意大利一天，我们就一天既不把他看作朋友，也不把他看作同盟者，既不把他看作罗马人的裁判者，也不把他看作罗马人的仲裁人。

3. 元老院完全按照阿彼阿斯的词句答复了西尼阿斯。他们下令替利维那斯征集两个军团，发表公告，凡志愿投军以代替阵亡者的人，可以把他的名字写在兵役册上。当时西尼阿斯还在那里，看见群众彼此争先恐后地参军，据说，他回去的时候对皮洛斯说：“我们是在跟一条九头蛇[1]作战。”也有别的人说，这句话不是西尼阿斯说的，而是皮洛斯本人当他看见罗马的新军比上次的军队还要多的时候说的；因为另一位执政官科伦卡尼阿斯从伊达拉里亚回来，把他的军队和利维那斯的军队合并在一起了。又据说，当皮洛斯详细询问罗马的情况的时候，西尼阿斯回答说，罗马是许多将军之城；当皮洛斯表示诧异的时候，西尼
89 阿斯纠正他自己的话说，与其说是许多将军，不如说是许多国王。当皮洛斯知道，从元老院手中没有取得和约的希望的时候，他尽力向罗马进攻，沿途破坏一切。当他达到阿那格尼亚镇的时候，他发现他的军队为战利品和一群战俘所拖累，因此他决定

① 根据希腊神话，九头蛇是一条怪蛇，一个头被斫掉的时候，立刻就会生出两个头来的。后为赫丘利所杀。——译者

把战事推迟了。他于是回到坎佩尼亚,派遣他的象队先行,然后分散他的军队到各市镇的冬营里去了。

4. 罗马的使节们来到这里,请求赎回战俘,或者跟他们所俘虏的他林敦人和他的其他同盟者相交换。皮洛斯回答说:如果罗马人准备媾和的话,他愿意照西尼阿斯在他的宣言中所说的,无代价地释放战俘;但是如果战事还要继续下去的话,他不愿意放弃这样多勇敢的人来反抗他。然而他还是以国王的风度款待他们。他听说使团团长非布利西阿在罗马是很有势力的,同时他是一个贫穷的人,所以皮洛斯和他接近,对他说:如果他促成和约的实现的话,他愿意带他到伊壁鲁斯去,任命他为主要官吏,跟他共享他的财富;皮洛斯又请求他就在当时当地接收一项金钱礼物,借口说,这些礼物是送给那些商谈和约的人的。非布利西阿突然大笑。他对于公事完全没有作任何回复,但是他说:"国王阿,无论你的朋友也好,你自己也好,都不能夺去我的独立。我认为,我的贫穷比你们这些忧心忡忡的国王们所有的财富都更加幸福些。"另外一些人把这个对话作了一个不同的报道,说非布利西阿答复道:"当心,提防伊壁鲁斯人会受到我的性格的影响,喜欢我胜过喜欢你了。"

5. 不管他的答复是怎样的,皮洛斯钦佩他的高尚精神。于 前280
是他试用另一个计划,以求取得和约。他允许战俘们根据这样 91
一个条件自由回家去过萨特恩神节日,[①]没有卫兵看守他们:如果罗马接受了他所提出来的条件的话,他们就可以得到自由;但

① 萨特恩为罗马的土地神,其节日在12月17—19日,是罗马人一年中最快乐的节日。——译者

是如果没有接受的话，他们应当在萨特恩神节日终了的时候，回到他那里来。战俘们虽然很热诚地请求，力劝元老院接受条件，但是元老院命令他们于萨特恩神节日终了的时候，在指定的日期把自己交给皮洛斯，凡误了这个日期者处死。所有的人都遵守了这个命令。这样，皮洛斯又认为战事是不能避免的了。

XI. 同上

前 278 1. 当皮洛斯因为对付罗马人的复杂情况而烦恼的时候，他又因为摩罗西人①的暴动而不安。这时候，西西里国王阿加托克利②刚刚死了，因为皮洛斯娶了他的女儿拉那萨，他开始把西西里比意大利更加当作他的当然财产了。但是他还不愿意没有商订一个和约，就把那些邀请他来支援的人遗弃了。他热心地抓住罗马人送回一个背叛他的叛徒的机会，向执政官们表示感激这样挽救了他的生命，同时又派遣西尼阿斯到罗马去表示他的谢意，并且为了报答起见，他将交出战俘来，他命令西尼阿斯尽一切可能的方法，以求订立和约。西尼阿斯听说罗马人是喜
93 欢金钱和礼物的，妇女们对于罗马人自古以来就有很大的影响，因此他带了大量礼物，准备送给罗马人和罗马的妇女们。

2. 但是他们彼此互相警告，不要接受这些礼物，据说没有一个男人或一个妇女接受任何东西。他们给西尼阿斯的答复跟

① 伊壁鲁斯一个部落。——译者

② 生于公元前 361 年，公元前 316 年为西西里僭主，公元前 304 年为国王，死于公元前 289 年。——译者

以前一样：如果皮洛斯从意大利撤退，派遣一个使团，不带礼物到他们那里去的话，他们情愿在各方面同意公平的条件。但是他们很豪华地款待了使团，同时把他们所俘虏的全部他林敦人和他的其他同盟者交还给皮洛斯，以为交换。因此，皮洛斯带着他的战象和八千骑兵航往西西里，应许他的同盟者说，他一定要回到意大利来的。三年之后，他回到意大利，因为迦太基人把他从西西里驱逐出来了。

XII. 辑自《美德与恶行》

1. 在跟罗马人发生战役①以及休战之后，皮洛斯航往西西
里，他答应一定会回到意大利来的。三年之后，他回来了，因为 前276
他被迦太基人赶出了西西里，而且他的军队的住宿和给养，他的驻军和他所加于西西里人身上的贡税，对于西西里人自己是很沉重的负担。由于这些勒索而致富之后，他带着一百一十条装有甲板的船舰航往利吉姆，此外还有数目多得多的商船和运输
船。但是在海上，迦太基人向他进攻，击沉了他的七十条船舰， 95
其余的船舰，除去十二条之外，全都丧失了航行的能力。他带着这十二条船舰逃跑的时候，还向意大利的罗克里人报了仇，由于他的驻军和驻军司令官对罗克里居民残暴，罗克里人把他的驻军和驻军司令官杀死了。他很残暴地屠杀和劫掠他们，甚至普罗瑟彼那女神②庙的圣物也没有留下，他开玩笑地说，不合时

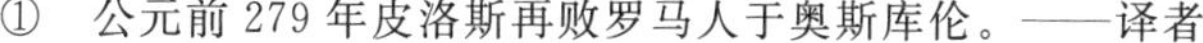

① 公元前279年皮洛斯再败罗马人于奥斯库伦。——译者

② 万物生长之女神。——译者

宜地敬神无异于迷信，不劳动而取得财富是上策。

2. 他载着他的掳获物从港口航出，途中遇着暴风，有些船舰连同水手们一起沉于海中，有些被吹往岸边。但是所有的神物都被波涛安全地冲回罗克里港口中。皮洛斯看到他不敬奉神祇的报应太晚了，因此，他恢复了普罗瑟彼那女神庙的神物，请求以无数的祭品贡献女神以赎罪。因为那些祭品表示不吉祥，他更加愤怒了，他杀死所有那些劝他劫掠女神庙中财产的人，或同意劫掠的人，或参加劫掠的人。皮洛斯悲剧的经过就是这样的。

第四卷　高卢史（片断） 99

I.　阿庇安《高卢史》一书的摘要

1. 高卢人首先向罗马人进攻。他们攻陷了罗马城，只有卡 前 390
皮托[①]未攻下，他们焚烧罗马。但是卡密拉斯战胜并驱逐了他
们。后来当高卢人第二次侵入的时候，他又打败了他们，因此他 前 367
举行了一次凯旋，当时他年八十一岁。高卢人第三次侵入意大
利的军队被泰塔斯·昆提阿斯指挥下的罗马人打垮了。后来，
高卢诸部落中最凶猛的波伊人进攻罗马人。独裁官盖约·萨尔 前 361
彼喜阿斯率军前去抵抗他们，据说，他使用了下面的战术。他命 前 358
令第一行列的士兵投射他们的标枪后，马上蹲下去；于是第二、
第三和第四行列的士兵，依次投射他们的标枪，然后蹲下去，使
他们不至于被后方投射来的长矛击伤；当最后一行列投掷了他
们的标枪之后，所有的士兵一齐跳起来，大声呼喊，迅速地跟敌 101
人进行肉搏战。这样多次标枪投射之后，接着就立刻进攻，是会
使敌人惊慌的。高卢人所使用的长矛，跟罗马人所称为 Pila 的
标枪没有什么不同，是四边形的，一半是木制的，一半是铁制的，
除尖端以外，其余的部分都是不坚硬的。这样，波伊人的军队完
全被罗马人消灭了。

---

① 罗马内城，即朱比特神庙所在地。——译者

前 350 2. 另外一支高卢军队被波彼略打败了；此后，前面说到的
前 349 卡密拉斯的儿子卡密拉斯也打败了同一个高卢部落。后来伊密
前 225 利阿斯·巴配斯从高卢人手中夺取了一些战利品。在马略为执
前 105 政官以前不久，克勒特诸部落中人数最多、最为好战、体力最强的一群人①侵入意大利和高卢，②打败了一些罗马执政官，击溃了他们的军队。马略被派去抵抗他们，把他们击溃了。罗马人与高卢人之间的最近一次和最大一次战争是在恺撒指挥之下进
前 58 行的。他在那里指挥军队十年③中，总共跟四百万以上的蛮族人打过仗。这些人数中，有俘虏一百万人，在战争中被杀死的人数同样多。他们征服了四百个部落和八百多个市镇。它们中间，有些是起初臣服了，后来又叛变的；有些是初次被征服的。
前 121 就是在马略以前，非比阿·马克西马斯·伊密连那斯带着很少的军队跟高卢人作战，在一次战役中就杀死了他们十二万人，而他自己的士兵仅丧失十五人；他虽然新受了伤，但他时而坐着担
103 架，时而扶着别人的肩膀，一步一步地沿着军队的行列走过，鼓励他的士兵，向他们说明怎样跟蛮族人战斗，所以他取得了这次胜利。

3. 恺撒对付他们的战争是从打败大约二十万赫尔维提亚
前 58 人和提加里尼人开始的。在一个更早的时期内，提加里尼人曾经俘虏了一支派索和喀西约所指挥的军队，把他们从轭门下送

---

① 即西姆布赖人。——译者

② 那旁·高卢，现在法国南部。——译者

③ 公元前 58—前 50 年。——译者

出来,如鲍鲁斯·克劳狄[①]的编年史中所叙述的。提加里尼人现在被恺撒的部将雷宾那斯所征服了,其他的人和那些援助他们的特利科利人则被恺撒本人所征服。他也征服了在阿利俄维斯塔统治下的日耳曼人,这个民族在身躯大小上超过其他的民族,就是身体最大的人也不能跟他们相比;他们凶猛残酷,是勇敢的人中间最勇敢的,藐视死亡,因为他们相信死后还会活着的,他们能够同样地忍受寒暑,在断粮的时候,他们吃野草维持生活,而他们的马则吃树木的嫩叶。但是在作战中,他们似乎没有耐心,他们像野兽一样,是在激动情绪指导之下,而不是在智慧和科学指导之下进行战斗的;因此,他们被罗马人的科学和耐心所征服了;日耳曼人虽然用了很大的力量向罗马人进攻,把整个罗马军团打退了一个短短的距离,但是罗马人维持他们的行列,没有被击破,用计谋制胜他们,结果杀戮了八万日耳曼人。

（前58）

4. 后来当所谓比尔格人[②]正在横渡一条河[③]的时候,恺撒进攻他们,杀死了他们的人数这样多,以致恺撒从尸体所造成的桥上渡过了河。但是当他的军队正在行军之后进入军营的时候,纳尔维爱人突然向他的军队进攻,把他打败了。他们大肆屠杀,他所有的军团将校和百人队长都被杀死了。恺撒本人带着 105
他的卫队逃到一个山上,敌人把他包围起来;但是他们的后方被第十军团袭击,他们的人数虽然有六万,但是完全被打垮了。纳

（前57）

① 恐为克劳狄·卡德·里伽里阿斯之误,他是公元前一世纪人,写过公元前390年到苏拉时代的《罗马史》。——译者

② 现在比利时人的祖先。——译者

③ 即安河。——译者

前 55 尔维爱人是西姆布赖人和条顿人的后裔。恺撒也征服了阿罗布罗基人。他屠杀了四十万伦西彼提人和顿克特里人，不管携带武器的和没有携带武器的，都一起被杀死了。西加姆布赖人以五百骑兵击溃恺撒的五千骑兵，因为是出乎意料之外向他们袭击的。西加姆布赖人后来在一次败仗中受到了惩罚。

5. 恺撒也是罗马人中第一个渡过莱茵河的。他又渡海到
前 55 不列颠，不列颠是一个比一个很大的洲还要大些的岛屿，①当时罗马人还不知道它。他是利用退潮渡海的。因为退潮开始的时候，舰队为波涛所冲击，起初慢慢地，后来稍微快一点，直到最后恺撒迅速地被海潮带到不列颠了。

II.　辑自《使节》

前 391 在希腊历第九十七奥林匹亚纪②时，住在莱茵河两岸的大部分高卢人开始移动，以寻找新地，因为他们所占地的土地已经不够他们众多的人口之用。他们越过阿尔卑斯山之后，进攻克鲁新的领土，克鲁新是伊达拉里亚一个肥沃的地区。不久以前，克鲁新人已经和罗马人订立同盟，现在向罗马人请求援助。所以非比阿兄弟三人被派遣同克鲁新人一道作为使节到高卢人那
107 里去，命令他们从罗马的同盟国里退去，如果他们不听命令就予

① 阿庇安时代罗马人对不列颠的实况还不很清楚，认为它是一个比洲还要大些的岛屿。——译者

② 古希腊由前届奥林匹亚运动会到次届奥林匹亚运动会的四年间。——译者

以威吓。高卢人回答说,他们既不害怕任何人的威胁,也不害怕任何人的武器,他们需要土地,他们还没有干预罗马人的事务。当高卢人正在毫无戒备地劫掠乡村的时候,来作使节的三个非比阿劝克鲁新人袭击高卢人。他们三人亲自参加战斗,无数高卢人正在搜寻粮草,被他们捉着杀死了。罗马使团成员之一,昆塔斯·非比阿亲自杀死了那队高卢人的酋长,剥去他的衣服,把他的武器带回克鲁新。

III.　同上

三个非比阿杀死了这样多高卢人之后,高卢人的国王布林那斯拒绝接待罗马的使节;后来为了威胁罗马人,他们选择一些高卢人为使节,这些人的躯干比一般高卢人高大的程度,正好像高卢人比其他民族更高大一样,他们到罗马去谴责罗马人说,三个非比阿当他们作使节的时候,参加战争来反对他,这是违反国与国之间的公法的。他要求罗马人把他们三个人交给他来惩办,如果罗马人不希望把这个罪行作为他们自己的罪行的话。罗马人承认三个非比阿是做错了,但是因为他们对这个显贵家
族是很尊敬的,所以他们劝高卢人接受他们的金钱赔偿。高卢 前391
人拒绝了,于是他们选举三个非比阿为那年的军事保民官,于是 109
对高卢的大使们说,他们对于三个非比阿一点办法也没有,因为他们正担任军事保民官的职位,但是告诉他们说,如果高卢人还是愤怒的话,他们明年可以再来。布林那斯和他统治下的高卢人认为这是一个侮辱,他们在愤怒之下,派人到各地方的高卢人

那里去，请求他们在战争中支援。当很多人响应这个号召而聚集起来的时候，他就拔营向罗马进军。

IV.　辑自《修伊达斯》

前 390 他（西德西阿斯）答应带着信件，通过敌人的军队，到卡皮托去。

V.　辑自《美德与恶行》

当西德西阿斯带着元老院任命卡密拉斯为执政官的命令送给卡密拉斯的时候，西德西阿斯劝诫卡密拉斯说，不要因为祖国伤害了他而怀恨祖国。卡密拉斯打断西德西阿斯的话，说，"过去我不可能向神明祈祷，说希望罗马人有一天会渴望我的，[①]如果我知道那种渴望对他们是什么意义的话。现在我用更加高尚一些的祷辞来祈祷，希望我能够替祖国作出贡献，这种贡献也不小于祖国所遭遇的灾祸。"

VI.　同上

当高卢人没有办法爬上卡皮托的时候，他们安静地留在军
111 营里，以便使守城者因饥荒而屈服。一个名叫多尔索的祭司从

① 参阅 II(VIII)2。——译者

卡皮托跑下来，往维斯塔神庙中去举行年祭，他带着神器，通过敌人的军队。他的勇敢，或者他的虔诚和外表的尊严，使敌人大为敬畏。这样，由于他为了神圣职务的缘故而冒着危险，他的生命因此得救了。这件事情的发生，如上所述，是罗马作家喀西约①告诉我们的。

VII. 同上

高卢人本性放纵无度，他们居住在一个只产生谷物而没有其他出产的国度里，所以尽量沉湎于美酒和其他奢侈品。他们的身体原是巨大、优美而充满了松弛的肌肉的，现在由于过度的饮食，变得笨重而肥胖，完全不能奔跑和担任艰苦的工作了；当他们需要用力的时候，由于流汗和气促的关系，他们很快就变得精疲力竭了。

VIII. 辑自《修伊达斯》

他(卡密拉斯)把他们剥掉衣服给罗马人看，并且说："这是那些畜牲在战斗中发出这样可怕的喊叫来袭击你们，把他们的武器敲得当当有声，挥舞着他们的长剑，并披散他们的头发。你们看看，他们的身体是不结实的，他们是软弱的，身上的肉是松弛的；把你们自己装备起来去做你们的工作吧！"

① 琉喜阿斯·喀西约·赫密那，公元前二世纪中叶人，第一个拉丁编年史家，著《罗马史》，叙述罗马城的建立至第二次布匿战争的历史。——译者

113

IX. 同上

前360 罗马人民从墙上观战，经常派遣生力军来支援那些渐渐疲倦了的人。但是疲倦了的高卢人，因为不得不这样跟敌人的生力军作战，开始毫无秩序地逃跑了。

X. 同上

前349 那个高卢人气势汹汹，因为流血过多，已经精疲力竭了；他追赶发利略，极想抓住他，和他同归于尽。但是因为发利略继续退却，最后，那个高卢人倒栽葱跌倒了。罗马人庆祝他们这个第二次跟高卢人决斗的胜利。

XI. 辑自《使节》

前283 塞诺尼斯人虽然跟罗马人订有条约，但是他们供给雇佣兵，以反对罗马人；因此，元老院派遣一个使团到他们那里去，对他们这样破坏和约提出抗议。高卢人布列多马里斯愤恨罗马人，因为他的父亲正是在这次战争中帮助伊达拉里亚人作战的时候，被罗马人杀害了；所以当使节们手里拿着传令官的手杖，身上穿着他们职位上不可侵犯的官服的时候，他把他们杀死了。于是他把他们的尸体切成碎片，分散地抛弃在田野中。当时执政官科尼利阿斯正在进军，听到了这个可怕的行为，他马上兼程行军，

由萨宾人的地区和匹塞浓进攻塞诺尼斯人的市镇,杀人放火,劫
掠了他们的一切。他把妇女和儿童降为奴隶,把全体成年男子 115
都毫无例外地杀死了,用一切可能的方法蹂躏他们的乡村,使之以后不能居住。他只俘虏布列多马里斯一个人,以备拷打。不久之后,塞诺尼斯人,因无家可归,勇敢地袭击执政官多密提阿斯;被他打败了之后,他们在绝望中自杀了。这就是塞诺尼斯人因为对使节们所犯的罪行而受到的惩罚。①

XII. 同上

萨利伊人是一个被罗马人征服了的民族,他们的酋长们逃 前121
到阿罗布罗基人那里去了。当罗马人要求交出他们来而被拒绝了的时候,罗马人在尼阿斯·多密提阿斯指挥之下,向阿罗布罗基人作战。当他正在走过萨利伊人的领土的时候,阿罗布罗基人的国王毕都伊塔斯的使节和他相遇。这个使节穿着华丽的衣服,带着盛装的随从和狗,因为这个地区的蛮族人也利用狗做卫队的。随从中有一个乐师,他用蛮族的样式歌颂国王毕都伊塔斯,然后歌颂阿罗布罗基人,然后歌颂使节本人,赞美他的出身,他的勇敢和他的财富。主要地正是因为这个缘故,著名的使节们常带着这样的人跟他们在一起。但是这个使节虽然恳求赦免萨利伊人的酋长们,结果一事无成。

①　参阅 III(VI)。——译者

117

XIII. 同上

前 113　一队人数众多、专想从事劫掠的条顿人侵入诺利康的领土。罗马执政官巴彼利阿斯·卡波担心他们会侵入意大利，因此他占据了阿尔卑斯山最狭的通道。因为他们没有向这个方向移动，他亲自进攻他们，谴责他们侵略罗马人的外国朋友[①]诺利康人。罗马人惯于和他们想要以友谊为借口而加干涉的民族交成外国朋友，而他们没有义务把这个民族当作同盟者来加以保护。当卡波将要到来的时候，条顿人派人传话给他，说他们从来不知道罗马和诺利康的关系，以后他们再不侵扰他们了。他表扬使者们，同时给他们以向导，以引导他们回国去的路程，但是秘密地命令这些向导们引导他们走较远的道路。于是他亲自从一条捷径横切过去，出乎意外地袭击条顿人，当时条顿人还正在休息，但是因为他的背信弃义，他受了很大的苦，丧失了大部分军队。因为天黑了，同时当战斗正在进行的时候，雷雨大作，来自天空的绝对恐怖把双方交战者分开，战事就停止了；不然的话，卡波可能会跟他的全部军队同归于尽。虽然是这种情况，但是罗马人只能分成小队，逃入森林中，三天之后，经过许多困难，才聚集起来。条顿人由这个地方进入高卢了。

① 即 Amici(朋友)，与 socii(同盟者)相对，参阅海特兰著《罗马共和国》，第二卷，第 428 节。——英译者

XIV. 辑自《修伊达斯》 119

他命令他们让西姆布赖人的尸体毫不移动,照原状摆在那 前 113
里,等到天明,因为他相信他们是佩戴黄金装饰品的。

XV. 辑自《使节》

提加里尼人和赫尔维提亚人两个民族侵入罗马的高卢省, 前 58
当恺撒得知这个行动的时候,他沿着隆河建筑一条长达一百五十斯塔狄亚的长城,以阻止他们。当他们派遣使节到他那里来,力图订立条约的时候,他命令他们把人质和金钱送给他。他们回答说:他们只惯于接受别人的人质和金钱,而不惯于把人质和金钱送给别人。因为他想防止他们之间建立联系,他派遣雷宾那斯进攻提加里尼人,提加里尼人是两个民族中力量较弱的一个;而他本人则带着约两万高卢的山上居民进攻赫尔维提亚人。这个工作对雷宾那斯说来,是容易的,他乘提加里尼人不备在河岸边打败他们,他们大部分人被击溃后,慌乱地逃走了。①

XVI. 同上

莱茵河那一边的日耳曼人的国王阿利俄维斯塔,在恺撒还 前 59

① 参阅 IV(I)3。——译者

没有到的时候，渡河到这一边来，向罗马人的朋友爱杜伊人作战了。但是当罗马人命令他不要行动的时候，他遵守了这个命令，带着军队离开了爱杜伊人，希望也可以做罗马人的朋友。这一点也被批准了，因为恺撒本人就是执政官，他投票赞成。

121

XVII.　同上

前 59　日耳曼人的国王阿利俄维斯塔被通过为罗马人民的朋友之后，他跑到恺撒那里去，举行会谈。当他们分别之后，他还希望再举行一次会谈，恺撒拒绝了，但是恺撒派遣了一些高卢人的领导人物去跟他会晤。阿利俄维斯塔把他们都用铁锁系着，因此恺撒威吓他，带着军队向他进攻；但是因为日耳曼人的军事声誉，军队里发生恐慌。

XVIII. 同上

前 55　一般人相信：一个日耳曼部落攸西彼提人和顿克特里人带着他们自己的八百骑兵，无缘无故地击溃了恺撒的大约五千骑兵；后来他们派遣使节来，恺撒把使节扣留了；这件事情对他们所发生的后果是引起他们突然遭到很大的灾祸，他们的四十万人被打死了。有一个作家说，伽图在罗马元老院中建议，把恺撒交给蛮族人，因为正在谈判的时候，他犯了这个血腥的罪行。但是恺撒在他自己的日记中说：当他命令攸西彼提人和顿克特里人立即回到他们原来的家乡去的时候，他们回答说，他们已经派了使节到苏挨维人那里去了,苏挨维人过去曾把他们驱逐出来,他们正在等待苏挨维人的答复;当这些谈判正在进行的时候,他们带着八百骑兵袭击他的部下,由于突然遭到袭击,他的五千骑
兵被击溃了;当他们再派一个使团来说明他们这样破坏信义的 123
原因的时候,他怀疑他们有类似的欺骗,所以在答复之前,就向他们袭击了。

XIX. 辑自《修伊达斯》

他们马上煽动不列颠人破坏誓言,他们抱怨说:当和他们所订的条约还有效的时候,军队还在那里。

XX. 同上

当恺撒正在担心对[昆塔斯]会有一个攻击的时候,西塞罗 前54
回来了。

XXI. 辑自红衣主教马伊[①]的《梵蒂冈抄本》

布列多里斯引诱爱杜伊人叛离罗马人。当恺撒以此谴责他们的时候,他们说,一个古老的同盟条约有优先权。

① 安吉洛·马伊(1782－1854年),意大利古典语言学家及考古学家。1819－1825年为梵蒂冈图书馆馆长,他发现和出版了许多古典作品的抄本。1838年为红衣主教。——译者

127

第五卷　关于西西里和其他岛屿（片断）

I. 辑自《使节》

前252　罗马人和迦太基人都缺少金钱：罗马人已经不能再造船舰，因为他们由于赋税而山穷水尽了，但是他们征集步兵，每年派遣步兵到阿非利加和西西里去；而迦太基人则派遣一个使团到埃及王托勒密（拉加斯的孙子，托勒密的儿子）那里去商借两千他连特。托勒密与罗马人和迦太基人都有友好的关系，他设法调解他们；但是他不能达到这个目的，因此他就说："一个人应当帮助朋友去反对敌人，而不应当帮助朋友去反对朋友。"

II. 同上

前242　1. 当迦太基人已经同时在陆地上两次遭到惨败，①在海上又两次遭到惨败②（在海军方面，他们自以为是强得多的）之后，他们已经没有金钱、船舰和人员，他们向琉塔提阿斯请求休战，

---

①　公元前262年罗马攻陷阿格里根特（在西西里南部）；公元前254年攻陷巴诺马斯（在西西里北部）。——译者

②　公元前260年迟利（在麦撒那西）之役和公元前254年埃克诺姆海角（西西里南部）之役。罗马两次大败迦太基海军。——译者

他们得到休战的允许之后，派遣一个使团到罗马去，在某种限度
内的条件下商订条约。他们派遣他们所俘虏的执政官阿提略·
累基拉斯跟他们的使团一同去，[1]要他劝他的同胞们承认这些 129
条件。当迦太基的使节已经退出，他穿着布匿人的衣服如同一
个战俘进入元老院议事厅的时候，他向元老院说明迦太基的情
况已处于绝境，劝他们不是继续猛烈地进行战争，就要坚持一些
比较有利的和平条件。因为这种缘故，他自愿回到迦太基之后，
迦太基人把他关在一个木笼里面，木笼里的木板上钉满了长钉，
使他总是站着。不能卧下，这样把他处死了。尽管这样，但还是
根据对罗马人比较有利的条件订立了和约。[2]

2. 条件是这样的：所有迦太基人扣留的罗马战俘和逃兵都
应交出；西西里和邻近的小岛交给罗马人；迦太基人不得发动战
争去进攻叙拉古或叙拉古的统治者海挨罗，也不得在意大利任
何地区招募雇佣兵；迦太基人付给罗马人战费赔款两千优卑亚
他连特[3](一个优卑亚他连特等于七千亚历山大里亚德拉克
玛)，分二十年还清。罗马人和迦太基人为了争夺西西里的第一
次战争就这样结束了，这个战争持续了二十四年。在这次战争
中，罗马人丧失了船舰七百艘，迦太基人丧失了五百艘。这样，
西西里的主要部分(即迦太基人过去占领的全部土地)都落到罗
马人手中了。罗马人对西西里人征收贡税，把某些海军经费的 131
负担摊派给他们的市镇，每年派遣一个大法官来统治他们。在

---

① 公元前 250 年，参阅 VIII 上(4)。——译者

② 公元前 241 年。——译者

③ 一优卑亚他连特约等于一厄基那他连特的十分之七。——英译者

另一方面，叙拉古的统治者海挨罗被宣布为他们的朋友和同盟者，因为在这次战争中，他是跟他们合作的。

3. 当这次战争结束了的时候，高卢人的雇佣军向迦太基人要求他们在西西里服务所应得的薪金以及哈密尔卡所允许给予他们的礼物。阿非利加的士兵们虽然是迦太基人的属民，也因为他们在西西里的服务而提出同样的要求；因为他们看见迦太基人被削弱和被屈辱了，他们更加傲慢地要求；同时他们也愤恨迦太基人，因为他们中间有三千人企图投降罗马人，因而被迦太基人钉死在十字架上了。但是当迦太基人拒绝他们的要求的时候，高卢人和阿非利加人联合起来，夺取突尼斯，同时又夺取乌提卡，这是在阿非利加仅次于迦太基的一个最大的城市。他们把这个城市作为根据地，开始煽动阿非利加其他地区暴动，把一些努米底亚人引诱到他们一边来，把很多逃亡奴隶编入他们的军队里，向四周劫掠迦太基的土地。这样，迦太基人四面都受敌人的压迫，他们向罗马人请求援助，以对付阿非利加人。罗马人没有派遣军队去，但是允许他们从意大利和西西里补充军需和在意大利征募雇佣兵（仅以这次战争为限）。他们也派遣代表往阿非利加去商谈和约，如果可能的话，但是他们毫无结果而回来了。迦太基人就竭全力进行战争。①

① 参阅 VI.4 和 VIII（上）5。迦太基花费了三年零四个月的时间，残酷地镇压了雇佣军的起义。——译者

III. 辑自《美德与恶行》 133

希波克拉底和伊壁塞底兄弟两人是叙拉古人的将军。他们 前214
长久以来愤恨罗马人；当他们不能煽动他们的同胞们作战的时候，他们跑到林地尼人那边去了，因为林地尼人和叙拉古人发生纠纷；他们责难他们的同胞们不该单独跟罗马人重订同盟条约，虽然过去海挨罗已经订立了一个包括全西西里在内的同盟条约。林地尼人因此大大地被煽动起来了。叙拉古人宣布，如果有人把希波克拉底或伊壁塞底的头颅送给他们的话，他们愿以和头颅重量相等的黄金为报酬。但是林地尼人推选希波克拉底做他们的将军。

IV. 同上

长久以来，西西里人痛恨罗马将军马塞拉斯，因为他是很残 前212
酷的；他过去用欺骗方法进入叙拉古城，西西里人更加愤恨他。为了这个缘故，他们和希波克拉底联合在一起，共同宣誓，双方中任何一方，非得到对方一起参加，不得单独订立和约，他们运送物资及步兵两万人和骑兵五千人去支援他。

V. 同上

马塞拉斯的名誉很不好，所以除非宣誓，没有人会相信他，因为这个缘故，塔罗明尼昂人向他投降的时候，他和他们订立协议，并宣誓使之有效，说他不驻扎卫兵于城内，也不要求居民服兵役。

135

VI. 辑自《使节》

前 74 1. 从在开始的时候起，克里特岛就对本都国王米特拉达梯似乎颇有好感；据说，在他跟罗马人作战的时候，克里特人以雇佣兵供给他。同时，一般人也相信，为了讨好米特拉达梯，他们支持当时出没于海上的海盗；当马可·安敦尼追逐海盗的时候，他们公开地帮助海盗。当安敦尼派遣使节来谈判此事的时候，他们藐视这个问题，给他以一个傲慢的答复。安敦尼立即向他们开战，虽然没有多大成就，但是他因此而得到了克累提卡①的称号。他就是后来和恺撒·奥古斯都在亚克兴作战的马可·安敦尼的父亲。当罗马人因为这些事情向克里特人宣战的时候，克里特人派遣一个使团到罗马去求和。罗马人命令他们交出拉斯提尼来（因为他过去和安敦尼作战），交出他们所有的海盗船只和在他们手中的全部罗马俘虏，以及三百名人质，并赔偿白银四千他连特。

前 69 2. 因为克里特人不愿接受这些条件，梅特拉斯当选为将军，向他们进攻。他在西顿尼亚打败了拉斯提尼。拉斯提尼逃往诺萨斯，潘那里斯把西顿尼亚投向梅特拉斯，以保证他自己的

① 意为“克里特的征服者”。——译者

安全为条件。当梅特拉斯正在围攻诺萨斯的时候,拉斯提尼纵
火焚烧他装满了钱财的房屋,然后从那里逃走。当时伟大的庞 前69
培正在指挥进攻海盗和米特拉达梯的战争,[①]于是克里特人送
信给庞培说,如果他来的话,他们自己愿意向他投降。因为他正 *137*
忙于别的事情,他命令梅特拉斯从克里特岛撤退,因为他们自己既然愿意投降,就不应当和他们继续战争,他说,以后他愿意来接受该岛的投降。梅特拉斯不听这个命令,继续战争,直到该岛被征服时为止,他允许拉斯提尼的条件和给潘那里斯的条件是一样的。梅特拉斯获得了一次凯旋式和克累提卡的称号,这比对安敦尼更加公平一点,因为他实际上征服了这个岛屿。

VII. 辑自《使节》

贵族克罗狄(别号浦尔彻,意为俊俏)和恺撒的妻子[②]恋爱。 前62
在晚间举行〔善良女神[③]的〕神秘祭的时候(这种神秘祭只许妇女参加的),他从头到脚穿着妇女的服装,他还没有胡须,因而冒充一个妇女进入了恺撒的屋子里。他失掉了他的向导之后,别人因他的声音而识破了他,因此使他慌张地逃跑了。[④]

---

① 参阅 XII. 94 以下。——译者

② 恺撒第二个妻子庞培娅,后恺撒与之离婚,参阅普鲁塔克《传记集》(近代丛书英译本)第 860 页。——译者

③ 植物繁殖和妇女贞节的女神。——译者

④ 参阅 XIV. 14。——译者

141 第六卷　在西班牙的战争

I. 西班牙的居民。哈密尔卡侵略西班牙

西班牙的疆域

1. 比里尼斯山脉从第勒尼安海伸张到北面海洋。东部是克勒特人居住，他们现在叫做加拉西亚人或高卢人；西部是伊伯里亚人和克勒特一伊伯里亚人居住，从第勒尼安海开始，绕一个圆圈，通过赫丘利石柱，伸张到北面海洋。这样，整个伊伯里亚，除与比里尼斯山脉接界的地区外，四面环海；比里尼斯山脉是欧罗巴最大的、可能也是最陡峻的山脉。在这个圆圈中间，他们利用第勒尼安海航行，到赫丘利石柱为止。除了渡海到不列颠以外，他们没有横渡过西面海洋和北面海洋；他们渡海到不列颠是利用潮水，因为这只有半天的海程。① 至于其余的人，无论罗马人也好，他们的任何附属民族也好，都没有在那个海洋上航行。伊伯里亚（现在有些人称之为西斯班尼亚）的面积这样大，作为一个单独的国家，几乎是令人难以相信的。它的广度算起来有
143 一万斯塔狄亚，其长度与广度相等。居住有各种不同的民族；许多可以航行的河流流经那里。

2. 什么民族最早占据这个地方，在他们之后，什么人又来

---

① 这个时间之短是难以令人相信的。这个错误可能是由于古人对于西班牙和不列颠群岛的相对位置有错误的观念而产生的。参阅塔西佗《阿古利可拉传》24。——英译者

了，这不是我所要仔细研究的目的，因为我只是写罗马人的历史。但是我认为克勒特人在较早的某个时候越过比里尼斯山脉，和本地的居民混合在一起，这样，就产生了克勒斯—伊伯里亚的名称。我也认为，从很早的时候起，腓尼基人为了贸易的目的常到西班牙来，在那里占据了某些地方。同样地，希腊人访问了他提萨斯城和它的国王阿贡多尼阿斯，[①]有些希腊人就定居在西班牙，因为阿贡多尼阿斯的王国是在西班牙。我的意见，认为他提萨斯是当时海滨的一个城市，现在叫做卡彼萨斯。我也认为腓尼基人建筑了海峡旁边的赫丘利神庙。那里所履行的宗教仪式至今还是遵行腓尼基人的习惯，他们的神是泰尔的赫丘利，而不是底比斯的赫丘利。但是我愿意把这些事情留给博古学家去研究。

国王阿贡多尼阿斯

早期迦太基人的占领

3. 在这个幸福的地方，一切好的东西都很丰富；在罗马人以前，迦太基人首先开发了这个地方。他们已经占领了一部分土地；在其他部分，他们从事劫掠，直到罗马人把他们从他们所占领的地方赶出去，罗马人自己马上占领那些地方时为止。其余部分，罗马人经过很多艰苦，经历过很长久的时期才取得，虽然经常有暴动，但是罗马人终于征服了它，把它分为三部分，[②]每部分委派一个大法官统治。本卷书将说明罗马人是怎样征服每个部分的，他们怎样跟迦太基人战争，以及后来跟伊伯里亚人和克勒特—伊伯里亚人战争，以取得这些地方的；本卷书的第一部 145

① 约公元前630—前550年。——译者

② 即近西班牙和远西班牙，后来远西班牙又分为比提卡和吕息坦尼亚，共三个行省。——译者

分包括有关迦太基人的材料，因为我必须在我的西班牙史中介绍他们和西班牙的关系。为了同样的理由，从罗马人侵入和统治西西里以后，罗马人和迦太基人在西西里的关系是包括在西西里史[1]中。

4.第一次罗马人对迦太基人的战争是在国外争夺西西里的战争，而且是在西西里本地进行的。同样地，第二次关于西班牙的战争[2]是在西班牙进行的，虽然在战争的过程中，交战国用大批的军队，侵入和破坏意大利和阿非利加。这次战争大约是在
前218 第一百四十奥林匹亚纪，因为破坏了西西里战争后所订的和约而开始的。破坏和约的原因是这样的：

哈密尔卡·巴卡 哈密尔卡，别号巴卡，[3]当他在西西里指挥迦太基军队的时候，允许给他的克勒特雇佣兵和阿非利加同盟者以巨额酬金；他回到阿非利加之后，他们要求这笔酬金，因而引起阿非利加的战争。[4] 在这次战争中，迦太基人在阿非利加人手中吃了很大的苦头；同时割让撒丁尼亚给罗马人，[5]以赔偿他们在这次阿非利加战争中使罗马商人所受到的损失。哈密尔卡的政敌攻击他，说国家所遭受的一切灾祸都是起源于他；他因为这些事情而受审判的时候，他获得了国家主要人物的同情（其中最有声望的是他的女婿哈士多路巴）；利用他们的帮助，他不但免除了处罚，而
147 且当和努米底亚人发生冲突的时候，他取得了和伟大的汉诺一

① V(I—II)。——译者

② 第二次布匿战争（公元前218—前201）。——译者

③ 意为“闪电”。——译者

④ 参阅V.(II)3；VIII(上)5。——译者

⑤ 参阅VIII(上)5。——译者

同指挥迦太基军队的权力，虽然他在前次将军任内所做的事还没有交代清楚。

5. 这次战争结束时，伟大的汉诺被召回，以答辩别人在迦 前238
太基对他所提出来的某些控告，于是哈密尔卡获得了单独指挥军队的权力。他和他的女婿哈士多路巴合作，渡过海峡，到卡迪斯，开始掠夺西班牙人的领土，虽然西班牙人没有做什么对他不起的事情。这样，他得到了远离本国的机会，同时也取得了建立功勋和增加声望的机会。他所取得的财富，他都分掉：他给士兵们一部分，以鼓励他们将来跟他一起从事掠夺的热忱；另一部分，他送交迦太基的国库；第三部分，他分配给他在国内的重要 前229
党羽。这个办法继续施行，直到某些西班牙的国王们和其他酋长们渐渐联合起来，用下面的方法把他杀死了。他们带了许多载着木头的车辆，用牛拉着，而自己则手持武器，跟在后面。当阿非利加人看见这种情况时，他们大笑，而不知道这是一个计策。但是当他们跑来进行肉搏战的时候，西班牙人纵火焚车，当时牛还系在车辆上，赶着牛向敌人进攻。逃奔的牛带着火四处奔跑，使阿非利加人秩序大乱。他们队伍的行列就这样被攻破了，西班牙人乘机冲入他们的行列中，把哈密尔卡本人和那些来帮助他的许多其他的人都杀死了。

哈密尔卡阵亡

II. 汉尼拔攻陷萨干坦 *149*

哈士多路巴继任哈密尔卡的职务

6. 迦太基人因为享受了他们从西班牙所取得的利益，所以又派遣一支军队到那里去，任命哈密尔卡的女婿哈士多路巴为他们在西班牙的全部军队的司令官，当时哈士多路巴还在西班牙。和他一起在西班牙的还有哈密尔卡的儿子，他的妻弟汉尼拔；汉尼拔是一个热心战争的青年，为军队所爱戴，注定在不久之后，将以他的战功而著名的。哈士多路巴任命汉尼拔为自己的副将。他用说服的方法争取了大部分西班牙的部落，因为他有一个可爱的仪表；凡是需要用武力的地方，他就利用这位青年去做。用这种方法，他向前推进，从西面海洋到内地，直达挨布罗河；这条河大约从中心地点把西班牙分为两部分，并在离比里尼斯山脉五日里程的地方流入北面海洋。[①]

7. 住在比里尼斯山脉到挨布罗河中间[②]的萨星修斯岛[③]的移民萨干坦人和住在延波利昂附近以及西班牙其他地区的全体希腊人都担心自己的安全，所以派遣使节到罗马去。元老院不愿意看到迦太基人的势力扩大，所以派遣使节到迦太基去。他们达成协议，迦太基人在西班牙的势力以挨布罗河为界，罗马人
151 不得越过那条河来向迦太基的属民进行战争，迦太基人也不得携带武装越过那条河；萨干坦人和西班牙的其他希腊人都仍然保持自由和自治。这些协议都列入罗马和迦太基的条约中。

前 220

汉尼拔的兴起

8. 过了一些时候，当哈士多路巴统治迦太基人在西班牙的属地的时候，他残暴地处死了一个人；这个人的奴隶在打猎的时候，秘密地杀死了哈士多路巴。汉尼拔判处他死刑，残酷地把他拷打致死。汉尼拔虽然年纪还很轻，[④]但很受士兵们的爱戴，所

① 这里阿庇安有错误。挨布罗河在西班牙的东北部，流入地中海。——译者

② 这是一个奇怪的错误。萨干坦在挨布罗河之南很远。——英译者

③ 离南希腊半岛西岸不远。——译者

④ 时年二十六岁。——译者

以军队宣布他做他们的将军，迦太基的元老院批准了这个任命。但是那些过去害怕哈密尔卡和哈士多路巴的反对党人，当听到两人死亡的消息的时候，他们藐视汉尼拔的年轻，根据昔日的控告，迫害他们的友好和党人。人民袒护控告者，他们怨恨那些现在被控告的人，因为人们记得哈密尔卡和哈士多路巴时代旧日的严厉，命令这些人把哈密尔卡和哈士多路巴所给予他们的大宗礼品，当作从敌人那里取来的战利品，交入国库。被迫害的党人送信到汉尼拔那里去，请求援助，并且忠告他，如果他忽视那些在本国可以支援他的人的话，他自己也会受到他父亲的敌人们的侮辱。

9. 他已经预见了这一切，他知道，对他的友好的迫害是反对他的阴谋的开端。他绝不容许这种敌视成为永久对他的威胁，如他的父亲和姐夫所做的一样，也绝不能永久受迦太基人反
复无常的性格的摆布，因为迦太基人常常毫无顾忌地以怨报德 153
的。据说，当他还是一个孩童的时候，在他父亲的命令之下，他在神坛前宣誓，说，当他达到成年的时候，他必成为罗马的不可调和的敌人。因为这些缘故，他认为，如果他能够把他的祖国牵入一些艰巨而持久的事业，使之陷入困难和恐惧中的话，他会使他自己和他的朋友们的地位得到巩固。他看到阿非利加和西班牙附属地区是和平相处的。但是如果他能够煽动对罗马的新战争（这是他所渴望的）的话，他认为迦太基人就会有足够的东西去思考和畏惧了；如果成功的话，他可以因为替祖国取得了一个世界帝国（因为如果罗马人被征服了，再没有别的国家能够和他们竞争了）而享受不朽的光荣；纵或他失败的话，这个企图本身

也可以给他带来光荣。

10. 于是他认为渡过挨布罗河将是一个光辉的开端，因此他唆使那些和萨干坦人邻居的突布利提人向他提出控诉，说萨干坦人正在侵略他们的国家，还做了许多其他对不起他们的事情。他们提出了这个控诉。于是汉尼拔派遣使者到迦太基去，并且写了一些私信，说罗马人正在煽动迦太基人统治下的西班牙人暴动；为了这个目的，萨干坦人跟罗马人合作。他并不止于这样欺骗，并且继续送来这类的消息，直到迦太基元老院授权给他，由他自己斟酌权宜对付萨干坦人。他一得到这机会，就安排
155 突布利提人再来对萨干坦人提出控告，他邀请萨干坦人派遣使节来。他们到了的时候，他请双方在他的面前陈述他们的纠纷；但是萨干坦人回答说，他们要向罗马请示。因此，汉尼拔命令他们离开他的军营，第二天晚上他就率领他的全部军队，渡过挨布罗河，蹂躏萨干坦人的领土，靠着他们的城墙安置攻城机械。因为他不能攻下这个城池，他就用一条长墙和壕沟包围城市，驻扎了无数的卫兵，进行间歇的猛烈的进攻。

汉尼拔进攻萨干坦

萨干坦人向罗马求援

11. 萨干坦人没有得到预先通知，突然遭到这次袭击之后，就派遣一个使团到罗马去。元老院委派它自己的使节跟他们同去。他们受到训令，首先去告诉汉尼拔，要他不要忘记过去所订的协约；如果他不听的话，就往迦太基去，对他提出控告。当他们从海上到达西班牙，走近他的军营的时候，汉尼拔禁止他们前来。因此他们和萨干坦人的使节一道驶往迦太基，提醒迦太基人不要忘记过去的协议。迦太基人谴责萨干坦人屡次虐待他们的属民。当萨干坦人建议把整个问题提交罗马人仲裁的时候，

迦太基人回答说，他们不需要仲裁，因为他们自己能够复仇。当这个答复传到罗马的时候，有人主张派遣军队去援助萨干坦人。也有人主张慢一点，他们说，过去和他们所订的协约没有载明萨干坦人是同盟者，只是一个自由和自治的国家，在围城中的人民 157
还是自由的。后面的一种意见被采纳了。

萨干坦的陷落

12. 当时萨干坦人没有得到罗马援兵的希望了，他们严重地受到饥饿的痛苦，而汉尼拔又加紧封锁，毫无间隙（他听说，这个城市是很繁荣而富裕的；因为这个缘故，他对于围攻，毫不放松），因此，萨干坦人下令，把所有的黄金和白银，无论公家的也好，私人的也好，都带到广场里来，他们在那里把金银跟铅和黄铜熔化在一起，使这些东西对于汉尼拔毫无用处。当时，他们认为，与其饥饿而死，毋宁战斗而死，因此，他们乘夜间出城，向围城者的阵线袭击；当时围城者尚在睡眠中，没有想到敌人会来袭击的；有些人，当他们从床上爬起来，在纷乱中很困难地才拿起武器的时候就被杀死了，有些人在实地战斗中被杀死了。这个战斗继续着，直到许多阿非利加人和全部萨干坦人被杀死时为止。当妇女们在城墙上看见她们的丈夫们遭到屠杀的时候，有些从屋顶上跳下自杀，有些自缢身死，有些杀了她们的子女们，然后自杀。萨干坦曾经是一个强大的城市，这就是它的结果。当汉尼拔知道他们是怎样处理他们的黄金的时候，他大为愤怒，把所有剩下来的成年人都拷打致死。他看到这个城市是在海滨，离迦太基不远，附近又有良好的土地，所以他迁移一些人民在那里居住，使之成为迦太基的一个殖民地，我认为这个城市现在是叫做斯巴达利亚的迦

太基①。

159

前 218 III. 第二次布匿战争的爆发。两西庇阿的阵亡

宣战 13. 现在罗马人派遣使节们往迦太基去，要求把汉尼拔当作一个破坏和约者移交给他们，除非是迦太基人自己想承担这个责任；如果他们不肯移交，就立即向他们宣战。使节们遵守了这个指示，当迦太基人拒绝交出汉尼拔的时候，他们就宣布战争。据说，这件事情是用下列的方式做的。使团团长一手把他的宽袍的底襟兜起，一手指着兜起处，带着微笑说："迦太基人啊，我在这里给你们带来了和平或战争，你们可以选择任何一个。"迦太基人回答说："不，随你高兴给我们哪一个。"于是他向他们提出战争，他们同声大呼道："我们接受战争。"于是他们写信给汉尼拔，说现在他可以自由侵略全西班牙，因为条约已经废除了。因此，他向一切邻近部落进攻，使他们都臣属于迦太基，有些是被说服的，有些是被威胁的，其余的是被征服的。于是他聚集了一支很大的军队，没有说出他的目的来，他的目的是侵入意大利。他又派遣使节往高卢人那里去，又勘察了阿尔卑斯山脉的通道（后来他是越过这条通道的②），留下他的弟弟哈士多路巴指挥在西班牙的军队。

14. 〔罗马人认为〕西班牙和阿非利加将成为战场（他们做

---

① 阿庇安在此处和在别处（第 86 页）一样，把萨干坦混作新迦太基了。我们从普林尼的著作中知道，新迦太基叫做斯巴达利亚（"Spartaria"），因为附近多产芦苇草（Esparto grass）而得名。——英译者

② 参阅 VII. 4。——译者

梦也没有想到阿非利加人会侵入意大利的)，派遣提比略·塞姆
普罗尼阿斯·隆加斯率领一百六十条船舰和两个军团侵入阿非
利加。隆加斯和其他罗马将军们在阿非利加所做的事情，我已 161
经在我的布匿[①]史中叙述了。[②] 他们又命令巴布利阿斯·科尼 两西庇阿
利阿斯·西庇阿率领六十条船舰、一万步兵和七百骑兵到西班牙去，并派遣他的弟弟尼阿斯·科尼利阿斯·西庇阿为他的副将，和他一道同去。巴布利阿斯从马萨利亚的商人那里听到汉尼拔已经越过阿尔卑斯山，侵入意大利的消息，他担心意大利人冷不防就受到汉尼拔的袭击，因此，他把西班牙的兵权交给他的弟弟，他本人带着他的五列桨大船舰航往伊达拉里亚。他，以及他以后的其他罗马将军们，在意大利所做的事情，直到十五年之后，经过极大的困难，才把汉尼拔赶出意大利——这些事情将于下一卷说明，下一卷包括汉尼拔在意大利所有的战绩，因此称为罗马史的汉尼拔篇。

15. 在他的哥哥巴布利阿斯回到西班牙以前，尼阿斯在那里没有做出一点值得叙述的事迹。当巴布利阿斯的执政官任期满了的时候，罗马人派遣了新执政官进攻汉尼拔，任命巴布利阿斯为代执政官，再到西班牙去。从这个时候起，两西庇阿在西班牙进行战争；哈士多路巴是敌军的将军，直到迦太基人召他和他的一部分军队回去抵抗努米底亚国王西法克斯的进攻时为止。两西庇阿就很容易战胜了其余的军队。许多市镇也自愿地投到
他们一边来了，因为他们在争取同盟者时有说服力，正和他们在 163

---

① 参阅191页注②。——译者

② 参阅VII. 6－7。——译者

指挥军队时有才能一样。

16. 迦太基人跟西法克斯议和之后，又派遣哈士多路巴带着比以前更大的一支军队和三十头战象进入西班牙。和他同来的又有其他两位将军，马哥和吉斯科的儿子哈士多路巴。从这一点看，对于两西庇阿来说，战争更加困难了。但是他们还是成
两西庇阿战败阵亡 功的，许多阿非利加人和战象都被他们杀死了。最后，冬季到了，阿非利加人进入土狄坦尼亚的冬营里，尼阿斯·西庇阿在奥索，而巴布利阿斯在卡斯多罗；巴布利阿斯在卡斯多罗听到哈士多路巴将来进攻的消息，他带着一支小军队从城中出来侦察敌
前 212 人的军营，出乎意外，他遇着哈士多路巴，他和他的全部士兵被敌人的骑兵包围，都被杀害了。这件事情，尼阿斯还一点也不知道，他派遣一些士兵到他哥哥那里去取谷物，这些士兵又碰着另一支阿非利加人的军队，于是和他们交战。当尼阿斯听到这个消息的时候，他马上带着他的轻装部队来支援他们。迦太基人已经打垮了以前的一支军队，现在又向尼阿斯进攻，迫使他逃到一个塔里面，迦太基人放火烧这个塔，他和他的同伴们都被烧死在里面。

17. 两西庇阿就这样死亡了，他们在各方面都是优秀的，那些因为他们的努力而倒向罗马人一边来的西班牙人，对于他们
165 的死亡，深为惋惜。当这个消息传到罗马的时候，罗马人大为沮丧。他们派遣最近从西西里回来的马塞拉斯，以及克劳狄〔尼禄〕和他一起，带着一支舰队、一千骑兵、一万步兵和足够的军需，前往西班牙。他们没有取得什么重大的成就，所以迦太基人的势力增强了，直到他们控制了几乎全部西班牙，罗马人的势力

只限于比里尼斯山脉中一小块地区之内。这个消息又引起罗马人更加恐慌，他们担心这些阿非利加人又会侵入意大利北部，而当时汉尼拔正在蹂躏意大利南部。这件事情的结果是这样的：他们虽然很想退出西班牙，但是不能，因为他们恐怕那里的战争会转移到意大利来。

IV. 科尼利阿斯·西庇阿攻下新迦太基

18. 因此，罗马人确定了一天，推选一个出征西班牙的将 前211
军，当没有一个人自己愿意提出来的时候，恐慌更为增加。忧郁 科尼利阿斯·西庇阿
的沉默支配了整个会场，直到那个在西班牙阵亡的巴布利阿斯·科尼利阿斯的儿子科尼利阿斯·西庇阿（他年纪还很轻，不过二十四岁，但是人们认为他是一个有判断能力和精神振作的人）跑到前面来，发表一篇令人感动的演说，他说到他的父亲和叔父，对他们的命运表示悲伤之后，他说，比起所有的人来，他尤其应当被选拔出来，替他的父亲、他的叔父和他的祖国复仇。他说得很冗长，很激烈，好像一个受到灵感的人一样，他保证不但要征服西班牙，还要征服阿非利加和迦太基。在许多人看来，这似乎是一个青年人的浮夸；但是他恢复了罗马人民的精神（那些精神
沮丧的人们，因为他的诺言而受到鼓舞），他当选为开往西班牙 167
去的将军，盼望他会作出一些无负于他这一般进取精神的事业来。年老一点的人说，这不是进取精神，而是愚夫的蛮劲。当西庇阿听到这句话的时候，他又把会议召集起来，他用同样的情绪，发表一篇严肃的演说。他说，他的年轻，绝对没有妨碍；他又

说，如果他的长辈中有任何人希望负担这个兵权的责任的话，他情愿把兵权让给他们。当没有人表示愿意接受这个兵权的时候，他更加受到人们的赞扬和钦佩，于是他带着一万步兵和五百骑兵出发了。因为当时汉尼拔还在蹂躏意大利，他不能率领更多的军队前往。他又接受了金钱、军备和二十八条战舰；他乘着这些战舰航往西班牙。

19. 他接管了已经在那里的军队，把他自己带来的军队和
前 210 他们联合在一起，于是他举行一个祓除祭祀，向他们发表一篇类
西庇阿到达西班牙 似他在罗马所作的夸口的演说。全体西班牙人都厌倦了迦太基人的统治而怀念西庇阿家族的美德，现在西庇阿的儿子西庇阿由神意派遣来做将军了，这个消息马上传遍了全西班牙。当他听到这个消息的时候，他假意说，他所做的一切都是受上天的启示。他听说敌人驻扎在四个军营里，彼此相隔很远，共有步兵两万五千人，骑兵在两千五百人以上，但是他们把他们的金钱、食粮、武器、投射器和船舰，以及从全西班牙俘虏的战俘和人质，都放在过去所称为萨干坦①（但是当时称为迦太基）的城市里，马
169 哥带着一万迦太基士兵守着那个城市。他决定首先进攻这些军队，因为军队人数很少而储藏的物资很多，同时他相信，这个城市有它的银矿和肥沃的土地，可以作为他从海陆两方面进兵西班牙的难于攻陷的根据地，在这里他可以取得达到阿非利加最短的捷径。

20. 因为这些考虑，他感到兴奋，没有把他的这个用意告诉

① 参阅第 82 页注①。——英译者

他进攻新迦太基

任何人；在夕阳西下的时候，他率领他的军队出发，整夜向新迦太基进军。第二天早晨他到达那里，乘敌人不备向敌人袭击，开始用壕沟包围那个城市，计划于次日开始围攻，在各处都安置了梯子和攻城机械，只留着城墙最低的一处地方没有围攻，因为那个地方有湖和海包围着，守城的士兵们毫不注意。晚间，他把机械装满石头和投射器，把他的舰队驻扎在港口中，使敌舰不至于逃掉（因为在他的雄心勇敢中，他认为他一定会攻下这个城市的）。在黎明之前，他把机械配备了人员，命令他的一些军队袭击城墙上面的敌人，而其他的士兵们推着攻城机械靠着下面的城墙。马哥把他的一万士兵驻扎在城门口，在有利的时机，只带着剑出城突击（因为在这样狭窄的空间，长矛是没有用的）；派遣其他士兵守卫低墙。他也安置了无数的机械、石头、标枪和弩 171
炮，作了积极的准备。双方都有大声叫喊和欢呼的声音，双方都不缺乏锐气和勇敢。石头、标枪和短矛满天飞，有些是手投的，有些是从机械上投射出来的，有些是从投射器上投射出来的，其他各种可用以进攻的方法都积极地使用了。

21. 西庇阿受到了严重的损失。驻扎在城门口的那一万迦太基人拔剑出鞘，突出袭击，进攻那些正在开动机械的人。他们给予罗马人的损害虽然很多，但是他们自己所受的损失也不少，直到最后罗马人的坚定性和持久性开始占了上风。于是那天的幸运转变了，那些在城上作战的人开始疲倦，梯子安置在和他们对面的地方。于是迦太基的剑手从城门口跑回去，关上城门，登到城墙上。这就给罗马人带来新的严重困难；直到最后，西庇阿将军正在战场上各处鼓励他的部下的时候，注意到南边的海水

正在退潮，那个地方的城墙是低的，有湖水冲洗着。这是天天都有的退潮，因为每天有一个时候，波涛深达胸际，在另一个时候，深不及膝。当西庇阿观察到这个现象的时候，确定潮水流动的性质，并且知道当天其余的时候海水会是低落之后，他突然向各处奔跑，大声呼喊道："现在，士兵们啊，现在是我们的机会了。现在神来帮助我们了。进攻海水已经为我们让了路的地方那部分城墙，拿梯子来，我一定领导你们。"

173　22. 他是第一个抓住一把梯子，带着梯子跑到湖沼中的，他开始在没有任何其他的人企图攀登的地方爬上去。但是那些给他携带甲胄的人和其他士兵们包围他，阻止他，同时他们带了许多梯子，把梯子靠在城墙上，他们自己开始向上爬登。在四面大声呼喊吵闹的声音中，罗马人给敌人以打击，同时也受到敌人的打击，最后他们胜利了，占据一些城塔；西庇阿安插一些号兵在城塔上，命令他们吹着激动的号声，好像城市已被攻陷了一样。这些号声使其他的罗马人来支援他们，使敌人产生恐慌。于是有些罗马人从城塔上跳下来，替西庇阿打开城门，西庇阿带着他的军队冲进城内。城内居民逃入他们的房屋里，但是马哥带着

他攻陷新迦太基

他的一万人在市场上排成队形。这些人大部分被杀死了之后，他迅速地带着剩下来的人退守卫城。西庇阿马上进攻卫城。当马哥看到他对他的战败而畏缩的军队毫无办法的时候，他投降了。

23. 在一天之内（他到达西班牙后的第四天），他以大胆和幸运攻陷了这个富裕而强大的城市之后，他大为得意，比以前更加觉得在他的一切行动中，似乎真的受到神的启示。他自己开

始这样想，并且对别人也说了，不但在当时，而且从那个时候起，在他以后的一生中。总之，他常常单独一个人跑到卡皮托神庙里去，把门关起来，好像是接受神的指示一样。就是现在，在公众游行的时候，他们只把西庇阿的像从卡皮托神庙里拿出来，而 175
所有其他的人的像都是从广场里拿出来的。在这个被攻陷的城中，他获得了很多储藏的物资，在平时和战时都是有用的，许多武器、标枪、机械、藏有三十三条战舰的船坞，谷物和各种粮食，象牙、黄金和白银，有些是餐具，有些是铸币，有些是没有铸成货币的，还有西班牙人的人质和战俘，和以前从罗马人手中夺来的一切东西。次日，他向神灵致祭，庆祝他的胜利，夸赞他的士兵们的勇敢；他向他的军队说了话之后，他向城市居民发表演说，训诫他们不要忘记西庇阿家族的名字。他把所有的战俘都释放，让他们回到家乡，以便跟各市镇和解。他给他的士兵发赏金，以奖励他们的勇敢，第一个爬上城墙的得到最多，第二个得一半，第三个得三分之一，其他士兵都论功行赏。其余的金银和象牙，他用他所俘虏的船舰送往罗马。全城举行三天谢恩祈祷，因为经过这样多灾难之后。他们祖先的幸运又一次显示出来了。全西班牙以及在西班牙的迦太基人看到这个功绩这样巨大，来得这样迅速，都大为吃惊。

丰富的储藏

V. 西庇阿大败迦太基人于卡谟那

西庇阿向两哈士多路巴进攻

24. 西庇阿驻扎防军于新迦太基，并且命令在退潮后裸露出来的那部分城墙应当加高到相当程度。于是他移兵向西班牙

其他地区进攻，凡是有可能修好的地方，他派遣朋友们去修好，
177 凡是仍然抗拒的地方他用武力征服，当时还有两个迦太基将军留在西班牙，两个的名字都叫哈士多路巴。一个是哈密尔卡的儿子，他到很远的克勒特－伊伯里亚人中招募他的雇佣兵。另一个是吉斯科的儿子，他派遣使者到那些还忠顺于迦太基的市镇里去，劝他们继续臣服于迦太基，因为不久就有一支人数众多的军队来支援它们了。他又派遣另一个马哥到那些他可以在那里招募雇佣兵的邻近地区去招募雇佣兵，而他自己则侵入勒萨的领土（因为勒萨叛变），打算围攻那里的某个市镇。当西庇阿到了的时候，他退却到比提卡，他在那个城市的前面安营。次日，他被西庇阿打败了，西庇阿攻下了他的军营，比提卡也被攻下来了。

前 207　25. 现在这个哈士多路巴在卡谟那聚集了迦太基人在西班牙所有剩下来的军队，用他们的联合力量来跟西庇阿作战。在马
卡谟那之役　哥领导下的许多西班牙人和马西尼萨领导下的许多努米底亚人到了那里。哈士多路巴带着他的步兵驻扎在一个设防的军营里，而指挥骑兵的马西尼萨和马哥则露营在军营的前面。为了对付敌人的这种部署，西庇阿把他自己的骑兵分开，派遣利略去进攻马哥，而他自己则应付马西尼萨。有一些时候，西庇阿处于危急和困难的形势中，因为努米底亚人向他的部下投射标枪，于是他们退却，转了一个方向后，又回来进攻。但是当西庇阿命令他的士兵举起他们的长矛，不断地追逐敌人的时候，努米底亚人因为
179 没有转身的余地，退到他们的军营里去了。因此，西庇阿停止追逐，驻扎在他所选择的一个形势很好的地位，离敌人约十斯塔狄

亚。[1] 敌人的全部兵力是七万步兵、五千骑兵和三十六头战象。西庇阿的兵力则不到这个数目的三分之一，这就是他为什么犹豫了一个时候，没有挑战，只限于散兵小战。

26. 当他的军需开始不够，他的军队感到饥饿的时候，西庇阿还认认退却是卑鄙的。于是他举行祭祀。祭祀之后，他马上召见他的士兵，他又装作一个受到神的启示的样子，他说，他惯常看见的神兆又在他的面前出现，要他进攻敌人。他说，最好是信赖天上的神，而不要信赖军队的多少，因为他以前的胜利是靠神恩取得，不是靠人数的众多而取得的。为了使人相信他的话，他命令僧侣们把牺牲的内脏[2]拿到会场里来。当他正在说话的时候，他看见一些鸟从头上飞过。他突然迅速地旋转，大声叫喊，指着这些飞鸟，惊呼道，这又是神明给他送来的胜利预兆。他跟着飞鸟的行动注视它们，大声叫喊，好像得到神的启示的人一样。当全部军队看见他到处转到，他们也模仿他的行动，全军被胜利的信心所鼓舞。当他取得了他所希望的一切的时候，他毫不迟疑，也不让他们的热忱冷下去，而是仍然像一个得到神的启示的人一样，大声惊呼："我们看见这些神兆之后，应该马上战
斗。"他们用了餐之后，他命令他们武装起来，领导他们向敌人进 181
攻（敌人没有料到他会进攻的），命令西拉那斯指挥骑兵，利略和马喜阿斯指挥步兵。

27. 当西庇阿突然向他们进攻的时候，两支军队相距不过

① 即 1 850 公尺。——译者

② 罗马人继承伊达拉里亚人的宗教习惯，以牺牲的内脏或飞鸟占卜吉凶。——译者

十斯塔狄亚，哈士多路巴、马哥和马西尼萨在混乱和骚扰之中，匆忙地武装他们的士兵们，虽然他们还没有用餐。骑兵和步兵同时交战，罗马的骑兵又利用和以前一样的战术，打败了敌人：努米底亚人在战斗中是惯于一进一退的，罗马人不让他们有停下来的机会，因为两军相距太近，使他们的标枪失去效用。但是罗马人的步兵大为人数众多的阿非利加人所窘迫，整天都是吃败仗，西庇阿虽然到处鼓舞他的士兵前进，但是也不能扭转战斗的败势。最后，他把他的马交给一个青年，从一个士兵手里夺取一面盾牌，他单独一个人跳入两军间的空地，高声大叫："罗马人啊，抢救你们的西庇阿，他危险了！"当时，那些在附近的人看见，那些在远一点的人听到他是危险了，都因为他们的将军的安全而感到惭愧和恐惧，因而一声大喊，猛烈地向敌人进攻。阿非利加人不能抵抗而退却，因为他们整天没有吃东西，他们的气力开始衰退了。于是在一个短时间内，发生了可怕的屠杀。这就是西庇阿在卡谟那战役中所取得的结果，虽然这次战役在很长久的时间内曾是胜负未决的。罗马人阵亡者八百人，敌人阵亡者一万五千人。

183 28. 这次战役之后，敌人尽快地退却，西庇阿从后面追赶，每次当他能够赶上他们的时候，他就给他们以打击和破坏。但是当敌人占据了一个要塞，在那里得到充足的水和食物的时候，他对他们毫无办法，只能围攻了；那时候，西庇阿因为别的事情被调往别处去了。他留下西拉那斯在那里继续围攻，而他本人则往西班牙其他地区，征服了这些地区。被西拉那斯围攻的阿非利加人放弃了他们的据点，又退却，直到他们达到海峡旁边的卡迪斯。西拉那斯在尽力予他们严重打击之后，拔起营帐，在新迦太基和西庇阿会合了。同时哈密尔卡的儿子哈士多路巴还在北面海洋沿岸聚集军队，这时候，他的哥哥汉尼拔召他迅速地向意大利进兵。为了瞒过西庇阿，他带着他们所招募的克勒特—伊伯里亚雇佣兵，沿着北部海岸进军，越过比里尼斯山脉，进入高卢。他这样迅速地进入意大利，意大利人还不知道。

VI. 西庇阿与西法克斯建立同盟。罗马人攻下伊鲁基亚和阿斯塔巴

29. 现在琉喜阿斯[他的兄弟]从罗马回来，告诉西庇阿说，前 206
罗马人正在考虑任命他为将军，到阿非利加去。西庇阿渴望这 西庇阿访问阿非利加
件事情已有些时候了，希望这件事情能实现。因此，他派遣利略
作为使节，带着五条船舰去见国王西法克斯，送他一些礼物，请
他不要忘记他本人和西庇阿家族间的友谊，如果罗马人远征阿 185
非利加的话，请他参加罗马人一边。西法克斯答应这样做了，接
收了礼物，又回送了一些礼物。当迦太基人发现了这件事情的
时候，他们也派遣使者到西法克斯那里去，请求和他订立同盟。
西庇阿听到这个消息，认为争取和巩固与西法克斯的同盟以反
抗迦太基人，是一件极为重要的事情，所以他带着利略，乘着两
条船舰，渡海往阿非利加，亲自去见西法克斯。

30. 当他正要靠岸的时候，当时还在西法克斯那里的迦太基使节，没有让西法克斯知道，乘着他们的船舰，航行出来阻击他。但是西庇阿把他的风帆张开，完全越过了他们，进入港口

中。西法克斯款待双方的使节，但是他秘密地和西庇阿订立同盟。提供保证之后，才送西庇阿回去。迦太基人又埋伏着，等待西庇阿，但是西法克斯扣留了这些迦太基人，直到西庇阿航出港口，达到安全距离的时候为止。西庇阿在往返途中都遭遇了这样大的危险。据说在西法克斯的宴会上，西庇阿跟哈士多路巴一道斜靠在一条长榻上，哈士多路巴问了他许多事情，他的庄严给他留下很深的印象。后来哈士多路巴对他的朋友们说，西庇阿不但在战争中可怕，而且在宴会中也是可怕的。

在西班牙的其他战役

31. 这时候，从那些已经倒向罗马人一边去了的市镇中，有些克勒特－伊伯里亚人和西班牙人还在马哥部下当雇佣兵。马喜阿斯进攻他们，杀死了一千五百人，其余的人都被驱散于他们的市镇之中。他把他们的七百骑兵和六千步兵包围在一个小山
187 上，这支军队是汉诺指挥的。他们因为饥饿而陷于绝境，因此派遣使节到马喜阿斯那里去议和。他告诉他们首先交出汉诺和逃兵来，然后他才谈判，因此他们抓着汉诺，虽然他是他们的将军，正在专心听他们的谈话；他们也交出了罗马的逃兵。于是马喜阿斯又要求战俘。当他收到这些战俘的时候，他命令他们全体带着一定数量的金钱跑下到平原上某个地点来，因为高地对于恳求者不是一个适当的地方。当他们下来到了平原上的时候，他说："在你们的国家臣服于我们之后，你们还坚决地站在敌人一边，和我们作战；你们本应处死刑。但是如果你们放下你们的武器，我一定让你们离开这里，不处罚你们。"他们听到这些话，大为愤怒，齐声大喊，他们不愿放下他们的武器。于是一个激烈的战斗开始了，经过一个顽强抵抗之后，大约一半克勒特－伊伯

里亚人在战斗中阵亡，另一半逃往马哥那里去了，马哥正在不久之前，带着六十条战舰，到了汉诺的军营里。当他听到汉诺的惨败局势的时候，他马上航往卡迪斯，等待情况的变化，同时，他也苦于缺乏粮食。

32．当马哥停留在那里，没有动静的时候，西庇阿派遣西拉那斯去接受卡斯塔克斯城的投降；但是因为居民用敌视的态度接待他，他就驻扎在城外，把这件事通知西庇阿，西庇阿给他送来一些攻城机械，准备跟着就来的，但是转而进攻伊鲁基亚去了。这个地方，在老西庇阿的时候，原是罗马人的同盟者；但是老西庇阿一死，它秘密地转到迦太基人那边去了，他佯作和罗马 189
人继续友好的样子，在允许一支罗马军队避难之后，就把罗马军队交给迦太基人了。为了报复这个罪行，西庇阿在大怒之下，于四小时之内攻陷了这个地方，他虽然颈上受了伤，但是没有停止战斗，直到胜利时为止。因为他的缘故，士兵们在愤怒中甚至忘记了劫掠这个市镇，但是把全部居民都屠杀了，包括妇女和儿童在内，虽然没有人给他们以这样屠杀的命令，他们没有停住手，直到整个地方被夷为平地。当西庇阿到达卡斯塔克斯的时候，他把他的军队分为三部分，包围这个城市。但是他没有加紧围攻，而给居民以悔悟的时间，因为他听说他们已有悔悟的趋势。居民杀死了那些反对投降的驻军，镇压了一切反对者之后，使这个地方投降西庇阿，西庇阿驻扎一支新的驻防军在那里，命令当地一个声望很高的公民组织政府，治理这个市镇。于是他回到新迦太基，派遣西拉那斯和马喜阿斯到海峡去，尽力破坏那个地区。

伊鲁基亚的毁灭

阿斯塔巴之围

33. 有一个名叫阿斯塔巴的市镇,它总是站在迦太基人一边的。马喜阿斯围攻这个市镇,居民预料到,如果他们被罗马人俘虏的话,他们一定会被贬为奴隶。因此,他们把一切贵重的东西都拿到市场内,周围堆着木材,把他们的妻室儿女放在堆积物上面。他们要求他们的五十个重要人物宣誓,一旦他们看到城
191 市一定会陷落的时候,他们马上杀死这些妇女和儿童,纵火焚烧堆积物,然后他们也自杀在堆积物上面。于是他们一面呼唤神灵,作他们所做一切事情的见证。一面从城中突出,袭击马喜阿斯,马喜阿斯完全没有预料到这种事情。因为这个缘故,他们很容易地击退了他的轻装部队的骑兵。当他们和军团兵作战的时候,他们还是占了上风,因为他们拼命作战。但是罗马人终于以单纯人数的众多战胜了他们,因为在勇敢方面,阿斯塔巴人当然不弱于罗马人。当他们全体阵亡的时候,留在后方的那五十个人杀死那些妇女和儿童,纵火焚烧,他们自己也投身火中,这样使敌人取得一个毫无所获的胜利。马喜阿斯因为钦佩阿斯塔巴人的勇敢,所以没有肆意破坏他们的房屋。

VII. 西庇阿残酷地镇压叛军。西庇阿与马西尼萨建立同盟

西庇阿军队的叛变

34. 这次战役之后,西庇阿病了,因此兵权移入马喜阿斯手中。有些士兵在腐化生活中浪费了他们的资财;他们认为,他们的功劳没有得到应有的报酬,因为他们一无所有,而西庇阿却侵占了他们全部功绩的光荣;因此,他们脱离马喜阿斯,跑开去自

建军营了。驻军中许多人和他们联合在一起，马哥派遣使者到
他们那里，带来金钱，邀请他们反到他那边去。他们接受了金
钱，从他们自己中间选拔了一些将军和百人队长，按照他们自己
的爱好，作了一些安排，使他们自己受军事训练，他们彼此互相 193
交换了誓言。当西庇阿听到这个消息的时候，他分别地送信给
叛军说，因为他病了，他还不能酬赏他们的功劳。他劝其余的人
设法把误入迷途的同伴们争取回来。他又写了一封信给全体叛
军，好像他们已经接受了安抚一样，说他愿意马上付清欠款，命
令他们马上到新迦太基来领取他们的食粮。

35. 当他们看到这些信件的时候，有些人认为这些信件是
靠不住的。另外一些人则相信这些信件。最后，他们达成一个
协议，他们全体一道到新迦太基去。当他们将要来到的时候，西
庇阿吩咐那些和他在一块儿的元老们：当他们跑进来的时候，每
个元老跟着一个叛军领袖，好像以友好的态度告诫他的样子，邀
请他作客，不露声色地监视他。他又命令军团将校，每个人率领
他最忠实的士兵们，带着他们的剑，悄悄地在黎明时准备着，把
他们间隔地安置在会场附近便利的地方，如果有人骚动的话，立
即拔剑把他杀死，不必等待命令。黎明之后不久，西庇阿本人即
坐车到法庭里。派遣传令官向四处号召士兵们到集会的地方
去。这个号召是他们所没有预料到的，他们感觉让他们带病的
将军等候他们很惭愧。他们也以为他们被召集去，只是领取酬
赏。所以他们一块儿从各方面跑来，有些没有携带他们的剑，有 195
些只穿着他们的束腰紧身衣，因为他们匆忙地跑来，甚至来不及
穿上他们所有的衣服。

叛军的被镇压

36. 西庇阿带着一个卫兵在身边，而这个卫兵是没有被人看见的。他首先谴责他们的罪行，然后补充说，他只要首恶负责。他说，“我要利用你们的帮助来惩办这些首恶”。他说完了这句话，马上命令他的侍从把群众分为两部分；他们把群众分开之后，元老们把犯罪的首脑们拖到会场的中央。当他们叫喊，要求他们的同伴们帮助他们的时候，每个说出一句话的人都被军团将校杀死了。其余的群众知道会场已被武装的人们包围，保持着阴沉的沉默。于是西庇阿命令把那些被拖到当中来的坏人加以鞭打，那些叫喊求援的人被打得最厉害。痛打之后，他命令把他们的颈子钉在地上，把他们的头割下来。他宣布赦免其余的人。西庇阿军营里的叛军就是这样被镇压下去了。

37. 当叛乱正在军队里进行的时候，那些和西庇阿有了谅解的酋长们中间有一个名叫英狄比利斯的，侵入西庇阿势力下的领土。当西庇阿进攻他的时候，他勇敢地抵抗，杀死了大约一千二百名罗马人，但是他自己也丧失了两万人，于是他请求议和。西庇阿处他一笔罚款，于是和他订立协约。在这个时候，马西尼萨瞒着哈士多路巴，渡过海峡，和西庇阿建立友好关系，他宣誓，如果战争在阿非利加进行的话，他一定参加西庇阿一边。这个人以后在任何情况下，总是忠实的，这是因为下面的缘故。

马西尼萨与西庇阿建立同盟

197 当他在哈士多路巴部下作战的时候，哈士多路巴把女儿许配了他。但是国王西法克斯爱上了这个女人，迦太基人认为这是一件很重要的事情，可以争取西法克斯来反抗罗马人，所以没有跟哈士多路巴商量，就把这个女人嫁给西法克斯了。哈士多路巴听到这个消息的时候，由于对马西尼萨的尊重，没有告诉他。但是马西尼萨得知这件事了，所以和西庇阿订立同盟。同时，海军大将马哥觉得迦太基人在西班牙没有胜利的希望了，因而航往利格里亚人和高卢人的地区去招募雇佣兵。当他因为此事而离开了的时候，罗马人占据了卡迪斯，因为他放弃了它。

38. 从这个时候（第一百四十四奥林匹亚纪以前不久）起，前205
罗马人每年派遣大法官到西班牙被征服的国家做总督或监督，
以维持治安。但是他留了一小支军队在那里，宜于维持一个和
平居住地，把他的病号和伤兵安置在一个市镇里；这个市镇，他
仿意大利的名称，而命名为意大利卡，这是后来成为罗马皇帝的
图拉真①和哈得良②的故乡。西庇阿本人带着一个很大而装饰
得富丽堂皇的舰队，满载了战俘、金钱、武器和各种战利品，航往
罗马。罗马城给他一个盛大的欢迎，因为他的年轻、他的功勋的
取得迅速和伟大，给他以空前的显贵荣誉。就是那些嫉妒他的 199
人也承认，他很久以前所作的夸口诺言已经兑现了。所有的人
都钦佩他，所以给他举行凯旋的荣誉。但是他一离开西班牙，英
狄比利斯又叛变了。留在西班牙的将军们从驻军中聚集了一支
军队，同时尽可能从附属部落中征集了军队，打败他，把他杀死
了。那些有煽动叛变之罪的人受到审讯，被处死刑，他们的财产
被没收。那些帮助英狄比利斯的部落被处罚金，他们的武器被
剥夺，他们必须提交人质，并处于更强的驻军的管制之下。西庇
阿刚刚离开西班牙，这些事情就发生了。罗马人在西班牙进行
的第一次战争就这样结束了。

① 公元98—117年。——译者

② 公元119—138年。——译者

VIII. 伽图残酷地镇压西班牙人的暴动。卢孙尼斯人等的暴动

前 197　39. 后来当罗马人跟波河流域的高卢人以及跟马其顿国王腓力作战[①]的时候，西班牙人又暴动了，因为他们认为当时罗马人专心注意那方面的战事而不提防他们了。罗马派遣塞姆普罗尼阿斯·图狄塔那斯和马可·赫尔维阿斯为将军去进攻他们，后来又派遣密纽喜阿斯去了。因为暴动的范围扩大了，罗马又
监察官伽图　派遣迦图带着更大的一支军队前往。他还是一个很年轻的
前 195　人，[②]但是严肃而勤勉，以聪慧和辩才著名，所以罗马人因他的演说而称他为德谟斯提尼，因为他们知道德谟斯提尼是希腊最伟大的雄辩家。

201　40. 当伽图到达西班牙的延波利昂的时候，敌人从四面八方聚集四万人来进攻他。他利用很短的时间训练他的军队。但是当他将要作战的时候，他把他带来的船舰都派往马塞利亚。于是他告诉他的士兵们说，他们所害怕的，不是敌人的众多（因为勇敢总是能够战胜数目众多的敌人的），而是他们自己船舰的缺少；如果他们不打败敌人的话，就是他们自己的安全也很难保障。他说完了这些话之后，马上就交战，他不和别的将军一样，以希望鼓励他的士兵，而是以恐惧鼓励他的士兵。他们进行肉搏战的时候，他马上到处飞跑，以鼓励他的军队。战斗继续，直

---

① 参阅 IX（VI－IX）。——译者

② 时年三十九岁。——译者

他在西班牙的胜利

到黄昏的时候，胜负未决，双方死亡很多，他带着三个大队的后备军，登上高山，在山上可以俯视全部战场。他看到自己阵线的中央很受窘迫，就冲下去支援他们，他自己冒着危险，一个猛攻，一声呼喊，把敌人的行列冲破，他亲自动手，使战争转入胜利。他整晚追逐敌人，夺取了他们的军营，杀死了很多敌人。他回来的时候，士兵们祝贺他，拥抱他，认为他是这次胜利的创造者。这次战役之后，他让军队休息，出卖了掠夺物。

41. 现在各方面都派遣使者到他那里来，他要求更多的人质，他分送一些密封的信件给每个市镇，命令那些送信的人在同一天把信件送到，因为他计算达到最远的市镇所需要的时间，因而确定那个日期的。这些信件命令所有的市镇长官在收到这个 203
命令的当天，把他们的城墙拆毁。如果他们迟延了这个日期，他威胁着要把他们出卖为奴隶。因为他们是在最近一次大战中被战败的，他们不知道这些命令只是下给他们的呢，还是下给所有的城市的，他们不知所措；如果这些命令只是下给他们的，他们觉得他们只是被侮辱的目标；如果这些命令也同样地下给了其他市镇的话，他们又害怕他们是唯一迟延了的。他们没有时间彼此通信，同时他们又害怕那些带着紧急命令来监视他们的士兵们，因此他们各自决定，以照顾他们自己安全的利益。所以他们迅速地把他们的城墙摧毁了。因为他们一旦决定服从，他们就迫切地想迅速实现这项工作，以取得信任。这样，挨布罗河沿岸的市镇在一天之内，仅由于一个计策，就把他们自己的城墙铲平。因为以后更加不能抵抗罗马人，他们在比较更长久的一些时间内保持了和平。

前181

42. 四个奥林匹亚纪之后——大约是第一百五十奥林匹亚

卢孙尼斯人的暴动

纪——许多西班牙部落(包括居住在挨布罗河沿岸的卢孙尼斯人在内)因为土地不够,叛离罗马人的统治。执政官福尔维阿斯·夫拉卡斯进攻他们,把他们打败了。他们较大的一部分人分散在市镇中,但是那些特别需要土地而过着一种流浪生活的人集合在康普累加,这是一个新建和设防的、很迅速地发展起来

205 的城市。他们从城中冲出,要求夫拉卡斯给予每人一件外衣、一匹马、一把剑,以为最近战死的人的赔偿,并且他必须离开西班牙,否则他将自受其后果。夫拉卡斯回答说,他会给他们带来许多外衣。紧跟着使者们的后面,驻扎到康普累加城下。他们没有实现他们的威胁就逃跑了,沿途劫掠邻近的蛮族人。这些人穿着有双重褶的厚外衣,他们仿照军服外衣的样式,用扣子把双重褶系起来。这种衣服,他们称之为萨根姆。

前179

老革拉古在西班牙

43. 提比略·塞姆普罗尼阿斯·革拉古继夫拉卡斯之后,掌握西班牙兵权,当时与罗马同盟的卡拉维斯城被两万克勒特一伊伯里亚人所围攻。有人报告说,这个地方将要陷落了,革拉古很迅速地跑去营救它。他只能够围绕在围城者的四周,甚至于没有办法可以把自己到了附近的消息传达给城内的人。骑兵长官康密尼阿斯把这个问题仔细考虑,并且把他的大胆的计划告诉革拉古之后,他穿着西班牙人的外衣萨根姆,秘密地混在敌人的劫粮队里面。这样,他作为一个西班牙人进入了他们的军营,他偷偷地溜过敌人的军营,跑进卡拉维斯城内,告诉城内的人说,革拉古将要到了。因此,他们耐心地忍受围攻,因而得救了,因为三天之后,革拉古到了,围城者撤退了。大约同时,康普累

加的居民，数达两万，跑到革拉古的军营里来，戴着橄榄树枝，[①]伪装作请愿者，当他们到了的时候，他们突然向他攻击，造成一团混乱。革拉古迅速放弃了军营，假装出逃；然后又突然转回来，向他们进攻，当时他们正在劫掠，大部分人被杀死了，他占领 207
了康普累加，控制了邻近的居民。他使比较贫穷的阶级在村社中有一个地位，把土地分给他们，和所有的部落订立仔细规定了的条约，彼此交换誓言，以保证条款的实现。这些条约是在以后的战争中所常常渴望的。这样，革拉古在西班牙和在罗马都名盛一时，被给予一个壮观的凯旋。

IX. 克勒特—伊伯里亚人反抗罗马人的战争。琉卡拉斯无故侵略发克西伊人

44. 数年之后，因为下面的原因，西班牙又爆发了一次严重 前153[②] 培尔利人和提蒂人
的战争。塞吉达是克勒特—伊伯里亚部落培尔利人的一个强大的城市，这个城市是包括在塞姆普罗尼阿斯·革拉古的条约中的。它说服了一些较小市镇的居民定居在它的领土的边界，于是建筑一条周围四十斯塔狄亚[③]的城墙环绕着它。它又强迫一个邻近的部落提蒂人参加这项工作。当元老院知道此事时，它禁止这条城墙的建筑，要求革拉古时代所规定的贡税，并且命令居民为罗马军队提供一个分遣队，这也是革拉古所订条约中规

① 橄榄树枝象征和平。——译者

② 英译本作公元前15年，显系印刷上的错误。——译者

③ 相当于7.4公里。——译者

定的一项。关于城墙，他们回答说，革拉古禁止克勒特—伊伯里亚人建筑新城市，但是没有禁止在已有的城市中设防。关于贡税和分遣队，他们说，罗马人后来自己免除了他们的这些义务。
209 这是确实的，但是元老院在给予他们这些特免权的时候，总是附带补充说，只有在元老院和罗马人民高兴这样做的时候，这些特免权才能继续有效。

前153 纽曼细阿战争的开始

45. 因此，元老院派遣诺比利奥为将军，率领一支将近三万人的军队去进攻他们。当塞吉达人知道他来了的时候，他们的城墙还没有建成功，所以他们带着他们的妻室儿女到阿利瓦西人那里去，恳求阿利瓦西人收容他们。阿利瓦西人收容了他们，并且选拔一个名叫卡鲁斯的塞吉达人做他们的将军，因为他们认为他是善于作战的。在他当选的第三天，他布置两万步兵和五千骑兵在密林中埋伏；当罗马人从旁边经过的时候，他们突然向罗马人进攻。战斗很久，胜负未决，但是最后他终于获得了辉煌的胜利，六千罗马公民被杀害了。在那一天，罗马人遭遇了这样大的灾祸，但是当他在胜利之后，毫无秩序地追逐敌人的时候，在那里守护行李的罗马骑兵突然向他进攻，杀死的敌人不少于那六千个被杀的罗马人，卡鲁斯本人也在内（当时他正在勇敢作战）。最后天黑了，战斗停止了。这个灾祸的发生，正在罗马人习惯上庆祝发尔康神节日的那天。① 因为这个缘故，以后罗马的将军，非迫不得已，不在那一天开始作战的。

46. 当天晚上，阿利瓦西人在纽曼细阿②集合，纽曼细阿是

① 八月廿三日，发尔康是罗马的冶铁神。——译者

② 现在的加累，在杜罗河畔索里亚城之北步行一小时的路程。——译者

一个很强大的城市;他们推选安波和琉科做他们的将军。三天之后,诺比利奥进军,在离纽曼细阿二十四斯塔狄亚的地方扎营。马西尼萨派遣来的三百游牧骑兵和十条战象参加了他的军队之后,他向纽曼细阿移动,进攻敌人;他把战象放在后面,使敌 211
人不能看见。当他们进行肉搏战的时候,他的军队分开,使战象现出来了。克勒特一伊伯里亚人和他们的战马过去从来没有看见过战象,他们都吓呆了,逃往城中。诺比利奥把战象一直赶到城下,很勇敢地战斗,直到最后一条战象被落下来的一块大石头打中头部,当时它的野性爆发,大声叫嚎,转而冲向它的朋友们,开始蹂躏一切阻碍它的东西,不分敌友。其他的战象因它的叫嚎而激奋,都学它一样行动,把罗马人践踏在脚下,伤害他们,把他们乱抛。当战象受到惊慌的时候,它们总是这样的。于是它们把一切的人都当作敌人;因为它们的性格变化无常,所以它们被称为共同的敌人。那时候,罗马人秩序大乱,纷纷逃跑。当纽曼细阿人看到这种情况的时候,他们从城中冲出,追赶他们,杀死了大约四千人和三头战象。他们又夺取了许多武器和军旗。克勒特一伊伯里亚人也丧失了大约两千人。

47. 当诺比利奥从这个灾祸中精神稍许恢复了一点的时候,他就进袭敌人聚积在阿克西尼昂市镇的一些储藏,但是毫无所得。丧失了许多士兵之后,晚间退到他的军营里去了。他从那里派遣一个骑兵军官俾西阿斯去争取一个邻近部落的同盟,并请求骑兵的支援。他们给他一些骑兵;当他带着这些骑兵回来的时候,克勒特一伊伯里亚人在途中布置埋伏。他们发现埋 213
伏,同盟者逃跑了,但是俾西阿斯和敌人作战,他和他的许多士

兵都被杀死了。在罗马人连续地遭到灾祸的影响之下，奥西利斯镇倒向克勒特－伊伯里亚人一边去了。罗马人是把他们的粮食和金钱储藏在奥西利斯的。于是诺比利奥在绝望之中，跑到他的冬营里去了，尽可能地隐蔽他自己。他深深苦于缺粮（因为他只有营内的那点粮食），深苦于大风雪和严寒，所以他的许多士兵们，有些在外搜集柴火时死亡，有些在军营里面因闭居和寒冷而牺牲了。

前152
克劳狄·马塞拉斯在西班牙

48. 次年，克劳狄·马塞拉斯继诺比利奥指挥在西班牙的军队，他带来了八千步兵和五百骑兵。敌人也在途中布置埋伏，等待他来，但是他绕道而过，他率领他的全部军队扎营在奥西利斯城下。因为他是一个精练的将军，他马上跟奥西利斯和解，赦免它过去的罪过，提取人质，处以三十他连特白银的罚款。内哥布利加人听到了他的温和政策，马上派人来请求他指示他们怎样做才能求取得和平。在答复中，他命令他们供给一百骑兵，以做辅助兵，这一点他们接受了；但是他们同时在另一个区域进攻罗马人的后卫军队，夺去了一些运输行李的牲畜。于是他们带着一百骑兵来了，说他们已经履行了协议，解释对罗马后卫军的
215 进攻是由于那些不知道有这个协议的人所犯的错误。于是马塞拉斯把这一百骑兵用锁链系起来，把他们的马匹出卖了，掠夺了他们的土地，把掠夺物分配给士兵们，围攻他们的城市。当内哥布利加人看到攻城机械前进，土墩造起来，紧靠着他们的城墙的

他允许休战

时候，他们派遣一个穿着狼皮而不带权杖的传令官去请求饶恕。马塞拉斯回答说，如果不是阿利瓦西人、培尔利人和提蒂人一同来请求的话，他是不会答应的。当这些部落听到了这句话的时

候,他们都渴望派遣使节来,恳求马塞拉斯对他们只略加处罚,恢复过去和革拉古所订协议上规定的条件。一些本地人反对这个申请,因为他们曾和那些土人作战。

49. 马塞拉斯派遣双方的使者到罗马去,在那里进行辩论。同时,他私自写了信给元老院,力主和平。他极想由他自己来结束战争,他认为这样做,他也可以得到光荣。那些亲罗马党人的使节一到罗马,就受到了客礼招待,但是那些反罗马党人的使节,则依照习惯上的办法,住在城外。元老院拒绝和平的建议;因为当马塞拉斯的前任将军诺比利奥要求的时候,这些人拒绝屈服于罗马人,元老院对他们很生气,所以回答说,马塞拉斯会把元老院的决定向他们宣布的。元老院马上召集一支往西班牙去的军队,现在第一次用抽签的方法召集,而不用习惯上征集的方法,因为许多人抱怨说,在征集的时候,执政官对他们的待遇不公平,而别人则被选择担任比较容易的工作,所以现在决定以 217
抽签方法选拔。执政官李锡尼·琉卡拉斯受命为将军,科尼利阿斯·西庇阿为他的副将,科尼利阿斯·西庇阿在不久之后,就是以征服迦太基,后来又征服纽曼细阿而著名的。

李锡尼·琉卡拉斯继马塞拉斯为将军

50. 当琉卡拉斯正在途中的时候,马塞拉斯把新的战争告诉了克勒特—伊伯里亚人,依照他们的请求,他把人质交还他们。于是他派人去把克勒特—伊伯里亚人派往罗马去的使团团长请来,和他秘密商谈了很久。从这种情况看来,就是在当时已经有人怀疑;后来的事实更加有力地证实:他想设法说服他们,把他们的事情拿到自己手里,因为他渴望在琉卡拉斯到达之前结束战争。在这个会谈之后,五千阿利瓦西人占据了内哥布利加城;

而马塞拉斯进攻纽曼细阿，驻扎在离城五斯塔狄亚[①]的地方，把纽曼细阿人赶进城中，当时他们的领袖利田诺踌躇，大声叫喊说，他愿意跟马塞拉斯会谈。在会谈的时候，利田诺说，培尔利人、提蒂人和阿利瓦西人都完全投降马塞拉斯。他听到这句话，
前151 很高兴，他要求并且接受了所有各部落的人质和金钱之后，他就让他们自由了。因此，在琉卡拉斯到达之前，跟培尔利人、提蒂人和阿利瓦西人的战争已经结束。

他的丑恶行为

51. 琉卡拉斯渴望求得名誉，并且需要金钱，因为他的境遇窘迫；因此，他侵入另一个克勒特－伊伯里亚部落发克西伊人（阿利瓦西人的邻居）的领土，虽然他没有得到元老院的命令，他
219 们也从来没有进攻过罗马人或侵犯过琉卡拉斯本人。他渡过塔加斯河，到考卡城，把他的军营驻扎在城的附近。城市的公民问他是来干什么的，战争的原因何在；他回答说，发卡西伊人虐待卡彼坦尼亚人，他是来援助卡彼坦尼亚人的。于是他们暂时回到城内，但是他们从城内突出，向他的砍伐木材的人和抢掠粮草的人进攻，许多人被杀死，其余的人被赶回军营里。也有一次对阵战斗；考卡人很像轻装的部队，在战斗中很长一段时间内处于优势，直到他们所有的标枪都用完了的时候为止。于是他们逃跑，因为不惯于抵抗敌人的攻击，当他们在城门口彼此拥挤的时候，大约有三千人被杀死了。

52. 次日，城中的长老们，头戴冠冕，上面插着橄榄树枝，跑出来了，又请求琉卡拉斯指示，他们应当做些什么，以求建立友

① 即462.5公尺。——译者

好的关系。他回答说，他们应该交纳人质和一百他连特白银，并且让他们的骑兵听他支配。所有这些要求都照办了，他又要求让罗马人在城内驻军。考卡人对于这一点也同意了，他带了精选的两千士兵进城，他命令这些士兵，他们进了城的时候，应当占据城墙。当城墙被占据了的时候，他引进了其余的军队，命令他们说，只听到一声信号的时候，马上把考卡人所有的成年男子都杀掉。考卡人向主管诺言和誓约的神祇祈祷，唾骂罗马人的背信弃义，他们被残酷地屠杀了，两万人中只有极少数从城门口
陡墙上跳下来的人逃脱了。琉卡拉斯劫掠这个城市，给罗马人 221
带来恶名。其余的蛮族人从田野里聚集起来，逃往不可逾越的岩石丛中，或有坚强防御工事的城市中，尽他们所能带着的都带着跑了；不能带走的，他们纵火焚烧，使琉卡拉斯无所掠夺。

53. 琉卡拉斯越过很长一块荒芜的土地之后，来到一个名叫英特卡提亚的城市，这里共有两万多步兵和两千多骑兵逃亡在这里。琉卡拉斯很愚笨地邀请他们来订立条约。他们以考卡人的被屠杀谴责他，质问他，是不是也想用和过去他所给予考卡人一样的誓约来邀请他们。他也和所有的犯罪的人一样，不愤恨他自己，而愤恨那些谴责他的人，毁了他们的田地。于是他列成围攻的阵线，环绕城市的周围，垒成几个土墩，屡次把他的军队排成战斗的行列以挑起战争。但是敌人没有应战，只用投射弹作战。有一个蛮族人，特别以他的光辉铠甲炫耀，他常骑着马跑到两军间的空地来，要求罗马人来和他单独决斗。当没有人应战的时候，他嘲笑他们，跳着凯旋的舞蹈，然后跑回去。他已经这样做了好几次之后，年龄还很轻的西庇

小西庇阿·阿非利加那

阿[①]觉得很烦恼，他向前跳出去应战。他的身躯矮小，而他的对手身躯魁梧，但是幸而他获得了胜利。

54. 这个胜利鼓舞了罗马人的士气，但是第二天晚上，他们
223 为无数的恐慌所骚扰。敌人有一队骑兵，在琉卡拉斯到达之前，出外劫掠粮草，现在回来了，因为罗马军队包围了城市，他们找不着进城的入口，因而到处跑，大声叫喊，造成骚乱，而城内的人也以大声叫喊来回答。这些骚扰的声音在罗马军营里，引起异常的惊慌。他们因为守夜，睡眠不足，因为不惯于当地所供应的食品，已经很厌倦了。他们没有酒，没有盐，没有醋，没有橄榄油，而靠小麦、大麦、没有用盐煮的大量鹿肉和兔肉来维持生活；这些食物引来痢疾，许多人因此而死亡。最后，当他们的土墩完成了，利用机械冲击敌人的城墙而把敌人的城墙冲坏了一段的时候，他们冲进城中，但是他们很快就被打退了。当他们被迫退却的时候，由于不熟悉地形，他们跌入一个蓄水池中，很多人被淹死了。第二天晚上，蛮族人修好了他们被破坏了的城墙。因为现在双方都受了严重的损失（双方都有严重的饥荒），西庇阿向蛮族人提出诺言，如果他们愿意订立条约的话，这条约绝不至于被破坏。蛮族人相信他，因为他是以有道德著名的；于是他根据下列的条件，停止战争：英特卡提亚人给予琉卡拉斯一千件斗篷、一定数量的牛羊和五十名人质。至于琉卡拉斯所需要的金银（他是因为这个缘故而作战的，他以为全西班牙都是富有金银的），他完全没有得到。事实上，他们也没有金银，这些特殊的克

---

① 时年三十三岁。——译者

勒特—伊伯里亚人并不重视这些金属。

55. 其次，他到了巴兰提亚，这是一个更以勇敢著名的城市，有许多逃亡者聚集在那里。因为这个缘故，有人劝他只从旁边经过，不要进袭它。但是他因为听说，这是一个很富裕的地方，不愿走开了，直到巴兰提亚人的骑兵不断地袭击他的劫掠粮草的人员，使他得不到给养的时候为止。因为得不到粮食，琉卡拉斯把他的军队撤退，以长椭圆形的阵形行军，但是仍然被巴兰提亚人追击到杜罗河畔。巴兰提亚人于晚间从那里回到他们的本土。琉卡拉斯进入土狄坦尼亚人的领土内过冬了。这就是对发克西伊人战争的结束，这个战争是琉卡拉斯违反罗马人民所授予他的权力而进行的，但是对于这次战争，他甚至连谴责从来也没受到。 225

罗马人退军

X. 吕息坦尼亚人反抗罗马人的英勇斗争。加尔巴欺骗地屠杀吕息坦尼亚人

前155

吕息坦尼亚战争

56. 在这个时候，西班牙另一个自治的民族吕息坦尼亚人，[①]在他们的领袖布匿卡斯指挥之下，劫掠罗马属民的田地，驱逐他们的大法官，曼尼略和卡尔浦纽斯·派索，杀害了六千罗马人，其中包括财政官特林提阿斯·发罗在内。布匿卡斯因为这个胜利而得意，他扫荡这个地区直到海边。维顿尼人参加他的军队之后，他围攻罗马的属民布拉斯多腓尼基人。据说，迦太

① 现在葡萄牙人的祖先。——译者

227 基人汉尼拔从阿非利加带来的移民跟这些人居住在一起，因此他们被称为布拉斯多腓尼基人。在这里，布匿卡斯被一块石头打中头部致死。一个名叫西塞鲁斯的人继任他的职位。麦密阿斯从罗马带着另一支军队来了，西塞鲁斯跟麦密阿斯交战，战败逃跑，但是麦密阿斯追逐他的时候，毫无秩序，所以他再集合起军队来，杀死了大约九千罗马人，夺回了罗马人从他们手中以及从他自己的军营里所抢走的东西，并且夺取了罗马人的东西，以及许多军器和军旗，蛮族人把这些东西嘲笑地运着走过全克勒特—伊伯里亚境内。

前 153　57. 麦密阿斯带着他剩下来的五千士兵，在营中训练，在他
麦密阿斯的行动　们恢复勇气以前，他们不敢外出到平原地带来。他们等到蛮族人带着他们所获得的战利品从旁边经过的时候，突然向他们进攻，杀死了许多蛮族人，夺回了掠夺物和军旗。在塔加斯河那一边的吕息坦尼亚人在西塞鲁斯领导之下，也愤恨罗马人，所以他们侵略罗马的属民丘尼伊人，攻陷了他们的一个大城市康尼斯多基斯，他们在赫丘利石柱附近横渡海洋，他们有些人蹂躏了阿非利加一部分土地，另一些人围攻奥西尔城。麦密阿斯率领九千步兵和五百骑兵追赶他们，杀死了大约一万五千正在劫掠的人和少数其他的人，解除了奥西尔之围。他遇到一队正在运走掳获物的人，他把他们全部都杀死了，连一个传报这个悲惨消息的人也没有留着。所有能够运走的掳获物，他都分给他的士兵
229 们。其余的，他献给战神们，把它焚烧掉了。麦密阿斯做了这些事之后，他回到罗马，人们为他举行了凯旋式。

前 152　58. 马可·阿提略继麦密阿斯为将军，他侵略吕息坦尼亚

人，杀死了他们大约七百人，攻取他们最大的城市奥克色雷西。这就使邻近的部落大为恐慌，所以他们都商议投降，和吕息坦尼亚人邻近的一些维顿尼人也在内。但是当他离开那里，进入冬营的时候，他们都马上叛变了，包围了一些罗马的属民。继阿提略为将军的塞维阿·加尔巴匆忙地跑去援救他们。他一昼夜跑了五百斯塔狄亚，①当他看见了吕息坦尼亚人的时候，他马上派遣他的疲惫军队参加战斗。幸而他攻破了敌人的队伍，但是他轻率地追逐敌人，因为他的士兵们已经疲惫不堪，他的追逐是软弱无力，而且秩序混乱。当蛮族人看见罗马人分散，轮流停下来休息的时候，他们又集合起来，突然向罗马人进攻，杀死了大约七千人。加尔巴带着他身边的骑兵逃往卡谟那城。他在那里收容了逃亡者，聚集同盟军，人数达到两万之后，移往丘尼伊人的领土内，在康尼斯多基斯过冬。

塞维阿·加尔巴

59. 琉卡拉斯过去没有得到元老院的命令而向发克西伊人发动战争，现在正在土狄坦尼亚过冬。当他发现吕息坦尼亚人正在侵略他的附近地区的时候，他派出他最好的部将，杀死了大约四千吕息坦尼亚人。杀死了其他大约一千五百正在卡迪斯附近横渡海峡的吕息坦尼亚人。其余的人逃往一个小山上，他带着他的军队包围这个小山，俘虏的人数是很多的。于是他侵入吕息坦尼亚，逐步蹂躏这个地区。加尔巴则蹂躏另外一边。当他们有些使节到他那里去，想恢复他们跟他的前任将军阿提略所订而现在已被破坏了的条约的时候，加尔巴很厚意地款待他 前 151 231 前 150

① 约 92.5 公里。——译者

们，停止战争，甚至假装对他们表示同情的样子，因为他们为贫穷所迫而不得不劫掠、战争和破坏条约。他说："土地的贫瘠和经济的贫穷迫使他们做了这些事情。但是我一定要给我的贫穷的朋友们以良好的土地，把你们分为三部分，安置在一个肥沃的国家里。"

他的卑鄙　60. 他们被这些诺言所欺骗，离开了他们自己的住所，一齐来到加尔巴所指定的地方。他把他们分作三部分，指着某一块平原给每一部分的人看，命令他们留在这个开敞的地区，直到他来指定他们的地方时为止。当他跑到第一部分人那里的时候，他把他们当作朋友们一样，要他们放下他们的武器。他们放下了武器之后，他用一条壕沟包围他们，于是派遣一些带剑的士兵们到里面去，在他们悲叹嚎哭、呼吁神祇的名字和他们所受保证的誓言的时候，把他们全体都杀死了。同样地，他匆匆地跑到第二部分人和第三部分人那里去，当他们还不知道第一部分人的命运的时候，又把他们杀死。他这样模仿蛮族人的方法，以诡计报复诡计，有辱于做一个罗马人。极少数的人逃跑了，维里阿修
233 斯也是其中的一个。他不久之后，成为吕息坦尼亚人的领袖，杀死了许多罗马人，创造了伟大的勋绩。但是这些事情发生在以后一个时期，我现在暂不叙述。加尔巴比琉卡拉斯还要贪婪些，他分配了一点掠夺物给他的军队，分配了一点给他的朋友们，其余的都归他自己所得了，虽然他已经是罗马最富的人中间的一个。但是，据说，就是在平时，他也不惜利用说谎和伪誓，以求取得利益的。虽然他普遍地为人所痛恨，并且因为他的无赖而受到谴责，但是他利用他的财富，逃避了惩罚。

XI. 维里阿修斯打败罗马侵略者维提略和普劳提阿斯

61. 不久之后，那些从琉卡拉斯和加尔巴的卑鄙行为中逃脱出来的人聚集在一块，数达一万人，他们蹂躏土狄坦尼亚。盖约·维提略从罗马带来一支新军，又吸收了已在西班牙的士兵们，他共有军队一万人。维提略进攻他们的粮草征发队，杀死他们许多人，迫使其余的人进入一处地方，如果他们停留在那里的话，他们有饥饿的危险；如果他们跑出来的话，他们有落入罗马人手中的危险。他们所处的地位是这么困难的。因此，他们派遣使者，戴着橄榄树枝，到维提略那里去，请求土地以为居住之所，承认从此以后，一切事情都听从罗马人。维提略答应给予他们土地，协议正将成立了。维里阿修斯从加尔巴的奸计中逃出之后，当时也和他们在一起。他提醒他们不要忘记罗马人的背信弃义，罗马人是怎样常常违背誓言向他们进攻的，这整个军队是怎样由那些过去从加尔巴和琉卡拉斯的伪誓奸计中逃脱出来的人所组成的。他说，如果他们愿意服从他的话，他们不会找不出从这个地方逃脱出去的办法。

前 148

维里阿修斯的兴起 235

62. 他们被他用以鼓舞他们的新希望所感动，就推选他做他们的领袖。他把他们排成战斗的行列，好像有意战斗的样子，但是他命令他们，当他骑上他的马的时候，他们就向四面八方分散，尽可能地从各条不同的道路上逃往特里波拉，在那里等待他。他只选择一千人，命令他们跟他留在一块。这样安排好了之后，等到维里阿修斯一跨上他的马匹，他们都逃跑了。维提略不敢追逐那些向这样多不同的方向分散的人，而转向维里阿修斯，想跟他作战，因为他站在那里，很明显地是在等待一个进攻的机会。维里阿修斯因为有跑得很快的马匹，以进攻的办法扰乱罗马人，然后退却，又站着不动了，又进攻，这样消费了那一整天；其次，在同一个战场上向四周猛力冲击。等到他认为其他的人都已经安全地逃脱了的时候，他当晚迅速地从偏僻的小路上跑掉，带着他敏捷的骏马到达了特里波拉，罗马人不能用同样的速度追赶他，因为他们的盔甲笨重，他们不熟悉道路，他们的马匹也差些。这样，维里阿修斯用一个别人想不到的办法，把他的军队从一个绝望的形势中挽救出来了。邻近诸部落知道了这个
237 功绩，因此他声名大著，还得到了各地派来的许多援兵，使他能够进行反抗罗马人的战争达八年之久。①

前147

他打败了维提略

63. 在此地我想专门叙述对维里阿修斯的战争（这个战争造成罗马人很大的麻烦和困难），而把同时在西班牙发生的其他事件暂搁置。

维提略追逐他，直到特里波拉。维里阿修斯首先布置埋伏在稠密的丛林中，然后退却，到维提略正从旁边经过的时候，他回转来，那些埋伏的人跳出来，他们从两方面夹攻罗马人，把他们赶到悬崖之上，都俘虏起来。维提略本人也被俘虏；那个俘虏他的人不知道他是什么人，只看见他年老而肥胖，认为他是没有什么价值的，因而把他杀死了。那一万罗马人中，有六千人经过

① 公元前147—前138年。——译者

很大的困难，才跑到卡彼萨斯城；这个城市，我想就是从前希腊人所称为塔提萨斯城的，为国王阿贡多尼阿斯所统治，据说，这个国王曾经活到一百五十岁。那个跟随着维提略在一起的财政官让那些逃到卡彼萨斯的士兵驻扎在城墙上，他们的士气很沮丧。他向培尔利人和提蒂人请求，取得了五千同盟军之后，他派遣他们去进攻维里阿修斯，维里阿修斯把他们全部都杀光，连一个传达消息的人也没有留下来。此后那个财政官留在城中，没有动静，等待罗马派遣援兵来。

64. 维里阿修斯安全地侵略那个物产丰富的地区卡彼坦尼 前146
亚，掠夺这个地区，直到盖约·普劳提阿斯从罗马带着一万步兵 *239*
和一千三百骑兵到来的时候为止。于是维里阿修斯又佯作逃 他两次打败普劳提阿斯
跑，普劳提阿斯派遣大约四千人来追逐他，但是他转过身来向他们进攻，杀死全部人马，只有极少数的人逃掉了。于是他渡过塔加斯河，在一个长满了橄榄树的山上扎营，这个山叫做维纳斯山。普劳提阿斯在那里赶上了他，因为急于想补救他的不幸，马上和他交战，但是战败，大受杀戮，军队毫无秩序地逃往各市镇中，在仲夏的时候跑入冬营里，不敢在任何地方露面。因此，维里阿修斯毫无阻碍地蹂躏整个地区，要求正在生长的庄稼的主人把庄稼所值的钱数交付给他，否则他破坏庄稼。

前145 他被马克西马斯·伊密连那斯打败

65. 罗马人获悉这些事情后，他们派遣伊密利阿斯·鲍鲁斯（他曾征服马其顿国王柏修斯[①]）的儿子非比阿·马克西马斯。伊密连那斯往西班牙去，授予他为自己征集军队的权力。因

① 参阅IX(XIX)。——译者

为迦太基[1]和希腊[2]只是最近才被征服，第三次马其顿战争以胜利告终；[3]为了使那些从这些地区回来的士兵们得到休息，他选拔那些从来没有参加过战争的青年，达到两个军团的数目。他又向同盟国请求军队，当他达到西班牙的奥索城时，共有一万五千步兵和大约两千骑兵。因为他不想在军队训练好之前和敌人交战，他航海通过海峡，到达卡迪斯，以便向赫丘利致祭。[4] 同时，维里阿修斯进攻他的一些砍伐木材的人，杀死了许多人，其
241 余的人大为恐慌。他的部将出来作战，也被维里阿修斯打败，被夺去了很多战利品。当马克西马斯回来了的时候，维里阿修斯屡次调出他的军队，向罗马人挑战。马克西马斯不愿以全部军队作战，继续训练他的部下，他只频繁地利用一部分军队作散兵战，以试探敌人的力量而鼓励自己军队的士气。当他派遣征粮队出去的时候，他总是布置一个军团的哨兵线环绕着那些没有武装的人，而他自己乘着马，带着他的骑兵，在这个地方的附近奔驰，正如他随着他的父亲参加马其顿战争时，看见他的父亲鲍鲁斯所做的一样。冬季结束了的时候，他的军队训练好了，
前 144 他进攻维里阿修斯，他是把他打跑的第二个罗马将军(虽然维里阿修斯勇敢地作战)；他攻陷了维里阿修斯的两个城市：一个予以劫掠，另一个予以焚毁。他追逐维里阿修斯到一个叫做培科尔的地方，杀死了维里阿修斯的许多士兵，以后他就在科

① 参阅 VIII(上)，117 以下。——译者
② 参阅 VIII(上)，135。——译者
③ 参阅 IX(XIX)。——译者
④ 卡迪斯有著名的赫丘利神庙。——译者

都巴过冬。这时候已经是他在这个战争中指挥军队的第二年了。做了这些工作之后,伊密连那斯回罗马去了,由昆塔斯·庞培·奥拉斯继任为将军。

66. 以后维里阿修斯不再和过去一样藐视敌人了,他使阿 前 143
里瓦西人、提蒂人和培尔利人(这些都是善战的民族)叛离罗马人,这些民族,为了他们自己的缘故,又开始战争了,这是对罗马人一个长期而令人厌倦的战争,因为他们的一个城市的名字的缘故,这个战争叫做纽曼细阿战争,[①]我将把这次战争当作维里阿修斯战争[②]的一个继续。维里阿修斯在西班牙更远的地区跟另一个罗马将军昆提阿斯[③]作战,他被打败以后,回到维纳斯
山。他从山上出来突击,杀了昆提阿斯的士兵约一千人,从他们 243
手中夺取了一些军旗,把其余的人驱逐到他们的军营里去了。他又驱逐了伊都卡的驻军,劫掠了巴斯提泰尼人的地区。昆提阿斯由于胆怯和缺乏经验,没有给予他们以支援,而在仲秋的时节跑进科都巴的冬营里去了,只不断地派遣盖约·马喜阿斯(一个意大利卡城的西班牙人)去进攻他。

XII. 维里阿修斯打败罗马侵略者,迫使媾和。罗马人破坏和约。维里阿修斯的遇害

67. 在年底的时候,伊密连那斯的兄弟非比阿·马克西马 前 142

① 纽曼细阿战争(前 143—133 年)。——译者

② 维里阿修斯战争(前 149—139 年)。——译者

③ 可能是执政官昆提阿斯·西西利阿斯·梅特拉斯·马其顿尼卡。——译者

维里阿修斯战争的继续

斯·塞维连那斯从罗马带了两个新的军团和一些同盟军来代替昆提阿斯为将军，他的军队共有步兵约一万八千人和骑兵一千六百人。他写信给努米底亚国王密西普萨，要他尽快地派遣一些战象到那里去。当他匆匆地带着他的军队分队走往伊都卡的时候，维里阿修斯带着六千人的军队大声呼喊，向他进攻。蛮族士兵们披着长发（他们在战斗中惯用这个方法来威吓敌人），但是塞维连那斯并没有被吓倒。他勇敢地站在阵地上，敌人没有取得什么东西就被击退了。当他的其余军队以及从阿非利加派来的十条战象和三百骑兵到了的时候，他建立了一个大军营，进兵攻击维里阿修斯，把他打败后就追逐他。在追逐中他们的秩
245 序混乱；维里阿修斯在逃跑中看到了这种情况，又聚集了他的军队，杀死了大约三千罗马人，把其余的赶进他们的军营里。他又进攻军营，军营里只有少数人站在营门前抵抗，大部分人，因为恐惧的缘故，躲在营帐里，他们的将军和军团将校们费了很大的力气才把他们叫回到他们的岗位上。利略的妻弟方尼阿斯在这里表现得特别勇敢。天色将黑了，这样就挽救了罗马人。但是维里阿修斯频繁地乘着晚间或白天的炎热，前来进攻，他带着他的轻装部队和快马，每次在人家意想不到的时间出现，以扰乱敌人，直到他迫使塞维连那斯回到伊都卡去。

68. 最后维里阿修斯因为缺乏粮食，同时他的军队人数大为减少了，所以他在夜里焚毁他的军营，回到吕息坦尼亚去了。塞维连那斯没有追赶他，但是向贝都里亚地区进攻，抢劫了五个站在维里阿修斯一边的市镇。以后他就进攻丘尼伊人。从那里又往吕息坦尼亚去再进攻维里阿修斯。当他正在进军的时候，

两个绿林领袖，库里阿斯和阿彪利阿带着一万人进攻罗马人，罗马人秩序大乱，掳获物被抢去了。库里阿斯在战斗中被杀。以后不久，塞维连那斯不仅收回了这些掳获物，又攻下了爱斯卡底亚、基密拉和奥波尔科拉等市镇，在这些市镇里维里阿修斯都曾驻扎了军队。他劫掠了其他一些市镇，还有一些市镇他没有扰乱。他俘虏了约一万人，杀死了其中五百人，其余的都被卖为奴隶。他接受了一个名叫康诺巴的绿林领袖的投降后，他只赦免了康诺巴一个人，而把他所有的部下的手都砍掉。

69. 当他追逐维里阿修斯的时候，他围攻挨里山那，这是维 247
里阿修斯的一个市镇。维里阿修斯于晚间进入这个市镇，在黎明的时候，他进攻那些在那里挖掘壕沟的人，迫使他们丢掉铲子逃跑。他同样地打败了塞维连那斯排成战斗行列的其余军队，追逐他们，把他们赶向一些悬崖上，他们在那里没有逃跑的机会了。在胜利的时候，维里阿修斯不骄傲自大，而认为这是一个很有利的机会，可以用一个明显的宽宏大量的行动来结束战争；他跟他们订立协议，这个协议后来由罗马人民批准。维里阿修斯被宣布为罗马国家的朋友，并且下令，所有他的部下得保留他们当时所占有的土地。这样，这个罗马人极端厌恶的维里阿修斯战争似乎因为这个宽宏大量的行为而结束了。

跟维里阿修斯订立和约

70. 但是这个和约连一个短时期也没有继续下去，因为订 前140
立这个和约的塞维连那斯的兄弟西彼俄继塞维连那斯为将军，他不满意于这个和约，他写信回国，说这个和约最有辱于罗马人民的尊严。元老院起初授权给他，依照他自己的意思斟酌情形，秘密地骚扰维里阿修斯；后来他又挑拨，不断地写信回国，于是

罗马人破坏和约

元老院决定取消这个和约，又公开向维里阿修斯宣战了。当战
争明确地宣布了的时候，西彼俄攻陷阿萨镇，维里阿修斯放弃这
个城市逃跑，沿途破坏一切；西彼俄在卡彼坦尼亚追上了他，当
249 时罗马的军队比他的军队强大得多。维里阿修斯认为跟罗马人
交战是不聪明的，因为他自己的军队少，所以他命令他的大部分
军队由一条隐蔽的峡道退却，而把其余的军队在一个小山上列
成阵势，好像有意作战的样子。当他料到他先前派出的军队已
经达到安全地带的时候，他突然冲去追赶他们，他这样地藐视敌
人，这样迅速使那些追赶他的人不知道他奔往何处去了。西彼
俄转而进攻维顿尼人和卡雷西人，把他们的田地破坏了。

前 138

绥·朱尼阿斯·布鲁图

71. 许多流动袭击的队伍模仿维里阿修斯的榜样，侵入吕息坦尼亚，劫掠那个地区。受命来进攻他们的绥克斯都·朱尼阿斯·布鲁图认为没有追踪他们的希望，因为那个地区面积广阔，被许多可以航行的河流——塔加斯河、利提河、都流斯河和比提斯河——所围绕；当这些队伍像海盗一样从一个地方跑到另一个地方的时候，他认为极难赶上他们；但是不去追赶，又感觉丢脸；从另一方面看来，纵然他打败了他们，这也不是一件很光荣的事。因此他转而进攻他们的城市，他认为这样他可以向他们进行报复，也可以替他的军队取得大量的战利品；同时他认为当这些盗贼的家乡受到威胁的时候，他们也会分散，各自回到自己的家乡去。他抱着这个计划，开始毁灭一切阻碍他前进的东西，当地的妇女们参加战斗，抵抗侵略者，和男子们一块战死，战死时连一声啼哭也没有。但是有些居民带着他们所能带走的东西，逃往山中；当这些人请求赦罪的时候，布鲁图宽恕了他们，

而瓜分了他们的财产。 251

72. 于是他渡过都流斯河，把战争推进得又远又广；对于那 前137
些投降的，他要求许多人质，直到他达到利提河，他是第一个想
渡过这条河的罗马人。过了这条河之后，他又前进到尼密斯河，
他在这里进攻布拉卡里人，因为他们抢劫了他的粮草队。布拉
卡里人是一个很善于作战的民族，他们的妇女们也和男子们一
样，带着武器；他们抱着坚强意志奋战至死，没有一个男子逃跑
或哭出一声的。那些被俘虏的妇女们，有些自杀，有些也亲手杀
死她们的儿女，她们宁死而不愿被俘虏。有些市镇暂时投降，不
久又叛变，他把这些市镇又征服了。

流动袭击的队伍跟维里阿修斯合作

73. 其中有一个市镇时降时叛，给他带来很大的麻烦。这
个市镇就是塔拉布利加。当布鲁图进兵攻击它的时候，它的居
民跟往常一样，请求饶恕，愿意无条件投降。他首先要求他们
交出所有的叛徒、战俘和武器，再加上人质，然后命令他们带
着他们的妻室儿女退出这个市镇。当他们连这个命令也服从了
的时候，他用军队包围他们，向他们发表演说，告诉他们说，他
们怎样常常叛变，重新发动战争来反对他。他使他们深怀恐惧，
相信他会以可怕的处罚加在他们身上之后，对他们大加谴责，
就让事情完结了。他剥夺他们的战马、粮食、公款和其他公共
资源之后，和他们的预料相反，他又让他们回到他们的市镇里 253
来居住。做了这些事情之后，布鲁图回罗马去了。我把这些事
情跟维里阿修斯的历史连在一起，因为这些事情是在同一个
时候由其他流动袭击的队伍模仿维里阿修斯的行动而做出来
的。

前139①

维里阿修斯的遇刺

74. 维里阿修斯派遣他最信任的朋友奥达克斯、狄塔尔科和密纽鲁斯到西彼俄那里去商谈和约。② 西彼俄用大量的礼物和诺言贿赂他们刺杀维里阿修斯。他们是这样做了。维里阿修斯因为过度地劳累，睡眠很少。在大部分的时间里，他都是穿着甲胄休息，他如果惊醒了，可以马上准备好，以应付任何事变。因为这个缘故，他允许他的朋友们晚上去看他。那些参加奥达克斯的阴谋的人利用这个习惯，等着机会，借口有事相商，进入他的营帐，当时他正睡着了，他们刺穿他的喉咙，把他杀死了，因为只有他的喉部是没有被甲胄保护着的。这一打击是这样地准确，所以没有人发觉他们所做的事。凶手们逃往西彼俄那里去，要求其余的酬金。他允许他们安稳地享受他们所已经获得了的；至于他们的要求，他要他们向罗马去讨。天亮的时候，维里阿修斯的侍从们和军队里其余的人以为他还在那里休息，对他这样长时间的休息表示诧异，直到最后才有人发现他穿着甲胄，
255 死在床上。全军营里的人马上哀嚎哭泣，他们都为他的死亡而悲伤，为自己的安全而恐惧，认为他们是多么危险，他们丧失了怎样的一位将军。最使他们痛苦的是他们不能找出这些罪犯来。

75. 他们把维里阿修斯的尸体穿上华丽的衣裳，在一个崇高的火葬堆上焚烧了，用许多祭品向他致祭。步兵和骑兵穿着甲胄，一队一队地环绕着他奔跑，依照蛮族的方式高唱赞美他的诗歌，他们都围着火葬堆坐着，直到火完全熄灭时为止。当葬礼结束的时候，他们在他的坟墓前面举行角斗表演。维里阿修斯

维里阿修斯的品格

① 英译本缺，特为补上。——译者

② 接70节的叙述，71、72两节是维里阿修斯死了以后的事。——译者

死后，后世这样热烈地想念其为人——作为一个蛮族人，他有一个将军的最高尚的品格：在面临危险的时候，他总是跑在最前面；在分配战利品的时候，他是最公正的。他从来不同意自己拿取最好的份儿，虽然他的部下总是这样请求；就是他所取得的那一份，他也是跟那些最勇敢的人分享的。因此，在这次八年的战争中，虽然他的军队是由各种部落组成的，但是从来没有过叛变，士兵们总是服从和准备应付任何危险的（这是一件最困难的事，是任何司令官所绝难做到的）。他死了之后，他们推选一个将军，名叫坦塔拉斯，远征萨干坦，这个城市曾为汉尼拔所摧毁，后来重建，因为他的本国的名称，而命名为新迦太基。① 当他们在那里被击退后，正在横渡比提斯河的时候，西彼俄紧紧地追迫他们，因此，坦塔拉斯精疲力竭，带着他的军队投降西彼俄，以对待他们如附属民族为条件。西彼俄接收了他们所有武器，给予他们以足够的土地，使他们不至于为贫穷所迫而为盗贼。维里 257
阿修斯战争就是这样结束的。

XIII. 纽曼细阿人先后迫使罗马将军庞培和马西那斯两次订立屈辱和约，元老院撕毁和约。伊密利阿斯围攻巴吉提亚，遭到可耻的失败

76. 我们的历史又回到对阿利瓦西人和纽曼细阿人的战事 前 143

① 参阅第 82 页注①。——英译者

纽曼细阿战争 了，他们是受维里阿修斯煽动而起来暴动的。罗马派遣西西利阿斯·梅特拉斯率一支更大的军队去进攻他们。当阿利瓦西人正在收割他们的庄稼的时候，梅特拉斯以惊人的速度突然向他们进攻，把他们征服了。还有两个市镇，特曼提亚和纽曼细阿，需要他操心。纽曼细阿难于进攻，因为有两条河跟一些山谷和密林环绕着它。那里只有一条道路通达宽敞的地区，而那条路是用壕沟和栅栏封锁了的。那里的人，无论步兵或骑兵，都是第一流的战士，虽然数目不过八千人。他们的人数虽然这样少，但

庞培围攻纽曼细阿 是由于勇敢，给罗马人带来了很大麻烦。在冬季末了的时候，梅特拉斯把他的军权交给他的继任者昆塔斯·庞培·奥拉斯，他的军队共有三万步兵和两千骑兵，都是训练得很好的。当驻扎在纽曼细阿城外的时候，正碰着庞培有事将往别处去。有一队骑兵正在排队送他，纽曼细阿人突然由城内出来袭击，消灭了这队骑兵，因此，他回转来，把他的军队在平原上排成阵势。纽曼细阿人下来和他会战，但是慢慢地后退，好像想逃跑的样子，直到他们引诱庞培达到壕沟和栅栏的地方时为止。

259 77. 当他看见他的军队跟人数少得多的敌人做散兵战时，
前141 天天都吃败仗，所以他移军进攻特曼提亚，因为这是一个比较容易的工作。他在这里跟敌人交战，也丧失了七百人；他有一个军团将校，正运着粮草到他的军营里来，也被特曼提亚人打得逃跑了。在同一天的第三次交战的时候，他们把罗马人赶到一个岩石重叠的地方，在那里许多罗马步兵和骑兵，连同他们的马匹，被迫从一个悬崖上摔下。其余的人惊慌失措，全副武装地过了那一晚。在黎明的时候，敌人出来了，一个正规战斗开始，继续

了一整天，不分胜负。天黑时，战斗停止了。庞培又从那里进兵去进攻一个名叫马利亚的小镇，这个小镇是有纽曼细阿人驻守的。居民叛变，杀死了驻军，市镇投降庞培。他要求他们交出他们的武器和人质，以后他又移军向西底坦尼亚，一个名叫坦吉那斯的绿林领袖正在抢劫那个地方。庞培打败了他，俘虏他的许多部下。这些强盗很勇敢，他们中间没有一个俘虏愿意忍受奴役。有些自杀了，有些杀死了那些俘虏他们的人，有些把运送他们往别处去的船舶凿沉了。

78. 庞培又回转来围攻纽曼细阿，想努力改变那条流入平原 前140
的河流的河道，使城中陷于饥饿。但是当他正在做这项工作的时候，居民袭扰了他。他们没有任何号角的信号，就成群地从城中冲出，向那些正在河上工作的人进攻，并且把标枪向那些从军营里出来援助改河道的人射击，最后把罗马人封锁在他们自己的要 261
塞里。他们也进攻一些征粮队，杀死了他们许多人，其中包括军团将校俄彼阿斯。他们又在另一个区域袭击那一队挖掘壕沟的罗马人，杀死了大约四百人，包括他们的队长在内。此事发生之后，某些元老从罗马来了，他们带来了一支新征集的军队，还是新兵，没有受过训练的，以代替那些服兵役已满六年的士兵们。庞培因为屡次战败而感到惭愧，同时想要洗掉他的耻辱，所以在冬季里，还跟新兵在一起留在军营里。士兵们因为备受严寒之苦，毫无遮蔽之所，又不习惯于当地的水和气候，多患痢疾，有些人死亡了。有一支军队已经出去劫粮了，纽曼细阿人在离军营很近的地方布置埋伏，他们用一阵一阵的投射武器来激怒罗马人，罗马人忍耐不住了，突然向他们进攻。于是那些埋

伏的人跳出来，许多军官和士兵丧了命。最后，纽曼细阿人又向那个正在归途上的劫粮队进攻，也杀死了许多人。

79. 庞培遭遇着这样多不幸之后，他带着元老们离开那里，到别的市镇里去度过残冬，盼望早春时节有人来接他的职位。因为他恐怕受到谴责，他秘密地向纽曼细阿人提出条件，想使战争结束。在纽曼细阿人方面，因为他们许多最勇敢的人阵亡，庄
263 稼损失，食粮缺乏，战争拖延的日子已经超过了他们所预期的，
他跟纽曼细阿人订立和约 他们已经精疲力竭，所以他们也派遣使者到庞培那里。他当着众人劝他们无条件投降，他说，他不知道有别的条件可以无愧于罗马人，但是私底下却向他们许诺他可能会做的事。当他们同意了，并且无条件投降了的时候，他要求并接收了他们的人质以及战俘和逃兵。他又要求三十他连特白银，他们付给了一部分，
前139 其余的，他同意等到以后再付。当他们付给最后一批款项的时候，他的继任者马可·波彼略·利那已经到了。庞培不害怕这个战争了，因为他的继任者已经在那里了；他明白他订了一个可耻的和约，罗马没有授权给他订的，因此他开始否认他跟纽曼细阿人曾经有一个谅解。纽曼细阿人用一些当时交涉在场的证人——元老们、他自己骑兵队长们和军团将校们——证明当时是有这样一个谅解的。波彼略把他们送到罗马去跟庞培辩论。
元老院不承认这个和约 这个案件提交元老院，纽曼细阿人和庞培在那里进行辩论。元老院判决继续战争。因此，波彼略进攻纽曼细阿人的邻居卢孙尼斯人，但是没有得到结果；（因为他的继任者霍斯提略·曼西那斯到了，）他就回罗马去了。

前137 80. 曼西那斯跟纽曼细阿人经常发生遭遇战，他战败了，最

后他受到很大的损失，逃到他的军营里去了。他听到一个谣言，说坎塔布里人和发克西伊人来支援纽曼细阿人了，他大为恐慌，265
他熄灭了他的营火，整晚在黑暗中度过，逃往过去诺比利奥曾经在那里扎过军营的一个荒凉地方。黎明的时候，他被围困在这 曼西那斯订立新约
个地方，既无准备，又无要塞，被纽曼细阿人所包围，他们威胁着：如果不订立和约的话，就杀死全部军队。因此，他同意罗马人跟纽曼细阿人在平等的条件下，订立和约。他宣誓愿意受这个协议的约束。但是罗马人知道这些事情之后，对于这个最不名誉的和约大为愤怒，他们派遣另一个执政官伊密利阿斯·雷必达到西班牙去，召曼西那斯回国受审。纽曼细阿人的使节跟着他往罗马去。但是伊密利阿斯，当他也要等待罗马的判决的时候，无事可做，感到腻烦（因为有些人之指挥军队，不是为了罗马的利益，而是为了个人的光荣或利益、或者一个凯旋的荣耀），所以他捏造事实谴责发克西伊人，说他们在战争的时候，以粮秣供给纽曼细阿人，因此他掠劫他们的土地，围攻他们的主要城市巴兰提亚，这个城市并没有破坏和约；他又劝他的亲戚布鲁图（我在前面已经说过，他是被派往远西班牙去了的）来跟他一起做这项事情。

81. 他们在这里被罗马派来的使者秦那和西西利阿斯所赶 前 136
上了，他们说，元老院很不明白，他们在西班牙已经遭遇了这样多次的惨败之后，为什么伊密利阿斯还要寻找新的战争，他们给他一个警告他不要向发克西伊人进攻的命令。但是实际上他已经开始战争了，他认为元老院不知道战争实际上已经开始，267
布鲁图正在跟他合作，而发克西伊人已经以粮秣、金钱和人力支

伊密利阿斯·鲍鲁斯违反元老院的命令作战

援纽曼细阿人。并且他认为放弃战争是很危险的，如果西班牙人藐视罗马人为懦夫的话，这就会使整个西班牙脱离罗马。因此他把秦那一批使者遣送回国，他们没有完成他们的使命，他把上面所说的话写信给元老院。此后他开始建造攻城机械，在一个设防的地方聚集军需。当他正在忙于这些事的时候，他以前派出征发军粮的夫拉卡斯，发现他自己中了敌人的埋伏，他很机灵地在他的士兵们中间散布谣言，说伊密利阿斯已经攻陷了巴兰提亚。他的士兵们大声欢呼胜利。蛮族人听到了，信以为真，因此撤退了。这样，夫拉卡斯把他的护送队从危险中挽救出来了。

82. 巴兰提亚的围攻时间延长了很久，罗马人的粮食缺乏，他们开始受到饥饿的痛苦。他们所有的牲畜死亡了，许多士兵也因缺乏粮食而死亡。两位将军，伊密利阿斯和布鲁图在一个长期间内没有丧失勇气，但是最后不得不屈服了。他们突然在一个晚上下令，大约在最后一更的时候[①]退却。军团将校们和百人队长们到处跑，催促这个行动，使他们在天亮以前能够全部离开那里，他们撤退时这样混乱，以致把所有的一切都丢掉了，甚至把伤病员也丢掉了，这些伤病者抱着他们，恳求他们不要遗
269 弃他们。他们的退却毫无秩序，很像逃亡，而巴兰提亚人从黎明到黄昏，紧紧地追击他们的侧面和后卫，予他们以很大的损害。天黑的时候，罗马人由于饥饿和精疲力竭，随地成群地倒在地上，巴兰提亚人由于受神灵调解感动，回到他们自己本土去了。

① 大约凌晨三四点钟的时候。——译者

这就是伊密利阿斯所遭遇的。

83. 当罗马人民知道这些事情的时候，他们免除了伊密利阿斯的将军和执政官职位，当他以一个普通公民的资格回到罗马的时候，他又被处以罚款。曼西那斯和纽曼细阿人的辩论还在元老院进行。纽曼细阿人拿出他们跟曼西那斯所订的条约来，而他把订立这个条约的责任推到前任将军庞培身上，他说，庞培把一支懒惰而给养不良的军队交给他，因为这样一支军队，庞培本人也常吃败仗，因此他和纽曼细阿人也订了一个类似的和约。结果，这次战争是在不祥的预兆之下进行的，因为罗马人民是违反这些协议而下令作战的。元老们对于这两个人都是同样地愤恨，但是庞培免除了处罚，因为他的罪行在很久以前已经受到审判。但是元老们决定，把曼西那斯交给纽曼细阿人，因为元老院没有授权给他，而他擅自和纽曼细阿人订立这个丢脸的和约。在这件事情上，他们是仿照他们祖先的例子，因为他们的祖先也曾经把没有得到元老院的命令而擅自和萨谟尼安人订立一个类似的和约的二十个将军交给萨谟尼安人。福里阿斯把曼西那斯带到西班牙，把他裸体交给纽曼细阿人，但是纽曼细阿人不肯接收他。前 135 元老院选卡尔浦纽斯·派索为进攻纽曼细阿人的将军，但是他连军队也没有开到纽曼细阿去。271 他只侵略巴兰提亚的领土，取得少量的掠夺物之后，他就在卡彼坦尼亚的冬营里，度过了他任期内其余的时间。

元老院取消曼西那斯所订的和约

XIV. 小西庇阿受命进攻纽曼细阿。他恢复罗马军队的纪律

前 134

小西庇阿·阿非利加那进攻纽曼细阿

84. 对纽曼细阿的战争出乎意外地拖延和困难，使罗马人民感到厌恶，所以他们再一次推选征服迦太基的科尼利阿斯·西庇阿为执政官，因为他们相信只有他可以征服纽曼细阿人。正像当年这位西庇阿被任命为进攻迦太基的将军时他还没有达到做执政官的法定年限，元老院通过法令，允许人民保民官取消关于年限的法律，次年再立这条法律一样。[①] 所以，西庇阿第二次当选为执政官，匆匆地到纽曼细阿去了。他没有从现役兵员册中提取任何军队，因为当时有许多战争正在进行，[②]同时，因为在西班牙已有足够的军队；但是征得元老院的同意，他带着各城市和各国王因为私人友谊的关系所派遣来的一定数目的志愿军。这些人之外，再加上他的被保护人和朋友们五百人，他把这些人编在一队中，称为朋友队。所有这些人共约四千人，他交与他的外甥布提奥率领，待命出征；而他本人带着一个小卫队，先往西班牙的军队里去了，因为他听说那里的军队里充满着游手

① 做执政官的法定年龄是满四十二岁。公元前 147 年小西庇阿仅三十八岁，未到法定年龄，人民会议特别通过法律，取消年龄限制，选举西庇阿为执政官（VIII 上。112）。次年再重申这条年龄限制的法律。根据公元前 151 年的法律，十年之内一人不得两次当选为执政官。公元前 134 年人民会议又通过特别法律，允许他第二次当选为执政官。次年再订这条十年之内不得再次当选为执政官的法律。——译者

② 当时有第一次西西里奴隶暴动（前 135—前 132 年）。——译者

好闲，倾轧不合，奢侈腐化；他很清楚地知道，除非他能使他自己的军队有严格的纪律，他是绝对不能战胜敌人的。

85. 当他到达那里的时候，他把所有的商贩和妓女，预言者 273
和占卜者都赶走，因为战败，士气消沉，士兵们不断地去咨询这些预言者和占卜者。他禁止以后带进任何不必要的东西，就是那些为占卜之用的牺牲动物也不许带进来。他又命令，除他本人所允许保留者外，一切车辆和车辆中多余的货物都应卖掉，所有的驮运牲畜也都卖掉。至于伙食用具，每人只许有一个烤肉铁叉，一把铜壶和一个杯子。他们的食物只限于简单煮熟的和烤熟的肉类。他们不许用床，西庇阿自己首先睡在草上。在行军的时候，不许他们乘驴，他说，“一个连路也不能走的人，在战争中你们能够希望他做什么呢？”他们一定要自己洗澡、涂油，不要别人帮助，西庇阿讥讽地说，只有没有手的驴子才要别人替它们洗刷。这样，在很短的时间内，他恢复了他们的良好秩序。他使人不易接近他，他不轻易给人以恩惠，特别是那些破例的恩惠，这样，他使他们习惯于尊重他和畏惧他。他常常说，那些严肃认真遵守法律的将军们对他们的部下是有益的，而那些随随便便、慷慨施予的将军们只是对于敌人有利的。他说，后者的士兵们是快快活活，但是跋扈不驯；而前者的士兵们，虽然垂头丧气，但是服从而敏捷，可以应付任何紧急事变。

他恢复军纪

86. 虽然做到了上面的一切，但是在他用许多艰苦的工作，训练好他的士兵们以前，他不冒险去和敌人交战。他走遍邻近
所有的平原，每天一个一个地建立设防的新营，然后又把这些新 275
营毁掉；挖掘深的壕沟，然后又把壕沟填起来；建立高墙，又把高

他的作战规范

墙拆毁，从早到晚，他亲自监督工作。为了防止士兵们掉队起见，他总是以长方形的阵势行军，没有人可以更换他原来被指定的位置。他在行军队伍的周围跑动，常常跑去看看后卫军队，要一些骑兵下马，把他们的坐骑让给病者；当驴子载负过重的时候，他使步兵分担一部分载重。当他安顿军营的时候，他要那些当天已经做了先头部队的士兵，于行军之后分散在营地的周围，要一队骑兵在乡间巡逻，而其余的人做他们被指定的工作，有些挖掘壕沟，有些建筑壁垒，有些搭营帐。他又确定并且记载这些工作一定要完成的时间。

87. 当他认为他的军队已经行动敏捷、对他服从、对劳动有了耐心的时候，他把他的军营移近纽曼细阿。他不跟有些人所做的一样，把前卫驻扎在设防的岗位上，事实上他也不把他的军队分开，他担心在开始的时候就打败仗，引起敌人的轻视，因为敌人已经轻视罗马人了。他也不向敌人进攻，因为他还在研究这次战争的性质，等着在战争中可能有机会，努力想发现纽曼细阿人的计划。同时，他从他的军营后面所有的田野中劫掠粮食，
277 把那些还没有成熟的谷物割下来。当那些田野被收割了，必须前进的时候，许多人劝他走捷径，因为那条捷径是经过纽曼细阿而达到平原的。他说，“但是我所担心的是回来，那时候，敌人毫无阻碍，可以从他们的市镇里出来，也可以退到他们的市镇里去，而我们的部队在劫粮之后回来的时候，满载谷物而精神疲劳，带着驮兽、车辆和重担。因为这个缘故，战斗会是激烈而双方力量是不对等的。如果我们被打败了的话，危险是严重的；如果胜利了的话，我们所得到的光荣和利益也不会很大。为着小

利益而冒危险是愚笨的。没有必要而作战的将军是鲁莽的；好的将军只在必要的时候才冒险。”他还用比喻补充说，医生们在首先试用药剂之前，是不会给病人割治或炙烧的。他这样说了之后，命令他的军官们走那条较远的道路。他亲自参加这次军营外的远征，后来进入发克西伊人的领土，他们是以粮食供给纽曼细阿人的，因此他砍掉一切东西，凡可以作为食物的东西，他都带走；其余的，他都堆积起来，烧毁掉。

他和纽曼细阿人的散兵战

88. 巴兰提亚人在他们的领土内某一个叫做康普兰尼昂的平原上，在一个小山的悬崖下面埋伏一支大军，而其他的军队则公开地扰乱罗马人的劫粮队。西庇阿命令一个军团将校卢提 279
略·鲁福斯[1]（他后来写了一部历史，叙述这些经过）率领四队骑兵，把敌人赶退。当敌人退却的时候，鲁福斯追赶太急了，他和逃亡者一齐跳上了那个小山。当他发现埋伏的时候，他命令他的部队不要再前进或向敌人进攻，而只要采取防御势站着，用他们的矛对着敌人，以防止敌人的进攻。西庇阿看见鲁福斯违反他的命令，跑上那个小山，他大吃一惊，急忙地跟着来了。当他发现埋伏的时候，他把他的骑兵分作两队，命令他们从两边交替地向敌人进攻，都一齐投射他们的标枪，于是退却，每次不是退到他们原来从那里前进的地方，而是退到比原来的地方更后面一点的地方。这样，这些骑兵安全地退到平原上。当他正在调换地方，又在后退的时候，他一定要渡过一条流水污浊、难于渡过的河，敌人已经埋伏军队在这里等待他。他知道这件事

[1] （公元前150年—？）他的《回忆录》只有片断保存下来。——译者

之后，他转而从另一条比较远，但是比较不会碰到埋伏的道路走。他在这里于晚间行军，因为天气炎热和人马口渴，而他所挖掘的泉井大部分只产咸水。历经艰险，他才救出他的部下，但是有些马匹和驮兽因渴致死。

89. 当他通过考卡人的领土的时候，他宣布他们可以安全地回到他们的家乡，因为他们和罗马人所订的和约是琉卡拉斯破坏的。他从那里又回到纽曼细阿人的领土内，进入他的冬营。在这里，马西尼萨的孙子朱古达从阿非利加带来十二条战象、一队弓箭手和投射手（在战争中，他们常常跟战象在一起），来跟他
281 联合在一起。当西庇阿经常在抢劫邻近乡村的时候，敌人在一个几乎四面都是一个多草的水池所环绕着的小村子旁边布置埋伏，等待着他。剩下来的一边是一个山谷，伏兵隐藏在这个山谷中。西庇阿的士兵们是分散的，所以一部分士兵进入这个村庄里去抢劫，把军旗放在外面；而另一部分人，人数不多，骑着马在附近巡逻。伏兵进攻后面一部分人，后面一部分人努力想把敌人打退。西庇阿正站在军旗附近的村庄前面，利用军号，把那些已经跑进村庄里的人叫回来，他还聚集不到一千人，就去援助那些已经陷于困境的骑兵。当那些跑进村庄里面的人大部分跑出来的时候，他把敌人打退了。但是他没有追逐逃跑的敌人，而回到军营里去了。双方死亡的人数不多。

XV. 西庇阿攻陷纽曼细阿，纽曼细阿人宁死不屈

前133　90. 不久之后，他建立两个军营，离纽曼细阿很近，命令他

的兄弟马克西马斯指挥一个,他自己指挥一个。很多纽曼细阿人跑出来挑战,但是他不理会他们,因为他认为跟那些完全感到绝望的人交战是不聪明的,而宁愿把他们封锁起来,以饥饿迫使他们屈服。他在城市的周围营建七个要塞,他〈开始〉围攻,他写信给每个〈同盟部落〉,把他所希望他们派来的军队种类告诉他们。当他们所派遣的军队到了的时候,他把他们分作几部分,把他自己的军队也再分为几部分。对每部分人,他派定一个指挥 283 官,命令他们建筑一条壕沟和栅栏,把城市包围起来。纽曼细阿城本身周围二十四斯塔狄亚,[①]而包围的工事有两倍多这样大。所有这些空间都分配给各部分军队,命令他们:如果有敌人在任何地方阻挠他们的话,白天里,他们在一个长矛上升起一面红旗,晚间他们燃起烽火,作为通知他的信号,这样,他和马克西马斯可以急忙跑去支援那些需要援助的人。当这项工作完成,他能够有效地击退敌人的进攻的时候,他在前条壕沟不远的地方又挖掘一条壕沟,建造栅栏,作为防御,建筑一道八希腊尺[②]宽、十希腊尺高(不包括低墙在内)的城墙。沿着整个城墙上面,每隔一百希腊尺远的地方建筑一个城塔。因为不可能在附近的沼泽地方周围建筑城墙,他就造一道堤,代替城墙,环绕着它,其高度和厚度与城墙相同。

西庇阿建筑一道包围城市城墙

91. 这样,我认为西庇阿是第一个筑一道城墙来包围一个并不躲避在空旷的战场上作战的城市的将军。沿着城堡流着的

① 约 4.4 公里。——译者

② 参阅第 267 页注②。——译者

他阻止河上的交通

条都流斯河，[1]对于纽曼细阿人是很有用的，他们从河上运输粮食，把他们的士兵们送来送去，有些从水下潜行，有些在小舟中隐藏他们自己；当有大风的时候，他们乘着帆船，乘风破浪；或用桨划行，顺流而下。因为河水宽而且急，他不能在河上架桥，西庇阿在河的两岸上各造一个堡塔，以代替桥。他用绳索把一些
285 很大的木材系在堡塔上，使它们浮在水上，横过那条河。木材上钉满小刀和矛头，河水冲荡着，使木材经常摆动，这样，敌人无论是游泳，水下潜行或乘船航行，都不能偷渡。这就达到了西庇阿所特别希望的目的了，就是没有人能跟纽曼细阿人来往，没有人能够跑进去，他们也不知道外面所发生的事情。这样，他们就会缺少粮食和各种器具了。

纽曼细阿被严密地包围了

92. 一切都准备好了，投石弩炮、投枪弩炮以及其他机械都安置在城塔上，石头、标枪等等都聚积在短墙上，弓箭手和投石手都站在要塞的岗位上，于是他安置一些传信者沿着整个城墙间隔地站着，通过一个人一个人地日夜传递消息，让他知道正在发生的事。他下令给每个城塔，在任何紧急变故的时候，那个首先被攻击的城塔应当升起信号，别的城塔看见信号后，也升起信号，于是信号很快地把这个骚动通知了他，他以后由传信者口中可以知道详细情况。现在他的军队和本地的军队在一起，共约六万人。他这样安排着：一半守着城墙，于必要时，可以到任何需要他们的地方去；两万人在必要时可以在城墙上作战，其余的一万人作为后备军。这些士兵也有几处指定的地方，非得到命

① 即林罗河。——译者

令，不得更动。敌人来进攻的信号发出的时候，每个人就要跑到 287
他被指定的地方去。西庇阿把一切事情都这样仔细安排了。

93. 纽曼细阿人在各处向那些守卫城墙的人进攻几次。守卫者的状态是迅速而可怕的：信号到处都升起来了，传信者跑来跑去，守卫城墙的人成群地跳到他们的岗位上，军号在每个城塔上吹起来了，所以整个五十斯塔狄亚[①]的围墙对所有的观望者立即呈现一个可怕的景象。为了监督，西庇阿每天每晚都走过这个围墙。他深信敌人这样被包围了，他们不能从外面得到食物、武器或援兵，他们是不能支持得很久的。

勒多真尼的功绩

94. 但是所有的纽曼细阿人中间最勇敢的人勒多真尼（别号卡拉尼阿斯）劝使他的五个朋友带着同样数目的仆人和马匹，拿着一个折起的扶梯桥，在一个黑夜里，偷渡两军间的空地。他和他的朋友们到达城墙边的时候，一个纵步跳上去，杀死两边的守卫者，把他们的仆人遣回，把他们的马匹拖上桥，骑着马，跑到阿利瓦西人的市镇里去了。他们戴着橄榄树枝，恳求阿利瓦西人因同族的关系来援助纽曼细阿人。但是有些阿利瓦西人因为害怕罗马人，连听也不愿意听他们的话，马上就把他们送走了。离纽曼细阿三百斯塔狄亚[②]有一个富裕的城市，名叫卢提亚，它
的青年对纽曼细阿人深表同情，劝他们的城市派遣援兵。较老 289
的公民把这个事实秘密地告诉了西庇阿。他大约在第八时[③]得

---

① 约9公里。——译者

② 约55.5公里。——译者

③ 罗马人把每天从日出至日落分为十二小时，春分、秋分时节，每小时六十分，冬至时每小时四十五分，夏至时每小时七十五分。第八时大约相当于下午两点多钟的时候。——译者

到这个消息，马上带着尽量多的轻装部队向那里进军。大约在黎明的时候，他把那个城市包围起来，要求把这些青年的领袖们交给他。当这个地市的公民们回答说，那些青年的领袖们已经逃跑了的时候，他派遣一个传令官去告诉他们，如果不把这些人交出来的话，他会洗劫这个城市。公民们受到威胁而胆怯了，就把他们交出，数约四百人。西庇阿砍掉他们的手，把他的军队撤退，骑着马走了，于第二天黎明的时候，他回到了他的军营里。

与西庇阿议和

95. 纽曼细阿人因为受饥饿的压迫，派遣五个人到西庇阿那里去探问，如果他们投降的话，他是不是会以宽大的态度对待他们。为首者阿瓦鲁斯谈了许多关于纽曼细阿人的政策和勇敢的话，还补充说，就是现在他们也没有犯什么错误，但是为了他们的妻儿子女，为了他们祖国的自由，他们陷入了目前的悲惨状况。他说："西庇阿啊，因此，最重要的，是宽恕一个勇敢而刚毅的种族，给我们以比较人道的条件，我们所能够忍受的条件，使我们两害相权取其轻，因为我们终于业已经历了幸运的转变，这样才无辱于你，因为你是一个以道德高尚著名的人啊。你是不是肯给我们以公平的条件而接受我们城市的投降呢，还是要让它在最后的战斗中毁灭呢？现在这是在于你而不是在于我们了。"阿瓦鲁斯这样说了之后，西庇阿(因为他从战俘口中知道城
291 内的情况)只简单地说，他们应当交出他们的武器，把他们自己和他们的城市交给他。纽曼细阿人过去脾气凶悍，因为他们的生活绝对自由，很不惯于服从别人的命令；现在因为历尽艰苦，更加空前地暴烈而发狂了。当他们知道西庇阿的答复的时候，他们就杀死阿瓦鲁斯和跟他同去的那五个使者，因为他们传

达了这个凶恶的消息，同时认为他们自己可能跟西庇阿订立了私约。

96. 此后不久，他们所有可以吃得的东西都吃光了，既无谷物，也无牲畜，更无青草，他们开始吃煮烂的皮革，正如有些人在战时常被迫而吃的那样。当皮革也没有了的时候，他们煮人的尸体吃，起初吃那些病死的人的尸体，把它切成小块烹煮。后来因为病人的肉使人作呕，于是强者打死弱者。各种各样的悲惨事情都全有了。由于他们的食物，他们的心绪变为狂暴；由于饥馑、瘟疫、长发，不加修饰，他们的身体变得像野兽一样。在这种情况之下，他们投降了。他命令他们当天把他们的武器放在他所指定的地方，第二天集合在另一个地方。但是他们拖延了那一天，说他们有许多人还坚持自由，想要自杀。因此，他们请求给一天时间，安排他们的自尽。

纽曼细阿投降

纽曼细阿人的英雄气概

97. 这个小小的蛮族市镇中的人对于自由和勇敢的爱好就是这样的。在战争开始之前，他们仅有战士八千人，他们给罗马人以多少次多么可怕的挫折啊！罗马人是不会跟任何其他民族 293
订立平等和约的，而他们根据平等的条件跟罗马人订立了什么样的条约啊！最后去进攻他们的将军带着一支六万人的军队包围他们，他们多少次向他要求在空旷的战场上作战啊！[①] 但是他表示自己在战争中比他们更有经验些，因此，当他可以用那个不能战胜的敌人——饥饿——来征服他们的时候，他拒绝跟野兽们交战。只有用这个方法，纽曼细阿才可能被攻下来；只是用了

① 参阅第 90 节。——译者

这个方法，纽曼细阿才被攻下来了。

我回忆他们人数之少，他们的坚忍、他们的勇敢行为和他们持久坚持，因此我叙述了纽曼细阿历史中的这些详情细节。首先，那些想自杀的人，用各种各样的方法自杀了。其余的人在第三天跑出来，到那个被指定的地方去，这是一个奇特而令人毛骨悚然的惨境。他们的身体是脏污的，头发和指甲很长，充满了污秽。他们身上发出最可怕的奇臭。因为这些缘故，在他们的敌人看来，他们是可怜的；但是同时，他们的眼睛中的表情——一种愤怒、痛苦、疲倦和自知吃了人肉的表情，又似乎可怕。

98. 西庇阿从他们中间选出五十个人来，准备作他的凯旋之用以后，其余的人他都出卖为奴隶，把这个城市铲为平地。这个罗马将军征服了两个势力最大的城市：一个是迦太基，[①]因为
295 它是一个强大的城市和强大的帝国，在陆地和海上处于优势，他依照元老院的命令把它征服了；另一个是纽曼细阿，城市小，人口少，这是由他自己负责把它征服的，对于这个经过情形，罗马人还一点也不知道。他的摧毁纽曼细阿，是因为他认为这样做是对罗马人有利的，或者是因为他天性暴躁，有意对俘虏们报复，或者，如有些人的看法，是因为他认为巨大的灾祸是伟大光荣的基础。无论怎样，罗马人直到现在，还称他为阿非利加那和纽曼提那，[②]因为他毁灭了这两个地方。他把纽曼细阿人的领土分给他们的近邻，处理了其他城市中的事务——对于他所怀疑的城市，不是加以谴责，就是处以罚金。做了这些事之后，他

① 参阅 VIII(上)，112 以下。——译者

② 意为“纽曼细阿的征服者”。——译者

就回国了。

XVI. 西班牙晚近的历史

99. 罗马人依照他们的习惯,派遣十个元老到他们在西班牙新取得的诸省去,这些省份是西庇阿,或者他以前的布鲁图已经接受其投降,或者以武力取得的,根据和约处理这些地区的事务。后来西班牙又发生了其他的暴动,卡尔浦纽斯·派索当选 前112
为司令官。在他之后,塞维阿·加尔巴继任。当西姆布赖人侵入意大利[①]而西西里为第二次奴隶战争[②]所蹂躏的时候,罗马人方忙于这些战争,不能派遣军队到西班牙去,但是派遣一些副将去,尽他们的能力所及,解决那里的战争。当西姆布赖人被赶出去的时候,[③]泰塔斯·狄第阿斯被派往西班牙去,他杀死大约两万阿利瓦西人。他又把一个经常不服从罗马人的大城市特尔密 297
斯从一个坚强地势迁移到平原上,命令其居民住在那里而不能有城墙。他又围攻科林达城,经过八个月之后,把它攻下来了。前98
他把全部居民和他们的妻室儿女都出卖为奴隶。

以后的历史

100. 科林达附近又有一个城市,是克勒特—伊伯里亚人的混杂部落住在那里,他们在进攻吕息坦尼亚人的战争中,是马可·马略的同盟者;五年之前,他得到元老院的同意,让他们定居在那里。他们因为贫穷,以劫掠为生。狄第阿斯得到当时还

狄第阿斯的恶行

---

① 公元前104年。——译者

② 公元前104—前101年。——译者

③ 公元前101年。——译者

在那里的十个副将的赞同，决心把他们消灭。因此，他对他们的主要人物说，因为他们贫穷，他决意把科林达的土地分配给他们。看见他们因为这个建议而很高兴，他要求他们把这件事通知他们的人民，带着他们的妻室儿女来分配土地。当他们来了的时候，他命令他的士兵退出军营，他想要这些人民陷入他的圈套，所以命令他们进入他的军营里，使他可以在那里登记他们的名字，男人登记在一个簿子里，妇女儿童登记在另一个簿子里，以便知道要替他们划分多少土地出来。当他们走进壕沟和栅栏的时候，狄第阿斯用他的军队把他们包围起来，把他们全部都杀光；因为这件事情，他事实上得到举行一次凯旋的光荣。在以后一个时期，克勒特一伊伯里亚人又暴动起来了，夫拉卡斯被派去进攻他们，杀死两万人。比尔基达镇的人民急于想暴动；当他们的元老院迟疑不决的时候，他们纵火焚烧元老院的会议厅，把元
299 老们烧死在里面。当夫拉卡斯到了那里的时候，他把这个罪行的主犯处死。

101．直到那个时候为止，在罗马人和作为一个民族的西班
前 82 塞多留在西班牙 牙人间的关系中，我认为这些事情是最值得叙述的。在后一个时期中，当罗马发生苏拉与秦那间的倾轧的时候，[①]由于内战，全国分为两个敌对的阵容。秦那的一个党羽昆塔斯·塞多留过去曾在西班牙作过总督，现在煽动西班牙人起来反对罗马人。他募集了一支大军，仿照罗马元老院的形式，让他的朋友们创立一个元老院，他满怀信心和勇气，向罗马进军，因为他过去在别处

① 参阅 XIII. 65、67、85。——译者

也曾经是以勇敢著名的。元老院大为惊慌，派遣他们最著名的
将军们去抵抗他，首先是西西利阿斯·梅特拉斯带着一支大军
去，后来又派尼阿斯·庞培带着一支军队去，想尽一切可能的办
法，把这个战争推到意大利境外去，意大利已经因为国内纠纷混
乱不堪了。但是塞多留被他的一个党羽拍彭那所杀害，拍彭那 前 72
宣布自己为这一伙人的将军，以代替塞多留。在战争中，庞培杀
死了拍彭那，所以这一次使罗马人大为惊慌的战争就告结束了。
这次战争，在我关于苏拉内战的记载中，我将更详细地说到。[①]

102. 苏拉死后，盖约·恺撒被派为大法官，到西班牙去，于 前 61
必要时，他有作战的权力。所有那些还不很忠顺于罗马人或尚
未为罗马人所征服的西班牙人，他都以武力征服了。[②] 有些后
来叛变的，被他的继子屋大维·恺撒（称号奥古斯都）所镇压了。
从那时候起，罗马人把伊伯里亚（他们现在称为西斯班尼亚）分 *301*
为三部分。[③] 每部分派遣一个总督，两个是每年由元老院任命
的，[④]第三个是由皇帝任命的，任期随皇帝的意旨决定。

① 参阅 XIII. 108－114。——译者

② 参阅 XIV. 8。——译者

③ 即远西班牙与近西班牙；后来远西班牙又分为两部分：比提卡与吕息坦尼亚。其中比提卡是由元老院派遣总督，其余两个由皇帝派遣总督。——译者

④ 在这里，阿庇安弄错了。两个是由皇帝选派的，一个是由元老院选派的。——英译者

305 第七卷　汉尼拔战争①

I. 汉尼拔越过阿尔卑斯山，侵入意大利

1. 本卷将说明从迦太基人汉尼拔最初由西班牙进军，直到他被迦太基人召回（因为他们自己的城市迦太基处于危险的境地）和被罗马人逐出意大利时为止的十六年中，他对罗马人以及罗马人对他所造成的损害。汉尼拔侵入意大利的真正目的以及他的公开借口，在我的《西班牙史》中已经很清楚地说明了；②但是为了使人注意起见，我在这里又要提到。

146 哈密尔卡·巴卡 2. 这个汉尼拔的父亲哈密尔卡（称号巴卡），当迦太基人和罗马人为争夺西西里而战争的时候，③是迦太基人在西西里的司令官。因为他的政敌们以处理不当的罪名控告他，他害怕被判罪，所以设法在受害之前，当选为将军，以进攻努米底亚人。他表现他自己在战争中是有用的，同时，他以劫掠和慷慨的赏金得到士兵们的欢心之后，他渡过海峡，进入西班牙，他没有得到迦太基的命令，擅自远征卡迪斯。
307 他从那里送了许多战利品给迦太基，以取得群众的欢心，如果可能的话，也可以使他免除他在西西里指挥军队时处理不当的谴责。在取得很多领土之后，他

---

① 即第二次布匿战争（前 218－201 年）。——译者

② 参阅 VI. 8－10。——译者

③ 参阅 VI. 4。——译者

获得了很大的声誉，迦太基人极想占领整个西班牙，认为这是一件很容易的事情。萨干坦人和其他定居在西班牙的希腊人求援于罗马人，因此确定了迦太基人在西班牙占领地区的界线，就是他们不得越过挨布罗河，规定这个界线的条文列入了迦太基人和罗马人所订的条约中。此后，哈密尔卡在处理西班牙的迦太基属地的事务的时候，作战身亡，[①]他的女婿哈士多路巴继任为将军。哈士多路巴后来在打猎的时候，被一个奴隶所杀害，因为哈士多路巴曾经杀害了这个奴隶的主人。[②]

汉尼拔在西班牙

3. 在哈密尔卡和哈士多路巴之后，这位汉尼拔被军队推选 前220
为西班牙的第三个将军，因为他对于战争似乎有强烈的嗜好。他是哈密尔卡的儿子，哈士多路巴的妻弟，他的年纪很轻，他的早年生活，自然是跟他的父亲和姊夫在一块儿过的。迦太基人民批准了他当选为将军。这样，汉尼拔成为进攻西班牙人的迦太基司令官。（我正要写他的历史了。）但是哈密尔卡和哈士多路巴在迦太基的政敌迫害这两个人的朋友们，因为汉尼拔的年轻而藐视他；而他认为这个压迫原来就是对着他自己的，只有使他的祖国在忧患之中，他自己才可以得到安全。因此，他想使他的
祖国牵入一个大战中。他相信（事实上也是这样的），罗马人和 309
迦太基人间的战争一旦爆发，会延续一个长久的时期，而这个事业本身，纵或失败，也会给他带来很大的光荣（据说，当他还是一个孩童的时候，他在一个神坛前对他父亲宣誓；他一定永远做罗

① 参阅 VI. 4－5。——译者
② 参阅 VI. 6－8。——译者

前219 马的敌人），因此，他决定破坏条约，①越过挨布罗河。作为借口，他唆使某些人控告萨干坦人。他不断地把这些控告送到迦太基去，同时也责难罗马人秘密地煽动西班牙人暴动，因此，他得到迦太基的允许，可以自己斟酌情况，采取行动。他横渡挨布罗河，摧毁萨干坦城，把达到兵役年龄的居民全体杀死。这样，罗马人和迦太基人在西西里战争之后所订的和约②就被破坏了。

前218 4. 汉尼拔本人以及在他之后的其他迦太基人和罗马的将军们在西班牙所做的事情，我在《西班牙史》中已经叙述了。③ 他聚集了一支由克勒特－伊伯里亚人、阿非利加人和其他民族所组成的大军，把西班牙交给他的弟弟哈士多路巴指挥之后，他就带着九万步兵，约一万二千骑兵和三十七头战象，越过比里尼斯山脉，进入克勒特人居住的地区，这个地区现在叫做高卢。他通过这个高卢人的地区；有些部落，他用金钱和解；有些部落，他用言

汉尼拔越过阿尔卑斯山

辞说服；另一些部落，他用武力征服。当他到达阿尔卑斯山，发现没有道路可以穿过或越过（因为山势特别陡峻）的时候，他还
311 是勇敢地爬上这些高山，大大地受到严寒和深雪之苦。他把树木砍下来，焚烧着，然后用水和醋浸熄火灰。他这样使岩石变为脆碎之后，用铁锤把它们捶散，开出一条通道来。这条越过山脉的通道现在还使用着，叫做汉尼拔通道。因为他的粮食快要吃完了，所以他迅速地进军，就是他实际上已经到了意大利之后，

---

① 参阅 VI.8－12。公元前226年罗马与迦太基订约，两国势力范围以挨布罗河为界。可能在公元前221年，罗马破坏这个条约，以挨布罗河以南的萨干坦为同盟国。汉尼拔攻陷萨干坦，并未越过挨布罗河。——译者

② 参阅 V(II)，2。——译者

③ 参阅 VI.6－38。——译者

罗马人还不知道。他离开西班牙六个月之后，经过巨大的困难，受到很大的损失之后，就从山上跑下来，进入平原地带。

II. 汉尼拔击败罗马军队于提赛那斯河和特拉西美诺湖

提赛那斯河畔之役

5. 他休息了一个短时间之后，就进攻一个高卢人的城市道拉西亚，猛力把它攻下来，把俘虏们都处死，以威胁其他的高卢人。于是他进军到挨利丹那斯河畔，这条河现在叫做波河；罗马军队正驻扎在那里，跟高卢部落波伊人作战。他就在这里驻扎了他的军队。罗马执政官巴布利阿斯·科尼利阿斯·西庇阿那时候正在西班牙，跟迦太基人作战。当他听到汉尼拔侵入意大利的时候，他跟汉尼拔一样，把西班牙的事务交给他的弟弟尼阿斯·科尼利阿斯·西庇阿，而他自己则航往伊达拉里亚。他进军到那里，聚集尽量多的同盟军队之后，就马上奔往波河流域抵
抗汉尼拔。他派遣正在指挥军队进攻波伊人的曼利阿斯和阿提 313
略回罗马去（因为当一个执政官在那里的时候，他们就没有指挥军队的权力了）。因而取得他们的军队，准备跟汉尼拔作战，经过散兵战和骑兵战之后，罗马人被阿非利加人所包围，逃入他们的军营里去了。天黑了，他们从桥上渡过波河后，把桥毁掉，逃入一个防御工事筑得很坚固的普拉孙喜阿城中。但是汉尼拔造了一座新桥，渡过波河。

6. 刚刚越过阿尔卑斯山脉，马上就取得这个胜利，这就立即提高了汉尼拔在山南高卢人中间的声誉，他们把他当作一个

不可战胜和最幸运的司令官看待。并且他的四周的人都是蛮族人，对他充满畏惧心理，所以加倍地容易受骗。他经常地想出新的样式来，改变他的服装和头发。当高卢人看见他跟他们一道行军的时候，时而是一个老人，时而是一个青年，时而是一个中年人，不断地从一种人变为另一种人，他们非常惊讶，以为他有一点像神。

另一个执政官塞姆普罗尼阿斯，当时正在西西里，听到了这件事情，马上带着他的军队上船，来支援西庇阿，在离西庇阿四十斯塔狄亚的地方扎营。他们准备第二天交战。两军之间隔着特利比亚河，罗马人在春分时节一个阴冷风雪的早晨，天还没亮的时候，渡过那条河，跋涉河水，深达胸际。汉尼拔让他的军队继续休息，直到第二时，①才率领他的军队出来。

特利比亚河畔之役

7. 双方的战斗阵势〈如下：罗马骑兵〉布置在两翼，以保护他们的步兵。汉尼拔把他的战象列在罗马骑兵的对面，让他的
315 步兵对抗罗马的军团兵，命令他自己的骑兵安静地留在战象的后面，直到他发出信号来时为止。当交战的时候，罗马人的马匹一看见战象，嗅到战象的气味，队伍就乱了，开始逃跑。罗马人的步兵虽然受了很多苦，因寒冷而力弱，穿着湿衣，缺乏睡眠，但他们还是勇敢地进攻这些动物，伤害它们，割断一些战象的腿筋，把敌人的步兵推着向后退却。汉尼拔看见这种情况，发出信号，要他的骑兵从侧面进攻敌人。罗马人的骑兵因为害怕战象，已经逃跑了，所以步兵没有庇护，现在大受窘迫了。他们担心被敌人包围，所以分途向各处逃跑，回到他们自己的军营里去。许多

① 约上午八九时。——译者

人被敌人的骑兵杀害。因为骑兵自然很容易赶上了步兵；许多人死于急流中，因为现在河水因融雪而涨了，他们不能跋涉过河，因为河水太深；也不能游泳而过，因为甲胄太重。西庇阿跟着来了，正在努力想把他们再聚集起来的时候，受了重伤，几乎被杀死了，经过很大的困难，才被抢救出来，抬着送往克利摩那去了。普拉孙喜阿附近有一个小军械库，汉尼拔围攻这个地方，他在这里损失了四百人，他自己也受了伤。现在他们双方都进入冬营：西庇阿进入克利摩那和普拉孙喜阿的冬营，而汉尼拔进入波河河畔的冬营。

8\. 当罗马城内的罗马人听到了这个第三次战败（因为在汉
尼拔到达意大利以前，他们事实上已经被波伊人打败了）的消息
的时候，他们在自己公民中征集了一支新军，和那些已经在波河 317
河畔的军队算在一起，共达十三个军团，他们从同盟者中召集的
军队又两倍于这个数目。这时候，每个军团是五千步兵和三百
骑兵组成的。这些军团中，有些派往西班牙，有些派往撒丁尼亚 前217
（因为那个地方也发生战争），有些派往西西里。但大部分是由尼阿斯·塞维利阿和盖约·夫雷密尼阿斯率领，派去抵抗汉尼拔，因为这两个人已经代西庇阿和塞姆普罗尼阿斯为执政官了。塞维利阿匆匆地跑往波河河畔，他在那里接收了西庇阿的兵权，而西庇阿被选为代执政官，航往西班牙。夫雷密尼阿斯带着三万步兵和三千骑兵，保卫亚平宁山脉以内的意大利，只有这个地域才正当地叫做意大利。[①] 亚平宁山脉从阿尔卑斯山脉的中心

① 在罗马共和时代的所谓意大利，北边以卢比孔河及阿罗斯河为界，至帝国初年，波河流域才包括在意大利的范围内。——译者

地带开始蔓延到海边。亚平宁山脉的右边一带地区是意大利本部。另外一边，到亚得里亚海边，此时也叫做意大利，正好像伊达拉里亚此时也叫做意大利一样，但其居民，沿着亚得里亚海边是希腊人的后裔，其余的地区是高卢人所占据，高卢人就是那些在早期进攻和焚毁罗马的人民。当卡密拉斯把他们驱逐出去，[①]追赶到亚平宁山脉的时候，照我看来，他们横过了这个山脉，定居在亚得里亚海附近，而没有住在他们以前的住处。因此，这个部分现在还叫做高卢人的意大利。

9. 罗马人在许多战役中同时作战的时候，就这样分配他们的大批军队。汉尼拔知道了这个消息，马上在早春的时候秘密地进军，蹂躏伊达拉里亚，进至罗马附近。当他来到近前，罗马
319 公民们大为恐慌，他们没有可以马上作战的军队。但是他们还是从留在那里的人中间征集了一支八千人的军队；因为没有正规军官，一个贵族孙特尼阿斯，虽然是一个普通公民，但是受命指挥这支军队，被派往安布里亚的普雷斯丁沼泽地带去占领那些狭小的通道，因为这些通道是达到罗马的最短捷径。同时，带着三万人保卫意大利内地的夫雷密尼阿斯一听到汉尼拔行军迅速，就匆匆地改换了他的阵地，使他的军队没有休息的机会。他担心罗马城的安全，在战争中他又没有经验（他是利用群众煽动家的伎俩得到执政官的职位的），所以匆匆和汉尼拔交战。

特拉西美诺湖之役

10. 汉尼拔很清楚地知道他急于求战和没有军事经验，所以利用前面一个山和一个湖［特拉西美诺湖］作为阵地，把他的轻装步兵和骑兵埋伏在一个山谷中。夫雷密尼阿斯清早看见敌

① 参阅 IV(I)，1。——译者

人的军营，他停留一下，让他的部下在行军疲劳之后，略为休息，让他们对他的军营加强防御；此后，他就马上率领他的军队作战，虽然他们因为晚间守夜和艰苦的劳动，还是疲惫不堪的。当伏兵出现时，他陷于山、湖与敌军之间，他自己和他的部下两万人都被杀死了。其余的一万人逃入一个为自然条件防卫得很坚固的村庄中。汉尼拔的部将马哈拔原是以善战著名的，但是不易攻下他们。他认为和不顾死活的人战斗是不智的，因此劝他们放下武器，同意他们随便到什么地方去。当他们履行了这个
协议的时候，他把这些解除了武装的人送到汉尼拔那里去。汉 321
尼拔不承认马哈拔在没有得到他的同意的时候，有订立这种协议的权力；他很仁慈地对待罗马的同盟者，没有勒索赎款而释放他们回家去，以便安抚他们的市镇。但是他扣留所有的罗马人俘虏。他把战利品分给那些在他军队里服务的高卢人，使他们有获得利益的希望，因而坚决地跟着他走；于是又向前进军。在波河河畔的将军塞维利阿已经听到这件事情了，他带着四万人匆匆地开往伊达拉里亚，而孙特尼阿斯带着他的八千人已经占据了上面所说的那条狭小通道。

汉尼拔消灭孙特尼阿斯的分遣队

11. 当汉尼拔看到普雷斯丁沼泽地和那座突出在沼泽地上面的山，而孙特尼阿斯在他和山泽之间，控制着那条狭小的通道的时候，他问他的向导，是否还有别的道路可以绕过去。他们回答说，没有别的小道，整个地区都是崎岖陡峭的；但他还是派遣马哈拔带着轻装部队，晚间侦察这个地区，环绕这个山走。当他判断还有时间达到目的地的时候，他从正面进攻孙特尼阿斯。当战斗正在进行的时候，有人看见马哈拔正在拼命地向上面的

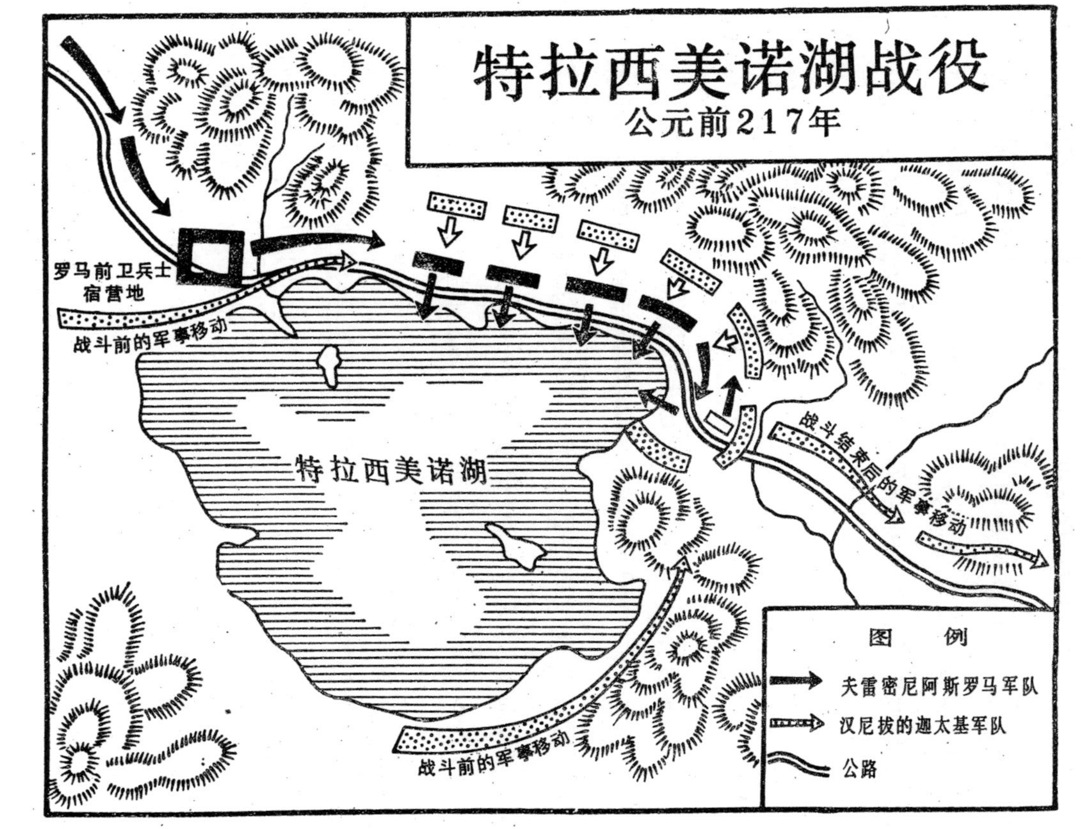
特拉西美诺湖战役
公元前217年
罗马前卫兵士
宿营地
战斗前的军事移动
特拉西美诺湖
战斗前的军事移动
战斗结束后的军事移动
图 例
夫雷密尼阿斯罗马军队
汉尼拔的迦太基军队
公路

山顶上推进，他在山顶上大声叫喊起来。这样，罗马人被包围了，马上溃败，受到一场大屠杀，死者三千人，被俘者八百人。其余的人，经过很大的困难才逃脱。当这个消息传到罗马城的时候，他们担心汉尼拔会马上向他们进攻。他们把石头堆在城墙上，年老的人也武装起来。因为缺乏武器，他们把神庙中作为战 323
利品悬挂在那里的武器也取下来，按照危急时候的惯例，他们推选非比阿·马克西马斯为独裁官。

非比阿·马克西马斯当选为独裁官

III. 非比阿的拖延政策。汉尼拔的突围。罗马军队准备和汉尼拔决战

12. 但是神意使汉尼拔又转向亚得里亚海那一边去了，他沿途劫掠滨海地区，聚集许多掳获物。执政官塞维利阿和汉尼拔平行进军，达到阿里密浓，这个地方和汉尼拔相距一天的路程。他把军队停留在那里，努力设法鼓励那些现在还对罗马友好的高卢人。当独裁官非比阿·马克西马斯到了的时候，塞维利阿就被遣回罗马，因为独裁官被推选出来之后，他就已经不是执政官或将军了。非比阿紧紧地追随着汉尼拔，但是他不跟汉尼拔交战，虽然汉尼拔屡次向他挑战。他小心地监视汉尼拔军队的行动，他把军队靠近汉尼拔，使汉尼拔不能围攻任何市镇。当这个地区资源已经耗尽的时候，汉尼拔开始缺少粮食。所以他又穿过这个地区，每天把他的军队列成阵势，进行挑战。但是非比阿不来应战，虽然他的骑兵长官[①]密纽喜阿斯·鲁福斯不

非比阿·马克西马斯的政策

① 骑兵长官是独裁官的副手，其权力仅次于独裁官。——译者

赞成他的这个政策，他写信回罗马，告诉他的朋友们说，非比阿由于胆小，踌躇不前。后来，非比阿有一个时机，匆匆回罗马去举行某种祭典①的时候，军权到了密纽喜阿斯手中，他跟汉尼拔发生了一个小战；他认为自己在战斗中很有优势，所以更加大胆
325 地写信给元老院，责难非比阿，说他不想战胜敌人；当非比阿回到军营里的时候，元老院通过，他的骑兵长官跟他平等地共掌兵权。

密纽喜阿斯的冒失

13. 因此，他们把军队分开，彼此驻扎得很近；他们两人各自坚持自己的意见：非比阿想以拖延的办法，消磨汉尼拔的力量，同时使自己不致受到汉尼拔的损害；而密纽喜阿斯则急于求得一个决战。不久之后，密纽喜阿斯和汉尼拔交战了，同时非比阿预料到它的后果，所以把他自己的军队列成阵势而不移动。这样，他才能够在密纽喜阿斯战败的时候，收容密纽喜阿斯而打退汉尼拔军队的追击。这样，非比阿减轻了密纽喜阿斯的灾难，并没有因为他的诽谤而怀恨他。于是密纽喜阿斯承认自己缺乏经验，放弃了他的兵权，把他手下的那部分军队交给非比阿；非比阿深信，只有在迫不得已的时候，才和绝顶的天才军事家作战。这句格言后来常常为奥古斯都所记住；奥古斯都不是太热衷于作战，他宁可用计谋，而不愿用勇猛战胜敌人。非比阿和以前一样，监视汉尼拔，防止汉尼拔劫掠乡村。他不以全部队伍作战，而只截断他的散兵，因为他很清楚地知道汉尼拔不久就会缺乏粮食的。

---

① 实际上是元老院召他回去说明不与汉尼拔正面作战的理由。——译者

汉尼拔落入陷阱中

14. 现在他们走近了一个狭窄的隘口;这个隘口,汉尼拔不知道,而非比阿派遣四千人去占领了这条隘口,他本人则带着其余的军队扎营在汉尼拔另一边的一个坚固的小山上。当汉尼拔
发现他陷入非比阿和那个被守卫着的隘口之间的时候,他感到 327
从来没有受过的恐慌,因为那里无路可逃,却被不可攀登的悬崖绝壁包围着;他也不能战胜非比阿或那些守卫隘口的人,因为他们所据的地位险要。在这个绝望的形势下,他杀死他的俘虏,数约五千人,因为他担心在危急的时候,他们会转而反抗他。于是他把火把系在他军营内所有的牛群的角上(营中牛群很多),到了晚上,他把火把燃烧起来,把所有的营火都熄掉,缄默无声。于是他命令他最勇敢的青年士兵迅速地驱赶牛群,走上非比阿与隘口间的崖石地带。这些牛群,一方面为驱牛者所催促,另一方面被火把烧着,因而鲁莽地、凶猛地跑上山腰,跌下去,又跳起来。

15. 两边的罗马人,当他们看见汉尼拔的军营肃静而漆黑,只看见山腰上有许多各种各样的火光的时候,不能确切地知道这是发生了什么事情,因为那是夜间。当然,非比阿疑心这是汉尼拔的一些诡计,但是没有把握,因为天黑,他保持他的军队在原来的地位上。但是那些守卫隘口的人,正如汉尼拔所盼望的,以为他在绝无办法的时候,企图爬上上面的悬崖逃跑。所以他们匆匆地从那里跑到他们看见火光的地方去,以为他们可以在那里活捉遭遇困难的汉尼拔。但是当他看见他们从隘口跑下来
的时候,他带着一个飞跑的支队,在死一般的沉寂中,又无火 329
光,使人看不见他们的行动,突然袭击那条隘口,夺得隘口;加强

他的阵势之后，他用军号发出信号，军营里的军队用一声大喊来回应，马上点燃营火。于是罗马人知道他们中计了，但是汉尼拔其余的军队和那些驱赶牛群的人毫无恐惧地向隘口前进；当他把他的全部军队聚拢的时候，他率领军队前进。这样，汉尼拔出乎意外地把他自己和他的军队从危险中挽救出来了。他从那里匆匆地前进到爱阿彼基亚的基罗尼亚城，城中储藏了很多粮食；他把这个城市攻下来了，于是很安全地、富足地在那里过冬。

他从非比阿手中逃脱了

16．非比阿还是实行和从前一样的政策，紧紧地追随着，驻扎在离基罗尼亚十斯塔狄亚的地方，两军之间有奥非都斯河隔着。但是罗马人给独裁官六个月的任期现在已经期满，执政官塞维利阿和阿提略的职位恢复了，非比阿回罗马去了。在冬季中，汉尼拔和罗马人常常发生散兵战，在战争中，罗马人通常是胜利的，也表现得更勇敢些。虽然在汉尼拔写给迦太基人的急信中，他总是夸张他的成就，但是现在因为丧失了很多士兵，又缺乏援助，他请求迦太基人给他送来士兵和金钱。但是他的政敌们（他们总是嘲笑他的一切行动的）现在也回答说，他们真不能理解，当汉尼拔说他正在打胜仗的时候，怎么还请求援助，因
331 为胜利的将军们是不会请求金钱，而是送金钱回国给他们自己的人民的。依照他们的建议，迦太基人既不派遣援兵，也不送去金钱。汉尼拔对此很为悲伤，写信给他在西班牙的弟弟哈士多路巴，请他在孟夏时节，带着他所能筹集的士兵和金钱，侵入意大利，蹂躏意大利的另一端，使全部意大利同时遭受破坏，罗马人因两方面的战争而濒于山穷水尽。

迦太基人不肯增援

17. 这是汉尼拔所处的形势。但是罗马人由于夫雷密尼阿斯和孙特尼阿斯的巨大灾难而感到悲痛，认为这样一连串的惊人败仗是有辱于罗马人的尊严的，并且战事在他们自己的国内进行，这件事本身就是不能容忍的，因此他们愤恨汉尼拔，他们在罗马城内征集了四个新军团来和汉尼拔打战；他们又从各方面催促同盟军开到爱阿彼基亚。他们推选琉喜阿斯·伊密利阿 前216
斯和特林提阿斯·发罗为执政官；伊密利阿斯是在进攻伊利里 新执政官
亚人的战争中取得军事声誉的，而发罗是一个群众煽动家，他是常以夸大的诺言获得民众欢心的。当他们送这两个执政官往前线去的时候，在他们离开罗马城之际，他们恳求执政官必须以战斗来结束这次战争，而不要以拖延，以长期的兵役，以赋税，以田地遭受蹂躏而造成的饥饿与坐食山空来把罗马弄得山穷水尽。两个执政官在亚浦利亚接受兵权的时候，共有七万步兵和六千骑兵，他们扎营在一个叫做坎尼的村庄附近。汉尼拔驻扎在他们的对面。他的天性是永远准备战斗，从来就不耐于无所事事，而现在他求战心情的迫切是从来所没有过的，因为他受粮食缺乏的苦恼；因为这个缘故，他不断地挑战。他也担心他的雇佣兵 333
会逃亡（因为他们没有得到他们的薪给），或者会在乡村中，因寻找食物而散失。为了这个缘故，他不断地向敌人挑战。

18. 这两个执政官的意见是分歧的。伊密利阿斯认为最好 他们意见分歧
是用拖延的办法使汉尼拔耗尽他的人力和物力（由于粮食的缺乏，他是不能持久的），而不要跟一个受到胜利战争训练过的将军和军队交战。但是发罗保持他的煽动家的本色，提醒他的同僚不要忘记他们离开罗马的时候，人民所付托给他们的责任，希

望用战斗来使战事迅速地决定胜负。前一年的执政官塞维利阿当时还在那里，他支持伊密利阿斯的意见；但是全体元老们以及在军队里担任军官职位的所谓骑士们同意发罗的意见。当他们还在争辩的时候，汉尼拔进攻他们一些正在那里搜集木材和粮草的分遣队，假装被打败了，大约在最后一更的时候，[①]他使他的大部分军队移动，好像退却的样子。发罗看见这个情况，率领他的军队出来，想趁汉尼拔逃走的时候追赶他。甚至在那个时候，伊密利阿斯还是反对，因为发罗不服从，他就依照罗马人的习惯，自己观察预兆，在发罗正将动身的时候传话给他，说那天是不吉利的。因此发罗回转来了，不敢轻视这个预兆，但是他当着全部军队的面，扯着他的头发，大声叫喊道，他的同僚的嫉妒使他失掉了胜利的机会；军队也跟他一样，很为愤怒。

335

IV. 坎尼之役

战役的准备

19. 汉尼拔在他的计策失败后，马上回到他的军营里，这就表示他的退却是假的；但是连这件事也没有使发罗得到教训去怀疑汉尼拔的每个行动。他匆忙地跑到军营内将军的营帐[②]里，当着元老们、百人队队长们和军团将校们的面前，埋怨伊密利阿斯假作预兆，使罗马失掉一个确有把握的胜利，不是因为胆怯而迟疑，就是因为对他的嫉妒。当他正在发泄他的愤怒的时

① 罗马人把晚间从日落到日出分为四更，最后一更大约是早晨3－6时。——译者

② 军事会议常在这里举行。——译者

候，站在周围的士兵们听了他的话，也联合起来，责难伊密利阿斯；而伊密利阿斯还是继续劝告军营里的人，但是毫无效果。当其余所有的人，除塞维利阿一人以外，都袒护发罗一边的时候，他让步了。第二天他自己为司令官（因为发罗把这个位置让给

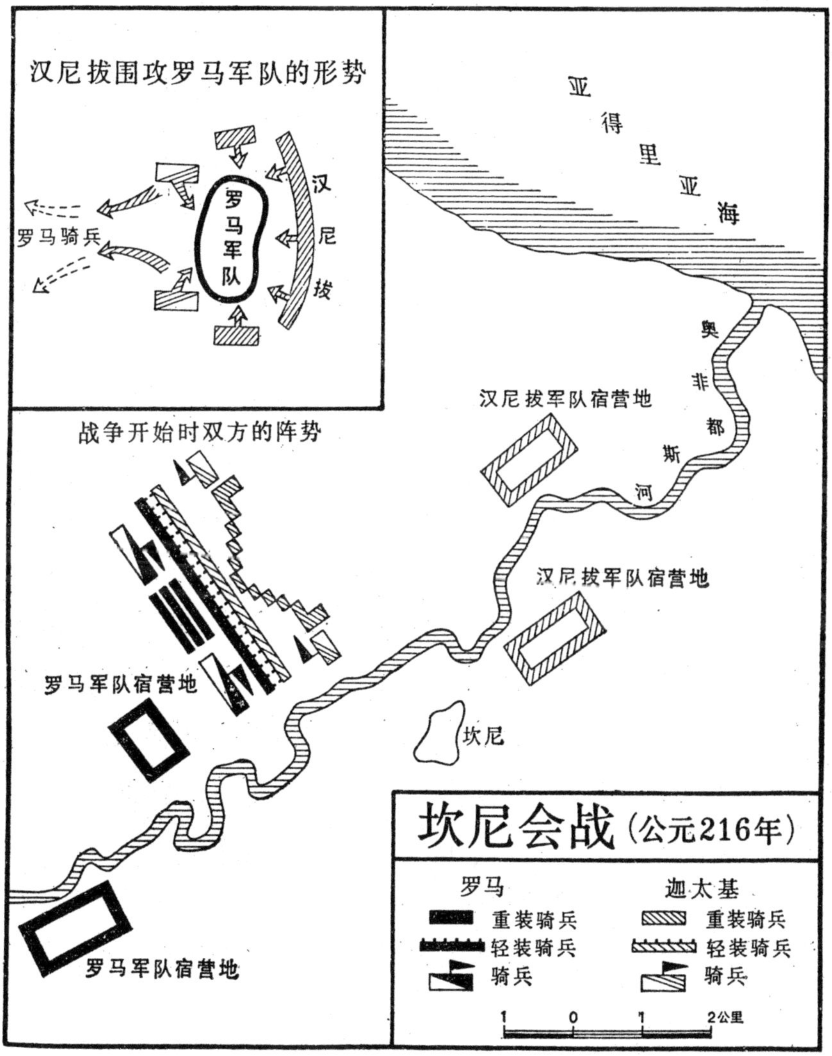

他),把军队排成战斗的行列。汉尼拔看到这个行动,但是没有跑出他的军营,因为他还没有准备战斗。次日,双方的军队都往下跑到宽敞的战场上来了。罗马人排作三行,三行中间有一个小小的间隔,每部分有步兵在中央,有轻装部队和骑兵在两翼。伊密利阿斯指挥中央,塞维利阿指挥左翼,发罗指挥右翼。每个人有精选的一千骑兵在身边;凡需要的地方,他们可以去支援。这就是罗马军队的阵势。

坎尼之役

20. 汉尼拔首先知道那个地区经常大约在中午的时候,开始刮猛烈的东风,所以他选择一个阵地,使他的背对着东风。于
337 是他在一个有许多树林的山谷上埋伏一些骑兵和轻装部队,命令他们在交战而风刮起来了的时候,就袭击敌人的后卫。他又武装了五百克勒特—伊伯里亚人,除他们的长剑外,还在他们的衣服下面,暗藏短剑,在他发出信号来的时候,他们就使用短剑。他也把他的全部军队分作三个战斗行列,把他的骑兵队摆在两翼,各伸长一个很长的距离,以便于可能时包围敌人。他命令他的兄弟马哥指挥右翼,他的外甥汉诺指挥左翼,他自己指挥中央,因为伊密利阿斯是一个有经验的著名司令官。汉尼拔有两千精锐骑兵,马哈拔有一千骑兵,作为后备军,以供危急时之用。在作这些布置的时候,他把时间一直拖延到大约第二时,[①]使风可以更快地来援助他。

21. 当双方做好了一切准备工作的时候,司令官们骑着马沿着行列跑上跑下,以鼓舞他们的士气。罗马的司令官鼓励自己

① 约上午八九时。——译者

的士兵们不要忘记他们的父母、妻室、儿女，不要忘记他们所已经吃了的败仗。他训诫他的士兵们说，在这次战役中，他们是为生存而战斗。汉尼拔提醒他的士兵们，不要忘记他们过去的功勋，对于这些同样的敌人所取得的胜利，并且说，被败兵败将打败了是可耻的。当军号吹起来了的时候，步兵们大声叫喊，弓箭手、投射手和投石手前进，战斗开始了。在他们的后面，军团兵接着战斗。现在一场大屠杀和大战斗开始了。双方都凶猛地战 339
斗。同时，汉尼拔发出信号，命令他的骑兵包围敌人的两翼。罗马人的骑兵虽然人数较少，仍上前迎战，把他们的战线伸长到一个危险的稀度，但还是勇敢地战斗，特别是面对着海边的左翼骑兵。现在汉尼拔和马哈拔一齐带着他们自己身边的骑兵向罗马人进攻，一面大声做蛮族人的叫喊，想这样来威胁他们的敌人。但是罗马人也毫不畏缩，毫无恐惧地抵抗敌人的猛攻。

22. 当汉尼拔看到这个战略也失败了的时候，他对他的五百克勒特—伊伯里亚人发出信号。这些克勒特—伊伯里亚人从他们自己的行列中走出来，向罗马人那一边跑，把他们的盾、矛和他们公开带着的剑伸出来，好像是逃兵一样。塞维利阿称赞他们，马上拿去他们的武器，他们只穿着紧身衣（他以为是这样的）被安置在后卫，因为他认为在敌人的面前，把逃往他那边的士兵加上锁链是不聪明的，同时，他对这些只穿紧身衣而没有携带任何别的东西的人也不怀疑；同时，在战斗正激烈的时候，他也来不及和人商量。有些阿非利加人的大队发出大声叫喊，假装向山中逃跑。这是要那些埋伏在山谷中的士兵进攻追逐者的一个信号。于是埋伏中的轻装部队和骑兵马上出现了，同时一

阵令人目眩的大风刮起来了,风把尘土吹进罗马人的眼中,使他们完全看不见敌人。罗马人的投射器的推动力因逆风而减少,
341 而敌人的投射器的推动力因顺风而增加,同时他们的瞄准也比较准确些。罗马人因为看不见,既不能躲避敌人的武器,又不能使自己的武器投射准确,彼此互相撞碰,马上就秩序大乱了。

23. 正当这个时候,那五百克勒特—伊伯里亚人看见他们所盼望的机会已经到了,从他们的胸怀中抽出他们的短剑,首先杀死那些正在他们前面的罗马人,然后夺取死者的剑、盾和矛,向全线猛烈地进攻,他们从一个行列到另一个行列,不分青红皂白地乱击,因为他们站在行列的后面,所以屠杀了很多人。现在罗马人遭遇着多方面的巨大困难:前面受敌人的攻击,侧面受伏兵的袭击,后面在他们自己的行列中间受到敌人的屠杀。他们不能回转来进攻后面的敌人,因为前面敌人的压力很大;同时,因为后面的敌人拿着罗马人的盾牌,他们也不容易辨别出这些敌人来。最糟糕的是他们为灰尘所阻扰,使他们对于正在发生的事情,连猜也猜不出来。但是正和混乱与惊慌的时候所常发生的那样,他们认为他们所处的形势比实际的形势更为恶劣,认为伏兵数目比实际数目更多。他们甚至于不知道那五百人只是五百人,而以为他们的全部军队都被骑兵和逃兵所包围了。所以他们转过来,慌张地溃逃了,首先是发罗本人领导退却的右翼,后来就是左翼,但是左翼的司令官塞维利阿跑去支援伊密利
343 阿斯去了。最勇敢的骑兵和步兵再聚集在这些人的周围,人数约一万。

24. 将军们以及所有那些有马匹的其他的人都下马徒步跟

罗马军队完全溃败

汉尼拔的骑兵战斗，因为汉尼拔的骑兵把他们包围起来了。他们愤怒地向敌人进攻，他们利用他们的战斗经验，加上他们的勇敢和拼命，作出了许多光辉的功绩。但是他们在四面八方都作战身死，汉尼拔围着他们转，鼓励他的士兵们，时而劝诫他们争取完全的胜利，时而谴责他们，因为他们在已经打垮了敌人的主力军之后，不能战胜残余的军队。只要伊密利阿斯和塞维利阿还活着的时候，罗马人还坚强地站在自己的阵地上，虽然他们给敌人以许多创伤，同时也受到敌人的许多创伤，但是当他们的将军们阵亡了的时候，他们极勇敢地从敌人中间冲过去，向各个方向逃跑。有些逃往两个军营里，已经先有别的人逃到那里了。这些立即被汉尼拔包围的共约一万五千人。其余的，约两千人，逃往坎尼，这些人投降了汉尼拔，少数人逃往卡纽新。其余的，成群地分散在树林中。

罗马人的损失

25. 这就是汉尼拔和罗马人的坎尼战役的结果。这次战役是那天的第二时之后开始，黄昏后两小时内结束的。罗马人至今还把这次战役当作一次著名的灾祸；因为在这几个时辰内，他们的士兵中，有五万人被杀死，很多被俘虏了。许多在那里的元老们丧失了他们的生命，和他们一块儿阵亡的有全部军团将校 345
和百人队队长，以及他们两个最优秀的将军。最无用的一个将军(他是这个灾祸的罪魁①)在溃败开始的时候，就安全地逃脱了。罗马人和汉尼拔在意大利两年的战争中，已经丧失了他们自己的军队和同盟军大约十万人。

汉尼拔的战略

26. 汉尼拔在一天之内采用了四个策略：利用风力，克勒

① 指执政官发罗。——译者

特一伊伯里亚人的伪装投敌，伪装溃退和山谷中的伏兵。战役之后，他立即跑去观察阵亡者。当他看见他最勇敢的朋友们也在阵亡者之列的时候，他放声大哭，说他不再希望有这样一次胜利了。据说，在他以前，伊壁鲁斯国王皮洛斯，当他在意大利战胜罗马人，而自己受到同样的损失时，也说过类似的感叹语。那些逃往那个较大的军营里的人，在黄昏时推选巴布利阿斯·塞姆普罗尼阿制为将军，冲过汉尼拔的卫队，因为这些卫兵已经因疲劳而打盹儿了。这些人，约一万人，大约在半夜时逃到卡纽新。但是在那个较小的军营里的五千人于次日被汉尼拔所俘虏了。发罗聚集了残军之后，设法使他们从胆小无力状态中恢复过来，命令一个军团将校带着，而他本人则匆忙地往罗马去了。

V. 罗马人拒绝赎回战俘。汉尼拔攻陷培提利亚

罗马的恐慌

27. 当这个惨败的消息在罗马宣布的时候，人们群集在街
347 上，为他们的亲属痛哭哀号，叫喊他们的名字，同时为他们自己的命运而悲伤，因为他们不久就会落入敌人的手中了。妇女们带着她们的儿女在神庙中祈祷，希望罗马的灾祸有终止之日。罗马行政长官们以祭祀和祈祷恳求诸神说，如果诸神有怒恨他们的原因的话，他们已经受到这样大的灾难，神明也应当满足了。元老院派遣昆塔斯·非比阿[①]（就是那个写这些事件的历

① 独裁官非比阿的堂兄弟，曾用希腊文写了一部《罗马史》，叙述自罗马城的建立到他的时代为止，李维曾利用了他的材料，原书失传。——译者

史的人)到特尔斐去询问有关目前形势的神签。他们得到奴隶主们的同意,解放八千奴隶,命令城内每个人去工作,制造武器和投射物。虽然在这种形势之下,他们也聚集了相当数目的同盟军。克劳狄·马塞拉斯原来是准备航往西西里去的,现在他们改变了他的目的地,派他去打汉尼拔。马塞拉斯和他的同僚福里阿斯把舰队分开了,派一部分往西西里去,而他自己带着那些被解放的奴隶以及他所能召集的公民和同盟者,共一万步兵和两千骑兵,进军到替隆,他在那里等着,看看汉尼拔下一步会做什么了。

28. 汉尼拔允许他的俘虏们派遣使者到罗马去,代表他们自己,看公民们是否愿意用金钱把他们赎回。他们推选三个人,其中以尼阿斯·塞姆普罗尼阿斯为首,汉尼拔勒令他们宣誓,保证他们一定要回到他那里来。俘虏们的亲属们聚集在元老院议事厅的周围,说他们愿意各自用他们自己的金钱,把他们的朋友们赎回,恳求元老院允许他们这样做。人民也和他们一起,哭泣 349

元老院拒绝赎回战俘

哀求。有些元老们认为,在遭到这样大的灾难之后,又使罗马丧失这样多的人,解放奴隶的同时又藐视自由人,这是不聪明的。另外一些人认为,不宜用这种同情心去怜惜他们,使士兵们惯于临阵逃脱,而宁可教育他们,不战胜就战死,让他们知道,就是逃兵自己的朋友们也是不允许去怜惜他们的。双方都引了许多先例,最后元老院决定,不许战俘的亲属们去赎回战俘,因为元老院认为:当现在还有许多危险将要到来的时候,仁慈会引起未来的祸害;而严酷,虽然是痛苦的,在以后对于公众是有益的,在目前,正是这种勇敢将使汉尼拔吃惊。因此,塞姆普罗尼阿斯和那两个跟他同来的战俘回到汉尼拔那里去了。汉尼拔在愤怒之下，把一些战俘出卖了，把其他一些杀死了，他把这些尸体造成一座桥，他从桥上渡过那条河。他强迫那些在他手中的元老们和其他显贵的战俘们彼此互相角斗，父子相斗，兄弟相斗，以供阿非利加人观览。一切傲慢的残酷行为，他都做了。

培提利亚的被围及其陷落

29．汉尼拔接着就率领他的军队转而进攻罗马同盟者的领土，蹂躏这些领土之后，进而包围培提利亚。这里的居民人数虽少，但是他们从城内出来，勇敢地袭击他（他们的妇女也参加战斗），做出许多高尚的勇敢行为。他们不断地焚毁他的攻城机
351 械，在这些业绩中，妇女们的勇敢不减于男人。但是每次袭击之后，他们的人数减少，他们开始苦于饥饿。当汉尼拔看到这种情况的时候，他把他的军队列成一条包围线，环绕着他们；于是让汉诺去完成这个围攻。因为他们的苦难加深了，他们首先把那些不能作战的人抛出城墙；当汉诺杀害这些人的时候，他们就在旁边看着，毫不悲哀，认为这些人的命运是比较幸福的；因为这个缘故，其余的人被逼迫到最困难的时候，从城中冲出，袭击敌人，后来又做出许多光辉勇敢的行为，他们在饥饿和精疲力竭的情况下不能回去的时候，都被阿非利加人杀害了。汉诺占据了这个市镇，但是就是在这种情况下，还有少数人从城中逃出，因为他们还有足够的力量逃跑。罗马人慎重地把这些在外漂荡的人聚集起来，为数约八百人，在战后又把他们安插在他们自己的故乡，因为钦佩他们对罗马的忠诚和他们惊人的热忱。

前215 30．罗马人看见在汉尼拔部下做雇佣兵的克勒特—伊伯里亚人的骑兵是很好的战士，所以在西班牙的罗马将军们从他们

势力范围内的市镇中取得同样数目的人，派遣他们到意大利来，以对抗其他的克勒特－伊伯里亚人。这些人，每当他们驻扎在汉尼拔附近的时候，跟他们的同胞们混在一起，设法争取他们过去。这样，他们中间许多人跑到罗马人那边去了，另一些人则背叛或者逃亡，而其余的克勒特－伊伯里亚人也不再为汉尼拔所信任；汉尼拔怀疑他们，他们也怀疑汉尼拔。因此，从这时候起，汉尼拔的幸运开始下降了。

阿壁人达修斯

31. 在多尼亚有一个名叫阿壁的城市，据说是亚哥斯人戴 353
奥密德[①]建立的。那里有一个名叫达修斯的人，据说，是戴奥密 前 213
德的后裔。他是一个性情暴躁、反复无常的人，很有辱于这样的一个祖先。在罗马人遭到坎尼惨败之后，他引诱他的人民倒到迦太基人一边去了。但是现在当汉尼拔遭到挫折的时候；他骑着马，秘密地跑到罗马去了。当被引入元老院时，他说，他可以使他的城市转过来，再臣服于罗马，以赎他过去的罪过。罗马人几乎要把他杀死，立即把他逐出罗马城。因此，他同样地害怕罗马人和汉尼拔，他在这个地区到处流荡。汉尼拔把他的妻室儿女都活活地烧死。阿壁为叛徒出卖给非比阿·马克西马斯。非比阿于晚间攻下阿壁，把城内所有的迦太基人都杀死之后，在城内驻扎罗马军队。

① 希腊神话中，参加特洛耶战争的英雄。回国后，发现他的妻子对他不忠实，因而游荡到意大利。——译者

VI. 汉尼拔攻陷他林敦、麦达蓬坦和赫拉克里亚。罗马人围攻加普亚，汉尼拔进军罗马

前 212 32. 罗马驻军占据的他林敦是在下面的情况下被康诺尼阿斯出卖的，他常常打猎，总是送一些猎获物给驻军司令官李维，因此，他跟驻军司令官弄得很熟悉。因为战争正在那个地区进行，他说，他必须晚间出去打猎，把猎获物带进来。因为这个缘故，晚间城门开着，让他进来。于是他跟汉尼拔商量好，他带一队士兵，有些埋伏在市镇的附近，命令其他一些人在不远的地方
355 跟着他，还有一些跟他一路走，外面穿着猎衣，但是在衣服底下带着胸甲和短剑。于是他晚上用木杆抬着一个野猪，来到城门口。当卫兵照平常一样，把城门打开的时候，那些跟他同行的人进了城门，马上就把守门的卫兵杀死了。那些跟随在后面的人和他们的同伴们一起冲进去，让埋伏在丛林中的支队进入城市，把城门打开，让汉尼拔进来。当汉尼拔一旦进入城内，他很快就占据城市的其余部分；他跟他林敦人和解之后，围攻卫城，因为罗马人还守着卫城。他林敦就是这样被康诺尼阿斯出卖了。

他林敦的陷落

卫城未下

33. 守着卫城的罗马人约五千人，有一些他林敦人支援他们。麦达蓬坦的驻军长官带着他的一半军队加入他们那边，他们有充足的投射器和机械，他们预料到，利用这些东西，会很容易地把汉尼拔赶出城外的。但是汉尼拔那儿这种东西也有许多。因此，他把攻城塔、弩炮和庇檐①搬上来，他用这些东西攻

① 庇檐是掩护那些开弩炮的人的一个像靠墙的斜屋顶一样的构造。——译者

破了一些城墙，用一些带铁钩的绳索拖下来一些短墙，破坏防御工事。驻军把石头投下来打击这些攻城机械，打坏了许多，利用滑结把铁钩转向旁边，频繁地从城内出来突击敌人，使围城者陷于混乱，杀死许多人之后，又跑回城内。有一天，当他们注意到正在刮大风的时候，有些罗马人把火把、亚麻和松油从上面投到攻城机械上面，而另外一些人从城内突然冲出，把火放在攻城机械的下面。汉尼拔感到毫无办法了，于是建筑一条城墙，包围这 357
个城市；只有海边一段，他不能包围。他使汉诺负责围攻，他本人退到爱阿彼基亚去了。

34. 当航行者从海上通过一个狭窄的通道进入港口的时候，他林敦港是在北边。这条通道是有桥梁封锁着的，当时桥梁是在罗马人的手中，罗马人利用这条通道，由海上运输他们自己的粮食，同时防止他林敦人从海上运输粮食进去。因为这个缘故，他林敦人开始苦于缺乏粮食，直到汉尼拔回来的时候，他建议挖穿那条大路，开凿另一条通道来。这条新开的通道从港口通过城市，达到南部的海中。当这条通道凿开了的时候，他们就有充足的粮食了。他们利用三列桨大船舰压迫罗马驻军，甚至航行到城墙的旁边（因为罗马驻军没有船舰），特别是在风平浪静的时候，以阻挠运输船舶航行到他们那里去。这样，罗马人又开始苦于粮食缺乏了。当条立爱人派遣一些满载谷物的船舶，在三列桨船舰护送之下，于晚间航行到那里去的时候，他林敦人以及跟他们同盟的迦太基人风闻这个消息之后，安排一个圈套等待他们来。结果，全部船舶，包括谷物和船员在内，都被俘获了。条立爱人派遣无数使者来想赎回那些被俘虏的人，他林敦

汉尼拔攻下条立爱

人把那些使者都争取过来，倒到汉尼拔一边了，因此，汉尼拔把他所俘虏的条立爱人全部释放。这些人，当他们回到本国的时候，迫使他们的亲族把城门打开，让汉诺进来。这样，条立爱人在努力想替罗马人救援他林敦的时候，出乎意外地自己落
359 入迦太基人手中。罗马的驻军秘密地从海上逃往勃隆度辛去了。

前 211

麦达蓬坦和赫拉克里亚的投降

35. 麦达蓬坦人在他们的长官带着他的一半军队到他林敦去了之后，杀死其余的驻军（人数是很少的），倒到汉尼拔一边来了。位于麦达蓬坦与他林敦中间半路的赫拉克里亚也学了他们的榜样，它投到汉尼拔这一边来，是由于恐惧，而不是出自心愿的。这样，汉尼拔又处于优势地位了。次年，一些琉卡尼亚人也叛离罗马，代执政官塞姆普罗尼阿斯·革拉古进攻他们。但是在当时还忠于罗马的党派中，有一个名叫弗拉维的琉卡尼亚人，他是革拉古的朋友和客人，奸诈地劝革拉古跑到某个地方去和琉卡尼亚人的将军们订立协议，交换誓言，据他说，他们已经后悔了。他毫不怀疑地带着三十个骑兵，跑到那个地方去，他在那里被一支埋伏的努米底亚人的大军所包围了。弗拉维骑着马，跑到他们那一边去了。革拉古发现了这个诡计，带着他的同伴们跳下马来，进行了许多高尚勇敢的战斗之后，除三个人之外，他和所有的人都被杀死了。汉尼拔所俘虏的就只是这三个人，虽然他尽了最大的努力想活捉这位罗马代执政官。汉尼拔虽然这样卑鄙地使他中了奸计，但是对他进行决斗的英勇甚为钦佩，所以替他举行了一个葬礼，把他的遗骨送回罗马。此后，他在亚浦利亚过夏，聚集了大量的谷物。

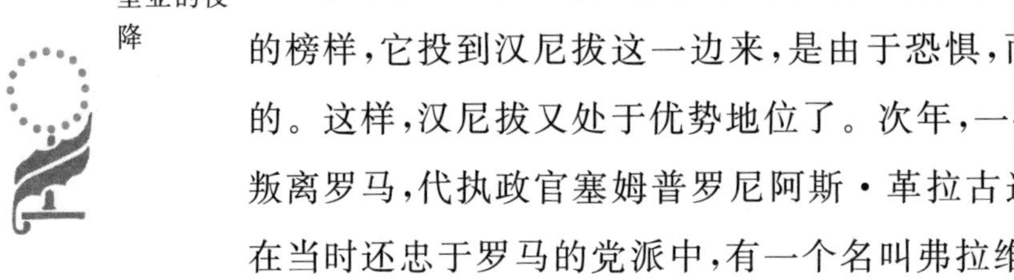

36. 罗马人决定进攻加普亚人，汉尼拔派遣汉诺带着一千 361
步兵和同样多的骑兵于晚间进入加普亚。他做这件事情是没有 罗马人围攻加普亚
让罗马人知道的。在黎明时，罗马人看见城墙上的人数大增，才知道此事。所以他们立即从这个城市退回来，开始匆忙地割取加普亚人和坎佩尼亚其他居民的庄稼。当坎佩尼亚人因为他们的损失而悲伤的时候，汉尼拔对他们说，他有很多谷物在爱阿彼基亚，汉尼拔下一个命令，他们随时派人去，就可以取得谷物。因此，他们不但派遣驮兽和男人们，连妇女和儿童都去运载谷物。他们不怕途中的危险，因为汉尼拔已经把他的司令部从爱阿彼基亚迁到坎佩尼亚，驻扎在贝尼温敦人地区附近的卡洛尔河畔；坎佩尼亚人只害怕贝尼温敦人，因为贝尼温敦人当时还是和罗马人同盟的。但是现在这个时候，因为汉尼拔在那里，他们不怕任何人。

37. 但是汉尼拔被汉诺请到琉卡尼亚去了，留着大部分辎 前212
重在那里，由他在贝尼温敦附近军营里的少数驻军守卫着。在那里指挥军队的两个执政官（福尔维阿斯·夫拉卡斯和阿彼阿斯·克劳狄）之一知道了这个消息，向那些运输谷物的坎佩尼亚人进攻，杀死了许多人（因为他们没有预料到会受到攻击的），把谷物给予贝尼温敦人了。他又攻陷了汉尼拔的军营，劫掠他的辎重，挖掘一条壕沟，环绕着加普亚，把整个城市包围起来，当时汉尼拔还在琉卡尼亚。于是两个执政官在这条城墙之外，又建
筑一条城墙，利用两条城墙之间的空地作为一个军营。他们又 363
建造有枪眼的防御墙，有些是对着被围的加普亚人，有些是对着城外的敌人，这个样子很像一个大城市包围一个小城市。包围

的城墙和加普亚之间的空隙约二斯塔狄亚；[1]在这个空地上，每天有许多战争和决斗，好像是一个四周为墙壁包围着的剧院一样，因为最勇敢的人们彼此不断地挑战。有一次，一个名叫道累阿斯的加普亚人和罗马人克劳狄·阿塞拉斯单独决斗；道累阿斯因为想逃跑，向后退却，阿塞拉斯追赶，直到加普亚城下。阿塞拉斯因为不能使他的马转弯，以最高速度冲过城门，进入城内，纵马通过全城，从对面一个城门冲出，跑到那一边的罗马军队里，这样，他就令人难以相信地被救出来了。

前211　38. 汉尼拔在琉卡尼亚没有完成那件请他去做的工作之后，回到加普亚，因为他认为，不要让这样大的一个城市落入罗马人手中是很重要的。因此，他进攻罗马人的包围城墙，但是他毫无成就，不能把粮食和士兵带进城里去，同时加普亚人不能和他通消息，因为城墙把他们完全包围起来了。因此，他带着他的

汉尼拔向罗马进军　全部军队向罗马进军，因为他听到罗马人也深受饥馑的窘迫，希望这样可以吸引罗马的将军离开加普亚，或者他自己可以完成一些比加普亚更为重要的事业。他以最快的速度行军，通过许
365 多敌视的民族，有些不能阻挠他，有些甚至不敢阻挠他。他在阿尼俄河畔扎营，离罗马三十二斯塔狄亚。[2]

罗马的惊慌失措　39. 罗马陷入空前的惊慌失措中。他们自己没有足够的兵力（他们所有的军队都在坎佩尼亚），而现在这个强大的敌军在一个不可战胜的勇敢而幸运的将军领导之下，突然向他们进攻，但是他们还做了在这种形势下所能做的一切。那些能够拿起武

① 即370公尺。——译者

② 将近6公里。——译者

器的人守着城门，老年人登上城墙，妇女和儿童运输石头和投射器，而那些在田野中的人匆忙地集合起来，走入城内。到处是混乱的呼喊声、悲泣声、祈祷声和各方面互相鼓励的声音。有些人跑出去，截断那条横架在阿尼俄河上的桥梁。过去有一个时候，罗马人在一个小镇设防，以控制厄魁人；这个小镇，他们依照他们的母城的名字，叫做亚尔巴。经过长久的时间之后，或者由于发音的轻率，或者由于语言的错误，或者由于他们要表示他们和亚尔巴人有所区别，这个地方的居民就叫做亚尔班人了。这些亚尔班人中间有两千人匆忙地跑往罗马，去分担这个危险。他们一到罗马，马上就把自己武装起来，站在守卫城门的岗位上。在这样多的殖民地中间，只有这一个小市镇表现了这样的热忱，正好像小城普拉提亚匆忙地跑去支援马拉松的雅典人，分担他们的危险一样。①

夫拉卡斯追踪汉尼拔

40. 一个罗马将军阿彼阿斯留在加普亚，因为他也相信他
能够攻下这个地方。另一个将军福尔维阿斯·夫拉卡斯毫无休
息，匆忙地从另一条道路上进军，扎营在汉尼拔的对面，和汉尼
拔隔着阿尼俄河相对峙。当汉尼拔发现河上的桥梁已遭破坏， 367
而福尔维阿斯驻扎在对岸的时候，他决定从河水的源头绕道过
去。福尔维阿斯在对岸移动他的军队，和汉尼拔平行；但是就是
这样，汉尼拔还是给他安排了一个圈套。他留下一些努米底亚
人的骑兵在后面，当军队开拔了的时候，他们马上渡过阿尼俄
河，劫掠罗马人的领土，直到他们很接近罗马城使罗马人惊慌失
措时，那时候他们就依照他们所受的命令，又和汉尼拔会合在一

① 参阅希罗多德 VI.108(中译本，614 页)。——译者

起了。据说，当汉尼拔绕过河源（从那里到罗马的路程是不远的）的时候，他晚上带着三个卫兵，偷偷地侦察了罗马城，看到城内缺少军队和普遍混乱的情况。但是他还是跑回加普亚了，或者是因为这次和其他多次一样，神意使他离开罗马，或者是因为他看见罗马人的勇敢和幸运而胆怯，或者是因为，正如他对那些劝他进攻罗马城的人所说的，他不希望结束战争，否则迦太基人会把他的兵权剥夺。无论如何，在福尔维阿斯指挥下的军队绝不是他的敌手。但是当他退却时，福尔维阿斯追随着他，使他不能抢劫粮食，同时也注意不要陷入他的圈套中。

VII. 罗马人收复加普亚。达修斯和布拉提阿斯的故事

汉尼拔冲入福尔维阿斯的军营里

41. 在日暮的时候，福尔维阿斯占据一个阵地，他已经来不及建筑一条墙，只简单地挖掘一条壕沟，有一些空隙，以代替门，把挖掘出的土向外边抛出成堆，以代替墙，以后他就停止工作
369 了。汉尼拔等到一个没有月光的晚上当福尔维阿斯驻扎在一个这样阵地之后，悄悄地派遣一队骑兵到一个设防的小山上，俯视福尔维阿斯的军营，命令他们保持安静，等到罗马人来占领这个小山，因为罗马人以为这个小山是没有人占据的。于是他命令他的印度人骑着他们的战象，尽力设法由宽敞的空地越过土堆，冲进福尔维阿斯的军营里，他又命令一些喇叭手和吹号角者在不远的距离之后，跟着他们。当印度人进入堡垒的时候，命令一些喇叭手和吹号角者在四周围跑，造成很大的骚扰，使他们看来

好像有很多的人的样子，而另外一些人则用拉丁语大声叫喊道：罗马将军福尔维阿斯命令撤出军营，夺取附近的小山。这就是汉尼拔的计策。起初，一切都照他的计谋实现了。战象冲进军营里，把卫士们践踏倒了，喇叭手按照他们所受的命令做了。当罗马人在漆黑的夜间从床上跳出来的时候，这个意外的呼喊声震动了罗马人的耳朵，使罗马人大为惊慌；当他们听到用拉丁语指示他们逃往小山的命令的时候，他们就开始这样做了。

42. 但是因为福尔维阿斯总是注意防范汉尼拔的诡计，对 他被赶出
汉尼拔的一举一动他都觉得可疑，或者由于他自己的智慧指导，或者由于神明的启示，或者因为从俘虏口中他知道事实，他迅速地命令他的军团将校站在往小山去的道路上，阻止那些向那条路上冲去的人，告诉他们说，下这个命令的不是罗马人的将军，
而是汉尼拔，他想引诱他们去中他的埋伏。他自己把强大的卫 371
队驻扎在土堆上，以便击退从外面来的新的袭击；又命令其他一些人迅速地跑遍军营，大声呼喊道：没有危险，那些骑着战象冲进来的只是少数人。火把点起来了，四面八方的营火烧起来了。于是进攻的军队的渺小完全暴露出来了，所以罗马人十分藐视他们，由恐惧转为愤怒，很容易地杀死了他们，因为他们人数既少，而且又是轻装的。那些战象没有回旋的余地，又被营帐和茅棚所缠住，成为标枪最好的目标，因为那个地方很狭窄，而象的身躯很庞大，直到最后它们因伤痛而狂怒，又不能冲到敌人的身边，因此，它们发出猛烈的叫声，愤怒地把那些骑在它们背上的人摔下来，践踏在它们的脚下，冲出营外。这样，福尔维阿斯用不屈不挠的精神和精炼的技巧使这个意外的伏兵扑了一

个空，使汉尼拔受到挫折，而挽救了他的军队，他的军队过去总是害怕汉尼拔的战术的。

43. 汉尼拔的计谋失败之后，他移军到琉卡尼亚，进入冬营。这位凶猛的战士在这里专心享受他不习惯的奢侈生活和恋爱的快乐。从这个时候以后，他的幸运慢慢地转变了。福尔维阿斯回到他在加普亚的同僚那里，猛烈地围攻加普亚，急于想在

加普亚投降

汉尼拔还没有行动的时候，于冬季内攻下这个城市。加普亚人因为粮食吃光了，又不能从任何地方取得粮食，因而和迦太基的驻军以及他们的两个司令官，另一个汉诺和波斯塔一起向罗马
373 将军投降了。罗马人驻扎一支军队在城内，把在城内所发现的逃兵的手全部砍掉。他们把迦太基的贵族们送往罗马；其余的人，他们都出卖为奴隶。对于加普亚人，他们把那些使加普亚叛离罗马的主要负责人处死；对于其余的人，他们只剥夺他们的土地。加普亚四周的土地都是最肥沃的麦田，地势平坦。所以罗马人又收复了加普亚，迦太基人在意大利占有的主要优势已被罗马人夺取了。

勃罗丁的提西亚，汉尼拔失而复得

44. 勃罗丁[①]是意大利一部分，在这里有一个提西亚镇的人（在提西亚，驻有迦太基人的驻军），他常常从事劫掠而与驻军司令官共分掠夺物。他用这个方法来巴结驻军司令官，所以他几乎和驻军司令官共享兵权。这个人因为驻军对他自己的国家的傲慢行为，大为愤怒。因此，依照他和一个罗马将军的协议（他和罗马将军互相宣誓保证），他每天把少数士兵当作俘虏，带进城内去，使他们住在卫城里面，把他们的武器也当作掳获物，带

① 在意大利西南端。——译者

到那里去。当他带进来了足够的人数的时候，他释放而且武装他们，杀死迦太基的驻军，然后又从罗马军队里带来一支驻军。但是以后不久，当汉尼拔从那里走过的时候，守卫者被吓得逃往利吉姆去了。提西亚的居民投降汉尼拔了。汉尼拔烧死那些有叛逆罪的人，另外派一支军队驻扎在城内。

达修斯和布拉提阿斯的故事

45. 在爱阿彼基亚的一个迦太基附属城市萨拉彼亚里，有 375
两个以出身、财富和势力而最有名望的人，但是长期以来，彼此互相仇视。一个名叫达修斯，他是袒护迦太基人一边的；另一个名叫布拉提阿斯，他是袒护罗马人一边的。当汉尼拔的事业正在兴旺的时候，布拉提阿斯保持镇静；但是当罗马人开始恢复以前的霸权的时候，他只是为了他们的祖国的缘故，努力和他的敌人达成一个谅解，否则，如果罗马人以武力征服它的话，他们的国家会遭到一些不可补偿的损害。达修斯假装同意他，而把这件事告诉汉尼拔。于是汉尼拔作他们中间的裁判者，达修斯是原告，而布拉提阿斯替自己辩护说，原告是因为对他的私人仇恨而诽谤他。他敢于向敌人提出这样的一个建议，正是因为他始终料到这一点，因为他知道他们私人间的仇恨会使人不相信敌人的控告的。汉尼拔认为，完全搁置这件事情，或者太相信一个怀私仇的原告，都是不聪明的，所以他要他们回去，说他自己会考虑这件事情的。当他们正在从一个很狭窄的通道走出来的时候，布拉提阿斯低声对达修斯说，“善良的人啊，难道你不愿意挽救你的国家吗？”达修斯马上大声重复这句话，好让汉尼拔知道。

46. 于是布拉提阿斯用一个可怜的声调哭出来，装作一个很可相信的样子，说他的狡猾的敌人使用一个阴谋来陷害他。他

377 说，“如果我有任何嫌疑的话，现在这个阴谋也是会使我免除过去一切嫌疑的，因为谁会在这样一些的事情中事先把他的敌人当作心腹的朋友呢？如果他以前是这样没有脑筋的话，但是当他还在危险中，在受审而否认对他的控告的时候，特别是在法庭上，那儿许多人都可以听到他的话，而他的原告还站在那里，准备和以前一样，又重复他的话，谁还敢对一个出卖他的人和他在第一个案件中的原告又这样说呢？就算我误以为原告已经突然变为和我友好相处的话，在发生这些事情之后，他怎么能够跟我合作来救国呢？我又为什么要去请求一个不能帮助我的人来帮助我呢？”我想，当布拉提阿斯向达修斯低声耳语的时候，他是预料到这一切的，他利用这个方法使他的敌人更加失掉信用，甚至使汉尼拔不相信以前的控告。就是在他被释放以后，布拉提阿斯没有放弃想说服他倒到罗马人一边来的企图，因为他当时瞧不起达修斯，把他看成一个完全不能使人相信的人。达修斯又假装同意他，想知道暴动的计划。布拉提阿斯毫不迟疑地说：“我一定骑马跑到罗马人的一个军营里去（他指着最远的一个罗马人的军营），那个军营里的司令官是我的好友，从那里取得一支军队后，我一定带到这里来。你留在这里，监视城内的事。”

47. 他这样说了之后，没有让达修斯知道，马上就骑马跑出去，不是到他们指名的那个军营，而是到罗马去了，路程比较近些。他把他的儿子作为人质，交给元老院后，他请求一千骑兵，
379 带着这些骑兵以最快的速度跑回来了，因为他预料到即将发生的后果。在以后几天中，达修斯没有看见他的敌人，以为他的敌人正在从事于他们所商议的事情，因为他终于相信他的敌人的

话了。他认为布拉提阿斯事实上到那个较远的罗马人的军营里去了，因此，他骑马跑到汉尼拔那里去，他确信不疑他会在布拉提阿斯之先回来的。他对汉尼拔说："现在我将在布拉提阿斯正率领敌军进城的时候，把他交给你。"他把这件事情说出来，从汉尼拔手中取得一支军队之后，他匆忙地回到镇上来，猜想不到布拉提阿斯会到达附近什么地方的。但是布拉提阿斯已经进入市镇，把迦太基人的驻军（人数是不多的）杀死了。提防不许任何人跑出镇外。他把所有的城门都关闭了，只留着他预料到达修斯会从那里回来的那扇城门没有关闭。在那方面没有引人怀疑的任何事物，但是镇内的地上挖了很多交叉的壕沟，使进攻的军队不能穿过整个市镇。达修斯看见城门敞开，他很高兴，以为他比他的敌人已经先走了一着，他很高兴地跑进市镇里来。于是布拉提阿斯把城门关闭，把他和随他同来的人都杀死，因为他们被挤在一个很狭窄的地方，无法通过壕沟。有少数人从城墙上跳下，逃跑了。这样，布拉提阿斯三次将计就计，战胜了他的敌人。

VIII. 罗马人收复他林敦。马塞拉斯阵亡。哈士多路巴支援汉尼拔，全军覆灭。汉尼拔退到勃罗丁 381

福尔维阿斯战败阵亡

48. 当罗马执政官福尔维阿斯正在围攻赫多尼亚的时候，汉尼拔在一个黄昏的时候悄悄地来到了，他命令他的部下不要燃点灯火，绝对保持肃静。清早的时候，正碰着有浓雾，他派遣他的骑兵进攻罗马人的军营。罗马人匆忙地从床上跳起来，虽然毫无秩序，但是勇敢地保卫自己，因为他们相信敌人是从什么地方来的少数人。汉尼拔带着他的步兵，向市镇的那一边进兵，去侦察形势，同时鼓励城内的人，在他巡回的过程中，偶然地或有意地遇上罗马人，他就包围他们。他们两面受敌人的攻击，混乱地、成堆地死亡。大约八千人被杀死了，包括执政官福尔维阿斯本人在内。其余的士兵逃到他们军营前面的一个土丘上，勇敢地战斗，保卫着土丘，使汉尼拔没有攻下他们的军营。

49. 此后，罗马人劫掠叛离他们的爱阿彼基亚人的地区，而汉尼拔则劫掠坎佩尼亚人的地区，因为坎佩尼亚人，除阿梯拉人之外，都已臣属于罗马人了。汉尼拔为了使阿梯拉人不受战争的苦难起见，把他们定居在条立爱，因为当时战争正蔓延于勃罗丁、琉卡尼亚和爱阿彼基亚。罗马人把努塞里亚的流亡者定居于阿梯拉，然后侵入那些现在还臣服于汉尼拔的土地，他们攻克
前 209 奥罗尼亚，征服勃罗丁人的领土。他们又从水陆两方面围攻他
383 林敦，当时他林敦是在卡泰罗指挥之下，因为那里的迦太基人很少，卡泰罗把勃罗丁人编入他的军队里。

罗马人收复他林敦

这些勃罗丁人的一个队长和一个妇人恋爱，这个妇人的弟兄，正在罗马军队里服务，于是这个弟兄通过他的姊妹，跟这个队长商量好，要这个队长投降罗马人，罗马人把他们的攻城机械拿来，带到这个队长所管辖的那部分城墙上。这样，罗马人又占据他林敦了。他林敦的地位是最有利于海上和陆地上战争的。

50. 汉尼拔听到他林敦陷落的时候，他匆忙地跑来营救它。他大为失望之后，转向条立爱，从那里到维努西亚去了。征服西

前208 马塞拉斯阵亡

西里而现在第五次为执政官的克劳狄·马塞拉斯和泰塔斯·克利斯品那斯在那里指挥军队抵抗他，但不肯冒险向他挑战。但是正碰着马塞拉斯看见一队努米底亚人在那里运走掠获物，以为他们只是少数人，满怀信心地带着三百骑兵向他们进攻。他在战争中是一个大胆的人，素来就藐视危险，所以他亲自率领进攻。但突然出现一大队阿非利加人，从四面八方向他进攻。在后卫的那些罗马人马上就逃跑，但是马塞拉斯以为这些人还是跟在他的后面，勇敢地战斗，直到最后，一支标枪刺穿了他，因而阵亡。当汉尼拔检查他的身体，看见他胸膛上所有的伤痕的时候，他称赞他是一个好战士，但嘲笑他作为一个将军，他取下他的印章戒指，以殊礼火葬他的身体，把他的骨灰送给罗马军营里 385
他的儿子。

汉尼拔在萨拉彼亚受到挫折

51. 汉尼拔因为愤恨萨拉彼亚人，派遣一个罗马人的逃兵带着一封盖有马塞拉斯的戒指印章的信，到他们那里去，因为当时一般人还不知道马塞拉斯已经阵亡了。信的内容说，马塞拉斯的军队在后面跟着来了，马塞拉斯命令他们把城门打开，让军队进来。但是城市的公民们在早一些时候收到了克利斯品那斯的信；他送信给附近所有的市镇，说汉尼拔已经夺去了马塞拉斯的印章戒指。所以他们遣回汉尼拔的使者，使他不会留在那里看见他们所进行的事，他们答应依照命令行事。于是他们自己武装起来，站在城墙上的岗位上，等着实行这个计策。当汉尼拔带着他用罗马人的兵器武装起来的努米底亚人来了的时候，他们扯起城门口的格子吊闸，[1]好像很高兴地欢迎马塞拉斯的样

① 古时吊在城门的格子，敌人来攻城时则放下，以防敌人的侵入。——译者

子；但是等到他们认为进城的人数已到了他们所能容易地制服了的时候，他们把格子吊闸放下来，把已经进入城内的人全部杀死。对于那些还站在城外墙下的人，他们从城墙上投射投射器，使他们满身受伤。汉尼拔在第二次进攻这个城市失败后，就撤退了。

前 207
52. 同时他的兄弟哈士多路巴带着一支他在克勒特-伊伯
密塔拉斯之役
里亚人中招募来的军队进兵到意大利。因为他受到高卢人的友好款待，他由汉尼拔所开辟的道路越过阿尔卑斯山脉，他只用两个月的时间走过了汉尼拔用六个月的时间所走过的路程。他带
387
着四万八千步兵、八千骑兵和十五头战象，进兵到伊达拉里亚，送信给他的哥哥，说他到了。这些信件在途中被罗马人夺去了。两个执政官，萨利内托和尼禄，知道他的军队数目之后，把他们两人的军队联合在一起，进军来攻打他，驻扎在他对面的塞那镇附近。他还无意作战，但急于想和他的哥哥联合在一起。所以他退却，在傍晚的时候拔起营寨在沼泽地带沿着一条不可越渡的河流走，直到黎明时，罗马人追上了他们，当时他们四处分散，因为长久劳顿而疲惫，又乏睡眠，当他们正在集合起来，排列阵势的时候，罗马人把他们和他们的军官们大部分杀死了。哈士多路巴本人也和他们一块阵亡。许多人被俘虏了。这样，意大利免除了一个很大的恐惧，因为如果汉尼拔有了这支援兵，他就绝不能被罗马人打败了。

53. 依我看来，这是上帝把这个胜利给予罗马人，以为坎尼惨败①的补偿，因为此事发生于坎尼战役以后不久，而且和坎尼

---

① 参阅本卷 19—26 节。——译者

战役有几分相似。在两次战役中，指挥的将军们都阵亡，死亡的人数也大约相等。在两次战役中，被俘虏的人数都是很多的，战胜的一方也攻下了对方的军营，获得大量的作战物资。这样，罗马人交替地尝到幸运和厄运的滋味。那些逃掉而没有被杀死的克勒特－伊伯里亚人中间，有些逃回他们自己的国家，有些逃往汉尼拔那里去了。

54. 汉尼拔的弟弟和这样大的一支军队，因为不认识道路 389
而被消灭，汉尼拔很为沮丧。十四年以来，他在意大利跟罗马人作战，他以奔波征伐所取得的一切都丧失了之后，他退到勃罗丁，现在只有这个地方的人还是臣服于他的。他安静地留在那里，等待迦太基的新援兵。迦太基人派遣了一百条商船，载满了粮食、士兵和金钱到他那里去，但是因为船上没有桨手，所以被风吹到撒丁尼亚去了。撒丁尼亚的总督率领他的战舰进攻它们，击沉了二十条，俘虏了六十条，其余的逃回迦太基去了。这样，汉尼拔更加受困，没有从迦太基人手中得到援兵的希望了。马哥在高卢和利格里亚招募雇佣兵，也没有支援他，而只等着看事务的转变。汉尼拔看到他不能在那里停留得长久，于是开始鄙视勃罗丁人，认为他们不久就会和他反目不相识的，于是他使他们负担重税。他以他们阴谋暴动作为理由，把他们的强大市镇迁往平原地带，夺取许多市镇的人口，对他们提出责难，以便可以没收他们的财产。这就是汉尼拔所处的景况。

汉尼拔退到勃罗丁

IX. 汉尼拔受困于勃罗丁及其被召回国

前 205 55. 这时候罗马的执政官是李锡尼·克拉苏和巴布利阿斯·西庇阿(西班牙的征服者[①])。克拉苏在亚浦利亚和汉尼拔
391 作战,而西庇阿劝告罗马人民说,如果不派遣一支罗马军队进入
西庇阿航往西西里 阿非利加,因而使迦太基人自己的家乡发生危险的话,罗马人是不能够摆脱汉尼拔和迦太基人在意大利对他们的骚扰的。他极力坚持他的意见,说服那些迟疑的人,因此,他本人当选为出征阿非利加的将军后,立即航往西西里。他在那里聚集和训练了一支军队后,突然进攻意大利的罗克里(这个城市是汉尼拔派军驻守的),他把驻军杀死,把这个城市交给普雷密尼阿斯统治之后,就上船往阿非利加去了。普雷密尼阿斯肆行残暴的统治,向罗克里人进行报复,最后,事实上掠夺了普罗瑟彼那神庙的神物。因为这个缘故,罗马人把普雷密尼阿斯以及跟他一同犯罪的伙伴们都囚死于狱中,把他们所遗下来的财产交给罗克里人,保存在女神的宝库中。他们把所能找着的一切掠夺物,都归还女神;那些他们找不到的,他们以公款赔偿。

前 204 56. 在同一个时候,克拉苏使勃罗丁的一个大市镇康孙提亚和其他六个市镇脱离了汉尼拔。因为朱比特在罗马显示一些
一个神像被带到罗马 可怕的灾异,[②]查问西俾尔圣书的十人团说,在福里基亚的培新那斯城不久就将有一件东西从天上掉下来(福里基亚人是崇拜

① 参阅 VI. 18—23。——译者

② 可能是"天上预兆"的意思,朱比特是天神。——英译者

大母神的)，应该把那件东西带回罗马。不久之后，那件东西掉 393
下来的消息传出来了，于是大母神像被带到罗马，直到现在，他们还把大母神像被带到罗马的那一天当作神圣的日子。[①] 据说，运载这个神像的船在台伯河中陷入泥中，无论用什么方法都不能移动，直到最后一些预言家宣布，只有一个没有犯过奸淫的妇女拖着的时候，那条船才能够移动。克劳狄亚·昆提亚原来被人控告是犯了奸淫罪的(因为她的放荡生活而受嫌疑)，但是还没有受审判；于是她激动地呼吁诸神来证明她的无辜，她把她的腰带系在船上，因而女神跟着她走了。这样，克劳狄亚获得很大的名声，以代替她过去的恶名了。但是在克劳狄亚这件事之前，罗马人已经受到西俾尔圣书的告诫，要他们派遣"他们最好的人"到福里基亚去把神像带来。他们认为西庇阿·那西卡是他们最好的人，因此派遣他去，他是在西班牙为将军而阵亡在那里的尼阿斯·西庇阿[②]的儿子，摧毁迦太基霸权的老西庇阿·阿非利加那的堂兄弟。女神是这样被罗马最好的男人和最好的女人带到罗马来的。

汉尼拔在勃罗丁的困难

57. 当迦太基人在阿非利加不断地被西庇阿打败了的时候，勃罗丁人听到这个消息，就叛离汉尼拔，有些杀死他们的驻军，有些把驻军驱逐了。那些既不能杀死，也不能驱逐驻军的人，则秘密地派遣使者到元老院那里去，解释他们的行为是出于不得已，他们对罗马是善意的。汉尼拔带着他的军队到培提利亚，当时占领这个城市的不是培提利亚人，因为他驱逐了培提利 395

① 四月四日。——译者

② 参阅 VI. 16。——译者

亚人，而把这个市镇给勃罗丁人了。他谴责勃罗丁人不该派遣大使们到罗马去，当他们否认这件事的时候他伪装相信，但是，据他说，为了使连嫌疑的根据也没有起见，他把他们的重要公民交给努米底亚人，命令努米底亚人把他们每个人分别加以监视。于是他解除那个城市人民的武装，武装奴隶，把他们分布全城作为卫兵。他又到别的城市去了，作了同样的布置。但是对于条立爱，他选出了三千个对迦太基人特别友好的人，从乡村里选择五百个其他的人，而把其余的人的财物都当作战利品给予他的士兵。他把一支强大的驻军留在那里之后，他把这三千五百人安置在克罗吞，他认为克罗吞地势很好，便于他的军事活动，他在那里建立他的武器库和与其城市作战的司令部。

前203　58. 当迦太基人受西庇阿的攻击，处于危急地位的时候，他

汉尼拔被召回迦太基

们召汉尼拔火速回去援救他自己的祖国，并派遣他们的海军大将哈士多路巴到他那里来，以免迟延。迦太基人对于他们的将军们的背信弃义和忘恩负义的行为，是久已切身经历过了的，他感到悲伤。并且他担心人们责难他说，这样大的一次战争是他最初向西班牙的罗马人进攻所引起的。但是他决定服从，事实上他也不得不服从，因此他建造一个大舰队，意大利有丰富的木材，可为建造船舰之用。他视那些还跟他联盟的城市为异邦人，因此，他决定把他们劫掠一空，这样，他的军队富足了，使他自己

397 得到安全，可以对付那些在迦太基诬告他的人了。但是他耻于亲自这样破坏信用，所以他以视察驻军为借口，派遣海军大将哈士多路巴到各地方去。当哈士多路巴每进入一个城市的时候，他就命令当地居民拿着他们和他们的奴隶们所能携带的东西，

移到别的地方去。他把剩下来的东西都掠夺了。有些城市在哈士多路巴还没有来的时候就已经听到了这些事情，所以进攻驻军，有些城市打败了驻军，也有一些城市被驻军打败了。接着就是不分青红皂白，大加屠杀，奸淫妇人，诱拐少女，城市陷落时所常发生的一切可怕的事情都有了。

他打算把他的意大利士兵带往迦太基

59. 汉尼拔本人知道他军队里的意大利人是训练优良的士兵，因此，他打算用慷慨的诺言说服他们跟他同往迦太基。那些对他们自己的祖国已经犯了罪行的人，愿意脱离祖国，跟他一块同去。那些没有犯这种罪行的人颇为迟疑。于是他把那些愿意留在那里的人召集起来，好像他有什么话要对他们说，或者要酬劳他们的功绩，或者对于将来有所指示的样子，他突然用他的军队把他们包围起来，命令他的士兵们去选择那些他们想拿来做奴隶的人。但是当有些士兵们已经按照命令，选择了（虽然有些士兵们耻于把那些在这样多次的战役中和他们并肩作战的伙伴们变为奴隶）之后，汉尼拔就用标枪把所有其余的人击倒，使罗马人不能利用这样精锐的一队士兵。和他们一起，他又屠杀了
大约四千匹马和数量很多的驮兽，因为这些东西都是他所不能 399
运往阿非利加去的。

他上船回阿非利加

60. 于是他留了少数驻军在陆地上之后，让他的军队都上了船，等待顺风。培提利亚人和其他意大利人向这些驻军进攻，杀死一些人，然后逃跑了。汉尼拔航往阿非利加去了，他曾蹂躏了意大利六十年之久，给意大利居民带来了无数的灾祸，几次逼迫他们到山穷水尽的地步，最后又傲慢地对待他自己的属民和同盟者，视同敌人，他以前利用他们，不是由于善意，而是由于需

要；现在他们对他再没有什么用处了，所以他藐视他们，把他们当作敌人。

勃罗丁人受到惩罚

61. 汉尼拔离开意大利以后，元老院赦免了所有那些倒向他一边去的人，通过一个大赦，只有勃罗丁人不在赦免之列，因为他们直到最后还是最忠于汉尼拔的。元老院剥夺了他们许多土地；他们的武器，凡是汉尼拔所没有拿去的，也都被剥夺了。又禁止他们以后参加罗马人的军队，因为他们是连自由都没有的人，只有在执政官们和大法官们上任去统治他们的行省的时候，他们可以作为服侍执政官和大法官的仆役，以履行官厅职务而已。这就是汉尼拔侵略意大利的终结。

第八卷(上)[1]　布匿战争[2]　403

I. 迦太基的起源。第一次布匿战争。[3] 迦太基雇佣军暴动

最早的腓尼基居留地

1. 在特洛耶陷落之前五十年，腓尼基人建立迦太基于阿非利加。[4] 迦太基城的建立者是索鲁斯和卡契顿，或者如罗马人和迦太基人自己所承认的，是一个泰尔妇女代多，她的丈夫是被泰尔的统治者彼格美利翁[5]所杀害的。由于神明的启示，她从梦中知道了这个暗杀，于是她带着她的财产和许多想逃脱彼格美利翁的暴政的人，上船往阿非利加，达到阿非利加现在迦太基所在的地方。因为他们被本地居民所击退，他们请求一张牛皮所能够包围的那么大的一块土地以为住所。阿非利加人鄙笑腓尼基人的请求这样微不足道，觉得拒绝给予这样渺小的一个恩惠是可羞耻的。并且他们想象不到，在这样狭小的一块土地上，怎么能够建筑一个城市。因为想了解这个奥妙，他们允许了，并且

---

① 英译本作"第一部分"。——译者

② 罗马人称腓尼基人为布匿人，迦太基为腓尼基人的殖民地，故称对迦太基人的战争为布匿战争。——译者

③ 第一次布匿战争(前 264－241 年)。——译者

④ 传说迦太基城建立于前 814 年。另一说，建立于前 845 年，阿庇安主张建立于前 941 年。——译者

⑤ 传说，公元前 820－前 774 年。——译者

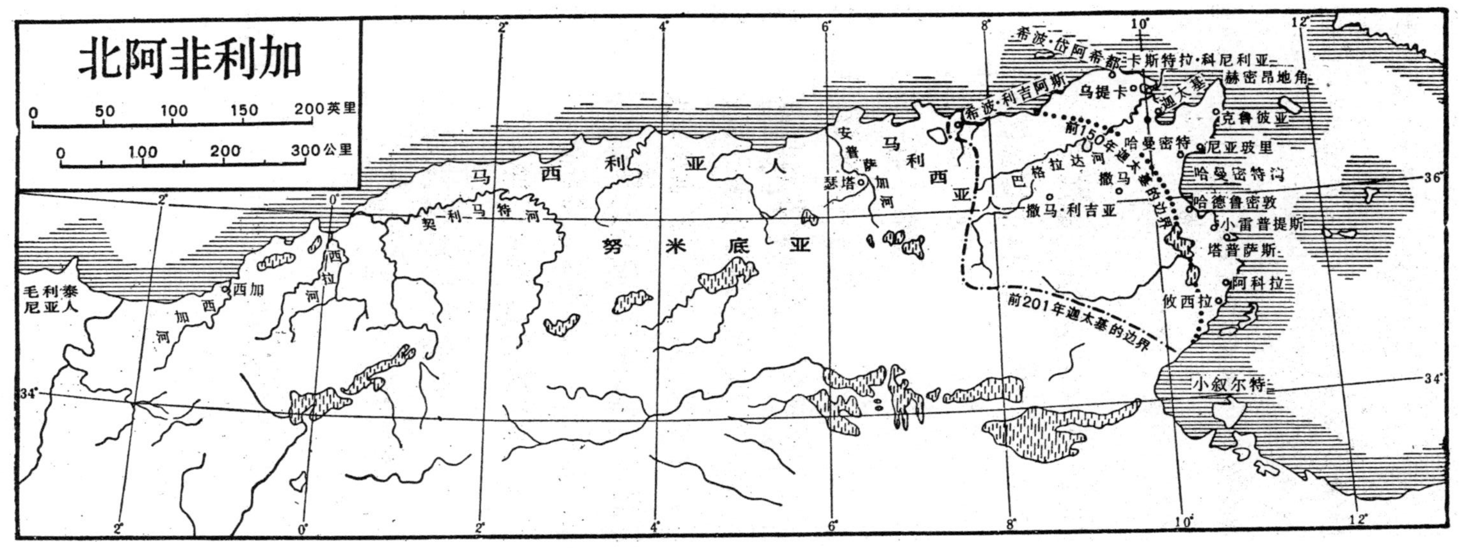

北阿非利加
0 50 100 150 200英里
0 100 200 300公里
希波·岱阿希都
卡斯特拉·科尼利亚
赫密昂地角
乌提卡
迦太基
希波·利吉阿斯
克鲁彼亚
尼亚玻里
哈曼密特
前150年迦太基的边界
哈曼密特湾
哈德鲁密敦
小雷普提斯
塔普萨斯
阿科拉
攸西拉
前201年迦太基的边界
小叙尔特
巴格拉达河
撒马
撒马·利吉亚
马西利亚
安普萨加河
瑟塔
马西利亚人
努米底亚
契利马特河
西加
西加河
西拉河
毛利泰尼亚人

宣誓,保证他们的诺言。于是腓尼基人把一张牛皮,缘着边,团团转,剪成一根很细长的长条,包围着现在迦太基的卫城所在的地方,因为这件事情的缘故,这个地方叫做柏萨(意为"一张牛皮")。

2. 他们利用这块地方作为根据地,打败他们的邻居,和所 405
有的腓尼基人一样,从事海上贸易,后来他们就建筑了环绕柏萨的外城。他们的势力渐渐增长,于是征服了阿非利加和地中海的大部分,在海外进行战争,侵入西西里、撒丁尼亚以及地中海的其他岛屿,又侵入西班牙,同时他们派出了无数的移民。他们在势力上,可以与希腊人为敌;在财富上,仅亚于波斯。但是在迦太基建立以后约七百年,罗马人从他们手中夺去了西西里和撒丁尼亚;①在第二次战争②中,又夺去了西班牙。当时两国都以大军侵入对方的领土内:迦太基人在汉尼拔指挥之下,不断地蹂躏意大利达十六年之久,而罗马人在老科尼利阿斯·西庇阿领导之下,进行战争,侵入阿非利加,最后推翻了迦太基人的霸权,剥夺了他们的海军和战象,要求他们在一定时期内给付一笔赔款。罗马人和迦太基人间这个第二次和约维持了五十年,后来因为这个和约被破坏,两国间第三次,也是最后一次战争③爆发了。在第三次战争中,罗马人在小西庇阿领导下,铲平了迦太基,下令这个地方应当受到诅咒。但是后来他们用自己的移民

① 根据这句话推算,阿庇安主张迦太基建立于前941年左右。参阅V(II),1—2;本卷3—5、51等节。——译者

② 第二次布匿战争(前216—前201年)。参阅VI.8—33;VII;VIII(上),24—66。——译者

③ 第三次布匿战争(前149—前146年)。本卷74—132。——译者

占据和原来的城市相距很近的一块地方，因为这个地方的地位是适宜于统治阿非利加的。这些事情中有关于西西里的一部分，见于我的《西西里史》[①]中；有关于西班牙的，见于我的《西班
407 牙史》[②]中；而汉尼拔在意大利战役中所做的，见于《汉尼拔战争史》[③]中。本卷包括从最早的时期起，在阿非利加的军事行动。

前256 3. 这些事情是从西西里战争开始的，当时罗马人派遣三百五十条船舰往阿非利加去，攻下了许多市镇，留下阿提略·累基拉斯指挥那里的军队，后来他又占领了大约二百个市镇，它们是自己向他投降的，因为它们仇恨迦太基人；在他继续进兵的时候，他蹂躏迦太基的领土。迦太基人认为他们的不幸是由于缺少一个领导者，因此请求拉西第梦人[④]派遣一个司令官给他们。
前255 拉西第梦人派遣桑西巴斯到他们那里去。累基拉斯在暑季中在
累基拉斯被桑西巴斯打败 一个湖边扎营，绕着这个湖进兵，以与敌人交战；由于武器的笨重，由于炎热、口渴和疲惫，由于容易被敌人从附近高地投射的投射器所射击，他的士兵们受到很大的苦难。将近黄昏的时候，他来到一条河边，两军隔河对峙。他马上渡过河，以为这样也可以威胁桑西巴斯；但是桑西巴斯预料到，要打败一个这样受困难折磨疲惫了的敌人是很容易的，同时认为黑夜对于胜利者是有利的，因此，他把他的军队列成行，突然从营内冲出来突击。桑西巴斯的预料没有落空。累基拉斯所领导的三万人中，只有少

① V.（I—II）。——译者
② VI. 10—38。——译者
③ VII。——译者
④ 即斯巴达人。——译者

数逃到阿斯彼斯城去了。其余的人,不是被杀,就是被俘,执政官累基拉斯本人也在被俘之列。

4. 不久之后,迦太基人由于厌战,派遣累基拉斯跟他们的大使们一块儿到罗马去,想订立和约;如果和议未成,他就回到迦太基来。但是累基拉斯在私下力劝罗马的主要行政官吏继续猛力进行战争,于是回到迦太基去受苦。迦太基人把他囚禁在一个钉满了长钉的牢狱里,这样把他处死。[①] 桑西巴斯的胜利是他自己毁灭的开端,因为迦太基人为了要表示这样一个功绩不是由于拉西第梦人,假装要给他许多光彩的礼物,以表示对他的敬意,派遣一些大船送他回拉西第梦去,但是吩咐那些船长们,要他们把他和他的同伴们都丢在海中。这样,他因为他的胜利而得到惩罚。这就是罗马人在阿非利加第一次战争的好结果和坏结果,直到迦太基人把西西里交给罗马人为止。这是怎样发生的,已经在我的《西西里史》[②]中说明了。

前 250

累基拉斯的命运

409

前 241

5. 此后,罗马人和迦太基人订立了和约,但是在西西里战争中作为辅助军在迦太基军队里服务的属民阿非利加人和一些怨恨迦太基人克扣他们的军饷和对他们没有履行诺言的克勒特雇佣军很凶猛地起来攻打迦太基人了。迦太基人以友谊的理由,向罗马人请求援助,罗马人允许他们只在这次战争中可以在意大利招募雇佣兵,因为就是这一点也是原先的和约所禁止的。罗马人又派遣一些人去做调解人。阿非利加人拒绝调解,但是说,如果罗马人肯接受的话,他们所占领的城市愿意臣服于罗马

雇佣军战争

前 240

① 参阅 V(II),1。——译者

② 参阅 V.(I—II)。——译者

人。罗马人拒绝了这个建议。于是迦太基人用一支很大的舰队
411 把这些城市封锁起来，截断它们从海上运输的给养。因为战争
的关系，土地尚未耕种，迦太基人利用饥饿征服了阿非利加人；
但是他们为穷困所迫而劫掠那些沿海航行的商人，甚至杀害了
前 238 罗马的商人，丢入海中，以隐瞒他们的罪行。这件事很久没有人
知道。当罗马人知道了这些事情后谴责迦太基人的时候，迦太
基人拖延时日，不加处理，直到最后罗马人通过对他们作战；那
时候，他们才割让撒丁尼亚以为赔偿。这个条款也列入了从前
的和约中。

II. 第二次布匿战争。马西尼萨与迦太基人的战争

前 229 6. 不久之后，迦太基人侵入西班牙，逐渐征服了它。当萨
汉尼拔侵入意大利 干坦人求援于罗马时划定一个边界，约定迦太基人不得越过挨
布罗河。迦太基人在汉尼拔领导下，又破坏这个和约，越过了这
条河；[①]和约破坏之后，汉尼拔把西班牙的兵权交给别人，[②]他自
己进兵侵入意大利。在西班牙的罗马将军，巴布利阿斯·科尼利
阿斯·西庇阿和尼阿斯·科尼利阿斯·西庇阿两兄弟，在那里做
出了一些光辉的功绩之后，两人都被敌人杀死了。[③] 接他们
的职位的将军们毫无成就，直到最后这个在西班牙阵亡的巴布

① 参阅第 148 页注①。——译者
② 交给他的弟弟哈士多路巴。参阅 VII. 4。——译者
③ VI. 16。——译者

利阿斯·西庇阿的儿子西庇阿航行到那里，他使人们都相信他 前210
是神意派遣来的，在一切事务中，他都有神的意旨，因此，他取得 413
了光辉的胜利。① 正在他因为这个胜利而取得很大的光荣的时候，他把兵权交给那些被派来接他的职位的人，他自己回到罗马，请求派他率领一支军队往阿非利加去，使汉尼拔退出意大利，同时，在迦太基人自己的国内向迦太基人进行报复。

7. 有些领导人物反对这个计划，他们说，当意大利受到这 前205
样长久的战争的破坏，现在还受到汉尼拔的蹂躏，而马哥正在招募利格里亚人和克勒特人为雇佣兵，想从侧面攻击意大利的时候，派遣一支军队侵入阿非利加，这是不聪明的。他们说，他们非等到他们自己的国家脱离了目前的危机，他们不应当去攻击别的地方。另外一些人认为，迦太基人之所以敢于进攻意大利，是因为他们本国没有受到战争折磨；如果把战争带到他们自己的家乡，他们是会召回汉尼拔的。于是他们决定派遣西庇阿往阿非利加去，但是当汉尼拔正在蹂躏意大利的时候，他们不许西庇阿在意大利征集军队。如果他能够取得一些志愿军的话，他可以率领他们；他可以利用在西西里的军队。他们授权给他，装备十条大船，允许他取得船员以配备这些大船，也允许他修整在西西里的船舰。但是除了他从他的朋友们中间所能筹集到的以外，他们没有给他一点金钱。他们起初对于进行这次战争是这样漠不关心的，但是不久，这次战争对于他们是多么伟大而光荣。

① VI.18－33。——译者

西庇阿侵入阿非利加

8．西庇阿好像很久以来，就已受到神的启示，要进攻迦太基，他聚集了骑兵和步兵大约七千人之后，即航往西西里，他带
415 着三百名精选的青年作为卫队，命令他们不带武器而跟着他。于是他以征集的办法，选择三百名富裕的西西里人，命令他们带着他们最好的武器和马匹在某一天集合起来。当他们集合起来了的时候，他向他们说，如果他们愿意的话，他们可以装备代替他们参战的人。他们都接受了这个建议，于是他把他的那三百个没有武装的青年带上来，要他们把武器和马匹供给这些青年，他们都乐意这样做了。这样，西庇阿就有了这些利用别人的经费、装备得非常好的三百名意大利青年以代替三百名西西里人，而这些意大利青年人马上感激他的恩惠，因而以后总是很好地替他服务。

迦太基的惊恐

9．当迦太基人听到这些消息的时候，他们派遣吉斯科的儿子哈士多路巴去猎象，他们派遣大约六千步兵、八百骑兵和七头战象到马哥那里去（马哥正在那里招募利格里亚人为雇佣兵），命令他带着这些军队以及其他一些可能聚集的军队去进攻伊达拉里亚，以便使西庇阿退出阿非利加。但是就在那个时候，马哥还是迟疑，因为他和汉尼拔相隔这样远，他不能和汉尼拔联合在一起，又因为他的脾气素来是迟疑的。哈士多路巴猎象归来后，马上就从迦太基人和阿非利加人中，征集了大约六千步兵和六百骑兵，购买五千奴隶做船舰的桨手。他又从努米底亚人手中
417 取得两千骑兵和雇佣一些士兵，在离迦太基两百斯塔狄亚[①]的

① 约 37 公里。——译者

一个军营里训练全部士兵。

西法克斯和马西尼萨

10. 努米底亚有许多酋长,他们各有自己的领地。在他们中间,西法克斯的地位最高,别的酋长们都尊重他。又有一个强大部落马西利亚人的国王的一个儿子马西尼萨。他生长在迦太基,并且在那里受过教育,他的仪表俊秀,品质高尚,吉斯科的儿子哈士多路巴(他是迦太基地位最高的人)把一个女儿许配给他,虽然他是一个努米底亚人而哈士多路巴是一个迦太基人。订婚之后,哈士多路巴带着马西尼萨到西班牙作战去了。西法克斯很爱哈士多路巴的女儿,因此他劫掠迦太基的领土;当西庇阿从西班牙航海去见他的时候,他向西庇阿建议,他们联合起来进攻迦太基。[①] 迦太基人知道了这件事,同时知道在反抗罗马人的战争中,西法克斯能够替他们出很大的力,因此就背着哈士多路巴和马西尼萨把哈士多路巴的女儿嫁给他了,因为他们都在西班牙。马西尼萨很为愤怒,因此他又和在西班牙的西庇阿订立同盟,而有意瞒着哈士多路巴。但是哈士多路巴知道了这件事情,他虽然因为他们所加于这位青年和他的女儿的粗暴行为感到难过,但是他认为去掉马西尼萨,对于他自己的国家是有利的。所以当马西尼萨因为父亲去世,从西班牙回阿非利加去的时候,哈士多路巴派遣一个骑兵队去护送他,命令他们尽一切可能的方法把他置之死地。

11. 马西尼萨听到这个阴谋的风声之后,马上逃跑了;他聚 419

马西尼萨和迦太基人的战争

集了一支骑兵,日夜训练他们投射标枪、前进、退却、又前进的战

① VI. 29—30。——译者

斗方法，以加强他所继承的势力。事实上，这些交替地逃跑和追逐的战斗方法，是他们经常应用的战术。这些努米底亚人又善于忍耐饥饿。他们常常以野草代替面包，以维持生活；他们除喝水之外，再不喝别的东西。他们的马匹甚至从来没有尝过谷物；他们只吃草，很少喝水。马西尼萨所聚集的军队就是这样的，大约两万人，他经常领导他们出去打猎或劫掠，他认为这种事情，不仅本身是有利可图的，同时也可以训练他的士兵。迦太基人和西法克斯认为这位青年的这些准备是对付他们的（因为他们知道他们过去冒犯了他），因此决定首先向他作战；把他打垮之后，才进攻罗马人。

12. 西法克斯和迦太基人的人数多得多，但是他们进兵时，带了许多车辆以及行李和奢侈品的重载。在另一方面，在每项艰难困苦的工作中，马西尼萨以身作则，他只有骑兵，没有驮兽，没有粮食。这样，他能够很容易地退却、进攻和逃往要塞中去。就是当他被敌人赶上的时候，他常常把他的军队分开，使他们可以尽量地分散，他自己带着少数人隐藏起来，直到最后，无论白天或晚上，他们在一个指定的地方集合起来。有一次，有三个人隐藏在一个四周都有敌人驻扎的洞中，而他就是这三个人中间
421 的一个。他从来就没有一个固定的扎营地点，但是他的将才就特别在于善于隐藏他的阵地。因此，他的敌人绝对不可能向他进行正规的袭击，而总是提防他的进攻。他的粮食是每天将近黄昏的时候，在他所到的地方取得的，无论是乡村也好，城市也好。他夺取一切，运走一切，然后和他的部下分配劫掠物；因此，他虽然不发给定期的薪饷，但是许多努米底亚人为了劫掠的缘

故,成群地跑到那里去,因为劫掠比按期的薪饷还要好些。

III. 西庇阿侵入阿非利加。围攻罗卡和乌提卡。西法克斯的两面手法

13. 马西尼萨用这种方法和迦太基人进行战争。同时,西 前 204
庇阿在西西里完成了他的准备工作,向朱比特和内普敦[①]致祭之后,他带着五十二条战舰和四百条运输船,另有许多较小的船只跟在后面,航往阿非利加。他的军队是一万六千步兵和一千六百骑兵组成的。他又带了投射器、武器和各种机械,以及充足的粮食供应。这样,西庇阿正在向阿非利加航行;但是迦太基人和西法克斯听到这个消息后,他们决定假装和马西尼萨暂时议和,等到他们打败西庇阿时再说。但是马西尼萨没有受这个阴谋的欺骗,为了转而愚弄他们起见,他带着他的骑兵跑到哈士多路巴那里去,好像他和哈士多路巴已经和解了的样子,这些事情都是他事先告诉了西庇阿的。哈士多路巴、西法克斯和马西尼萨都驻扎在乌提卡城的附近,彼此相隔不远。西庇阿的船被风 423
吹到那儿,也驻扎在这儿附近。哈士多路巴带着一支大约两万步兵、七千骑兵和一百四十头战象的军队驻扎在离西庇阿不远的地方。

西庇阿到达阿非利加

14. 现在西法克斯或者由于恐惧,或者由于他对各方面都是不忠诚的,所以假装说,他的本国受到邻近蛮族的骚扰,起程

最初的散兵战

① 海神。——译者

回国去了。西庇阿派出一些支队去侦察敌情，同时有几个市镇向他投降了。于是马西尼萨在晚间秘密地跑到西庇阿的军营里；彼此问好之后，马西尼萨劝西庇阿于次日在离乌提卡约三十斯塔狄亚[1]的地方，叙拉古僭主阿加托克利所建筑的一个堡塔的附近埋伏不超过五千人的军队。在黎明的时候，他劝哈士多路巴派遣他的骑兵司令官汉诺去侦察敌人的数目，冲入乌提卡城内，以防止当地居民趁敌人的到来而举行革命，还答应如果命令他行动，他自己也会跟着去。因此，汉诺带着一千精选的迦太基骑兵和许多阿非利加人出发。马西尼萨带着他的努米底亚人跟在后面。当他们到了那个堡塔的旁边，而汉诺带着一支小军队走过，向乌提卡去了的时候，一部分伏兵出现了，马西尼萨劝那个留在那里指挥迦太基骑兵的军官向他们进攻，因为他们人数很少。他在后面不远的地方跟着，好像是支援这个行动的样
425 子。于是其余的伏兵都出现了，包围那些阿非利加人；罗马人和
马西尼萨都一齐从四面八方向他们射击，除了四百人被俘虏外，全部都被杀死了。他做了这件事之后，马西尼萨装作一个朋友的样子，匆忙地跑去会晤汉诺，汉诺正在从城中跑回来，于是他抓着汉诺，带到西庇阿的军营里，他把汉诺和他自己的母亲交换，因为他的母亲是在哈士多路巴手中。

15. 西庇阿和马西尼萨蹂躏了这个地区，把那些在田野中挖土的罗马战俘都释放了，这些战俘是汉尼拔过去从西班牙、从
攻下罗卡 西西里以及从意大利本地送到那里去的。他们又围攻一个大城

[1] 约5.5公里。——译者

罗卡,他们在这里遭遇着很大的困难,但是当他们架上云梯的时候,罗卡人提议在休战条约下撤离城市。因此,西庇阿吹着军号,命令退却;但是士兵们因为愤恨他们在围攻的时候所受的损害,不服从命令。他们爬上城墙,不分青红皂白,把妇女和儿童都杀死了。西庇阿把留下来的人安全遣散;然后剥夺军队的战利品,强迫那些不服从命令的军官们当着群众的面前抽签,把抽中签的三个军官处死刑。做了这些事情之后,他又开始蹂躏这个地区。哈士多路巴想设法使西庇阿中他的埋伏之计,他派遣他的骑兵司令官马哥在正面进攻西庇阿,而他自己则进攻西庇阿的后卫。这样,西庇阿和马西尼萨就被包围了。他们把军队分作两部分,两部分军队转向两个相背的方向来抵抗敌人。利用这个方法,他们杀死了五千阿非利加人,俘虏了一千八百人,把其余的人都赶向崖石边。

16. 不久之后,西庇阿从海上和陆地上围攻乌提卡。[①] 他 427

围攻乌提卡

用两条大船连接起来,在上面建筑一个堡塔,在堡塔上用三腕尺[②]长的投射器和大石头向敌人投击。他使敌人蒙受很大的损害,同时自己也受到很大的损失,因为他的许多船只被打碎了。他在陆地方面,建筑很多大土墩;每当他能够冲击到城墙上去的时候,他就用撞城机猛力撞击城墙,用铁钩把城墙上的皮革或其他遮盖物撕掉。而在敌人方面,他们在土墩下挖掘地道,用滑结把铁钩转向一边,横着吊下木梁,打在撞城机上,使之失去作用。每当大风向敌人方面吹着的时候,他们就从城中冲出,用火焚毁

① 阿非利加仅次于迦太基的大城市。——译者

② 一腕尺相当于自腕至中指尖端的长度,约18—22英寸。——译者

那些攻城机械。因此西比阿用这个方法没有攻下这个城市的希望，他就紧紧地包围它。

西法克斯的商谈

17. 当西法克斯知道这个情况的时候，他带着他的军队回来，驻扎在离哈士多路巴不远的地方。他还装作是两方面的朋友，想拖延战争，等到那些为迦太基人建造的新船舰准备好和某些克勒特人和利格里亚人的雇佣兵到了的时候，所以他努力设法来调停。他的要求是这样的：罗马人的军队不得在阿非利加立足，迦太基人的军队也不得在意大利立足；罗马人仍然保留西西里、撒丁尼亚以及他们现在所占领的其他岛屿和西班牙。他说，如果任何一方拒绝这些条件的话，他就跟同意的另一方联合在一起。当他正在做这些事情的时候，他想把马西尼萨拉到他这一边来，他答应巩固马西尼萨在马西利亚人王国中的地位；他
429 的三个女儿，任凭马西尼萨选择一个，并嫁给他为妻子。那个传递这个信件的人也带着黄金；如果他不能说服马西尼萨的话，他可以用黄金贿赂他的一个仆人杀害他。因为他没有说服马西尼萨，他就把金钱给他的一个仆人，要这个仆人谋杀马西尼萨。这个仆人把这些金钱拿到马西尼萨那里去，把那个拿钱给他的人揭露出来了。

前 203 18. 于是西法克斯发现他不能欺骗任何人了，就公开参加迦太基人一边了。他利用内应，攻下了内地一个市镇托隆，罗马人在这里储藏了大量战争物资和粮食；他把驻军杀死了，因为驻军不肯在休战条件下离开那里。他又派人去要努米底亚人增派一支大援兵来。现在雇佣兵已经到了，船舰已经准备好了，他们决定战争，由西法克斯进攻围城者，哈士多路巴进攻西庇阿的军

营;而船舰则冲击敌人的船舰。这一切都将于次日同时进行,使人数少的罗马军队不能抵御他们。

IV. 西庇阿夜袭哈士多路巴,获得全胜,进攻迦太基

19. 当天晚上,马西尼萨从某些努米底亚人口中知道了这 前203
些计划,于是他把这些计划告诉了西庇阿。西庇阿感到很烦恼, 西庇阿夜袭哈士多路巴
因为担心他的军队如果分作这样多部分,会使每个部分的力量陷于单薄。因此,他立即召他的军官们晚间开会。他发现军官们都茫然不知所措。他自己想了很久之后,就说道:“朋友们,我 对军官们的演说
们所需要的是勇敢、迅速和拼命地战斗。我们一定要先发制人。 *431*
你们看着我们这样做,可以得到些什么利益。这个出人意外的进攻和这件事情本身的奇特——那些人数少的人反而是首先进攻的——将使他们惊慌。并且我们不要分散我们的兵力作几处使用,而要联合在一起来使用;我们不要带着我们的军队一齐向我们所有的敌人冲去,而要朝向那些我们高兴首先进攻的人冲去。他们是驻扎在分开的军营里,当我们各个进攻他们的时候,在兵力方面,我们是他们的敌手;而在勇敢和幸运方面,我们胜过他们。如果上天保佑,使我们战胜第一个军营,我们就可以藐视其他的敌人了。至于我们首先向谁进攻,什么时候进攻,用什么方法进攻,如果你们愿意听的话,我现在一定告诉你们。”

20. 因为他们都同意了,他继续说:“进攻的时间是紧接着会议结束之后,当天还没有亮的时候,在那个时候,这个突击才

会更使人惊慌，敌人会毫无准备，他们的同盟者在黑夜中不能给他们以任何帮助。只有这样，我们才能比他们计划在明天进攻我们抢先一步。他们有三个根据地：他们的船舰停泊地离开这里有一些距离，而且在晚间不可能进攻船舰。但是哈士多路巴和西法克斯彼此相隔不远。在这两个人之间，哈士多路巴是这个战争的主要部分，而西法克斯在晚间是不敢做任何事的；他是一个蛮族人，全身都是懦弱无能的。那么，就来吧，让我们自己
433 率领我们全部军队进攻哈士多路巴，而委托马西尼萨留在这里，监视西法克斯，以防止他和我们所预料的相反，跑出他的军营。让我们怀着最大的希望和断然的勇敢，带着我们的步兵进攻哈士多路巴的堡垒，从四面包围它，因为这些事情是我们现在所最需要的。在夜间，骑兵是没有用的，我一定派遣他们在远一点的地方包围敌人的军营；这样，如果我们被打败了的话，我们有朋友们接应我们，掩护我们退却；如果胜利了的话，他们可以追逐逃亡者，杀死他们。”

西庇阿的全胜

21. 他这样说完了之后，就派遣他的军官们去命令军队整装待发，而他自己则致祭于勇敢之神与恐怖之神，使他的军队在晚间不致受到惊慌，而要表现得绝对刚强勇猛。在第三更的时候，[①]军号轻轻地吹起来了。这支大军全体在肃静中行军，直到骑兵已经把敌营完全包围起来，步兵已经达到壕沟旁边的时候为止。于是混乱的大声呐喊混杂着全部喇叭和角号声齐发，其目的在于使敌人感到恐慌，他们扫除了前哨岗位上的哨兵，填平

① 约夜间1—3时。——译者

了壕沟,拆除了木栅。最勇敢的士兵们冲向前去,纵火焚烧茅
屋。阿非利加人从睡眠中惊醒,抓住他们的武器,慌乱地想排成
战斗的行列,但是由于嘈杂的声音,他们听不见他们军官们的命
令,他们的将军自己也不确实知道发生了什么事情,到处一片混 435
乱。当他们正在起来,想武装自己的时候,他们就被罗马人捉住
了。罗马人纵火焚烧更多的茅屋,把他们所遇着的人都杀死。
阿非利加人为敌人的叫喊声、敌人的出现、敌人的行动吓坏了,
特别是在漆黑的夜间,又不能知道灾祸的性质。他们以为营地
已被攻陷,又害怕那些正在燃烧着的茅屋的火,所以他们乐于从
茅屋中跑出来,冲往平原地带,以为平原地带比较安全些。他们
慌张地乱跑,走进了罗马人的骑兵队伍里,因为罗马人的骑兵已
经包围了他们,于是他们都被杀死了。

西法克斯的撤退

22. 当还是黑夜的时候,西法克斯听见了嘈杂的声音,看见了火光,他没有离开他的军营,只派一支骑兵队去支援哈士多路巴,这支军队突然被马西尼萨所攻击,损失惨重。但是在黎明的时候,他知道哈士多路巴已经逃跑了,他的军队被杀死、被俘虏或被打散了。他的营地和储藏已经落到罗马人手中了,于是他慌张地比任何人还先一步跑到内地去了,因为他认为西庇阿从追逐迦太基人回来之后,马上就会来向他进攻的。因此,马西尼萨也夺取了他的营地和储藏。

23. 这样,罗马人以一个勇敢的行动,在不到一夜的短短时间内即毁灭了比他们大得多的两个营地和两支军队。罗马人阵亡者约一百人;敌人阵亡者将近三万人,此外还有两千四百名俘虏。并且在西庇阿回转来的时候,有六百骑兵投降了他。有些战

437 象被杀死，有些受了伤。西庇阿因这次辉煌的胜利，掳得大量的武器、金银、象牙和马匹（努米底亚的和其他地方的），削弱了整个迦太基的势力，他把勇敢勋章发给他的军队，把很多战利品送往罗马。于是他开始加紧训练他的军队，预料到汉尼拔马上会从意大利回来，马哥会从利格里亚回来的。

24. 当西庇阿正在做这些事情的时候，在夜战中已经受伤的迦太基将军哈士多路巴带着五百骑兵逃往安达镇，他在那里聚集了一些从那次战役中逃回来的雇佣兵和努米底亚人，宣布解放一切愿意参军的奴隶。他知道迦太基人因为他指挥失宜，已经下令处他以死刑，并选任鲍密尔卡的儿子汉诺为司令官了。于是他把聚集起来的这些人组成一支军队，又招募许多罪犯，劫掠乡村搜集粮食，并训练他的部下约三千骑兵和八千步兵，因为他把希望完全寄托在战争上。他的行动，在很长的一段时期内，

西庇阿进攻迦太基

罗马人和迦太基人都不知道。西庇阿率领他的军队进攻迦太基本城，很傲慢地挑战，但是没有人出来应战。同时，迦太基的海军大将哈密尔卡匆忙地率领一百条船舰进攻西庇阿的海军根据地，他指望在西庇阿回来之前，攻下他的海军根据地，同时，他认
439 为用他的一百条船舰，他能够很容易地消灭罗马人的二十条船舰的。

海军战役胜负未决

25. 西庇阿看见哈密尔卡的船开走了，他马上派人去把重载的船只间隔地停在海港地进口，以封锁它，使大船在适当的时候，可以冲出去，好像通过大门一样。这些船舶以它们的舷桁端相衔接，彼此系在一起，使之形成一个壁垒。西庇阿到达的时候，他发现工作还正在进行中，于是他帮助他们完成这项工作。当

迦太基人进攻的时候,迦太基人的船舰被罗马人从自己的船舰上、从海岸上、从城墙上投下来的投射器所打坏,他们于黄昏时候狼狈地撤退了。当他们正在退却的时候,罗马人从空隙中冲出紧紧地追迫他们,当他们又退却的时候,他们又被打败,罗马人甚至拖着一条上面没有人的船舰到西庇阿那里去了。这次战役之后,交战国双方都进入冬营了。罗马人从海上得到丰富的军需供给,而乌提卡人和迦太基人因受饥饿折磨,开始劫掠商船,直到最后,罗马人派遣来给西庇阿的新船舰封锁了敌人,阻止了劫掠。此后,乌提卡人和迦太基人就受到饥饿的严重威胁了。

V. 西法克斯战败被俘。索福尼斯巴之死。焚毁西庇阿军营的阴谋之被破获

马西尼萨打败和俘虏西法克斯

26. 同在这个冬季里,当西法克斯正在附近的时候,马西尼
萨向西庇阿请求把罗马军队的三分之一补充他的军队,由利略 441
率领这支军队,他带着这支军队追击西法克斯。西法克斯退却,直到他跑近了一条河才被发现,他在那里应战。双方的努米底亚人依照他们的习惯,一齐互相投射投射器,而罗马人拿着盾牌,在他们的前面前进。西法克斯一看见了马西尼萨,大为愤怒,向他冲去。马西尼萨愉快地应战。战斗围绕着他们两人猛烈地进行,西法克斯的士兵们转而逃跑,开始渡河。在这里,有人伤害了西法克斯自己的马,西法克斯被马摔下来了,马西尼萨就跑上来,俘虏了西法克斯本人和他的一个儿子,马上把他们送

到西庇阿那里去了。在这次战役中，西法克斯的士兵们被杀死一万人。罗马人丧失七十五人，而马西尼萨丧失三百人。西法克斯的部下被俘者四千人，其中有二千五百人是叛离马西尼萨而投到西法克斯那边去的马西利亚人。因此，马西尼萨请求利略把这些人交给他；他接收这些人之后，就把他们都杀死了。

西法克斯与索福尼斯巴

27. 此后，他们进入马西利亚人的地区和西法克斯的领土，马西尼萨不但恢复了他自己的土地，并且取得了西法克斯的领土，有些地方是用说服的方法取得的，说服不成功的地方则用武力。瑟塔也派遣使节们到他们那里去，把西法克斯的王宫献给他们；西法克斯的妻子索福尼斯巴也派遣使者专门到马西尼萨那里去，说明她是被迫而和西法克斯结婚的。马西尼萨很高兴

443 地接受了她的解释而和她结婚了；但是当他回到西庇阿那里去的时候，他把她留在瑟塔，因为他很清楚地预见到将会发生什么事情。西庇阿问西法克斯："你邀请我作为你的朋友来到阿非利加之后，什么恶魔迷住了你，使你在我们正在帮助你反抗迦太基人之后不久，就背弃了你对神宣誓的誓约和对罗马人的誓约①呢？"西法克斯回答说："我热爱哈士多路巴的女儿索福尼斯巴，以致我遭到这次损失；她热爱她的祖国，她能够使任何人服从她的意旨。她使我背离了你们的友谊，转而和她的祖国友好，使我从那个幸福的境遇转入目前的不幸。（因为现在我站在你们一边，丢掉索福尼斯巴之后，我一定要对你们忠诚），所以我劝你提防索福尼斯巴拉着马西尼萨倒向那边去，以实现她的阴谋，因为

① 参阅 VI. 29－30。——译者

她这样热爱她的祖国,要想盼望这个女人帮助罗马人一边是万不可能的。”

索福尼斯巴之死

28. 他这样说了,但是他是不是说实话,还是由于嫉妒,尽力想中伤马西尼萨,则不得而知。但是西庇阿召西法克斯参加会议,因为西法克斯表现得很是贤明,对于当地的情况很熟悉,西庇阿常咨询他,正好像居鲁士咨询吕底亚国王克利苏斯[1]一样。利略回来之后,告诉西庇阿说,他从许多人口中听到关于索福尼斯巴同样的事情,于是西庇阿命令马西尼萨把西法克斯的妻子交给他。当马西尼萨表示抗议,说明过去有关于她的事情的时候,西庇阿更严厉地命令他不要妄想以武力来占有罗马人 445
的任何战利品,他只可以在交出她来之后,请求罗马人把她给予他,得到罗马人的允许之后,他才可以取得她。因此,马西尼萨会同一支罗马军队去提取索福尼斯巴,但是他秘密地先去,带给她一剂毒药,向她说明这个情况,告诉她说,如果不服这剂毒药的话,就一定要自愿地去做罗马人的俘虏。他再没有说其他的话,就骑马跑掉了。她把那杯毒药给她的保姆看,要保姆不要为她而哭泣,因为她死得光荣,于是她喝了毒药。马西尼萨把她的尸体给那些跑来的罗马人看,然后给她举行一个盛大的葬礼;事后,他回到西庇阿那里。西庇阿很称赞他,为了安慰他起见,对他说,他去掉了这个无价值的女人是很好的,表扬他对西法克斯进攻的胜利,给他许多礼物。当西法克斯到罗马的时候,有些当局的人认为应当宽恕他,因为他过去在西班牙是他们的朋友

[1] 参阅普鲁塔克《传记集》(近代丛书版,英译本)第 113－115 页;希罗多德《历史》I. 89－90。——译者

和同盟者;另外有些人认为他应当受到惩罚,因为他跟他的朋友们作战。他终于忧郁而死。

焚毁西庇阿军营的阴谋

29. 当哈士多路巴把他的军队训练好了的时候,他写信给迦太基将军汉诺,建议和他分享兵权,并且告诉他说,有许多西班牙人士兵被迫在西庇阿部下服务,这些人可用金钱和诺言贿赂,使之放火焚毁西庇阿的军营。他说,如果他事先知道的话,他可以助一臂之力。汉诺虽然有意欺骗哈士多路巴,但是他没有忽视他的建议。他派遣一个心腹,伪装成一个逃兵,带着金
447 钱,跑到西庇阿的军营里去,他用一个诱人的方式引坏了许多人,确定一个实行这个阴谋的日期后他就失踪了。汉诺把这个日期通知了哈士多路巴。同时,当西庇阿祭祀的时候,贡献的牺牲显示将有火灾的危险。因此,他下令给全军营里,如果发现任何火焰,应当熄灭它。他继续祭祀了几天,因为牺牲还表示有火灾的危险。他很焦急,决定迁移军营。

30. 正在这个时候,一个罗马骑士的西班牙仆人有一点疑心这个阴谋,因而伪装作他们的同谋者之一,这样知道了一切。他就告诉了他的主人。他的主人带着他到西庇阿那里去,西庇阿把全体阴谋者都加以判罪。把他们全体处死,把他们的尸体抛到军营外。这个消息很快就传到汉诺的耳中,他离军营不远,因此他没有到约定的地方去;但是哈士多路巴去了,因为他还不知道阴谋已被破获,但是当他看见许多尸体的时候,他猜着了所发生的事,因而退却了。汉诺诽谤他,说他投降西庇阿,但是西庇阿不收他,这样使迦太基人比以前更痛恨哈士多路巴。大约在同一个时候,哈密尔卡突然进攻罗马人的舰队,夺取了一条

大船和六条运输船；而汉诺则进攻那些围攻乌提卡的罗马军队，但是被击退了。因为长期围攻，毫无结果，西庇阿解除包围，把他的攻城机械移往希波镇。因为他在那里也没有成就，他把攻城机械当作没有用的东西烧毁了；他蹂躏这个地区，有些地方他与之结盟，有些地方他进行劫掠。

乌提卡之围解除 449

VI. 汉尼拔被召回国。迦太基人民反对和议

汉尼拔被召回国

31. 迦太基人因战事不利，推选汉尼拔为有绝对权力的将军，派遣他们的海军大将带着船舰去催促他回国。[①] 同时，他们派遣大使们到西庇阿那里去商谈和约，希望或者得到和约或者拖延等待汉尼拔回来。西庇阿同意一个休战和约，这样，替他的军队取得足够的粮食之后，允许他们派遣大使们到罗马去。他们派遣大使们去了，但是罗马人把他们当作敌人看待，要他们住在城外。当元老院接见他们的时候，他们请求宽恕。有些元老们谈到迦太基人的无信，说他们多少次订立条约后又加以破坏，以及汉尼拔在意大利和西班牙所加于罗马人和他们的同盟者的损害是多么大。其他的元老们又提出，他们自己的需要和平不下于迦太基人，因为这样多的战役把意大利弄得山穷水尽；他们又说明将来是多么危险的，因为汉尼拔从意大利、马哥从利格里亚、汉诺从迦太基马上会带着大军向西庇阿进攻。

和约谈判

32. 因此，元老院不能决定怎样办，但是派遣了一些顾问官

① 参阅 VII. 58。——译者

451 到西庇阿那里去，西庇阿应当和这些顾问官们商量，然后他可以按照他所认为最好的办法去处理一切事宜。西庇阿根据下列条件和迦太基人订立和约：马哥立即离开利格里亚，以后迦太基人不得招募雇佣兵，他们所保留的战舰不得超过三十条，他们的土地限于所谓“腓尼基人的壕沟”①，他们应当把所有的俘虏和逃兵交给罗马人，他们在一定的时期内，付给赔款一千六百他连特白银；马西尼萨应有马西利亚人王国以及他所能占有的西法克斯的领土。这个协议订立之后，双方的使节们起程，有些是到罗马去取得执政官誓言的保证，又有一些从罗马到迦太基去取得迦太基行政官誓言的保证。罗马人为了酬谢马西尼萨跟他们联盟的功绩起见，送他一顶金冠、一个黄金图章戒指、一把象牙坐椅、一件紫袍、一套罗马衣服、一匹有黄金马具的马和一套甲胄。

汉尼拔在哈德鲁密敦登陆

33. 同时，汉尼拔勉强起程，向阿非利加航行，因为他怀疑迦太基人的轻率和对他们的统治者的无信义，并且他不相信两国会订立和约；纵或订立了，他知道得很清楚，这个条约也不会维持得很久的。他在阿非利加的哈德鲁密敦城登陆，开始聚集谷物和购买马匹，同时和一个努米底亚部落阿里西底人的酋长订立同盟。他又射死四千名从敌人那边反叛到他那一边来的骑兵，因为他们原先是西法克斯的部下，后来和马西尼萨联合在一起，因此他怀疑他们。他把他们的马匹分给自己的士兵们。另
453 一个酋长麦索塔拉斯带着一千骑兵跑到他那里来了；西法克斯的另一个儿子维密那也来了，他还统治着他父亲的大部分土地。

---

① 见230页注①。——译者

他取得马西尼萨的一些市镇,有些是自动投降的,有些是以武力征服的。他以这样计谋取得纳尔斯镇:当他在他们的市场上和他们做交易的时候,他以友好的态度派人到他们那里去;当他认为进攻的时机到了的时候,他派遣很多人,暗藏短剑进城,命令他们不要伤害那些做生意的人;等到军号一吹,他们就进攻他们所遇着的一切人,给他把守城门。纳尔斯就是这样被攻陷了。

34. 虽然和约订立的日子不久,西庇阿还在那里,他们自己的使节们还没有从罗马回来,但是迦太基的平民劫掠被风吹入迦太基港内的西庇阿的粮船把那些运送军粮的人用铁链系着,他们不顾他们自己的议事会的威吓,因为议事会的议员们告诫他们,不要破坏这个订立不久的和约。但是平民对和约本身不满,认为这个和约订得不公平,而饥饿比破坏和约更令人难于忍受。西庇阿认为,订立和约之后,又开始战争,是不聪明的;但是好像对待犯了错误的朋友一样,要求赔偿。人民甚至于企图逮捕他的使者们,想把他们一直扣留到他们自己的使者们从罗马回来;但是伟大的汉诺和哈士多路巴·伊利福斯[小伙子]把他们从群众中救出来,用两条大船护送他们。但是有些人劝那位停泊在阿波罗地角附近的海军大将哈士多路巴,在护送西庇阿的使者的人们离开的时候进攻他们。他真的进攻他们,有些使者被射死了,其他一些使者受了伤,但是利用他们的桨,正好进入他们自己营地的港口,当他们的船只被拦住的时候,他们从船上跳上陆地险些被俘虏。 455

休战和约的破坏

35. 当罗马国内的人听到这些事情的时候,他们命令那些还在那里交涉和约事宜的迦太基大使们马上作为敌人离开那

里。因此，他们起航，可是被暴风吹到西庇阿的营地附近。西庇阿的海军大将向西庇阿请示，应该怎样对待他们。西庇阿说："我们不要学迦太基人的轻诺寡信；不加伤害地把他们送回去。"当迦太基的元老们知道此事的时候，他们谴责迦太基人民，把他们的行为和西庇阿的行为作一个对比，劝告他们，就是在这个时候，还要恳求西庇阿坚持原来的协议，承认赔偿因迦太基人民的错误行为所造成的损失。但是迦太基人民长久以来，因为战事不利，已在寻找元老院的岔子，因为元老院没有充分地预料到要怎样做才是合乎他们的真正利益的，他们受煽动家的煽动，为渺茫的希望所鼓舞，因而他们招请汉尼拔和他的军队回来。

招请汉尼拔

前 202

36. 汉尼拔看到了战争的巨大规模，他请求迦太基人民召回哈士多路巴和他的军队。因此宣布撤销过去对哈士多路巴的判决，哈士多路巴把他的军队交给汉尼拔。但是甚至在那个时候，他自己还不敢在迦太基人民的面前露面，只是隐藏在城内。于是西庇阿利用他的舰队封锁迦太基，割断他们从海上运输军需的道路，而他们从陆地上得到的供应是很少的。因为由于战
457 争的缘故，土地都未耕种。大约在这个时候，汉尼拔的骑兵和西庇阿的骑兵在撒马发生遭遇战，在战斗中，西庇阿的骑兵处于优势。在以后接着几天中，他们有各种各样的散兵战；最后，西庇阿听到汉尼拔很缺粮食，正在等待粮食运来，因此，西庇阿派遣他的军团将校德谟斯趁夜间袭击汉尼拔的运输队。德谟斯驻扎在一条狭窄通道旁边的一个山顶上。他在那里杀死了大约四千阿非利加人，俘虏的人数更多，把粮食运到西庇阿那里去了。

37. 汉尼拔因为缺少粮食，陷于绝境，他考虑到怎样暂时安

他建议恢复休战和约

排,因此,他派遣使者到马西尼萨那里去,提醒他不要忘记他早年在迦太基的生活和教育,请他劝西庇阿恢复以前所订的和约;并且说,以前和约的破坏是一群乌合之众和一些比乌合之众还更要愚笨些的人所做的。事实上,马西尼萨过去是在迦太基长大和受教育的,他对有尊严的迦太基很为尊敬,他现在还有许多朋友在那里,因此他恳求西庇阿答应了这个要求,他使西庇阿和汉尼拔根据下列的条件又订立了一个协议:迦太基人把他们所俘虏的那些运送粮食给罗马人的人员和船舶交出来,把他们所劫掠的东西,或者这些东西的折价的钱(其价值由西庇阿估计)也交出来,并缴纳一千他连特作为罚金。条件就是这些。一个休战和约就这样订立了,直到迦太基人知道这些细节时为止。这样,汉尼拔就出乎意外地得到挽救了。

VII. 西庇阿大败汉尼拔于撒马 459

迦太基人的骚动

38. 迦太基的议事会热烈地欢迎这个协议,劝人民遵守这些条件,他们说明他们现在所处的恶劣环境,他们眼前缺少士兵、金钱和粮食。但是人民,带有一种乌合之众所常有的愚笨,认为他们的将军们是为了他们自己的私利而作这个安排,使他们可以依靠罗马人的支持,在他们自己的国家里维持其统治势力。他们说,汉尼拔现在所做的,正是不久以前哈士多路巴所做的;哈士多路巴过去在夜晚里,把他的军营出卖给敌人,后来不久,他又想自己向西庇阿投降,为了这个目的,他已经和西庇阿接触了,而现在他隐藏在城内。因此,产生了一个很大的叫嚣和骚动，他们有些人离开会场，跑去寻找哈士多路巴。他已先他们一着，逃往他父亲的坟墓中，他在那里服毒自杀了。但是他们甚至把他的尸体从墓中拖出，把头割下来，揭在一根长矛上面，撑着在城内到处跑。这样，哈士多路巴最初被不公平地放逐，接着被汉诺捏造诽谤，后来又是这样被迦太基人所逼死，死后还给他以这样的侮辱。

第二次休战和约的破坏

39. 于是迦太基人命令汉尼拔破坏休战和约，开始向西庇阿作战，尽可能地迅速决战，因为粮食不足。因此，他通知休战终止，西庇阿马上进攻，攻下大城市帕修斯，在汉尼拔附近扎营。
461 汉尼拔派遣三个暗探到罗马军营里去了之后，就把自己的军营移开了。西庇阿把暗探捉住了，但是没有依照对付暗探的习惯，把他们处死，只命令把他们带去看看他的营地、兵器库、机械和正在操练的军队。于是他释放了他们，让他们去把这一切事情告诉汉尼拔。汉尼拔请求再和西庇阿会谈；当西庇阿允许和他会谈的时候，他说，迦太基人因为金钱赔款的缘故，不满意于以前的和约。如果西庇阿愿意免除那一项，如果罗马人满足于西西里、西班牙和他们现在所占领的岛屿的话，协议就可以持久了。西庇阿说："汉尼拔从意大利逃掉，如果他又从西庇阿手中得到这些条件的话，这就是对他一个很大的利益了。"因此他不许汉尼拔再写信给他。彼此互相尽量威胁之后，他们两人就分别，各自回到自己的军营里去了。

战役的准备

40. 附近有一个西拉市镇，镇的附近有一个小山，最宜于建立军营。汉尼拔想占据这个小山，因此，他派遣一个支队去布置他的军营，他马上开着军队前进，好像他已经占领了那个地方一样。但是西庇阿已经先他一着,事先占领了那个地方,他被截断在平原的中间,那里没有水源,所以他整晚在挖掘泉井。他的军队在沙碛中辛勤劳动,经过很大的困难之后,才得到一点浊水来喝,他们过了一晚,没有吃东西,没有注意他们的身体,他们有些人没有离开他们的武器。西庇阿看到这种情况,在黎明的时候,就进军去攻击他们,当时,他们因为夜间行军,没有睡眠,没有喝
水,已经精疲力竭了。汉尼拔感到困难,他不希望在这种情况下 463
交战。但是他看到了,如果他停留在那里的话,他的军队会因为缺乏饮水而大受苦;如果他退却的话,他会增长敌人的士气,敌人会紧紧地压迫他,使他受到很大的损失。因为这些缘故,他不得不战斗。他迅速地把大约五万人和八十条战象排成战斗行列。他把他的战象间隔地安置在整个前线,想使敌人的行伍受到惊慌。象队之后,他安置上三分之一的军队,这些军队是克勒特人和利格里亚人组成的,到处有摩尔人和巴利阿利人的弓箭手和投射手和他们混合在一起。他们的后面就是他的第二道战线。由迦太基人和阿非利加人组成的。第三道战线是由那些他从意大利带来的意大利人组成的。他对他们最为信任,因为他们是最害怕战败的。骑兵安插在两翼。汉尼拔是这样安排他的军队的。

41. 西庇阿大约有两万三千步兵和一千五百意大利人和罗马人骑兵。他的同盟者马西尼萨带着许多努米底亚骑兵。另外一位王公达卡马斯带着六百骑兵。他把他的步兵和汉尼拔的步兵一样,列成三个阵线,他把他所有的大队都排成纵队,使他的骑兵可以从大队中通过。在每个大队之前,他安置一些人,手中

拿着沉重的木桩，木桩的尖端多半装着铁，以便向冲来的战象投击，好像弩炮上的石弹一样。他命令这些人和其他步兵躲避这
465 些动物的冲动力，而只跑在它们的周围，不断地向它们身上投射标枪，只要可能的话，就跑拢去，割断它们的腿筋。西庇阿就是这样安排他的步兵的；但是他把努米底亚人的骑兵安置在两翼，因为他们的马是习惯于看到战象的形状和嗅到战象的气味的。意大利的马是没有常见过战象的，他把意大利骑兵安置在最后，准备在步兵制止战象第一次进攻的时候，从步兵的间隔中走过，去向敌人进攻。指定一些侍从带着很多标枪，跟在每一个骑兵的后面，准备用这些标枪来打退这些动物的进攻。他是这样安排他的骑兵的。利略指挥右翼，屋大维指挥左翼，而他和汉尼拔都占据中央的阵地，由于彼此重视起见，各有一队骑兵跟着他们一起，以便派遣援兵到需要的地方去。汉尼拔有四千骑兵；西庇阿，除了他自己在西西里武装的那三百意大利人之外，还有两千骑兵。

汉尼拔和西庇阿的演说

42．当一切都准备好了的时候，两个将军都骑着马跑上跑下，以鼓励他们的士兵。西庇阿当着他的军队，向诸神祈祷，这些神是迦太基人每次当他们违反和约时所侵犯的。他告诉他的士兵，不要考虑敌人的人数，而要考虑他们自己的勇敢；由于勇敢，使过去同样多的敌人，甚至人数还多些的敌人，在这个国家里，被罗马人打败了。他说，如果那些一直是胜利的人还有恐惧、焦急和怀疑的话，那么那些战败的人更加会受到这些感觉
467 的压力。西庇阿就是这样鼓励他的军队，安慰他们不要因人数较少而担心。汉尼拔提醒他的部下不要忘记他们过去在意大

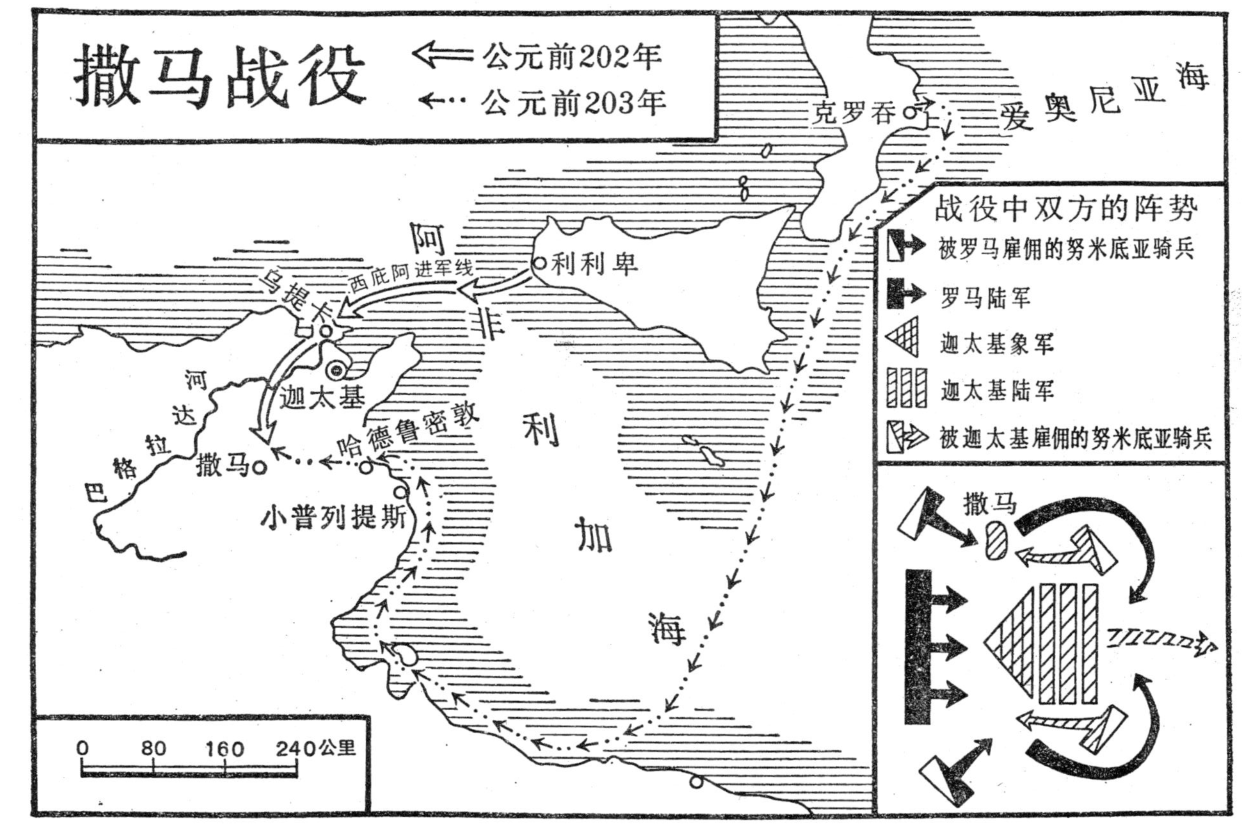
撒马战役
公元前202年
公元前203年
克罗吞
爱奥尼亚海
阿
非
利
加
海
利利卑
西庇阿进军线
乌提卡
迦太基
河
达
拉
格
巴
撒马
哈德鲁密敦
小普列提斯
0 80 160 240公里
战役中双方的阵势
被罗马雇佣的努米底亚骑兵
罗马陆军
迦太基象军
迦太基陆军
被迦太基雇佣的努米底亚骑兵
撒马

利所做的事，不要忘记他们伟大而光辉的胜利，不是对努米底亚人的胜利，而是对完全由意大利人组成的军队的胜利，并且是遍及全意大利的胜利。他从他所站着的地方，指出敌军人数少，鼓励他们不要在他们自己的国内显出自己不如人数较少的敌人。两个将军都向他们自己的军队夸大此次战役的重要性。汉尼拔说，迦太基和全阿非利加的命运将取决于这次战役；如果战败的话，他们马上会被人奴役；如果胜利的话，他们会永远统治着所有这些战败的人。西庇阿说，如果他们战败的话，他的部下连一个可以安全避难的地方都没有；但是如果胜利的话，罗马人的势力会大大增加，他们可以从目前的辛苦工作中得到休息，他们可以迅速回家，以后他们可以得到永久的光荣。

撒马之役

43. 他们这样鼓励了他们的士兵们之后，就交战了。汉尼拔首先命令他的号兵吹号，西庇阿同样地响应。战象开始战斗，它们用可怕的全副甲胄装饰着，骑在象背上的人用刺棍赶着它们向前走。但是努米底亚人的骑兵不断地围绕它们飞跑，把标枪刺入它们的身体，直到它们受伤而逃跑时为止，因为已经不能控制了，骑象的人带着它们离开战斗。两翼的战象所遭遇的就是这样；但是中央的战象践踏罗马人的步兵，因为他们不惯于这种战斗，同时，因为他们的盔甲笨重，他们不能很容易地躲避或追逐它们，直到最后，西庇阿把意大利人的骑兵带上来，他们是
469 在后卫，武装比较轻便，他命令他们从他们惊慌的马匹上跳下来，在四周围跑，向战象射击。他自己是第一个跳下马来，击伤最前面一头战象的。他的榜样鼓舞了其余的人，他们从四面八方伤害战象，所以这些战象也退却了。

44. 在战场上肃清了这些战象之后，就只有步兵和骑兵进行战斗了。利略指挥的罗马军队右翼击溃了和他对抗的努米底亚人，而马西尼萨用标枪击倒了努米底亚人的王公马萨西斯，但是汉尼拔很快就跑来援助他们，恢复了他们的阵线。但是在屋大维所指挥的左翼和驻屯在那里的敌对的克勒特人与利格里亚人双方都遭遇困难。西庇阿派遣军团将校德谟斯带着精兵去增援那里，但是汉尼拔重新集合了他的左翼之后，飞快地跑去支援那些克勒特人和利格里亚人，同时把迦太基人和阿非利加人组成的第二线带上来了。西庇阿看到这个情况，他就移动他的另一支军队，与汉尼拔的军队平行。当这两个世界上最有盛名的将军在肉搏战中相遇的时候，两方面的士兵们都互相争胜，对于他们的将军表示尊敬，双方面的军队都充满热忱，一面战斗，一面热情地、激动地欢呼。

汉尼拔和西庇阿的决斗

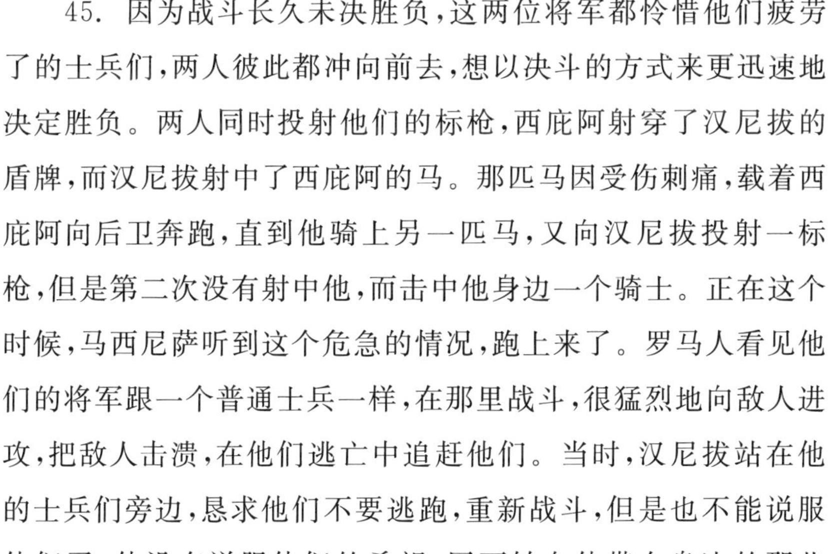

45. 因为战斗长久未决胜负，这两位将军都怜惜他们疲劳了的士兵们，两人彼此都冲向前去，想以决斗的方式来更迅速地决定胜负。两人同时投射他们的标枪，西庇阿射穿了汉尼拔的
盾牌，而汉尼拔射中了西庇阿的马。那匹马因受伤刺痛，载着西 471
庇阿向后卫奔跑，直到他骑上另一匹马，又向汉尼拔投射一标枪，但是第二次没有射中他，而击中他身边一个骑士。正在这个时候，马西尼萨听到这个危急的情况，跑上来了。罗马人看见他们的将军跟一个普通士兵一样，在那里战斗，很猛烈地向敌人进攻，把敌人击溃，在他们逃亡中追赶他们。当时，汉尼拔站在他的士兵们旁边，恳求他们不要逃跑，重新战斗，但是也不能说服他们了。他没有说服他们的希望，因而转向他带在身边的那些

意大利人，这些意大利人是作为后备，还没有移动的，他带着他们进入战斗，想突击那些正在混乱地追逐的罗马人。但是他们

汉尼拔的战败和逃亡

看出了他的用意，迅速地彼此呼唤起来，不要去追赶，恢复他们的战斗行列。他们的骑兵已经没有和他们在一起了，他们的投射器也没有了，所以他们现在使用手中的短剑，作肉搏战。接着就是特别巨大的屠杀，可怕的创伤，伴随以屠杀者的吼叫，垂死者的呻吟，直到最后，意大利人又把这些人击溃了，在他们逃亡的时候追赶他们；在这个光辉灿烂的情况下，战争的胜负就决定了。

46. 汉尼拔在逃跑的时候，看见许多努米底亚人骑兵集合在一起了，他跑上去，恳求他们不要遗弃他。他得到他们的同意之后，率领他们进攻那些追赶的人，他还想转败为胜。他所首先遇着的是马西利亚人，于是马西尼萨和汉尼拔进行决斗。他们

473 两人都凶猛地冲击对方，马西尼萨用他的矛刺穿了汉尼拔的盾牌，而汉尼拔，跟上一次一样，伤害了他的对手的马。马西尼萨被抛下马来之后，徒步向汉尼拔跳去，击中而且杀死了一个在其他骑兵之前、正向他跑来的骑兵。他用他的盾牌接着其他骑兵投来的标枪（他的盾牌是象皮做的），他拔出盾牌上的一支标枪，向汉尼拔投去，但是又没有击中汉尼拔，和以前西庇阿一样，击中了汉尼拔身边的一个骑兵。他正在拔出另一支标枪的时候，他的臂上受了伤，因而暂时退出战斗。当西庇阿知道这件事的时候，他替马西尼萨担心，匆忙地跑来援助他，但是他发现马西尼萨已经把他的伤口绑好了，骑在另一匹马上又回来战斗。当时战斗又很激烈，胜负未决，双方的士兵们都极端地尊敬他们的

司令官,直到后来汉尼拔发现有一队西班牙人和克勒特人军队在附近一个小山上,就向他们冲去,想使他们来参加战斗。那些还在那里战斗的人不知道他跑去的原因,以为他已经逃跑了,因此,他们自己停止了战斗,向各方向逃跑,他们不是跟在汉尼拔的后面逃跑,而是狼狈地乱跑。这支军队溃散后,罗马人以为战斗结束了,所以毫无秩序地追赶他们,因为在他们一方面也不知道汉尼拔的目的。

47. 现在汉尼拔有了西班牙人和克勒特人军队的保护,从那个小山上跑回来了。西庇阿匆忙地把罗马人叫回,要他们不
要去追赶了,排成新的战斗行列,他们的人数比从山上跑下来的 475
军队多得多,所以他没有困难就把跑下来的军队打败了。当最后这次努力失败了的时候,汉尼拔逃跑了,因为现在很明显地没有任何希望了。许多骑兵追赶他,马西尼萨虽然受了伤,也在追赶之列,他紧紧地追逐,很想俘虏汉尼拔,把他献给西庇阿。但是天黑了,汉尼拔因此得救,在黑夜隐蔽之下,他只带着那些能够和他用同样的步骤奔跑的二十名骑兵逃往托恩镇。他在这里发现许多战败后逃到那里来的勃罗丁人和西班牙人骑兵。他害怕那些西班牙人,因为他们是一些任性的蛮族人,同时害怕那些勃罗丁人(他们和西庇阿是同国人)把他捉着交给西庇阿,以求赦免他们侵犯意大利的罪利,因此他和他最亲信的一个骑兵逃跑了。他两天两晚跑了三千斯塔狄亚[①]的路,到了哈德鲁密敦海港,他原来留了一部分军队在那里保护他的军需的。他在此地

① 相当于555公里。——译者

开始从邻近地区聚集军队，收集那些从最近的战役中逃回的士兵和准备武器与战争机械。

VIII. 迦太基求和。西庇阿提出的和平条件

胜利的掳获物

48. 现在西庇阿取得这个光辉的胜利之后，他穿好他的服装，准备祭祀了。他依照罗马将军的习惯，亲自把敌人价值较小的掳获物焚烧掉。他把十他连特黄金、两千五百他连特白银、许
477 多雕刻的象牙和一些最显贵的俘虏，用船舰运往罗马，派遣利略去传达这次胜利的消息。其余的掳获物，他都卖掉，以其收益分配给士兵们。他又送些礼物给英勇出众的人；再一次表彰马西尼萨。他又到各城去接受它们的投降。这就是汉尼拔和西庇阿交战的结果，他们两人是第一次交战。罗马人丧失两千五百人，马西尼萨的损失更大。敌人被杀者两万五千人，被俘者八千五百人。三百西班牙人投降西庇阿，八百努米底亚人投降马西尼萨了。

派遣使团往见西庇阿

49. 当这个消息还没有到达迦太基或罗马的时候，迦太基送信给当时还在那里招募高卢人雇佣兵的马哥，如果可能的话，要他侵入意大利；如果不能的话，要他带着雇佣兵航海回到阿非利加来。这些信件为罗马人所截获，被带到罗马去了，因此，罗马人又派遣一支军队，并带着马匹、船舰和金钱，到西庇阿那里去了。西庇阿已经派遣屋大维由陆路前往迦太基，而他自己则带着舰队往那里去。当迦太基人听到汉尼拔战败的消息的时候，他们派遣使节们乘着一条小帆船往西庇阿那里去，使团的领袖

们是伟大的汉诺和哈士多路巴·伊利福斯,他们在船头上高高地拿着使者的权杖,以哀求者的形式向西庇阿伸出他们的双手。西庇阿要他们进入军营。当他们到达军营里之后,他威严地倾听他们所提出的事。他们哭泣着,投身于地上;当侍从们把他们 479
扶起来,请他们说出他们想要说出的话来的时候,哈士多路巴·伊利福斯发言如下:

哈士多路巴·伊利福斯的发言

50. “罗马人啊,以我自己而论,以这位汉诺而论,以所有通情达理的迦太基人而论,我可以说,我们对于你们所加于我们国家的惩罚是无辜的,因为当我们的国家为饥饿所迫而伤害你们的使节们的时候,我们把他们救出,送回给你们了。你们也不应当谴责全体迦太基人民,因为他们最近还请求和平;当你们允许和平的时候,他们热心地宣誓以支持它。但是城市是容易动摇而倾向于坏的方面的,因为人民大众总是受悦耳之言支配的。我们也因此受苦,由于那些在国内诽谤我们、同时阻止我们跟你们自由谈判的人的缘故,我们既不能说服群众,又不能制止群众。罗马人啊,你们不要以你们自己的纪律和善谋的标准来评判我们。如果有人认为,听信这些群众煽动家的言辞是犯罪的行为的话,你们要想想我们所受到饥饿和穷困的痛苦。因为在我们的人民一方面,绝对不可能有意地首先请求和平,拿出这样巨额的金钱,交出所有的船舰(只有几条除外),放弃大片的领土,派遣使节们到罗马去宣誓,同时接受罗马人的誓言,以求取得和平,而后来,在我们的使节们还没有回来的时候,又任意破坏这个协议。不错,有些神灵,还有那个把你们的粮船吹到迦太基来的风暴是造成我们毁灭的原因。除风暴之外,还有饥饿使我们

481 发狂，因为人们在极端贫困的时候，就不会深思熟虑，尊重别人的财产。我们不能要求一个受灾难折磨的乌合之众，对它的行动负责。

51. “但是即使就是这样，你们还认为我们是犯了罪，而不是不幸，我们承认我们的过失，并为此恳求你们。无辜者应该释罪，犯过者应该恳求。恳求使幸福者更愿意以其怜悯之心推及于他人，因为他们观察人事之无常，看到今日求人怜惜的人正是昨日势力强大、足以虐待他人的人。这就是迦太基现在所处的情况，因为在船舰和金钱方面，在战象方面，在步兵和骑兵方面，在所统治的属民方面，过去迦太基是阿非利加最强大和最有势力的城市，它曾繁荣达七百年之久，[①]统治全阿非利加这样多的其他国家、岛屿和海洋，很长久以来和你们处于平等的地位；但是现在它把它自己安全的希望不是寄托在它的海上领土上，它的船舰上，它的战象上，它的马匹上，它的属民上（它把这一切都交给你们了），而是寄托在你们身上，你们过去是受过我们可耻的对待的。罗马人啊，熟思这些事情的时候，你们应当提防那些管理这些事情的内美西斯女神，[②]你们应当仁慈地利用你们的幸运，做出无愧于你们自己的雅量和无辱于迦太基过去的幸运的事情，来处理神所安排我们情况的转变，而不致受到谴责，这样你们的行为在诸神面前是无罪的，而在全体人类面前也可以获得颂扬。

483 52. “因为迦太基人过去的愚笨，他们已经这样地忏悔和受

① 参阅第193页注①。——译者

② 复仇女神。——译者

到惩罚之后,用不着担心他们又会变心。聪明的人因为他们的谨慎而不做坏事;坏人则因为他们的受罪与忏悔而不做坏事。认为那些被严惩的人比那些没有这样的经验的人更为可靠,这是合乎情理的。你们要当心不要模仿你们谴责迦太基人所犯的那种残酷和罪恶。因为可怜的人们所遭遇的不幸,是由于无依无靠而产生新罪恶的源泉,而幸福的人们因为富有才有行善的机会。象迦太基这样大的一个城市,如果你们毁灭它,而不保存它的话,对于你们的政府既不是光荣的,也不是有利的。对于你们自己的利益,你们是更好的判断者;关于我们的保全问题,我们想提醒你们,最重要的是不要忘记两件事:迦太基帝国的古代尊严和你们自己的普及天下的温和政策;这两者再加上你们的武力,使你们获得了这样大的领域和势力。至于条件,如果你们终于给予我们以和平的话,我们用不着在这里讨论,因为我们已经完全由你们处理了。"

西庇阿的答复

53. 伊利福斯说完了话之后,放声大哭。于是西庇阿要他们退席,他和军官们商量了很久。他作出决定之后,又叫迦太基的代表们回转来,对他们这样说:"你们不应当得到宽恕,因为你们这样多次破坏了跟我们所订的和约,最后,甚至于这样公开地、无法无天地凌辱我们的使者们,你们自己也不能否认或辩护你们是应该受到最严厉的惩罚的。但是谴责那些已经服罪的人有 485
什么益处呢?你们要在祈求中得到庇护;但是,如果你们胜利了的话,你们甚至连罗马的名字也会把它消灭掉。但是我们不愿意学你们的坏榜样。当你们的使节们在罗马的时候,虽然你们已经破坏了和约,虐待了我们的使者们,但是罗马还允许他们自

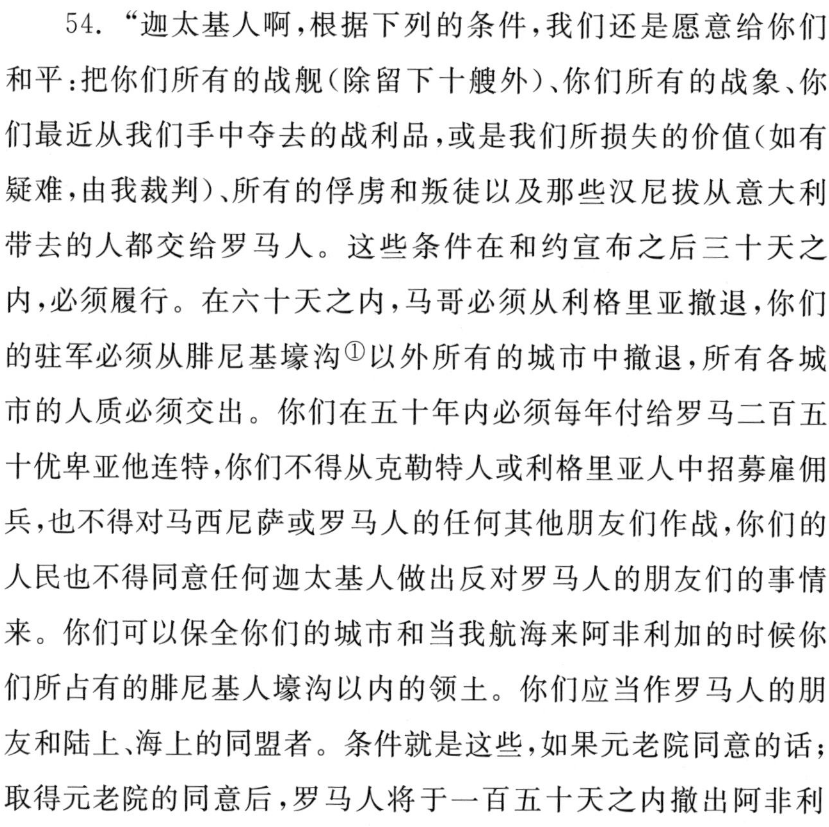

由地离开了那里。当他们被风吹到我的营地的时候，虽然战争已经开始了，但是我把他们送到你们那里，毫未加以伤害。你们应该谴责你们自己，把无论什么条件都当作对于你们是有利的，我将把我的看法告诉你们，我们的元老院将按照它所认为最好的办法来表决。

西庇阿提出的和平条件

54. “迦太基人啊，根据下列的条件，我们还是愿意给你们和平：把你们所有的战舰（除留下十艘外）、你们所有的战象、你们最近从我们手中夺去的战利品，或是我们所损失的价值（如有疑难，由我裁判）、所有的俘虏和叛徒以及那些汉尼拔从意大利带去的人都交给罗马人。这些条件在和约宣布之后三十天之内，必须履行。在六十天之内，马哥必须从利格里亚撤退，你们的驻军必须从腓尼基壕沟①以外所有的城市中撤退，所有各城市的人质必须交出。你们在五十年内必须每年付给罗马二百五十优卑亚他连特，你们不得从克勒特人或利格里亚人中招募雇佣兵，也不得对马西尼萨或罗马人的任何其他朋友们作战，你们的人民也不得同意任何迦太基人做出反对罗马人的朋友们的事情来。你们可以保全你们的城市和当我航海来阿非利加的时候你
487 们所占有的腓尼基人壕沟以内的领土。你们应当作罗马人的朋友和陆上、海上的同盟者。条件就是这些，如果元老院同意的话；取得元老院的同意后，罗马人将于一百五十天之内撤出阿非利

---

① 腓尼基壕沟就是公元前 201 年迦太基的边界。边界以西，原属马西尼萨或其祖先所有的城市，都还给马西尼萨；边界西南诸利比亚族人均独立，与罗马建立同盟。（参阅本书第 192 页地图及《剑桥古代史》第八卷，第 108 页，1930 年版）。——译者

加。在你们能够派遣使节前往罗马以前,如果你们想要休战的话,你们应当马上交出由我们选择的一百五十名儿童作为人质。你们应当额外付给一千他连特以作我的军队的薪给,同样还要给我们粮食。当和约批准的时候,我们一定释放你们的人质。”

IX. 关于和约问题在迦太基和罗马的争论。和约的批准与西庇阿的凯旋

汉尼拔主张接受这些和平条件

55. 当西庇阿说完了话之后,代表们把这些条件带回迦太基,迦太基人民在人民会议中争辩了几天。那些主要的人物认为最好接受这个建议,不要因为拒绝一部分而冒着丧失一切的危险;但是平民群众不考虑目前的危险,而只考虑巨大财富的丧失,不肯接受这些条件。他们愤恨他们的统治者,在休战时期,不顾他们的饥饿,送粮食给罗马人,而不肯供给自己的公民;他们结伙成群,威胁着将劫掠和焚毁这些主要人物每个人的房屋。最后,他们决定去跟汉尼拔商量,当时汉尼拔带着六千步兵和五百骑兵,驻扎在马塔马镇。他来了,虽然温和的公民担心这样好战的一个人会煽动人民再努力作战,但是他认真地劝他们接受和平。人民大为愤怒,也辱骂他,威胁所有的人,直到有些显贵 489
的人对于他们的城市完全绝望了,因而逃往马西尼萨那里去了,有些逃往罗马人那里去了。

56. 其余的迦太基人听到汉尼拔在某个港口贮藏了大量军粮,于是派遣许多运输船和战舰到那里去;如果他们能取得食物的话,他们下了决心,向前进军,忍受命运所注定的一切,而不

愿自动地做罗马人的奴隶。但是他们的船舰被风暴毁坏了之
前 201 后，他们对一切都感绝望，他们诅咒神明有意来反对他们，因此
又派一个使团往罗马 他们同意了跟西庇阿订立和约，派遣一个使团前往罗马去。西庇阿也派人去劝罗马人批准这个协议。据说，他之所以这样建议，一则因为他认为这个和约对罗马是有利的；二则因为他已经听到执政官盖·科尼利阿斯·林都拉斯正在等着继任他的将军职位，而他不愿意别人取得结束这个战争的光荣。无论如何，他吩咐他的使者们说，如果罗马迟延的话，他自己就要缔结和约。

元老院中的辩论

57. 这个强大的城市过去给他们带来了这样多的灾祸，过去是世界上第二位或第三位强国，现在完全被打垮了，罗马人民很为高兴。但是关于怎样处理这件事，元老们的意见分歧。有些元老还是非常痛恨迦太基人的，但是有些元老现在怜悯迦太基人，希望在别人不幸的时候，自己表现有高尚的行为。西庇阿
491 的一个朋友站起来说："士绅们，这不是一个挽救迦太基的问题，
西庇阿的朋友们的主张 而是保全我们对诸神的誓言和在人间的名誉的问题——否则人家会说，我们责难迦太基人的残酷而我们自己的行为比他们更为残酷；虽然我们在小事情上总是实行温和之道，但是在大事情上不实行温和之道了，这些大事情，正因为它们是巨大的，甚至不能不引起我们的注意。这个著名的城市过去是海上霸王，统治着这样多岛屿，整个广阔的海面和阿非利加一半以上的领土，跟我们作战时表现出这样惊人的成功和力量；如果我们毁灭了它的话，这件事情从今以后就会传遍全世界的。当他们好战的时候，我们不得不跟他们作战；现在他们被打垮了，我们应当宽恕他们，正好像一个运动员不再打击一个倒下来了的对方，好

象最凶猛的野兽不吃死了的兽体一样。在胜利的时候，当心引起神明的愤怒和人类的嫉妒，这是恰当的。如果我们仔细考虑一下他们对我们所做的事情的话，这件事的本身就是命运变化无常的一个最可怕的例子，因为过去他们能够把这样多、这样大的灾祸加在我们身上，不久之前，他们还为争夺西西里和西班牙而进行辉煌的战争，而现在他们向我们恳求，只是要求挽救他们免于毁灭。但是为了这些事情，他们已经受到惩罚。关于他们后来的罪行，他们归咎于饥饿的痛苦，这是可能加于人类身上最大的痛苦，它可以剥夺人类的一切理智。

仁慈和谨慎的意见

58. “我不愿意说什么话来替迦太基人辩护，因为他们不值得由我来辩护。我也没有忘记，在现在所讨论的和约之前，他们破坏了其他的和约。但是我愿意提醒你们，不要忘记我们的祖先在类似的情况下如何处理的(由于这样，他们达到了这个幸福的顶点)，虽然这些事情是你们所已经知道了的。虽然我们四周所有的邻近民族常常暴动，不断地破坏条约，但是我们的祖先从来没有侮蔑过他们，不管是拉丁人也好，伊达拉里亚人也好，萨宾人也好。后来当厄魁人、服尔细人、坎佩尼亚人(他们也是我们的邻居)和其他意大利民族破坏和约的时候，我们的祖先很镇静地对付他们。并且萨谟尼安种族三次背弃我们的友谊和协议，拼命跟我们作战八十年之久，[①]后来我们也没有毁灭他们；那些邀请皮洛斯侵入意大利的人[②]也没有遭到毁灭。那些最近参加汉尼拔军队的意大利人也没有被毁灭，甚至那些跟着汉尼拔反 493

① 公元前 343—266 年。参阅第三卷。——译者

② 他林敦人。参阅 III.(VII).3。——译者

抗到底的勃罗丁人也没有遭到毁灭。[①] 我们只取去了他们一部分土地，而让他们保有其余的，因为我们认为：不消灭整个种族而使他们有较好的感情，不仅是正义的，同时对于我们的繁荣昌盛也是有利的。

59. “有了这种品质，我们才大大地兴旺起来，以至今日，为什么在对付迦太基人的时候，我们要改变我们这种品质呢？是不是因为他们的城市是一个巨大的城市呢？这正是它应当受到宽恕的原因。是不是因为他们屡次破坏了他们跟我们所订的和约呢？别的国家，差不多所有的国家都曾经屡次破坏过和约。是
495 不是因为他们现在是受到一个很轻的惩罚呢？除十艘船舰外，他们将丧失他们所有的船舰。他们必须放弃他们的战象，战象在他们的力量中是占这样大的比重的。他们必须付给一万优卑亚他连特。他们必须放弃腓尼基人壕沟以外所有的城市和领土，他们不得招募军队。他们为饥饿所迫而从我们手中取去的东西，他们必须归还，虽然他们现在还是饥饿的。至于其他未决的事情，那个跟他们作战的西庇阿是裁判者。这些事情这样大、这样多，因此，我自己是赞扬他的；我请求你们宽恕他们，因为你们要考虑到上天的嫉妒和人事的无常。他们还有（在和约批准之前）许多船舰和战象。那个最精干的将军汉尼拔还有一支军队，马哥正在从克勒特人和利格里亚人中领导一支巨大的军队，西法克斯的儿子维密那和别的努米底亚部落跟他们联盟；他们还有许多奴隶。如果他们感觉到你们没有宽恕他们的希望的时候，

① 参阅 VII. 61。——译者

他们会不顾一切,利用所有这些资源,铤而走险;在战役中,没有什么东西比铤而走险更加危险的了;同时,在战役中,神的意旨也是无常,而且是猜忌的。

60. “西庇阿似乎也担心这些事情,所以他把他自己的意见告诉了我们,并且补充说,如果我们迟延的话,他要自己订立和约。在这些事情上,他的判断比我们强;同时,他在当地,比我们看得更加清楚些,这种想法是合乎情理的。如果我们拒绝他的忠言的话,我们会使那个热爱祖国的人和杰出的将军感到痛苦。是他力劝我们进军阿非利加的,当时我们也不同意这个意见;当他不能从我们手中取得一支军队的时候,他自己筹集军队,在那 497
里替我们取得了胜利,远远地超过我们所希望的。在这次战争最初发动的时候,你们是那么冷淡;而现在你们又要这么凶狠地、趋于极端地进行战争,这是令人诧异的。如果有人同意这一点,但是担心迦太基人又会破坏誓约的话,我可以回答他说,他们现在更加会看到遵守他们的协议的必要性了,因为他们过去由于破坏条约已经受到这样多的痛苦;他们更加会遵守良心的要求,因为他们良心丧失已经引起他们的失败。一方面藐视迦太基人无能为力,另一方面又害怕他们有叛变的力量,这是矛盾的。我们要监视他们,使他们的势力不致过于强大,这是比较容易的;我们现在要毁灭他们,那就比较困难。现在他们会拼命战争;但是今后,由于恐惧,他们总会受到牵制的。并且,如果没有我们的帮助,他们会有许多困难,因为他们所有的邻人,由于对他们过去横行霸道的愤恨,会压迫他们,而我们最忠实的盟友马西尼萨总是在那里监视他们的。

61. “如果有人[1]故意忽视所有这些考虑，只想他怎样可以接替西庇阿掌握兵权，以图他自己的利益，并相信连幸运也会照顾他到底的话，那么我们取得了这个城市（纵或我们真的取得了的话）之后，我们又将把它怎样处理呢？是不是因为他们夺取了我们一些谷物和船舶（这些他们已经准备赔偿了）以及其他许多东西，我们就要把这个城市完全毁灭呢？如果我们不毁灭它（因
499 为恐怕引起神明的愤怒和人们的谴责）的话，难道我们会把它交给马西尼萨吗？虽然他是我们的朋友，但是最好是不要让他过于强大，从罗马人的公共利益着想，最好是两国互相斗争。难道我们要从他们的土地上征收地租吗？军事保护的费用会把地租用光，因为四周有许多部落，所有的部落都是蛮族人，我们需要一支强大的军队。难道我们会派遣一个殖民团去住在一群努米底亚人中间吗？如果蛮族人太强，他们应付不了的话，他们就不会有安宁；如果他们征服了蛮族人的话，他们会成为我们畏惧和嫉妒的目标，因为他们占有这样大、出产比我们自己的国家还要多得多的一个国家。照我看来，这些正就是西庇阿，当他劝我们允许迦太基的请求时，所清楚地看出来了的事情。让我们允许迦太基人的要求和我们的将军的要求吧。”

西庇阿的政敌的主张

62. 他这样说完了之后，巴布利阿斯·科尼利阿斯（他是科尼利阿斯·林都拉斯的亲属；当时林都拉斯是执政官，很想继任西庇阿的职务）就这样回答说：“士绅们，在战争中，只有合于时宜的处置才是有利的。有人告诉我们说，这个城市还是强大的。

---

[1] 指科尼利阿斯·林都拉斯。——译者

正因为这样,我们更加要提高警惕,以防止阴谋与强权相结合;既然我们不能消灭阴谋,我们就应当及时打垮这个强权。要使我们自己免除对迦太基的恐惧,没有什么时候比现在还更好的了,因为现在他们既弱且穷,还没有把力量和资源再聚集起来。不是因为我要逃避正义的要求,但是我认为这不能责难我们,说
我们对迦太基人缺少温和之道,因为当他们强盛的时候,他们对 501
任何人都是不公平和傲慢的;但是在困难的时候,他们就哀求。如果哀求成功的话,只等和约一成立,他们就破坏。他们既不尊重条约,也不尊重他们的誓言——这些人,这位士绅认为我们应当宽恕,以免遭到诸神的愤怒和人们的谴责。我认为正是诸神本身使迦太基人堕入这种悲惨的情况,以便最后惩罚那些在西西里、在西班牙、在意大利、在阿非利加,跟我们以及所有其他的人交涉的时候,经常订立盟约,经常破坏誓言以及做出残暴和野蛮行为的人,因为他们不敬奉神祇。关于这些事情,在我说到那些和我们有关的事情之前,我想给你们一些外国人的例子,使你们知道,如果使迦太基人受到适当的惩罚,所有的人一定都会很高兴的。

迦太基的罪行

63. “西班牙一个大城市萨干坦的人民自己组织联盟,对我们是友好的;虽然他们没有冒犯迦太基人,但是迦太基人把他们屠杀得一个人也没有留下。[①] 努塞里亚是我们的一个附属城市,努塞里亚人根据一个誓约,向他们投降;誓约规定:投降者每人可以带着两件外衣离开那里。他们把努塞里亚的元老们禁闭

① VI. 12。——译者

在一个浴室里，用热气把元老们闷死。当平民正在走开的时候，他们用箭射击平民。在和阿撒拉[①]的元老院订立条约之后，他们把元老们投入井中，然后用土把井填平。他们用伪誓引诱我们的执政官马可·科尼利阿斯去会见他们的将军，他们的将军伪装有病，于是把他捉着，当作俘虏，连同我们的二十二条船舰，
503 从西西里送往阿非利加去了。我们另一位将军累基拉斯，在他依照他的誓约回到他们那里去了之后，被他们折磨处死。汉尼拔本人在战争中利用诡计，利用伪誓，犯了许多罪行，以攻击我们的城市和军队，最后，攻击他自己的同盟者，毁灭他们的城市，屠杀在他部下服务的士兵们[②]——这一切，太多了，数不完。总之，他把我们四百个市镇的居民杀绝了。他们把被俘虏的我们的人投入沟渠和河流中，把尸体造成桥梁，让他们从上面走过。[③] 他们用象践踏他们，他们使他们兄弟与兄弟、父亲与儿子互相角斗[④]。才不久，当他们正在这里商订和约，哀求我们宣布誓言的时候，当他们的使节们还在我们这里的时候，他们在阿非利加就夺取我们的船舶，把锁链加在我们的人身上。由于惯常残酷，使他们达到这样疯狂的程度。

号召复仇

64．“这些迦太基人从来没有对任何人表示过温和和仁慈，正如西庇阿所说的，假如他们打败了我们的话，他们甚至连罗马的名字也会把它消灭掉，那么，别人为什么要对他们表示怜悯或

① 在南意大利那不勒斯东北约 8 英里。——译者

② 参阅 VII. 59。——译者

③ 参阅 VII. 28。——译者

④ 同上。——译者

温和呢？但是，他说，右手[①]是一个可靠的保证。为什么是这样的呢？什么条约，什么誓言，他们没有践踏得粉碎呢？这位士绅说，我们不要学他们的榜样。当我们还没有订立任何条约的时候，我们能够破坏什么条约呢？但是，他说，我们不要学他们的残酷。难道我们应当把世界上最残酷的人当作我们的朋友和同盟者吗？两者都不是我们所盼望的。让他们照战败者的习惯，
和许多向我们投降的其他人一样，无条件投降，然后我们再看我 505
们所愿意做的事。我们所给他们的，他们那时会把它当作一个恩惠而不是把它当作一个互相磋商的买卖来接受。这点就是两个计划的分歧：在我们和他们订立条约的时期中，他们会和以前一样破坏条约的，他们总是有所借口，说是他们力所不及，因为总是有疑难之点可以作为争辩中似是而非的理由的。但是，如果他们是无条件投降，我们取走他们的武器，他们的身体也是我们的，没有什么东西可以称为他们自己的了，那么，他们的精神全被压制下来，无论我们允许他们有一点什么东西，他们都会高兴，当作我们给他们的礼物来接受。如果西庇阿的想法不同的话，你们可以从这两个意见中去选择。如果他不得到你们的同意，就要和迦太基人订立和约的话，那么，他为什么还要写信给你们呢？至于我这方面，因为你们是对于目前这个问题正在真正实行裁判的裁判者，所以我把我认为对于我们的城市有利的意见向你们说出。”

65. 巴布利阿斯说完之后，元老院把这个问题付诸表决，大

---

① 举右手宣誓。——译者

元老院批准西庇阿的条约

多数的人赞成西庇阿的意见。这样，罗马人和迦太基人之间订立了第三次和约。有人认为西庇阿之所以极力劝罗马人采取这
前 201 个政策，不是因为上述的原因，就是因为罗马已经推翻了迦太基的霸权，这对罗马来说，已经是一个可以满足的胜利了。有人认为，为了保持罗马人的纪律起见，他希望保留一个和罗马竞争的邻国，使罗马人不至于因胜利而冲昏了头脑，因为过甚的繁荣而
507 无忧虑。西庇阿有这个心情，后来不久，当伽图责难罗马人对于罗得斯人过于残酷的时候，他公开地对罗马人说出西庇阿的这

西庇阿回国

种心情。西庇阿订立和约之后，就带着他的全部军队从阿非利加航海回意大利，举行凯旋，进入罗马，比他以前人的任何一次凯旋的声势都更浩大。

罗马的凯旋仪式

66. 凯旋的仪式(罗马人现在还继续使用的)是这样的：所有参加游行行列的人都戴着冠冕。号兵领着前卫，车辆上载满了战利品。沿路抬着代表他们所攻陷的城市的高塔和描绘着他们的战绩的图画，接着就是金银货币和金银块以及他们所夺取到这一类的一切东西；接着就是各城市、各同盟者以及军队本身，为了表扬将军的勇敢而送给他的冠冕。其次就是一些白公牛；白公牛之后，就是战象和被俘虏的迦太基和努米底亚的首领们。穿着紫色紧身衣的侍从们走在将军的前面，又有一个由竖琴手和吹笛手组成的乐队，他们都仿照伊达拉里亚人游行的仪式，佩着皮带，戴着金冠，他们依照整齐的次序，随着歌舞的拍节前进。他们叫做吕第(Lydi)，我认为这个名字的起源是因为伊达拉里亚人是吕底亚的移民的缘故。这些人中间有一个人，在行列的中部，穿着长达脚部的紫色外袍，戴着黄金手镯和项圈，

做各种各样的手势，好像他正在战胜敌人的凯旋中舞蹈的样子，以引起人们发笑。接着是许多持香烛者，持香烛者后面就是将军本人，坐在一辆用各种各样的花样装饰着的战车上，戴着一顶黄金宝石的冠冕，依照罗马的习俗，穿着一件有金星交织着的紫 509
色宽袍。他手中拿着一个象牙权杖和一条桂树枝，这总是罗马人胜利的象征。一些童男童女和他同坐在战车中；两旁跟着的那些骑在马上的青年人都是他的亲属。他的后面跟着那些在战争中服侍他的人——秘书、助手和持盾者；跟在他们后面的就是军队，按照队和大队排列，他们都戴着花冠，拿着桂枝，其中最勇敢的佩戴着他们的军事勋章。他们称赞某些队长，嘲笑另一些队长，谴责另一些队长；因为在凯旋中，每个人都是自由的，可以随便说他们所高兴说的话。当西庇阿到达卡皮托神庙的时候，游行完毕，他依照当时的习惯，在神庙中以宴席款待他的朋友们。

X. 迦太基的党派和马西尼萨对迦太基的侵略战争

67. 这样，罗马人和迦太基人间的第二次战争终结了，这次战争起于西班牙，[①]而终于阿非利加，以上面所说的，关于迦太基本身的条约而告结束。依照希腊纪年这大约是第一百四十四奥林比亚纪。[②] 现在马西尼萨，因为仇恨迦太基人和倚仗罗马人

马西尼萨的侵略

① 参阅 VI. 10 以下。——译者

② 第 144 奥林比亚纪的第一年，即公元前 201 年。——译者

的友谊，侵略迦太基很多土地，说那些土地过去曾经是他自己的。迦太基人请罗马人调解。因此，罗马人派遣仲裁者到那里
511 去，但是告诉他们，要尽量袒护马西尼萨。这样，马西尼萨就取得了迦太基人的一部分土地，他们又和他订立一个延续了大约五十年的和约。在这五十年中，迦太基享受了没有间断的和平，由于土地的肥沃和它在海岸上的优越地位，它的人口和势力大大增加了。

前 193 68. 不久之后（正如繁荣时期中所常发生的），党派产生了。
迦太基的党派 有一个亲罗马党，①一个民主党，②一个亲马西尼萨的党。③每个党都有一些最著名、最勇敢的人作为领袖。伟大的汉诺是亲罗马党的领袖；汉尼拔（别号“砥柱”）是亲马西尼萨党的领袖，哈密尔卡（别号萨谟尼安人）和卡泰罗是民主党的领袖。当罗马人正在跟克勒特—伊伯里亚人作战，④马西尼萨正在进军援助他的儿子（因为他的儿子被别的西班牙人军队所包围）的时候，民主党乘机说服卡泰罗（他是辅助军队的司令官，他正在国内各地巡视，以执行他的职务）进攻马西尼萨的属民，因为这些属民驻扎在两国争执的地区内。因此，他杀死了他们一些人，把战利品运走了，同时煽动乡村中的阿非利加人起来反对努米底亚人。双
前 182 方都发生了许多不同的敌对行动，直到最后罗马人又派遣使者来恢复和平，罗马人和以前一样，告诉这些使者们，要暗中帮助

① 代表大土地所有者的利益的。——译者

② 继续巴卡家族的传统，主张发展海外商业的。——译者

③ 代表一部分土地所有者、一部分商人和手工业者的利益的。——译者

④ 参阅 VI. 39、46。——译者

马西尼萨。他们是这样利用狡猾的方法承认马西尼萨占领他以前所取得的土地的:他们既不说话,也不听别人的话,以免马西尼萨在争论中失败,但是他们站在双方当事人之间,把他们的手伸出,他们就是这样命令双方维持和平的。不久之后,马西尼萨 513
又提出一个关于"大田野"土地的争端,这个地区叫做泰斯卡,是 前174
属于五十个市镇的。迦太基人又求援于罗马人。罗马人又答应派遣使者来调解这件事情,但是他们一直拖延,到料想迦太基人的利益几乎已完全被破坏了的时候才派出。

69. 于是他们派遣一些使者去,伽图也是其中的一员。他 前157
们跑到了争执的地区,要求双方都把争执之点交给他们来调解。伽图到阿非利加
马西尼萨夺取了超过他自己的那一份的土地,他总是相信罗马人的,所以同意了;但是迦太基人怀疑,因为他们知道以前的大使们的判决是不公平的。因此,他们说,用不着争论和修改跟西庇阿所订的条约,他们只是埋怨这个条约受到侵犯。使者们不愿意分开来调解争端,因此,他们回国去了。但是他们仔细地观察了那个国家,他们看见那里的土地是怎样被勤勉地耕种着,它占有怎样多的有价值的资源。他们又进了城,看见自不久以前西庇阿打败它以来,它的人口和力量增加很多。当他们回到罗马的时候,他们说,迦太基对于罗马是一个可畏惧的目标,而不是一个可嫉妒的目标,这样大的一个敌对的城市近在身边,这样容易地发展起来了。伽图①特别强调说,如果不把迦太基毁灭的话,甚至罗马的自由也绝难保证。当元老院听到这些事情的 515

① 伽图是代表大土地所有者的利益的。——译者

时候，它决定作战，但是还需要一个借口，同时，它隐瞒着这个决心。据说，从那时候起，伽图在元老院中不断地发表他的意见说，迦太基必须消灭。西庇阿·那西卡则持着相反的意见，说迦太基应当保存，使罗马人的纪律因对迦太基的畏惧，得到维持，因为罗马人的纪律已经日趋松弛了。

前 152　70. 迦太基的民主派驱逐亲马西尼萨党人的领袖们约四十
与马西尼萨的战争　人，又通过放逐他们；使人民宣誓，绝对不召他们回来，召回他们的问题也不加讨论。这些被放逐的人逃到马西尼萨那里去了，他们劝他宣战。他很高兴地派遣他的两个儿子，加鲁萨和密西普萨，到迦太基去，要求他们把那些因为他的缘故而被放逐的人召回来。当他们到达迦太基城门口的时候；辅助军的队长关闭城门，不让他们进城，因为他担心被放逐者的亲属们会以他们的眼泪说服群众。当加鲁萨正在归途上的时候，萨谟尼安人哈密尔卡进攻他，杀死了他的一些随员，使他大受惊吓。因此，马西尼萨把这件事作为一个借口，围攻奥罗斯科巴镇，这个市镇正是
前 150　他想违反和约上的规定而占领的。迦太基人带着两万五千步兵和四百城市骑兵，在哈士多路巴领导下，进攻马西尼萨，当时哈士多路巴是他们的辅助军队长官。他们到了的时候，马西尼萨的部将，阿萨西斯和苏巴，因为和马西尼萨的儿子们发生争执，带着六千骑兵投降到迦太基人一边来了。因为受到这支军力增
517　加的鼓舞，哈士多路巴进军逼近国王，在一些散兵战役中取得了一些胜利。但是马西尼萨安排了一个圈套，他慢慢地退却，好像逃走的样子，直到他引诱哈士多路巴进入一个四面都被山陵和巉岩包围着、又无粮食的荒地。于是他回转来，在广阔的平

原上扎营,而哈士多路巴则在山陵间列成阵势,因为那个地方的形势比较好。

和马西尼萨的一个战役

71. 他们将于次日交战。后来攻陷迦太基的小西庇阿当时在琉卡拉斯部下服务、曾参加对克勒特—伊伯里亚人的战争,① 现在到马西尼萨的军营里来了,他是被派到那里来取战象的。因为马西尼萨准备亲自参加战斗,他派遣一队骑兵去迎接小西庇阿,并且命令他的儿子们在小西庇阿到达时款待他。在黎明的时候,他亲自把他的军队排成战斗行列,因为虽然八十八岁了,他还是一个精力充沛的骑士,无论作战的时候,或执行将军职务的时候,他总是依照努米底亚人的习惯,骑着没有鞍辔的马。当然,努米底亚人是所有阿非利加民族中最强悍的,是所有那些长寿的民族中最长寿的。这可能是由于那里的冬季不太冷,对于他们没有多大害处;他们的夏季又不如在埃塞俄比亚以及印度那么热;又因为这个缘故,这个国家出产最强有力的牲畜,这个国家的人们总是在劳动,并且是在露天劳动,他们喝的酒很少,食物简单俭约。当马西尼萨骑着战马,把军队列成阵势的时候,哈士多路巴在他的对面也列成阵势。他的军队人数很多,因为在他的一方面,也有很多从这个国家跑来加入的补充兵
员。西庇阿从一个高山上亲自观看这个战役,好像一个人在剧 519
院里观看一个惊人的场面一样。后来他常常说,许多战役他都在场参加的,但是从来没有像这一次战役这样充分欣赏的,因为只有在这里,他怡然自得地看见了十一万人交战。他又郑重地

① 参阅 VI. 53—54。——译者

补充说，在他以前，只有两个人曾经看见过这样的场面：朱比特在伊达山上和内普敦在萨摩色雷斯看到特洛耶战争。[1]

72. 战斗从黎明到夜晚，双方死亡很多。马西尼萨似乎处于优势。当马西尼萨刚刚从战场上回来的时候，西庇阿去见他，马西尼萨以最大的热忱向西庇阿致意，因为他是西庇阿的祖父[2]的朋友。当迦太基人知道此事的时候，他们恳求西庇阿调解。他就使双方会商，迦太基人建议，他们愿意把延波利昂镇的领土让给马西尼萨，现在给他两百他连特白银，以后再给他八百他连特。但是当他要求那些叛军的时候，迦太基人连听也不愿意听，所以他们没有达成协议就分手了。于是西庇阿带着战象回西班牙去了。马西尼萨把他的军队列成一个包围圈，包围敌人所驻扎的那座山，防止他们从外面带粮食进去。他们也不能从附近取得粮食，因为除非历尽千难万险，他才能从很远的地方替自己运来很少的粮食。哈士多路巴认为自己有足够的力量，带着他的军队一齐冲破敌人的包围线，因为他的军队还很健全，没有受到损失。但是因为他的军粮比马西尼萨的多些，他以为马西尼萨要来挑战的，所以他在附近等待着；同时，他也听说罗
521 马已派出使节来商谈和议了。不久之后，他们来了，带来的指示是这样的：如果马西尼萨被打败了的话，就使战事结束；如果他胜利的话，就鼓励他继续战争。于是他们实行了这个命令。

① 参阅《伊利亚特》（中译本人民出版社 1958 年出版）第 376 页以下。伊达山在特洛耶附近，萨摩色雷斯为爱琴海北部一岛，其高峰为爱琴海诸岛中最高的地点。——译者

② 即老西庇阿·阿非利加那。——译者

迦太基军队被包围和俘虏

73. 同时,饥饿削弱了哈士多路巴和迦太基人;因为体力虚弱,他们已经不能再袭击敌人了。最初他们吃掉驮兽;驮兽吃完了之后,就吃战马,煮皮带以作食物。由于不良的食物、缺少运动和季候的关系,他们患各种各样的疾病,因为他们被包围在一个地方,一个紧缩的营地里——一大群的人饱受阿非利加夏季的炎热,当他们烧火煮饭的木材供应没有了的时候,他们把盾牌烧了。他们不能把死者的尸体运出,因为马西尼萨严密地监视着他们,他们也不能焚烧死者的尸体,因为缺乏燃料。因为生活在腐烂尸体的臭气中,他们中间发生了一种毁灭性的痛苦的瘟疫。军队的大部分已经死亡。其余的人看见没有逃走的希望了,因而同意把叛军交给马西尼萨,在五十年之内付给五千他连特白银,并召回那些被他们放逐的人,虽然这是违背他们的誓言的。他们必须从敌人中间走过,一个一个地由一扇门中走出来,每个人只许穿一件短的紧身衣,不能携带任何别的东西。但是加鲁萨因为不久以前受到袭击,满怀愤怒,或许是得到他父亲的默许,或许是自己决定的,他在他们走出来的时候,派遣一队骑 523
兵去进攻他们,这些毫无防卫的人既无武器抵抗,又无力气逃跑,就被杀死了。这支军队原有的五万八千人中间,只有极少数的人安全地回到迦太基,这些人中间有哈士多路巴将军和其他贵族在内。

XI. 罗马统治者毫无理由地发动第三次布匿战争

前149

74. 马西尼萨和迦太基人间的战争就是这样的。罗马人在

第三次布匿战争

阿非利加的第三次，也是最后的一次布匿战争接着就发生了。迦太基人在马西尼萨手中受到这次灾难之后，势力已大为削弱，他们开始害怕马西尼萨本人，因为他还带着一支很大的军队在他们的邻近；同时也害怕罗马人，因为罗马人对他们总是心怀恶意，会把马西尼萨的事情作为借口。他们对两方面都是没有错误的。当罗马人知道了前面所说的一些事实的时候，他们马上开始在全意大利召集一支军队，他们没有说明召集军队的用意，但是只说，准备应付紧急事变。迦太基人想使罗马人没有借口，把哈士多路巴（因为他是指挥对抗马西尼萨的战争的）、辅助军司令官卡泰罗和其他有关的人都处以死刑，把战争的过失完全归咎于他们身上。于是他们派遣使节们到罗马去，表示对马西尼萨的不满，同时谴责这些太急躁地、太鲁莽地以武力和他对抗
525 并使他们的城市得到不友好的恶名的人。一个元老质问使节们说，为什么他们不在战争开始的时候，而要等到他们被打垮之后，才来处罚这些官员，为什么他们不在以前，而要迟延到今日，才派遣他们的使团来，他们无言可答。元老院早已决定作战，只在寻找一个小的借口，所以回答说，迦太基人所提供的辩护是不能令人满意的。迦太基人很为不安，又问，如果他们做错了的话，他们应当怎样办才可以赎罪，罗马人的答复只有一句话，“你们必须使罗马人满意”。他们自己研究，到底“使罗马人满意”是什么意思，有人认为罗马人想增加一些西庇阿所规定的赔款；另外一些人认为，应把争执的地区给予马西尼萨。迦太基人不知道怎样办了，所以又派遣一个使团到罗马去，请求确切地知道罗马人要怎样才能满意。罗马人回答说，迦太基人自己知道得很

没有作战的借口

清楚;这样说了之后,就把他们遣走了。

75. 当他们正在这样恐惧和烦恼的时候,乌提卡城看见迦太基处在这种悲惨的情况之下,在这个危急的时候,它回忆过去迦太基人对它的敌视,因而派遣一个使团到罗马去,自愿投降于罗马人。(乌提卡是阿非利加仅次于迦太基的一个最大的城市,有许多港口,最宜于停泊船舰,有无数便于军队登陆的地方,离 527 迦太基六十斯塔狄亚[1],地位很好,最宜于作一个进攻迦太基的军事基地。)元老院过去渴望作战,并且已经准备作战了;现在得到势力这样强大、地位这样便利的一个城市之后,它就把它的目的暴露出来了。元老院在卡皮托举行会议(他们习惯上都是在这里考虑战争问题的),表决对迦太基宣战。他们马上派遣两个执政官指挥军队,曼尼阿斯·曼尼略指挥步兵,琉·马喜阿斯·孙索里那斯指挥舰队。他们密令两个执政官:非等到把迦太基铲为平地,不要停止战争。他们举行祭祀之后,就起程往西西里,想从那里渡海到乌提卡去,他们除了许多敞船和商船外,还用五十条五列桨大船和一百条希密俄里亚轻船[2]运送军队,军队有八万步兵和大约四千骑兵,都是精兵。许多公民和同盟者蜂拥而至,参加这个辉煌的远征,对于胜利有绝对的信心,许多志愿者都自愿参军。

乌提卡加入罗马人一边

76. 罗马人宣战和战争已经开始了的消息由同一个使者带给迦太基人,他带来元老院的决议和舰队已经起航的消息。他们大吃一惊,感到绝望,因为他们没有船舰,而最近又损失了这

① 约 11 公里多一点。——译者

② 一种有一排半桨手的轻船。——英译者

样多青年。他们既没有同盟者，又没有雇佣兵，也没有可以抵抗围攻的粮食，对于这个突如其来、没有预告的战争也没有任何其他的准备，而他们自己不可能单独抵抗罗马人和马西尼萨的联合军队。因此，他们又派遣一个使团到罗马去，赋予全权，用一
529 切可能的条件解决这个困难。元老院开会，告诉他们，如果在三十天之内，迦太基人把他们最显贵家族的三百个儿童作为人质，交给还在西西里的两个执政官，同时，在其他方面服从他们的命令的话，迦太基可以保全它的自由和自治，可以保留它在阿非利加的领土。这是公开表决通过的，他们把议决案交给使节们带回迦太基；但是他们私自写信给两个执政官，要两人执行他们的密令。

送出人质的悲惨情景

77. 迦太基人对于他们的用意有点怀疑，因为他们没有提出人质回来的保证。但是在这个危急存亡之际，迦太基人觉得他们唯一的希望是在于严格地实行这些命令。所以他们匆忙地在指定的时间之先，就在父母亲属，特别是母亲的痛哭流涕的情况下，把他们的儿童送往西西里，他们的母亲们紧紧地抱住她们的小孩们，发出疯狂的哭嚎，抓住船舶；抓住那些带走他们的军官，甚至于抓住锚，扯断船索，双手搂住水手们，使他们不要把船开走；有些甚至投身入海，沿着船边游泳很远，眼泪汪汪，注视着他们的小孩们。另外一些人在岸上扯发捶胸，好像他们正在哀悼死者一样。因为在他们看来，交付人质，只是一句表面上好听的空话，实际是要他们交出他们的城市来，因为他们是在无任何确定条件下交出人质的。许多人伤心地预料到：交出他们的小
531 孩对于他们的城市是没有丝毫益处的。当人质被送出的时候，

迦太基的情景就是这样的。两个执政官在西西里接收了这些人质之后,马上把他们送到罗马去了;他们对迦太基人说,关于结束战争的问题,他们在乌提卡会再给他们指示。

罗马军队在乌提卡登陆

迦太基的使团

78. 他们渡海到乌提卡之后,他们的步兵马上扎营在过去西庇阿扎营的地方。舰队留在乌提卡港口内。当使节们又从迦太基到那里的时候,两个执政官坐在很高的席位上,主要的官吏和军团将校站在旁边,全部军队在两边排成很长的行列,带着闪耀的兵器和直立的军旗,使使节们对于这次远征的兵力有深刻的印象。当两个执政官以军号宣布肃静的时候,一个传令官告诉迦太基的使者们到前面去,他们被引着通过一个很长的军营,但是没有被带到执政官所坐的那个地方去,因为那里是用绳索隔开来的。于是执政官命令他们说出他们想说的话来;迦太基的使节们说到过去罗马人和迦太基人所订协议变化无常的可怜事迹,说到迦太基历史的古老,面积的广阔,势力的强大,它在海上和陆地上宽阔而长远的领土。他们说,他们说到这些事情,不是来夸耀自己,因为在这个场合,他们是不宜于夸耀的,但是想使你们罗马人因为我们的幸运突然改变的殷鉴而受到感动,以采取温和和仁慈的政策。最强大的是那些怜悯战败者、把他们
的希望建立在从来没有虐待过别人的意识上的人们。这样的一 533
个政策才是不愧于你们罗马人,不愧于你们所自称为最卓著的那种道德。

79. “纵或我们过去曾经遇到残酷无情的敌人,但是我们所经历的不幸已经达到极点了。我们在陆地上和海上的霸权已被剥夺;我们把我们的船舰交给了你们,以后再没有建造过;我们

已经不猎取和占有战象了。无论以前和现在，我们已经把我们最高贵的人质交给你们了；我们过去是惯于接受别人的贡赋，而现在我们按期把贡赋付给你们了。过去我们和你们的父辈发生过战争，而这些事情已经使你们的父辈感到满意了。他们和我们订立过和约，说我们应当作朋友和同盟者，我们作了同样的誓言来遵守它。过去我们和他们发生过战争，而以后他们对我们遵守誓约。但是我们和你们没有发生过战争，而你们这样突然通过战争的议案，甚至不宣战而向我们进军，究竟你们责难我们破坏了和约的哪一部分呢？难道我们没有付给贡税吗？难道我们有了船舰或战象，而使你们嫉妒我们吗？从那时候起到现在，难道我们对你们不忠实吗？最近我们因为饥饿而死亡了五万人，难道不值得怜惜吗？但是你们说，我们和马西尼萨作过战。不错，但是他总是掠夺我们的财产，我们因为你们的缘故而忍受一切。他不断地虐待我们以及他在那里长大成人和受教育的地方，夺取了我们在延波利昂附近的其他地方；他取得了这些地方之后，又侵略其他地方，直到最后引起我们和你们所订条约的混
535 乱。既然这是你们发动战争的借口，我们甚至惩罚了那些抵抗他的人，派遣使节向你们作必要的解释，后来又派遣其他使者，授权给他们，根据你们所喜欢的任何条件签订条约。为什么需要派遣一个舰队、一个远征军、一支军队来对付那些没有承认自己做错但是还把他们自己交在你们手中的人们呢？我们在作这个提议时，没有欺骗你们，我们愿意毫无怨言地接受你们所加于我们身上的任何处罚，当我们依照你们的要求，按照你们元老院命令的吩咐，甚至没有等到三十天期满，就把我们最显贵家族

的儿童送去作为人质的时候,我们就明白地表示出这个意思。你们元老院的命令中也载着,如果我们提交人质的话,迦太基可以按照它自己的法律保全自由,享受它的土地。”

XII. 迦太基人的乞怜与罗马侵略者的无理要求

孙索里那斯的答复

80. 使节们这样说了。于是孙索里那斯站起来,回答如下:“你们的使节们已经到过了罗马,从元老院那里知道了战争的原因,我有什么必要一定要把战争的原因告诉你们呢?但是你们错误地说到关于我们的事情,我一定要驳斥。命令本身宣布过,我们在西西里接收人质时也通知了你们:其余的条件我们将在乌提卡告诉你们。你们小心地挑选人质,把他们迅速地送来了,这是值得嘉许的。但是你们既然诚恳地希望和平的话,为什么你们还需要武器呢?来吧,把你们的武器和战争机械,无论公家 537
的或私人的,都交给我们。”当他这样说了之后,使节们说,他们也愿意遵守这个命令,但是他们不知道怎样才能够保护自己,以免受哈士多路巴的侵害,因为他们已经对他宣布了死刑,而他聚集了两万人正驻扎在迦太基城外。当执政官说他们会留心这件事的时候,使节们同意交出武器来。因此,科尼利阿斯·西庇阿·那西卡和尼阿斯·科尼利阿斯·西斯班那斯被派遣随着大使们同去,接收了可以供给二十万人的完整的盔甲,此外还有无数的各种标枪以及为投射尖锐投射器和石头之用的弩炮约两千架。当他们回来的时候,看见许许多多满载的车辆由敌人亲自

运进来，这是一个空前的奇异景象。使节们和主要的元老们及公民们，祭司们和其他显贵的人物跟在车辆的后面，他们希望会引起两位执政官对他们的尊重或怜悯。孙索里那斯（因为他比他的同僚善于讲话）又站起来，皱着眉头，注视他们很久之后，发言如下：

81. "迦太基人啊，在交纳人质和武器方面，直到现在，你们敏捷地服从，是很值得嘉许的。但是在必要的时候，我们不必多费言辞。勇敢地承担元老院其余的命令。把迦太基交给我们，在离海岸至少八十斯塔狄亚，①你们自己的领土以内，随你们迁
539 到什么地方去，因为我们已经决定把你们的城市铲为平地。"当

迦太基可怕的情景

他还正在说着的时候，迦太基人向天空举起他们的手，嚎啕大哭，请求神明对破坏誓言复仇。他们再三地、毒辣地诅咒罗马人，或者因为他们想死，或者因为他们的神志错乱，或者因为他们决心激怒罗马人，使之以渎神的暴行加于使节们身上。他们扑倒在地上，以手捶地和以头撞地。他们有些人则撕破他们的衣服，刺伤他们的肉体，好像他们已经完全失掉了知觉的样子。最后疯狂过去了，他们像死人一样，躺在地上，心碎了，默默无言。罗马人大为惊异，两个执政官认为最好是宽恕那些因为一个骇人听闻的命令而被压倒了的人，直到他们的愤怒减退的时候为止，因为他们知道得很清楚，大的危险往往会立即产生不顾死活的勇敢，这种勇敢，时间和必要会把它渐渐地压制下来的。迦太基人的情况正是这样的；所以，当缄默了一段时间他们又恢复了

① 约15公里。——译者

对于他们的灾难的感觉,他们停止唾骂,又为他们自己的命运和他们妻室儿女的命运而重新悲伤痛哭起来了,他们呼唤妻儿的名字,也呼唤他们国家的名字,好像它也像人一样能够听到他们不断的悲惨哭声。祭司们也呼唤他们的神庙和神庙中的神祇,好像神祇们也在那里的样子,诅咒这些神祇,说这些神祇是他们毁灭的原因。这种公私伤感混合的情景如此悲惨,以致使罗马人自己也流泪了。

82. 两位执政官虽然为这种人事无常的景象所感动,但是 541
仍以严肃的面孔等待着,直到迦太基人悲哭得疲倦了的时候。当迦太基人的哭喊停止了的时候,又有一个肃静的间隔时间,在这个时间内,迦太基人想到,他们的城市没有武器,没有保卫者,没有一条船舰,没有一架弩炮,没有一支标枪,没有一把剑,国内也没有足够的战士,因为不久以前,它丧失了五万人。他们也没有雇佣兵,也没有朋友,也没有同盟者,也没有时间去争取这些东西。他们的敌人占有他们的儿童、他们的武器和他们的领土。他们的城市被有船舰、步兵、骑兵和军事机械的敌人所包围;而另一个敌人,马西尼萨,就在他们的侧面。他们看到吵闹的辱骂毫无益处,他们停止了辱骂,又转而辩论。在他们中间,班诺(号提基拉斯)是最有名的,他得到允许之后,发言如下:

班诺的悲惨发言

83. “罗马人啊,如果你们对于我们以前所说的话还有一点尊重的话,我愿意说几句话,不是好像我们在为权利而争论(因为,对于不幸者来说,争论总是不合时宜的),而是想要你们知道,在你们一方面,怜悯我们不是没有理由或没有缘故的。我们过去曾经是阿非利加和大部分领海的统治者,跟你们争夺帝国。

在西庇阿时代，我们停止了这个事业，而把我们所有的一切船舰和战象都交给你们了。我们同意交纳贡税给你们，我们按时付给了。现在以作誓言见证的神明的名义，请求饶恕我们，尊重西
543 庇阿所宣的誓言，说罗马人和迦太基人应该做同盟者和朋友。我们没有破坏这个条约。我们没有船舰，没有战象。我们没有拖欠贡税。相反地，我们帮助你们跟三个国王①作战。虽然当你们要求我们的武器的时候，我们已经说到了这些事情，你们不要因为这个重述而见怒。灾祸使人说话啰嗦，没有什么比和约中的条款能使请求更为有力的了。我们也不能用言辞以外的任何东西来求得庇护，因为我们已经把其他的实力都交给你们了。罗马人啊，这就是以前的情况，对于这种情况，西庇阿是我们的保证。你们两位执政官本人就是目前情况的制造者和见证人。你们要求人质，我们把最好的给了你们。你们要求我们的武器，你们就收到了全部武器，这些武器，甚至被攻陷的城市也是不会自愿地交出来的。我们深信罗马人的习惯和品质。当你们要求我们提交人质时，你们的元老院传话给我们，你们也承认说，如果交了人质的话，可以让迦太基自由和自治。假如在这个要求上，你们再要我们承受你们进一步的命令的话，那么，在交纳人质的问题上，你们就不应该以明确命令允许迦太基独立的；而在交出人质之后，再进一步的要求就是毁灭迦太基城。如果你们毁灭迦太基是对的话，那么，你们怎样能够，如你们以前所说的，让它自由和自治呢？

① 马其顿王腓力和柏修斯及叙利亚国王安提阿(XI. 22)。——译者

84．“关于以前的条约和那些现在跟你们自己所订立的条约，我们所要说的就是这些。如果连跟你们自己所订立的条约，你们也不愿听的话，那么，我们一切的办法都没有了，只好诉诸祈祷和哭泣，这是不幸人最后的安慰，我们在多灾多难中，是有 545
很多祈祷和哭泣的机会的。我们代表一个根据神明的命令建立起来的古代城市，代表一个过去曾是很伟大的光荣和一个过去传遍于全世界的声名，代表它境内许多神庙和那些对你们没有作过恶行的神明，向你们恳求。不要剥夺他们的夜间宴会、他们的宗教游行和他们的祭祀仪式。不要挖掘对于你们无害的死者的坟墓和剥夺死者的祭祀，因为死者没有伤害过你们。如果你们怜惜我们的话(因为你们说，由于怜惜我们，你们给我们一个居住的地方)，请不要破坏我们城市的炉灶，不要破坏我们的广场，不要破坏主持我们的会议的女神，以及其他一切活着的人所酷爱和珍视的东西。你们已经占有了我们的船舰、我们的武器和引起你们怨恨我们的战象，你们对迦太基还有什么害怕的呢？至于迁移居住的地方(如果把它当作安抚的手段来看的话)，我们的人民不可能迁移到那个地方去，因为我们许许多多的人是靠海上贸易维持生活的。我们提出另一个对我们比较愿意、对你们比较光荣的办法来。不要破坏这个城市，因为它从来对于你们无害；但是如果你们愿意的话，请把我们杀掉，因为你们要我们迁徙。这样，你们似乎是对人们的泄愤而不是对神庙、神祇、坟墓和一个无辜的城市泄愤。

85．“罗马人啊，在你们的一切行为中，你们想要得到一个仁慈的美名和声誉，你们自认在繁荣的时候有温和的美德，被你

们征服的人因此相信你们。我以犹夫①和其他神祇的名义，特
别是那些现在还统治迦太基的神祇的名义(希望他们不对你们
547 和你们的子孙怀恨)哀求你们，不要在对待我们的时候，首次玷
污了你们的令誉。不要用历史上空前的、这样骇人听闻的行为
来损坏你们的名声。希腊人和蛮族人曾经进行过很多的战争，
你们罗马人也进行过许多战争，但是从来没有谁曾经把一个城
市铲为平地，当它的人民是未战而投降、交出他们的武器和儿
童、接受一切所能加到他们身上的处罚的。你们不要忘记你们
在神明面前所发的誓言，不要忘记人类命运的变化无常，内美西
斯对于幸福的人是最可怕的；我们哀求你们，不要有损于你们自
己的光荣历史，不要给我们增添不可弥补的灾祸。不然，如果你
们不能饶恕我们的城市的话，请你们给我们一点时间，使我们能
够再派一个使团到你们的元老院那里去，提出我们的申请。虽
然这个间隔时间是短促的；但是你们知道，由于事情的不能预
测，它会给我们带来长期的痛苦。但是，无论你们现在执行你们
的目的也好，迟一点执行也好，你们的安稳保证总是一样的，而
同时你们是做了一件仁慈和人道的行为。”

孙索里那斯的答复

86. 班诺这样说了，但是在整个发言的时间内，由他们的严肃面容上看来，两个执政官丝毫没有表示让步的样子。当他说完了的时候，孙索里那斯回答道：“重复元老院的命令有什么益处呢？元老院已经下了的命令，这些命令就应当执行。元老院所已经下了的命令，我们甚至于无权迟延。迦太基人啊，如果我们把这

① 即罗马神话中天神朱比特。——译者

些命令加于你们身上如同对待敌人一样,那么,我们只须说出,然后就用武力;但是既然这是一件有共同利益的事(我们的利 549
益,可能只是在某种程度上的;但是你们的利益,甚至于更加多些),所以我不反对向你们说明理由,如果你们可以被说服而不必被强迫的话。海洋使你们不能忘记你们过去曾经利用它获得了很大的领土和势力。它促使你们作恶,这样使你们堕入灾祸中。海洋使你们侵入西西里,后来又使你们丧失了它。[①] 于是你们侵入西班牙,后来又被赶出西班牙。[②] 当条约还有效的时候,你们劫掠商人,特别是我们的商人,为了隐瞒你们的罪行,你们把他们投入海中,直到最后你们被发觉了,于是你们把撒丁尼亚当作赔偿交给我们。这样,你们也是因为海洋的关系而丧失了撒丁尼亚;正因为海洋提供了图利的便利,所以它总是使人产生贪多的欲望。

87. "由于这个缘故,雅典人当他们成为海洋民族的时候,大大地发展起来了!但是也同样地突然崩溃了。海上的势力正好像商人的赚钱一样——今日获得厚利,明天全部丧失。无论如何,你们知道,正就是我所说到的这个民族,当他们已经把他们的势力从爱奥尼亚海扩展到西西里的时候,还不能节制他们的贪欲,直到最后他们丧失他们的整个帝国,被迫而把他们的海港和他们的船舰交给敌人,在他们的城内接受驻军,拆毁他们自己的长城,几乎变为一个内地的民族。正是这一件事情使它能够长久存在。迦太基人啊,请你们相信我,内地生活有农业和宁静

① 参阅 V.(II).2。——译者

② 参阅 VI.4—33;VIII(上)54。——译者

的乐趣，是平稳得多的。虽然农业的利益可能比商业的利益要少一点，但是比较靠得住，同时也安全得多。在我看来，一个靠
551 海的城市实际上很像一条船，而不像一个坚固的陆地，因为它在惊险的波涛中颠簸，容易受到意外变化的影响；而一个内地的城市则享受一切坚硬土地的安稳。因为这个缘故，古代帝国的所在地通常都是在内地的。这样，米提人、亚述人、波斯人以及其他许多民族的帝国变得强大了。

88. “但是许多君主国的例子，我就从略了，因为这些国家和你们没有关系。看看你们在阿非利加的属国吧，那里有许多没有危险的内地城市，你们可以随意选择一个作为你们的邻居，使你们可以不再看见那些激动你们的情感的东西，使你们忘怀你们痛苦的回忆，因为每当你们举眼观望海上，没有你们的船舰，你们会回忆过去你们曾经有过许多很大的舰队，你们曾经卤获的战利品和你们骄傲地把这些战利品运进你们海港充实你们的船坞和兵器库，这就会给你们带来许多烦恼。当你们看见你们的兵营、你们的马厩和象房以及两旁的仓库的时候，这些东西会使你们发生什么感想呢？除了悲伤和一旦可能想再把这些东西夺回来的强烈愿望之外，还有什么别的思想呢？当我们回忆我们所已经失去了的幸福的时候，我们希望可以恢复它，这也是天理人情。医治一切邪念的药剂是忘怀，除非你们看不见这些东西，你们是不可能忘怀的。最明显的证据是你们每次得到我们的宽恕与和约，就破坏了和约。如果你们还想夺取统治权，因为我们夺取了你们的统治权而怀恨我们的话，如果你们是在等
553 待你们的机会的话，那么，你们当然需要这个城市、这个大的港

口和它的船坞,以及建筑起来掩护一支军队的这些城墙。在这种情况之下,我们为什么应当再饶恕我们所已经俘虏了的敌人呢?但是如果你们真的是放弃了你们的统治权,不只是口头上,而是真心,你们满意于你们在阿非利加所有的土地的话,如果你们是以诚恳的精神来跟我们订立这次和约的话,那么,现在就以你们的行动来证实它。迁入阿非利加内地,因为那是属于你们的;离开海边,因为那里的统治权你们已经让给我们了。

89.“不要伪装你们是为你们的神庙,你们的炉灶、你们的广场、你们的坟墓而悲伤。我们不会破坏你们的坟墓。假如你们愿意的话,你们可以随时到那里来供奉,可以在你们的神庙里祭祀。但是其余的,我们要摧毁。你们不会向你们的船坞祭祀的,你们也不会向你们的城墙供奉的。你们自己能够在你们迁往的地方再建炉灶、神庙和一个广场,那个地方不久就是你们的国家;正好像你们离开你们在泰尔的家乡迁来阿非利加的时候一样,而你们把那时候得到的土地当作你们的国家。总之,你们要知道,我们所以要作出这个决定不是由于对你们有任何恶意,而是为了永远和解与共同安全的利益;如果你们记得我们是怎样地为了共同的利益,把亚尔巴(这不是一个敌国,而是我们的母城)迁到罗马去。[1] 这不是以敌视的精神做出来的,而是以移民对母城公民应有的尊敬来对待他们的,这证明对于两者都是有利的。但是你们说,你们有许多劳动人民是在海上谋生的。
我们也考虑了这一点。为了使你们容易达到海边,可以很便利 555

① 参阅 VII.39。——译者

地把商品运进和运出起见，我们没有命令你们离开海边超过八十斯塔狄亚，[①]而我们这些下这个命令的人，自己离开海边一百零四斯塔狄亚。[②] 你们选中了哪块地方，我们就给你们那块地方，你们取得那块地方之后，你们就可以在那里依照你们自己的法律生活下去。这就是我们早就告诉了你们的，就是说，如果你们愿意服从我们的命令的话，迦太基会有它自己的法律。我们把**你们**当作迦太基，而不是把你们所居住的地方当作迦太基。”

XIII. 迦太基人在悲愤之下，准备战斗

使节们回迦太基

90. 孙索里那斯说到这里，停顿下来了。迦太基人好像雷击昏了一样，一言不发；于是孙索里那斯又接着说：“一切说服和安慰的话都已经说过了。元老院的命令必须执行，而且必须迅速地执行。因此，请你们离开这里，因为你们还是使节。”他这样说完了之后，使节们被侍从们推出；但是，因为他们预料到迦太基人民可能会做出来的事，他们请求再说几句话。当他们再进去的时候，他们说：“我们知道你们的命令是不能变更的，因为你们甚至连我们派遣使团到罗马去也不允许。我们料想我们也不会再到你们这里来了，等不到我们把话向迦太基人说完，我们就会被他们杀死。但是我们对你们有一个请求，这不是为了我们自己（因为我们已经准备忍受一切了），而是为了迦太基本身，因为
557 迦太基，如果受到恐怖的打击，是会向不幸低头的。当我们在回

① 约 15 公里。——译者

② 约 19 公里，即罗马离海岸的距离。——译者

国途中的时候,请你们用你们的舰队包围迦太基,这样,使他们看到和听到你们所命令的,因而他们可以忍受,如果他们能够的话。命运和必要使我们到了这个地步,使我们自己请求你们赶快用你们的船舰来进攻我们的祖国。”他们这样说了之后,就离开那里了;孙索里那斯带着二十条五列桨大船顺着海岸航行,沿着迦太基城停泊。有些使节在归途中逃跑了,但是大部分的人还是默默无言地向前走。

迦太基城内的可怕情景

91. 同时有些迦太基人正在城墙上守望着使节们的归来;因为他们迟迟未归,这些守望的人焦急得扯断自己的头发。另一些人不是等待,而是跑去迎接使节们,以便知道消息;当他们看见使节们眼睛向下,无精打采地回来的时候,他们敲打自己的前额,询问他们,时而一齐来,时而一个一个地来,当每个人偶然碰着一个朋友或熟人的时候,就抓住他们询问。当没有一个人回答的时候,他们放声大哭,好像毁灭在等待他们的样子;而那些在城墙上的人,当他们听到他们的哭声的时候,跟他们一起痛哭起来,他们虽然还不知道什么事,但是感觉到一定有大灾祸临头了。到了城门口的时候,这样多群众向他们冲去,几乎把使者们践踏在脚下。如果不是他们说他们应当首先告诉元老院的话,他们会被群众撕碎了。于是有些群众让路,另一些人甚至替他们开辟一条路出来,以便快点知道消息。他们进入元老院会议厅之后,元老们要其余的人退出去,只有他们自己坐下,群众还站在外
面。于是使者们首先宣布两个执政官的命令。元老院中马上发 559
出大叫的声音,外面的人民也发出同样的回声。当使者们继续说,他们怎样辩论和恳求,请求允许派遣使团到罗马去的

时候，元老们又肃静下来，他们一直听完；外面的群众也鸦雀无声。但是当他们听到连一个使团也不许他们派遣的时候，他们大放悲声，外面的群众也冲进了元老院。

92. 于是接着就是一幅盲目疯狂的情景，正像传说中巴卡斯[①]的祭司们受巴卡斯的感应所做的动作[②]一样。有些人痛打那些劝他们交纳人质的元老们，把他们撕成碎片，认为是这些元老们引诱他们陷入这个圈套的。另外一些人用同样的方法对付那些对他们交出武器的元老们。有些人用石头投击使节们，因为他们带来了这个坏消息，另一些人拖着他们走过城市。还有另外一些人，在这个突然的意外灾祸中，遇到一些被捉住他们那里的意大利人，他们用各种各样的方法虐待他们，并且说，他们要使这些意大利人受尽痛苦，因为他们用欺诈的手段骗取迦太基人的人质和武器。全城到处都是痛哭和愤怒，恐惧和威吓。人民在街上到处跑，向他们所最亲爱的神祈祷，逃往神庙中，好像在避难所中一样。他们唾骂他们的神祇，因为神连自己也保不住。有些人跑进兵器库去，当他们发现兵器库空了的时候，他
561 们哭了。另一些人跑到船坞里去，大为悲伤，因为船舰已交给那些背信弃义的人了。有些人呼唤他们的战象的名字，好像它们还在那里一样；他们辱骂祖先和他们自己，为什么不手中拿着刀剑，跟他们的祖国共存亡，而不支付贡税、交出他们的战象、他们的船舰和他们的武器。最厉害的是人质的母亲们所燃起的怒火；母亲们像悲剧中的复仇女神一样，以尖锐惨叫声迎接她们所

① 希腊神话中的酒神。——译者

② 意即疯狂。——译者

遇着的人，谴责他们不应该违背她们的抗议，而把她们的孩子们送去，或者嘲笑他们说，神明现在在那里替那些丧失了的孩子们对他们报仇了。那少数神志还清醒的人把城门关着，把石头运到城墙上，将用以代替弩炮。

迦太基决定战斗

93. 当天迦太基元老院宣布战争，解放奴隶。他们又推选将军，推选哈士多路巴做外面的工作，哈士多路巴是他们已经宣布处以死刑了的，他现在已经聚集了三万人。他们派遣一个使者到他那里去，向他请求说，在他的祖国极端危急的时候，希望他不要记住他们过去所做对不起他的事，也不要心怀宿怨，因为那是由于害怕罗马人不得已而这样做的。在城内，他们推选马西尼萨的外孙(也名叫哈士多路巴)为将军。他们又派人到两个执政官那里去，请求休战三十天，以便派遣一个使团到罗马去。当这个请求第二次被拒绝了的时候，他们有了一个惊人的改变和决心，准备忍受一切，而不愿放弃他们的城市。由于这个改变，所有的人迅速地充满了勇敢。所有的圣地、神庙和每个宽敞的空地都变为工场，男男女女日日夜夜在那里按照固定的作息 563
时间表工作，轮流用餐。他们每天造一百个盾、三百把剑、一千个供给弩炮用的投射器、五百支标枪和矛以及尽量多的弩炮。因为没有别的纤维，妇女们剪下她们的头发，以作弯曲弩炮用的绳索。

两执政官的行动迟缓

94. 当迦太基人正在这样匆忙地、热忱地准备战争的时候，两个执政官还是迟迟未进，因为他们可能对于马上做这样一件残酷的事情有所踌躇；此外，他们认为他们可以随时猛攻，取下这个没有武装的城市。他们又认为迦太基人没有物资，自然会屈服的，正如平常所发生的情况一样，陷入绝境的人最初是会抵抗的，但是时间使他们有思考的机会的时候，他们会害怕不服从命令所产生的后果。类似这样的事情，事实上在迦太基也发生了。那里有某一个公民猜想人们已经有了恐惧心理，所以在会议中，他装作为了别的事情，跑到前面，大胆地说，两害相权取其轻，因为人们没有武器，他坦白地说出了他的心事。马西尼萨对罗马人颇为愤怒，他认为他已经使迦太基人屈服，而别人在他的眼前把这个光荣夺去了，甚至没有和过去的战争中所做的一样事先通知他，他很不高兴。但是当两个执政官请求他援助以考验他的时候，他说，无论什么时候，只要他知道他们需要的时候，他就派遣援兵来。不久之后，他派人去向他们目前是否需要什么。他们因为不能忍受他的傲慢，并且已经怀疑他
565 的不满，所以回答说，无论什么时候他们需要他的帮助的话，他们会派人来请求的。但是他们在军粮方面已经有很大的困难了，因为他们只从哈德鲁密敦、雷普提斯、乌提卡和阿科拉提取他们的军粮。因为哈士多路巴还占据着阿非利加的其余全部领土，他从那里运送军粮到迦太基去。好几天是这样消磨了之后，两个执政官才把军队开向迦太基，准备战斗，把迦太基包围起来。

XIV. 迦太基的地形。迦太基人击退罗马侵略军。小西庇阿初露头角

迦太基的地形

95. 迦太基城在一个大海湾的凹进深处，形成一个半岛的

形式。一个宽约二十斯塔狄亚[①]的地峡把它和大陆隔开。从这个地峡有一个宽约三百希腊尺[②]的地岬向西方伸入一个湖和海之间。〈在靠海的一面〉城市正对着一个悬崖,有一条单墙保护着。面向南方和大陆的一边,有柏萨城,位于地峡上,那里有一条三重的墙。每条墙高四十五希腊尺,不包括低墙和城塔在内;四周每隔二百希腊尺有一个城塔,每个城塔有四层,其深度达三十希腊尺。每条墙分为两层。在下层空地有供养三百头战象的象房,两旁都是贮藏象饲料的仓库。上面有可以养四千匹马的马厩以及贮藏饲料和谷物的地方。有许多兵营,可供二万步兵和四千骑兵的使用。单单在城墙方面,他们是这样安排,准备应付战争的。环绕这条城墙,沿着上面所说的地岬到海港所形成 567
的三角形地带是城寨中唯一地势较低而力量较弱的地方,而从一开始就被忽略了的。

两个海港

96. 两个海港,可以彼此相通,从海面有一个共同的进口,宽七十希腊尺,可以用铁链封锁着。第一个海港是给商船用的,那里聚积了各种船具。第二个海港中有一个小岛,[③]环绕着海港和小岛,有许多大码头,间隔地安排着,这些堤防上有许多船坞,可以容纳二百二十条船舶。此外还有许多储藏他们的船具

① 约3.7公里。按1912年英译本作“约三英里”;1913年英译本作“二十斯塔狄亚”;希腊原文为“πέγτε καί έίκοσι σταδιων”,意为“二十五斯塔狄亚”。——译者

② 一希腊尺(πους)相当于一罗马尺(pes),等于0.971英尺。此地原文为半个斯塔狄亚(ημισταδιογ)。一斯塔狄亚为600希腊尺(合$606\frac{3}{4}$英尺),半斯塔狄亚即300希腊尺。——译者

③ 科敦岛。——译者

和设备的仓库。两个爱奥尼亚式的圆柱竖立在那个船坞上，从外表上看来，是海港和小岛的一长列的柱廊。海军大将的官邸建筑在小岛上；从这里，号兵发出信号，传令官传达命令，海军大将俯视一切。小岛位于海港入口的附近，地势很高，所以海军大将可以看见海上所发生的事情，而那些从水道进来的人则不能很清楚地看见港内所做的事情。就是那些进来的商人也不能够一下子就看见船坞，因为有一道双层的围墙绕着船坞，商船可以从另外的门由第一海港直接进入城市不需要通过船坞。这就是那时候迦太基的外貌。

97. 但是两个执政官分配工作之后，就向敌人进兵。曼尼
569 略从大陆上由地峡进军，想填满壕沟，爬上突出在壕沟上的低墙，从那里爬登高墙。孙索里那斯从地面上和船舰的甲板上架云梯，进攻防御疏忽的三角形地带。两个人都藐视敌人，认为他

罗马人被击败

们是没有武装的；但是当他们发现敌人有新武器的设备，而且充满了意想不到的勇气，他们大惊，于是退却。这样，他们原想不战而取下这个城市的，但是现在刚刚开始，他们就遭受挫折。当他们第二次进攻，又被击退的时候，迦太基人的士气大为高涨。但是两个执政官害怕哈士多路巴，因为他驻扎在湖的那一边，正在他们的后面，离他们不远；因此，他们设立两个军营：孙索里那斯驻扎在湖边敌人的城下；而曼尼略驻扎在通向大陆去的地峡上面。当这两个军营建筑完毕之后，孙索里那斯去到湖的那边去取木材，以为建造机械之用，他丧失了五百人，因为当他们正在砍伐树木的时候，迦太基的骑兵司令官海密尔科（别号法密阿斯）突然进攻他们。但是孙索里那斯还是取得了相当数量的木

材，以为建造攻城机械和云梯之用。于是两人又同时进攻城市，结果，他们又失败了。曼尼略再作了几次尝试之后，虽然经过很大的困难，打坏了外堡的一部分，但是就是在这方面的进攻，他也感到绝无希望了。

98. 孙索里那斯填满了沿岬的湖，使道路变宽一点之后，他带来了两个巨大的撞城机，其中一个是一些军团将校指挥六千
步兵拖运来的；另一个则是由舰长们指挥一队桨手运来的。两 571
队人，军官们和士兵们都互相竞赛，来完成他们同样的工作，他们破坏了城墙的一部分，所以他们能够看见城内了。但是就是这样，迦太基人还是把他们打退了；在晚间，他们开始修补城墙的缺陷。因为一晚的时间不够完成这项工作，他们担心在黎明的时候，罗马人的攻城机械又会迅速地破坏他们刚刚砌好的那部分城墙，因为那部分城墙是新筑的，还是潮湿的；因此他们从城内突出，有些带着武器，有些只带着火把，纵火焚烧撞城机械。他们没有时间完全烧毁这些机械(因为罗马人跑上来，阻止他们)，但是他们使这些机械完全没有用了，因此他们又挽救了他们的城市。翌日黎明的时候，罗马人想从迦太基人还没有建筑完成的空隙处冲进去战胜敌人。他们看见城内有一个空敞的地方便于战斗；在这个地方的前面，迦太基人驻扎了一些携带武器的人；后面只有一些携带石头和木棒的人，还有许多其他的人在邻近房屋的屋顶上，他们准备迎战。罗马人因为看见自己被一个没有武装的敌人所藐视，更加愤怒，凶猛地向前冲去。但是西庇阿(他不久以后攻陷迦太基，因为这个功勋而获得阿非利加那的称号，当时是一个军团将校)停止了，他把他的军队分为几部分，

罗马撞城机的被破坏

小西庇阿

沿着城墙间隔地驻扎着，不许他们跑下来进入城内。当那些进
573 入城内的人被迦太基人驱逐出来的时候（因为迦太基人从四面
八方向他们进攻），他给他们以援助，使他们免于毁灭。这个行
动第一次使他出名，因为他表现得比将军还聪明些。

罗马舰队被焚毁

99．现在天狼星开始上升了，[①]孙索里那斯的军队发生病疫，因为他的军营是扎在高墙下一个不清洁的死水湖畔，高墙把从海边吹来的新鲜空气挡住了。因为这个缘故，他把他的驻扎地从湖畔迁到海边。每当风向罗马人吹着的时候，迦太基人在城墙下不会被敌人看见的地方，用绳索拖着满载树枝和绳索的小船前进。当他们正要转弯，被敌人看见了的时候，他们把硫黄和松脂倾在树枝和绳索上面，张开风帆，当风吹满风帆的时候，他们在船上放起火来。这些小船被风和烈火吹着，向罗马人的船舰驶去，罗马人的船舰也燃烧起来，几乎整个舰队都被烧毁了。不久之后，孙索里那斯回罗马去主持选举了。于是迦太基人更加勇敢地压迫曼尼略。他们乘夜间袭击，有些人携带武器，其他没有携带武器的人背着厚板，利用厚板搭桥，渡过罗马军营的壕沟，开始拆毁他们的木栅。当罗马军营完全在混乱中的时候（夜袭的时候，通常总是这样的），西庇阿带着他的骑兵从后门出来（后门那里没有战斗），绕道到军营的前面，使迦太基人害怕了，因而逃回城中。这样，西庇阿在这次夜袭的惊慌中，第二次出来挽救了罗马人。

575 100．因此，曼尼略在他的营地里更加小心地设防。他环绕

① 古人误认为七月初至九月初，天狼星与太阳同时出没，为造成三伏炎热天气和瘟疫流行的原因。——译者

他的营地建筑了一道城墙以代替木栅,在他运输军粮的船舶入口的海岸边建筑一个要塞。于是转向大陆方面,他带着一万步兵和两千骑兵,蹂躏那个地区,在那里搜集木材、草秣和粮食。这些抢劫粮食的队伍由军团将校轮流担任指挥。此时阿非利加的骑兵司令法密阿斯(他是一个勇敢的青年战士,他有身躯小而奔驰迅速的马匹;这些马匹,当它们没有别的东西可吃的时候,可以专靠吃草养活,于必要时,又能够忍受饥渴)埋伏在丛林和山谷之中;当他看见敌人没有防备的时候,他突然从埋伏中跳出,好像老鹰一样,向他们扑击,尽力杀害敌人后,于是很快地跑掉了。但是每次当西庇阿指挥军队的时候,法密阿斯连影子也从来没有出现过,因为西庇阿总是使步兵保持整齐队形,使他的骑兵骑在马上;在劫掠粮秣的时候,一定要用骑兵和步兵先把那些收割者工作的地点包围好。然后他亲自骑马带着别的骑兵队不断地绕着这个圈子跑动;如果有任何收割者离开了大队,或者跑到圈子外面去的话,他就对他们严加处罚。

法密阿斯的功绩

XV. 曼尼略不听小西庇阿的忠言,袭击哈士多路巴,遭到大败

城内人出来突击

101. 因为这个缘故,只有西庇阿,法密阿斯没有攻击过。因为这件事情不断地发生,西庇阿的声誉日益增高,所以其他军团将校,由于嫉妒,散布谣言说,由于法密阿斯的祖先和西庇阿的 577
祖父西庇阿过去的友好关系,法密阿斯和西庇阿之间有一个谅解。阿非利加有许多堡塔和堡垒,有些阿非利加人逃往堡塔和

堡垒中。其他军团将校常常在应许条件释放他们之后，又在他们离开的时候向他们进攻；但是西庇阿总是引导他们安全回家。从此之后，在西庇阿到来以前，他们没有人肯订立协议了。所以在很短的时间内，他的勇敢和信誉，就在朋友和敌人中很为著名了。罗马人劫掠粮秣回来之后，迦太基人乘夜间，由海道袭击罗马人的要塞，引起了很大的混乱，市民也在一起，造成嘈杂的声音，以增加恐怖。曼尼略保持他的军队在要塞内，不知道危险在哪里；但是西庇阿带着十队骑兵，领导他们带着火把出来，因为当时还是黑夜，要他们不要进攻敌人，只带着火把，环绕着敌人奔驰，表现得人数众多，装作到处向敌人进攻的样子，以威胁他们。这样做，直到最后迦太基人两边陷于混乱，因而大为惊慌失措，逃往城里去了。这又为西庇阿的功绩增添一笔。他做了这些事之后，人们谈论他，认为他是他的父亲鲍鲁斯（马其顿的征服者）和过继他的西庇阿家族[①]的唯一最好的继承者。

曼尼略进攻哈士多路巴

102. 曼尼略出兵远征内菲里斯，进攻哈士多路巴，西庇阿是不赞成这个远征的，因为路旁都是山岩、峡谷和丛林，高地又
579 为敌人所占领。他们走到离哈士多路巴只有三分之一英里地方的一个河床边，必须在那里下去，再上来，以便达到敌人那里。这时候，西庇阿力劝他回转来，他说，需要在另一个时候，用另一种方法去进攻哈士多路巴。其他的军团将校，由于嫉妒，主张相反的意见说，一看见敌人就向后转，这是胆小，而不是谨慎；这样会使敌人胆子壮大从后面进攻罗马人。于是，西庇阿又提出最好

① 小西庇阿是伊密利阿斯·鲍鲁斯的次子，后来过继与老西庇阿·阿非利加那的儿子巴布利阿斯·西庇阿为继子。——译者

的一个策略，劝告他们在离河道较远的一边建立一个设防的营地，他们如果被打败了的话，可以向那里退却，因为现在那里连一个逃避的地方都没有。其他的人也笑他。他们中间有一个人威胁他说，如果是西庇阿，而不是曼尼略指挥这次远征的话，他要把剑抛掉了。因此，对于战争没有多大经验的曼尼略就渡河了，在河的那一边与哈士多路巴交战。双方死伤很多。最后，哈士多路巴退入他的堡垒，他在那里很安全地等待罗马人移动的时候向他们进攻的机会。罗马人已经后悔他们的远征了，他们退却的秩序很好，直到他们达到河边。那里可以渡河的地方很少，而且很狭窄，所以渡河很困难。他们势必分散他们的队伍。
当哈士多路巴看到这个情况，他进行一次更猛烈的进攻，杀死了 他的被击退
许多毫无抵抗而逃跑的敌人。在阵亡者中间，有三个曾经力劝 他的逃亡
执政官冒这次战役危险的军团将校。

103. 西庇阿带着他身边的三百骑兵和他所能够尽量迅速 581
地聚集起来的更多的骑兵，把他们分作两队，领导他们以多次进 一个支队的被挽救
攻的形式抵抗敌人，轮流向敌人投射标枪，然后迅速地退却，回转来又对敌人射击，又迅速地退却；他命令他们不断地使一半人轮流前进，投射他们的标枪，又轮流退却，好像他们在向四面八方进攻的样子。这个行动经常重复而不间断，这样，阿非利加人不断地被袭击，因而就转向西庇阿进攻，而对那些正在渡河的人的压迫比较没有那样厉害了。这样，那些渡河的人就有时间渡过那条河了。于是西庇阿骑着马，在雨点般的标枪射击之下，经过很大的困难才跑掉，来追赶他们。在这次战斗开始的时候，有四个大队的罗马军队被敌人截断，不能达到河边而到一个小山

上避难。哈士多路巴包围这个小山，而罗马人直到停歇下来的时候，才发现这四个大队不见了。当他们知道这些事实的时候，他们感到很为难。有些人认为他们应当继续退却，不应当因为少数人的缘故而使整个军队陷入危险中；但是西庇阿主张，当确定计划的时候，瞻前顾后，深思熟虑是必要的；但是在突然发生的危急中，当这么多的人和他们的军旗陷于危险的时候，只有不顾一切、勇往前进，才是有用的。于是他自己选择一些骑兵队，他说，他若不是把他们救回来就和他们同归于尽。他带着两天的口粮，马上出发，军队很为担心，恐怕他自己也不会回来了。当他跑到那些人被包围的小山的时候，他占领了紧靠在附近的
583 一个高地，和前面的山仅隔一个狭窄的山谷。因此，阿非利加人猛力围攻，彼此发出信号，认为西庇阿在急行军之后，是不能够救出他的朋友们的。但是西庇阿看见两个山的山麓环绕着山谷成一曲线，他马上环绕着山麓向敌人猛力冲去，占领敌人上面的一个阵地。敌人发现他们自己被包围了，于是慌乱地逃跑了。西庇阿没有追赶他们，因为他们的人数多得多。

104. 这样，西庇阿又救出了这些已经被人们认为是丧失了的人。当军队很远看见他本人安全地回来了，并且出乎他们意料之外，还救出了别人的时候，他们向他欢呼，因此，产生一种思想，认为他是受到过去使他的祖父西庇阿能预见将来的那位神祇的保佑。曼尼略回到他在迦太基城下的营地里。由于没有听取西庇阿的忠言，他受到很大的损失，西庇阿是劝他不要远征的。那些阵亡的人，特别是那些军团的将校，还没有埋葬，大家正在为之悲伤的时候，西庇阿释放了一个俘虏，派他到哈士多路

巴那里去,请求他埋葬阵亡的军团将校。哈士多路巴在尸体中
寻找,靠他们的印章戒指辨认他们(因为军团将校是戴金戒指
的,而普通士兵们只有铁戒指)出来之后,安葬他们,这样,他认
为做了一件在战争中不常有的事,或者因为他害怕西庇阿的声
誉而想给他做一件好事。当罗马人刚刚从远征哈士多路巴归
来,因为受到那次惨败而士气消沉的时候,法密阿斯突然向他们
袭击;当他们正在进入营地的时候,迦太基人从城内突出,和他 585
们交战,杀死了一些营地里的人。

XVI. 小西庇阿处理马西尼萨死后的善后事宜,劝诱法密阿斯投降。新执政官派索进攻希巴格累塔的失败。迦太基士气高涨

105. 同时元老院派遣一些特派员们到军队里来探听详情, 前148
以便告诉他们,曼尼略和参谋会议中的人以及现存的军团将校 西庇阿声誉的上升
都当着特派员们的面前,证明西庇阿的才能;因为过去所有对他的嫉妒都已经因为他的光荣行动而消灭了。全体军队都称赞西庇阿,他的勋绩本身就可以说明问题,所以特派员们在回国途中,到处都哄传着西庇阿的军事才能与成功,和士兵们对于他的爱戴。这些事情使元老院很为满意,但是因为发生了许多不幸的事,他们派人到马西尼萨那里去请求他的援助,以对付迦太基。使者们发现他已因老病而去世了。他有好几个庶子和三个嫡子。他已经给他的庶子们很多产业,他的三个嫡子的品质各不相同。因为他和西庇阿本人以及和西庇阿的祖父的友谊关系,他请西庇阿来商量有关他的儿子和政府的事情。西庇阿马

马西尼萨逝世 上去了，他到达那里以前不久，马西尼萨已经去世，他训谕他的儿子们，在分配遗产的问题上要服从西庇阿。

106. 他说完了这些话之后就死了。从各方面说来，他是一
587 个幸福的人。由于神明的保佑，他恢复了他祖父的王国（这个王国过去是被西法克斯和迦太基人从他手中夺去的），并且大大地扩张了他的领土，从海边的毛利泰尼亚，深入内地，直达塞勒尼帝国。他开垦了许多土地，过去这些地方的努米底亚人部落，由于缺乏农业知识，是以吃草维持生活的。他遗留了大批金银在他的金库里和一支很大而训练得很好的军队。对他的敌人们，他亲自俘虏了西法克斯，使迦太基成为罗马人的鱼肉，完全剥夺了它的势力，最后促使它毁灭。他生得很高大，直到老年，他的身体还很强壮，他亲自参加战役，直到他死以前，他不要人帮助，能够独自上马。他生了许多儿女，许多儿女先他而死亡，但是同时活着的儿女们从来就没有少过十人；当他九十岁去世的时候，他还遗下一个仅四岁的孩子。这件事情就是他的身体强健最有力的证明。马西尼萨曾度过这样的一生，有过这样强健的体力。西庇阿在他的庶子们所已经得到的产业以外，又给了他们许多馈赠。他使嫡子们共同享有国库、国家收入和国王的尊号。其他的东西，他按照各人的性格所宜而妥为分配。长子密西普萨是一个爱好和平的人，他把瑟塔城和那里的宫殿给了他。次子加鲁萨是一个好战的人，他使他做一个和与战的裁判者。幼子马斯泰那巴是一个正直的人，他任命他作裁判他们的臣民间的诉讼案件的法官。

589 107. 西庇阿这样分配了马西尼萨的政权和遗产给他的儿

子们,马上带着加鲁萨来援助罗马人。罗马人仔细找出了法密阿斯埋伏军队使罗马人受到这样多的灾祸的地方来,从而使他以后不能再袭击罗马人。在冬季的某一天,西庇阿和法密阿斯发现彼此隔河相望,这是一条不可逾越的河道,因此,彼此不能伤害对方。西庇阿担心在远一点的地方可能有埋伏,他带着三个人前去侦察。法密阿斯看到这个行动,也在对岸带着一个人前进。西庇阿预料到法密阿斯想要跟他说什么话,所以骑着马,也只带一个人前进。当他们跑拢来,彼此可以听到说话的声音,同时离迦太基人有相当距离的时候,西庇阿说:“你既然不能替你的祖国做什么,为什么不注意你自己的安全呢?”法密阿斯回答说:“当迦太基在这样的困难之中而罗马人又在我的手中受到这样多损失的时候,我有什么机会顾到我自己的安全呢?”西庇阿说:“如果你对于我的话和威信有信心的话,我保证你从罗马人手中,不但得到安全和宽恕,并且得到他们的照顾。”法密阿斯称赞西庇阿是一个最有信用的人,于是回答说:“我一定考虑这个问题,如果我觉得我可以这样行动的话,我一定告诉你。”于是两人分别了。

和法密阿斯的会谈

108. 曼尼略耻于上次进攻哈士多路巴的失败,又向内菲里斯进军,带着十五天的口粮。当他走近那个地方的时候,他依照西庇阿上次的忠告,建筑一个用木栅和壕沟保卫着的军营。但是他没有取得任何结果,因此他比以前更加感觉到羞耻,又担心在退却的时候,被哈士多路巴袭击。在这个毫无办法的情况下,一个使者从加鲁萨的军队里带来了一封给西庇阿的信,西庇阿把这个密封的信给执政官看。把封记打开之后,他们看到信上写

法密阿斯的叛变

591

着:“某一天我一定占领某个地方。随你带多少人到那里来,告诉你的前哨收容一个夜间来的人。”这就是信的内容,信上没有签名;但是西庇阿猜想,这是法密阿斯的信。曼尼略害怕西庇阿陷入这个嘴巧的阴谋家的埋伏中;但是他看见西庇阿很有信心的时候,他允许他去,并授权与他,给法密阿斯的安全以最有力的保证,但是不要具体说到报酬,只答应他,罗马人会适当地办理的。但是法密阿斯根本不需要什么保证的,因为当他跑来跟西庇阿私会的时候,他说,对于他的安全,他相信西庇阿的信义;至于照顾,他让罗马人去办理。他这样说了之后,第二天他把他的军队列成阵势,带着他的军官们跑到两军间的空地来,好像来辩论一些别的事情的样子,他说:“如果有机会为祖国服务的话,我愿意站在你们一边,以达到那个目的;但是在目前的情况下,我要注意到我自己的安全。我已经为我自己和那些我能说服跟我一致行动的人商议好了条件。现在也是你们考虑什么是你们
593 的利益的时候了。”他这样说完了之后,有些军官带着他们的军队跑到敌人那边去了,共约两千二百名骑兵。其余的人被汉诺(别号白晰的)所阻止了。

109. 当西庇阿带着法密阿斯回来的时候,军队跑出来迎接他,向他欢呼致敬,好像在凯旋中一样。曼尼略大喜,此事发生以后,他认为他回去不是丢脸的了;同时,哈士多路巴受到这个打击之后,也不会来追赶他了,所以,由于军粮的不够(原定远征十五天,现在是第十七天了),他带着军队离开那里,但是在归途上,他们还注定要受三天的苦。西庇阿带着法密阿斯和加鲁萨以及他们的骑兵和一些意大利人骑兵,迅速地进到一个叫做

大低地的平原,在晚上带着大量的战利品和粮食回到军营里来了。曼尼略知道他的继任者派索快要到了,所以预先派遣西庇阿带着法密阿斯往罗马去。军队引导他到船上,沿途欢呼祈祷,希望他以执政官的资格回到阿非利加来,因为他们认为只有他才能够攻下迦太基,他们好像受神灵的感应一样,都产生一种思想,认为只有西庇阿才可以攻下迦太基,许多人把这个意见写信回去告诉他们在罗马的亲属。元老院嘉奖西庇阿,赏赐法密阿斯一件有金扣的紫袍、一匹有黄金饰的马、一全套甲胄和一万德拉克玛银币。他们又给他一百米那[①]的银餐具之类,一个装备完好的营帐,并且告诉他说,如果能够跟他们合作到战争结束的话,他还可指望得到更多的东西。他答应这样做,于是起航回阿 595
非利加的罗马军营去了。

新执政官派索的到临

110. 在早春的时候,新执政官卡尔浦纽斯·派索到了,跟他同来的有舰队的海军大将琉喜阿斯·曼西那斯,但是他们既没有进攻迦太基人,也没有进攻哈士多路巴。他们进军到邻近市镇的时候,从海陆两方面进攻阿斯彼斯,但是被打退了。派索攻下了附近另一个市镇,把它摧毁了,居民责难他违背条约进攻他们。于是他移军进攻希巴格累塔,这是西西里僭主阿加托克利建筑得很漂亮的一个大城市,有城墙,有卫城,有海港和船坞。它位于迦太基与乌提卡之间,截断了罗马运输物资的船舶,因此渐渐致富了。卡尔浦纽斯想处罚他们,至少剥夺他们所已经取

---

① 希腊衡制(亚狄加标准):6 奥波尔＝1 德拉克玛(＝0.22 盎司);100 德拉克玛＝1 米那;(＝1.39 磅);60 米那＝1 他连特(＝83.5 磅)。希腊币制与衡制的名称相同。——译者

派索的被击退

得的利益，但是围攻他们一整个夏季之后，毫无结果。居民利用迦太基人的支援，两次从城中出来突击，把罗马人的攻城机械焚毁了。执政官受到挫折之后，回到乌提卡，进入冬营了。

迦太基人的士气高涨

111. 迦太基人发现他们自己和哈士多路巴的军队没有受到损害，在希巴格累塔附近的战斗中又打败了派索，努米底亚的一个酋长俾泰亚叛离加鲁萨，投降到迦太基人一边来了，使迦太基人的兵力增加了八百骑兵，又看见马西尼萨的两个儿子密西普萨和马斯泰那巴总是口头答应给罗马人以兵器和金钱，但行动上总是迟延，以观事变，因此，他们的士气得到鼓舞，他们在阿
597 非利加到处跑而无所恐惧，在那些地方设防，在各市镇的人民会议发表辱骂罗马人的言辞。他们指出在内菲里斯的两次胜利和最近在希巴格累塔的胜利，以及迦太基本身，虽然没有武装，防御工事很差，但是罗马人没有能力攻陷它，这证明罗马人的懦弱无能。他们又派遣代表到密西普萨和马斯泰那巴那里去，到自由的摩尔人那里去请求援助，向他们说明，迦太基灭亡后，他们也会受罗马人攻击的。他们进一步派遣使者到被认为是马其顿国王柏修斯的儿子①那里去；他正在和罗马人战争，劝他努力作战，允许供给他以金钱和船舰。因为现在他们武装起来了，他们的计划就无限制了，他们的信心、勇气和资源与日俱增。哈士多路巴的士气也很高昂，因为他在乡村中指挥军队，两次战胜了曼尼略。城内的兵权在加鲁萨的外甥（也名叫哈士多路巴）手中；哈士多路巴渴望取得城内的兵权，因而控告城内的哈士多路巴，

① 即安德利斯卡列，他冒充为柏修斯的儿子，起来反抗罗马人。——译者

说他有意把迦太基出卖给加鲁萨。这个控告案件向人民会议提出,被告不知道怎样答辩这个意外的控诉,因此人们攻击他,用长凳把他打死了。

XVII. 小西庇阿当选为执政官,指挥侵略迦太基的军队,整顿军纪

112. 当派索的军事不利和迦太基人的战争准备的消息传到罗马的时候,罗马人很为懊恼;因为和一个跟他们这样接近的国家进行这次巨大而不可和解的战争,他们很为焦急。不可能 599
有媾和的希望,因为是他们首先破坏誓约的。他们记得西庇阿最近当他还只是一个军团将校时的功绩,把他的功绩和目前的失利比较,回忆军队里的人所写给亲戚朋友谈到这个问题的信件,于是产生一个强烈的愿望,认为必须派遣西庇阿以执政官的资格前往迦太基。选举的日期快到了,西庇阿是一个营造官的候选人,因为他年纪还轻的关系,在法律上他还不能做执政官;[①]但是人民选举他为执政官。这是违反法律的。当两执政官把法律给他们看的时候,他们缠扰不休,更加迫切地要求,他们大声叫喊道,根据图利阿斯和罗幕路[②]传下来的法律,人民是选举的裁判者,有关选举的法律,他们可以随意废除或批准。最后一个人民保民官宣布:在这个问题上,如果执政官不对人民让步的

西庇阿当选为执政官

① 参阅 VI(84)及第 132 页注①。——译者

② 塞维阿·图利阿斯是罗马第六个“国王”,传说罗马国家制度的创始者。罗幕路是罗马第一个国王,传说罗马城的建立者。参阅 I(II)。——译者

话,他一定把主持选举的权力从执政官手中夺去。于是元老院允许人民保民官废除这条法律,一年之后重新立定这条法律。同样,拉西第梦人,[①]当他们不得不使那些在派娄斯投降的人[②]免于受辱的时候,也说:"让这些法律今天停止发动效力。"这样,西庇阿原来只想取得营造官的职位,但是结果当选为执政官了。当他的同僚德鲁苏请他抽签,以决定阿非利加应当归谁管辖的时候,一个人民保民官说,这个司令官应由人民来任命,他们推选了西庇阿。他们允许他征兵的人数和在战争已经阵亡的人数
601 相等,在同盟中尽可能地争取他所能说服的人自愿参加;为了达到这个目的,可以依照他自己的意思,用罗马人民的名义,写信给同盟国和它们的国王,结果,他果然从同盟国中得到了一些援兵。

前 147 113. 西庇阿做好了这些准备工作之后,他首先航往西西里,再从西西里到乌提卡。同时,派索正在围攻内地的市镇。正在包围迦太基的曼西那斯,看到一部分没有防守的城墙,这部分城墙是由许多绵亘不断、几乎不可逾越的悬崖保护着,正因为这个缘故,所以没有防守。他想利用云梯,秘密地从那里爬到城墙上去。云梯架好之后,一些士兵很勇敢地爬上了城墙。迦太基人藐视他们人数少,打开接近这些崖石的一扇门,从城内突出,向敌人进攻。罗马人打败了他们,随在后面追赶,通过那扇打开了的城门冲进城内。他们发出胜利的呐喊声,曼西那斯喜欢得忘形了(因为他的本性是轻率的),全部军队,没有武装的,

① 即斯巴达人。——译者

② 参阅拙译修昔底德《伯罗奔尼撒战争史》,商务印书馆 1960 年版,第 265—291 页。——译者

或只半武装的,都跟他一起从船舰上冲进去支援他们的伙伴们。将近日落的时候,他们占据了靠近城墙的一个很好的地势,他们在那里过了一夜。因为没有食物,曼西那斯在这个危急的情况下,请求派索和乌提卡的行政长官来支援他,火速给他运送粮食,因为在黎明的时候,他们有被抛出来,在崖石上跌成粉碎的危险。

他救出曼西那斯,使之免于灭亡
603

114. 同在这个黄昏的时候,西庇阿到了乌提卡,恰好,在半夜里他遇见了那些收到曼西那斯的信件的人,于是他马上命令号兵吹着作战的军号,命令传令官到海边去呼唤那些跟他从意大利同来的人和乌提卡的青年们,他自己指挥那些年龄比较大的人,带着粮食到船上去。同时,他释放一些迦太基人俘虏,使他们可以告诉他们的朋友们,说西庇阿带着他的舰队来进攻他们了。他迭次派遣骑兵到派索那里去,要他尽量迅速地进兵。大约在最后一更的时候,[①]他本人航海出港,命令他的士兵们在他们到达迦太基的时候,站在甲板上,使敌人看起来,可以显得比实际人数多得多。刚刚黎明的时候,迦太基人从四面八方来进攻曼西那斯,曼西那斯带着他的五百有武器的人列成圆形,把那些没有武器的人,约三千人,安置在圆形的中间。他受了伤,被迫退到城墙边,将要从悬崖上被推下去了,这时候,西庇阿的船舰在浪花云雾中出现了,甲板上到处都拥挤着士兵。看到这件事,迦太基人并不吃惊,因为被释放回来的俘虏已经把这件事告诉了他们;但是对于那些还不知道他到来的罗马人,他出乎他们

① 约凌晨三四时。——译者

意料之外救出了他们；因为当迦太基人后退一点的时候，他把那些在危险中的人都带上了他的船舰。西庇阿马上派遣曼西那斯回罗马去了（因为他的继任者塞拉那斯已经跟西庇阿同来，接收舰队的兵权了），他本人在离迦太基不远的地方建立他的军营，而迦太基人从城墙边前进了五斯塔狄亚，[①]在西庇阿的对面建立军营。在这里，指挥乡间的军队的司令官哈士多路巴和骑兵
605 司令官俾泰亚带着精练的六千步兵和大约一千骑兵来和他们联合在一起。

军纪的败坏

115. 西庇阿发现军队里完全没有纪律和秩序，因为派索使士兵惯于闲散、贪婪和劫掠，许多小贩和他们混在一起。这些小贩为了战利品的缘故，跟着军队跑，当比较胆大一点的士兵们没有得到允许为了掠夺而进行征伐的时候（虽然按照法律说来，凡是在战争时期跑到听不见军号声音的地方去的人都是逃兵），他们跟在后面。他也看到，这些士兵的一切错误行为都应该归咎于司令官；他们所从事的掠夺是新的纠纷和军纪败坏的原因，许多士兵们因为劫掠的缘故，开始和他们的同伴们争吵，以至于发生殴打、打伤甚至于谋杀事件。看到这一切事情，他相信，如果他不首先控制他自己的部下的话，他绝对不能战胜他的敌人，因此他把众人召集起来，他自己登上一个高台，用下面的话来谴责他们：

西庇阿对士兵们的训话

116. “士兵们，当我和你们一块儿在曼尼略指挥下服务的时候，我给你们一个服从的榜样，关于这一点，你们是能作见证

① 约0.9公里。——译者

的。我也同样地要求你们,现在因为我是司令官;虽然我有权力可以极严厉地处罚那些不服从的人,但是我想,最好是事先警告你们。你们知道你们已经做的事。因此,为什么我要把那些我耻于说出来的事告诉你们呢?你们更像强盗,而不像士兵。你们是一些逃亡者,而不是军营的保卫者。贪婪使你们更像是一
伙假期中的游客,而不像是一支围城的军队。你们在战争还没 607
有取得胜利的时候,就寻找奢侈享受。因为这个缘故,敌人从我曾使他们陷于软弱无望的状态中发展起来,达到这样强大的地位,由于你们的懒惰,使你们的工作变得更为艰难。如果我认为这是由于你们的过失的话,我会马上处罚你们;但是因为我把这个过失归咎于另外一个人,[①]所以我不咎既往。我到此地来的目的不是劫掠,而是征服;不是在胜利之前聚敛金钱,而是首先征服敌人。现在你们中间,凡不是士兵的人,除了那些得到我的允许留在此地者外,都应该今天就离开军营;那些离开此地的人中间,除了那些携带食物来的人以外,我不许一个再回来,而且带来的食物必须是普通士兵的食物。我要指定一个时间,让他们处理他们的货物,我和我的财政官将监督他们的买卖。对于那些随着军队来的人,我要说的就是这些。对于你们士兵们,我有一个命令,在任何时候都是适用的,就是你们要学我的习惯和我的勤勉的榜样。如果你们遵守这条规则的话,在你们执行职务方面,不会有做不到的地方;在受奖方面,你们不会得不到的。当危险继续存在的时候,我们必须辛勤劳动;战利品和奢侈享

① 指原来的司令官曼尼略。——译者

受，我们必须推迟到适当的时候。这是我的命令，同时也是法律。凡是遵守它的人必定会得到很大的赏赐；凡是违背它的人一定会后悔。”

XVIII. 西庇阿攻陷麦加拉。罗马人与迦太基人的海战。西庇阿攻陷内菲里斯

西庇阿恢复军纪

117. 西庇阿这样说完了之后，马上赶走那些无用的人，让他们带走多余的、无用的或奢侈的东西。军队经过这样整顿之
609 后，都畏惧西庇阿，很注意听他的命令，因此，有一个晚上，从两
他攻陷麦加拉
个不同的地方袭击迦太基的麦加拉。这是迦太基城附近的一个很大的郊区。他派遣一支军队绕着去进攻后面，而他自己带着斧头、云梯和铁橇寂静地走了三百二十斯塔狄亚[①]的路去从正面进攻。当他们到了很近地方的时候，他们被城墙上的敌人看见了，于是敌人发出一声大喊。他们也尽力大声叫喊，以相呼应——首先是西庇阿和他的军队，接着就是那些绕道到那一边的人——因此，迦太基人第一次惊慌起来了，因为他们发现在夜间突然被这支很大的敌军从侧面进攻。西庇阿努力想攻破城墙，毫无结果；但是他派遣他的一些最勇敢的青年们到城外一个无人居住的塔上去，这个塔是一个私人的，其高度和城墙相等。这些青年人用标枪打退了城墙上的卫兵，把厚板横搭过去，造成一条桥，他们由桥上达到城墙上，由城墙上进入城中，把城门打

① 约59公里。——译者

开,让西庇阿进去。他带着四千人进去,迦太基人以为城市的其余部分都已被攻陷了,因而仓促逃往柏萨。发出了各种嘈杂的声音,造成很大的骚动。许多人落入敌人手中。他们这样惊慌,以致驻扎在城外的人也离开了他们的要塞,和其他逃亡的人一齐涌到柏萨去了。麦加拉有许多果园,长满了果树,这些果树都是用一些低墙和荆棘篱笆隔开了的;此外还有许多深沟,充满了 611
水,向四面八方流动。因此,西庇阿担心,通过这些他们不熟悉的道路去追赶敌人是不可能,而且是危险的;又担心他们在晚间可能中敌人的埋伏,因此他撤退了。

哈士多路巴的残酷

118. 到黎明的时候,哈士多路巴因为愤恨罗马人袭击麦加拉,把他所囚禁的罗马人俘虏带到城墙上来,使他们的同伴们可以看见,他用铁钩挖出他们的眼睛、舌头、筋根或阴茎;有些人被他划破脚板;有些人被他砍掉手指;有些人被他活剥皮;当他们还活着的时候,他把他们全体都从城墙上抛下去。他有意使迦太基人和罗马人之间的和解成为不可能,因而鼓舞迦太基人相信他们唯一安全的办法就是战斗。但是结果恰恰和他的愿望相反,迦太基人因为这种凶恶的行为而受良心的谴责,变为胆怯而没有变为勇敢;他们因而怨恨哈士多路巴,因为他剥夺了他们被宽恕的希望。特别是他们的元老院申斥他,不该在国内发生这样大的灾祸中,做出这种野蛮而残暴的行为来。但是他当时逮捕了一些抱怨的元老们,把他们杀死。他用一切办法来使人家畏惧他,因此,他更像是一个暴君,而不像是一个将军了,因为他认为只有使他们害怕他,因而很难攻击他,他自己才可以获得安全。

西庇阿用壕沟保卫军营

119. 此时西庇阿纵火烧毁敌人的军营，这个军营是前一天敌人逃入城中的时候放弃的。他占据了整个地峡，开始在敌人
613 的投枪差不多可以射到的地方挖掘一条壕沟，从海到海，横过地峡。敌人紧紧地压迫他，他沿着二十五斯塔狄亚[①]长的战线上，同时要做挖沟与战斗的艰苦工作。当他完成了这条壕沟之后，他在离第一条壕沟不远、面对着大陆的一边，又挖掘一条同样长的壕沟。接着又挖两条壕沟，和前面两条成直角相交，这样，整个壕沟形成一个长方形，壕沟内钉满了尖桩。除尖桩之外，他又用栅栏包围着壕沟，沿着面对迦太基城一边的壕沟，他建筑一条长二十五斯塔狄亚、高十二希腊尺(不包括处处围绕这道墙的低墙和城塔在内)的长墙，墙的宽度约为其高度的一半。最高的城塔在中间，在这座塔上又建筑一座四层的木塔；从木塔上，他可以观察城内一切活动。在二十天之内他完成了这项工作，全军昼夜不停地轮流工作、战斗和用餐。完成了这项工作之后，他把全部军队驻扎在这个要塞中。

他截断迦太基的物资供应

120. 这既是他自己的军营，又是控制敌人的一个长方形要塞，从这个根据地，他可以截断从内地运送给迦太基人的物资粮食，因为除了这个地峡之外，迦太基到处都为海水所包围。因此，这个要塞是使迦太基人发生饥荒和其他困难的第一个和主要的原因。因为全部民众已从田野移入城内，由于被包围，没有人能够出来；由于战争，外国商人也不到那个地方去了。过去他们不
615 得不完全依靠从阿非利加运来的粮食，很少是从海上运来的，而

① 约4.6公里。——译者

且只有当气候好的时候才能从海上运输，而大部分都是从陆路运来的；但是现在这条路线被割断了，因此，他们开始感觉到严重的饥荒了。迦太基的骑兵司令官俾泰亚是不久以前被派去搜集粮食的，他不敢进攻和突破西庇阿的要塞，而不得不由水道绕着很远的路程运送粮食。西庇阿的船舰虽然封锁了迦太基，但是这些船舰不是经常守着封锁的地方的；同时也不是紧密地接连在一起的，因为那里的海面没有港口，而且充满了暗礁。这些船舰也不能驶往迦太基城附近，因为迦太基人站在城墙上，尤其最危险的，是那里的海水不断地冲击在礁石上。这样，俾泰亚和那些偶然为着要取得厚利而冒危险的商人的船舶，等着海上有大风的时候，即张帆而冲过罗马人的封锁线，而罗马的大船又不能追逐那些顺风而驶的商船。但是这种机会是很少的，只有大风从海上吹来的时候才有可能。就是这些船舶所运进的粮食，哈士多路巴也只分配给他自己选择来作战的那三万士兵，人民群众是没有的；因为这个缘故，他们大受饥饿之苦。

他企图封锁海港，但未成功

121. 当西庇阿看到这种情况的时候，他计划封锁那个面向西方的海港入口，入口离海岸不远。为了达到这个目的，他建筑一条坚固的堤，深入海中；这条堤从湖与海之间一个称为岬的地
方开始，直达港口。他用许多沉重的石头建筑这条堤，以免被波 617
涛冲毁。这条堤的上面的宽度是二十四希腊尺，底面的宽度四倍于顶面。迦太基人起初藐视这项工作，认为它会费很长的时间，或许根本就不能实现。但是当他们看见罗马人的大军昼夜不停地积极进行这项工作的时候，他们恐慌了，于是开始在海港面对着公海的一边，挖掘另一个入口，那里的海水很深，风浪

西庇阿围攻迦太基图

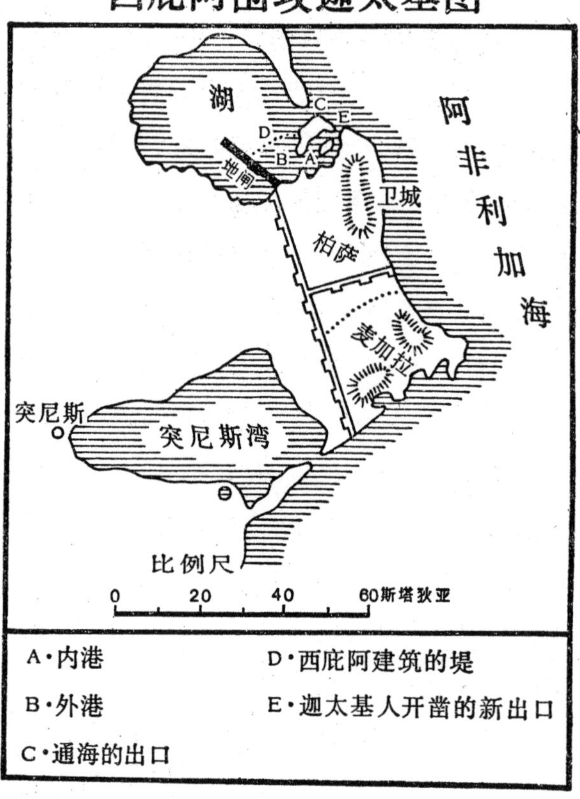

很大，是不能建筑堤防的。连妇女和儿童也帮助挖掘。他们开始在城内工作，小心地隐蔽着他们所正在做的工作。同时他们利用旧材料，建造三列桨和五列桨大船，他们以高度的勇敢和热忱来进行这项工作，并且隐蔽得这样好，所以连俘虏们也不能够把正在进行的工作确切地告诉西庇阿，只听到港内有很大的嘈杂声音，昼夜不停；那里在做什么事情，他们是不知道的。最后一切都做好了，大约在黎明的时候，迦太基人凿开了一个新的出口，带着五十条三列桨大船，此外还有许多快帆船、二桅帆船和

小船舶，都带有使人恐惧的装备，从新出口航行出来了。

122. 这个新出口的突然出现，以及这个舰队从新入口驶出，使罗马人大为吃惊。如果迦太基人马上进攻他们的船舰的话，迦太基人可能占有他们的全部舰队，因为罗马人的船舰在围攻期中，都没有人料理，水兵和桨手都没有在船舰上。但是事实 619
上(因为迦太基命中注定要灭亡了)他们现在所做的，只是航行出来炫耀一下，傲慢地嘲弄敌人一番之后，又回到港内去了。但是三天之后，他们又航出，准备海战，罗马人带着他们的船航前来应战，一切的事务都有很好的秩序了。当两军相遇的时候，双方大声欢呼，桨手们、舵手们和水兵们都尽他们最大的努力，因为对于迦太基人说来这是他们安全的最后机会，对于罗马人说来，这是全胜的最后希望。战斗激烈地进行，直到中午，双方互有损失。在战斗中，迦太基人的小船向罗马人的划艇冲去(罗马人的划艇比较高些)，把划艇的船尾冲破几个洞，折断他们的桨和橹，小船很敏捷地前进和退却，用各种其他的方法使罗马人的船舰受到很大的损害。但是当胜负未决而天色已近黄昏的时候，迦太基人认为最好是退却，不是因为他们被打败了，而是因为他们想明早再战。

不分胜负的海战

123. 他们的小船首先退却，当它们到达入口处，由于船舶的数目很多而纠缠在一起，就堵塞了入口，当大船到了的时候，它们就不能进来了。所以它们逃往一个很宽敞的码头边，这个码头是不久之前，靠着城墙建筑，以备商船起货的。在这次战争中，在码头上建筑了一条小的短墙，以防止敌人利用这个地方作 621
为军营，因为这个地方很宽。所以当迦太基的船舰逃到这里来

的时候(因为没有一个港口),它们都下锚停泊,船头对着外面;当敌人赶上来向它们进攻的时候,迦太基人有些在船上,有些在码头上,有些在短墙上应战。对罗马人来说,开始进攻是容易的,因为进攻那些停泊的船舰是不难的;但是当它们想回转过来,以便退却的时候,这个动作就迟缓而困难了,因为他们的船身很长;因为这个缘故,他们所遭受的损害等于他们的敌人所遭受的损害,每当他们转回头的时候,他们就受到迦太基人的攻击。最后,五条西德提人的船舰(他们是因为和西庇阿的友谊而来参战的)在离开此地相当距离的海中抛锚,用很长的纤索系着罗马人的船舰,利用这个办法,他们划桨向迦太基的船舰冲去;冲击之后,纤索把他们的船舰倒着拖回,船尾在前。于是他们又乘着潮水冲去,再以船尾在前退却。以后全部舰队弄明白了西德提人的意思,学他们的榜样,给予敌人以很大的损失。天色晚了,战斗停止了,剩下的迦太基船舰都退进城里去了。

为争夺码头而拼命战斗

124. 在黎明的时候,西庇阿进攻这个码头,因为这个码头的地位很好,可以控制这个海港。他用冲城机和其他机械猛攻短墙,打下短墙的一部分。迦太基人虽然受饥饿和各种痛苦的折磨,但是他们还在夜间出来突击罗马人的攻城机械,他们不是
623 从陆地上出来的,因为从陆地上没有到那里去的通道;也不是乘船去的,因为那里的海水太浅了;而是裸体带着没有点燃的火把去的,使敌人不至于远远地看见他们。用这样一个没有人能够意料得到的方法,他们跳入海中,横渡过去,有些人在水中行走,水达胸际,有些人是游泳。当他们到达攻城机械的地方的时候,他们把火把点燃,因为被敌人看见了,又没有携带武器,所以他

们受伤很重,但是他们勇敢地回击敌人。虽然有倒钩的箭头和尖锐的矛头向他的胸部和面部雨点一般地射击,但是他们没有松劲,好像野兽一般,冒着敌人的攻击向前冲去,直到最后他们纵火烧毁机械,使罗马人混乱地逃跑了。惊慌与混乱遍及整个罗马军营,这些疯狂的裸体敌人使他们产生了一种他们从来没有经历过的恐惧。西庇阿担心这种恐慌所造成的影响,因而带着一队骑兵跑出来,命令他的侍从杀死那些还不停止逃跑的人。他亲自杀死一些逃跑的人。其余的人被迫回到军营里,他们带着武器在那里过了一夜,因为害怕敌人的奋不顾身。那些迦太基人焚毁攻城机械之后,又游泳回去了。

125. 在第二天黎明的时候,因为已经不再有攻城机械的妨碍了,迦太基人重新建筑被敌人攻毁的那部分外堡,各处增加了许多城堡。罗马人制造新的攻城机械,在城塔的前面建筑土墩,从土墩上抛下一些火把和装满了硫黄和松脂的容器,烧毁了一
些塔,把迦太基人赶跑了。但是路上因为最近打仗时流的许多 625
血凝结而变得很滑溜,所以罗马人也不得不勉强放弃追逐。但是西庇阿占据这整个码头后,在码头上设防,在离迦太基城不远的地方,建筑一条和迦太基城墙一样高的砖墙。当砖墙筑好了之后,他派四千人驻扎在城墙上,向敌人投射标枪和投射器,他们这样做而没有被敌人回击的危险。因为两条城墙一样高,所以投射器被抛得很有效力。现在夏季终结了。

西庇阿攻下内菲里斯

126. 在冬季开始的时候,西庇阿决心肃清迦太基人在这个地区的力量以及那些运送粮食给他们的同盟者。他在派遣他的舰长们到各方面去了之后,亲自率领军队由湖上往内菲里斯,去

进攻戴奥哲尼斯，戴奥哲尼斯是接替哈士多路巴驻守那个市镇
的；同时派遣盖约·利略从陆地上去进攻。当他到了的时候，他
在离戴奥哲尼斯二斯塔狄亚[①]远的地方扎营。留下加鲁萨在那
里不断地进攻戴奥哲尼斯后，他本人则匆忙地回迦太基，以后他
不断地来往于两地之间，以监视在两地进行的一切工作。当戴
奥哲尼斯的城塔间两处城墙空隙被破坏了的时候，西庇阿来了，
把一千精兵埋伏在敌人的后方；于是他带着三千精选最勇敢的
人从正面向敌人进攻，指挥军队向被破坏的城墙前进，他不是带
着他的部下一齐前进，而是一队一队地前进着，所以纵或前锋被
击败，他们因为后面来的军队的压力，不能退却。进攻很猛烈，
627 同时发出高声呐喊，当阿非利加人的注意力转向那方面的时候，
那埋伏的一千人没有被人看见，也没有被人疑心，突然向军营的
后卫进攻，拔下木栅，爬进去了。当最初的少数人进去了的时
候，他们被发觉了，阿非利加人逃跑了，因为他们以为爬进来了
的人比他们看见的还多得多。加鲁萨带着努米底亚的骑兵和战
象追赶，大肆屠杀，有七万人被杀，包括非战斗人员在内。一万
人被俘，约四千人逃掉了。又经历二十二天的围攻（西庇阿围城
的时候，非常辛苦，遭受那个地方冬季严寒的痛苦）之后，不但军
营，连内菲里斯城也被攻陷了。以后迦太基的被攻陷，大半是由
于这次胜利，因为粮食是由这支军队运送到迦太基去的，阿非利
加人只要看见这支军队在战场上，他们就有无限的勇气。这个
城市被攻陷后，阿非利加其余的市镇马上就向西庇阿的部将投

① 约370公尺。——译者

降了,或者没有经过多大困难就被攻陷了。现在迦太基的粮食供应没有了:阿非利加再没有粮食运来,因为阿非利加已经落在敌人手中;也不能从外地运进去,因为战事和冬季的风暴使各方面的航行都断绝了。

XIX. 迦太基的英勇战斗与最后的毁灭

127. 在春天开始的时候,西庇阿围攻柏萨和科敦港。有一 前146
个晚上,哈士多路巴纵火焚烧科敦港的那个四方形部分。但是 *629*
利略料到西庇阿还要进攻的,当迦太基人转到那一方去,而没有 西庇阿攻下内港
注意到他的时候,他就爬上科敦港的另一部分,即那个环形部分一边去,于是大声呼喊,好像已经获得胜利了的样子。迦太基人大为慌乱,而罗马人不顾一切,从各方面向前冲去,用木料、机械和架子把空地堆满,守卫的士兵们只做了微弱的抵抗,因为他们由于饥饿而软弱无力和精神沮丧。环绕科敦的城墙被攻陷之后,西庇阿夺取临近的广场。因为天色已晚,不能再做什么事了,他和他的全部军队在那里带着武器过了一晚。在黎明的时候,他又带了四千生力军进城。他们进入阿波罗神庙,黄金包装的阿波罗神像还在那里的金箔神龛里,重一千他连特,[①]他们把神像抢劫到手,不顾军官们的命令,用剑把神像砍碎,彼此分掉了之后,才回去执行任务。

128. 现在西庇阿进攻的主要目标是柏萨了,这是城中最坚 巷战

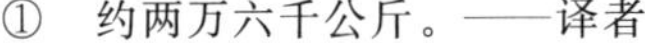

① 约两万六千公斤。——译者

固的部分，大部分居民都逃到那里。那里有三条街，从广场上通到这个要塞，沿着街道的两边是一些房屋紧密地建筑在一起，有六层高，迦太基人从这些高屋上，把投射器向罗马人射击。但是罗马人占据前几栋房屋，从那里进攻邻近房屋的居民。当他们占据了这些房屋之后，他们用木材架着，横过狭窄的通道，作为
631 桥梁，从上面走过去。当这一场战斗在屋顶上这样激烈地进行的时候，在下面街道上相遇的人又进行另一场战斗。各地方都充满了呻吟声、尖叫声、呼喊声和各种悲苦声。有些人被刺死了，有的人活活地从屋顶上被抛下来，跌在便道上，有些人跌落在矛头上或有尖的武器上。因为屋顶上还有人的缘故，没有人敢放火焚烧这些房屋。直到西庇阿来到柏萨的时候，他放火把三条街一起烧毁，下令扫清通道上燃烧着的东西，使进攻的部队可以自由进退。

可怕的情景

129. 于是产生了新的可怕情景。烈火蔓延开来，把一切东西都烧毁了，士兵们不等到一点一点地去毁掉这些建筑物，而是一下把全部建筑物都推倒下来。房屋崩塌的声音愈来愈大，许多人跟石头一块儿跌入死尸堆中。可以看见有些人还活着，特别是那些躲在房屋最里面角落里的老人们、妇女们和儿童们，有些人受伤，有些人多少被烧着，发出可怕的哭声。还有一些人被抛出，连同石头、木材和熊熊烈火一块儿从那么高的地方落下来，粉身碎骨，变成各种可怕的惨状。这样，他们的痛苦还没有受完，因为清扫街道的人正在用斧头、鹤嘴锄和有钩的篙子扫除垃圾，使道路可以通行，他们用这些工具把死的以及还活的一块
633 儿抛入坑里，把他们沿街扫着，好像扫木棍和石头一样，或者用

铁器把他们翻转来,用人来填满壕沟。有些人,头在下面,被倒抛入沟中,他们的脚伸在地外,摆来摆去,经过很久的时间才停止。有些人跌入沟中,脚在下面,头在地面上。马匹从他们上面跑过,把他们的面部和头颅压得粉碎,骑马者不是有意这样做的,而是因为他们在急忙赶路。清扫街道的人也不是有意这样做的,而是因战事紧急,快要获得胜利的光荣了,军人蜂拥而至,传令官和号兵们从四面八方发出嘈杂的声音,军团将校和百人队长到处更换岗位和督促大队前进——这一切联合起来,使每个人疯狂而不注意他们眼前的情景了。

在柏萨的战斗

130. 这种骚动的情况继续了六天六夜,士兵们换了班,这样他们不致因辛劳、屠杀、缺乏睡眠和这种种可怕的情景而过于疲惫。只有西庇阿一个人不辞劳苦,没有休息,监督他们,匆忙地到处跑动,没有睡眠,随便在工作中吃点东西,直到最后疲劳不堪了的时候,他坐在一个他可以监督工作的高地。还有许多东西可以劫掠,屠杀也似乎会延长一个很长的时候,但是在第七天的时候,有些恳求者去见西庇阿,戴着挨斯叩雷彼[①]的圣冠,挨斯叩雷彼神庙是卫城内所有的神庙中最富有和最出名的一个神庙。他们拿着神庙中的橄榄枝,[②]恳求西庇阿宽恕那些愿意根据这个条件离开柏萨的人的生命。除逃兵外,他允许饶恕一切人。于是城墙的一扇门打开了,由一个卫兵带着,有男女共五万人跑出来了。罗马的逃兵约九百人,看到生存无望,他们和哈士多路巴以及他的妻子和两个男孩跑到挨斯叩雷彼神庙里去。 635

哈士多路巴和他的妻子

① 医药之神。——译者

② 橄榄枝代表和平。——译者

他们人数虽少，但是他们在这里保卫自己，支持了一个很久的时间，因为那个地方地势高而陡峭，在平时上去要经过六十级阶梯才能达到那里。但是最后，因为饥饿，缺乏睡眠、恐惧、疲劳和濒于毁灭，他们完全不能支持了，于是他们放弃了神庙的围墙，逃到神殿和屋顶上去了。

131. 于是哈士多路巴戴着橄榄树枝，秘密地逃往西庇阿那里去了。西庇阿命令他坐在他的脚旁边，把他指给逃兵们看。当他们看见了他的时候，他们请求西庇阿暂时停止进攻。西庇阿一答应，他们就对哈士多路巴大加辱骂，接着纵火焚烧神庙，他们自己葬身火中。据说，当火点燃的时候，西庇阿可以完全看得见，哈士多路巴的妻子尽她在这个灾难中所能做得到的打扮自己，把她的两个孩子放在她的旁边，她大声说，使西庇阿可以听见："对于你们罗马人，神明没有愤怒的理由，因为你们是行使战争的权利。但是这个哈士多路巴，出卖他的祖国和祖国的神庙，出卖我和他的孩子们，愿迦太基的神明们对他进行报复，愿你做迦太基神明的工具。"于是转而对着哈士多路巴大声地说："鄙夫，叛徒，男子中最卑鄙的懦夫，这个火是我和我的孩子们的
637 坟墓。至于你，你这个伟大迦太基的领袖会去装饰一个什么样子的罗马人的凯旋仪式呢？啊，什么样的惩罚你不会从你现在坐在他的脚旁的那个人手中得到呢？"她骂了他之后，于是杀死她的两个孩子，投入火中，跟着她自己也跳入火中。据说，哈士多路巴的妻子说完这些话之后，就这样死了，本来哈士多路巴本人也应当这样死的。

迦太基的毁灭

132. 西庇阿看到这个城市，它自建立以来，已经繁荣了七

百年,[1]过去曾经统治过这样多的土地、岛屿和海洋,有许多武器和舰队、战象和金钱,可以跟最强大的帝国相比,但是在刚毅、勇敢方面,远远地超过那些帝国(因为它在所有的船舰和武器都被剥夺之后,还忍受了饥饿和坚持激烈的战争达三年之久),现在已完全毁灭而终结了——西庇阿看到这个情景,据说,他曾痛哭流涕,公然为敌人的不幸而悲伤。他自己沉思很久,回顾城市、国家和帝国也和个人一样,都不可避免地会遭到灭亡的,回顾那个曾经一度很骄傲自得的城市特洛耶的命运,回顾亚述帝国、米提亚帝国和后来伟大的波斯帝国、尤其最近的马其顿帝国的命运,因而最伟大的诗人[2]的名句自觉地或不自觉地从他的口中溜出来了:

西庇阿的流泪

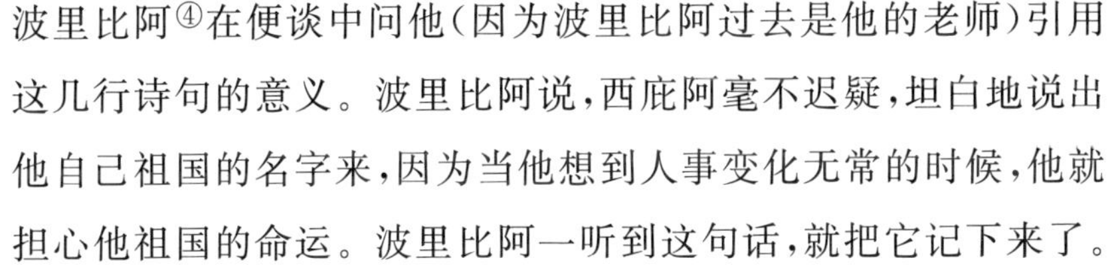

> “总有一天,我们神圣的特洛耶、普赖阿姆和持矛的普赖阿姆所统治的人民,都会灭亡。”[3]

波里比阿[4]在便谈中问他(因为波里比阿过去是他的老师)引用这几行诗句的意义。波里比阿说,西庇阿毫不迟疑,坦白地说出 639
他自己祖国的名字来,因为当他想到人事变化无常的时候,他就担心他祖国的命运。波里比阿一听到这句话,就把它记下来了。

① 参阅本书第 193 页注①。——译者

② 指荷马。——译者

③ 《伊利亚特》VI. 448、449;根据布赖安特的译文。——英译者

④ 希腊史学家(约公元前 203—前 120 年),与西庇阿友善,随西庇阿参加第三次布匿战争,著《通史》四十卷,现存者仅最初的五卷。阿庇安的历史中有关布匿战争的部分利用了他的材料。——译者

XX. 罗马的庆祝，西庇阿的凯旋，与奥古斯都的重建迦太基

133．迦太基被毁灭的时候，西庇阿允许士兵们大掠数日，而保留了黄金、白银和神庙里的财富。他又颁发许多奖品给那些特别勇敢的人，只有那些侵犯阿波罗神殿的人除外。他派遣一条快船，用战利品装饰着，到罗马去报捷。他又写信到西西里去，告诉他们，凡是他们所能辨识出来迦太基人在以前的战争中从他们手中掠夺的神庙财富，他们都可以来取回去。这样，他使他自己受到人民的爱戴被看作是一个恩威并施的人。其余的战利品，他都卖掉；他依照罗马人的习惯，把武器、战争机械和无用的船舰都在神庙的圣地内焚毁，作为对马斯和密纳瓦[1]的祭祀。

罗马的庆祝

134．当罗马人民正在黄昏时看见那条报捷的船舰，听到这个胜利消息的时候，他们都拥挤到街上来，整晚互相祝贺，互相拥抱，好像是刚才解除了一个巨大的恐惧，刚才确定了他们的霸权，刚才保证了他们自己城市的永恒存在，获得这样空前的一次
641 胜利的人民一样。他们记得在马其顿[2]和西班牙，[3]在最近和安提阿大王的战争中，[4]以及在意大利本土[5]他们自己的许多辉煌的战功，和他们的祖先们更多的光辉战功；但是他们不知道

---

[1] 罗马神话中马斯是战神，密纳瓦是司智慧与工艺女神。——译者

[2] 参阅 IX.（XIX.）。——译者

[3] 参阅 VI. 18－33。——译者

[4] 参阅 XI. 15－39。——译者

[5] 参阅第二卷和第三卷。——译者

有别的战争和布匿战争一样，这样地在兵临国门威胁过他们，这样地由于这些敌人的持久、奋发和勇敢的精神以及背信弃义而给他们带来如此巨大危险。他们回忆他们在西西里和西班牙，以及在意大利本土的十六年中（在这十六年中汉尼拔破坏了四百个市镇，单单在战场上杀害了他们三十万人，不只一次进军罗马，[①]使罗马陷入极端危险之中）他们从迦太基人手中所遭受的损失。因为记得这些事情，所以一听到这次胜利，他们这样兴奋，以致不相信它，他们彼此再三地互相询问，迦太基被毁灭了，是不是真的？所以他们谈论了一个整夜，说迦太基人的武器是怎样被剥夺的，他们怎样忽然出乎意外地又有了新的武器，他们怎样丧失了他们的船舰，后来怎样又利用旧的材料建造了一个巨大的舰队；他们的港口怎样被封锁了，但是几天之内，他们又怎样开凿了一个新的港口。人们谈到那城墙有多么高，石头多么大，和那些多次焚毁他们的攻城机械的大火。他们对整个战争互相作实际的描绘，好像战争正在他们的眼前进行的一样，他们以动作配合语言，好像看见西庇阿在云梯上，在船舰上，在城门口，在战役中，这里那里到处突进。 643

135. 第二天有各部落的祭祀和朝贡诸神的隆重游行，也有各种赛会和表演。

元老院派遣十名最显贵的元老为代表，去和西庇阿一道处理阿非利加的事务，以合于罗马人的利益。这些人下令，如果迦太基还有一点残余的话，西庇阿应当把它铲为平地，任何人不得

① 参阅 VII. 38—39。——译者

在那里居住。凡住在那里或住在麦加拉的人都应受到诅咒，但是麦加拉那块土地没有被宣布受到诅咒。那些经常和敌人建立联盟的市镇都决定毁掉，一个也不留；把那些迦太基以武力征服的土地分配给那些支援罗马人的人，首先把从迦太基到希波间的领土给予乌提卡人。其余的土地都须缴纳贡税，包括地租和人身税，男女一样都要征收。命令上又规定，每年由罗马派遣一个大官员去统治这个地区。代表们给了这些指示之后，就回罗马去了。西庇阿执行所有这些指示，对诸神举行祭祀和赛会，以
西庇阿的凯旋 庆祝胜利。一切事情做完了之后，他起航回国，得到举行一次前
所未有的最光荣的凯旋式。在这次凯旋中，有光辉灿烂的黄金，
有迦太基人在他们长期不断的胜利中从全世界各地区聚集起来
645 的神像和还愿礼物，作为装饰。在这时候又为俘虏安德利斯卡
斯（别号伪腓力普斯）举行第三次马其顿凯旋式，为麦密阿斯举
行第一次希腊凯旋式。① 这大约是在第一百六十奥林匹亚纪的
时候。②

前 123 136. 过了一些时候，在盖约·革拉古为保民官的任期内，
罗马人民因为穷困而发生暴动，因此决定派遣六千移民到阿非
利加去。当他们正在为这个目的在迦太基附近划出土地来的时
候，所有的界线都被豺狼冲坏踩没了。于是元老院放弃了这个
前 46 居留地。③ 但是在更晚一点的时候，据说，当恺撒（他后来作了终

① 反抗罗马的亚加亚同盟的中心科林斯被攻陷，全希腊即被征服。——译者

② 科林斯和迦太基的陷落都在公元前 146 年，而第 160 奥林匹亚纪是公元前 136 年。这个年代疑有误。——译者

③ 参阅 XIII. 24。——译者

身独裁者)追逐庞培到埃及,后来又从埃及回来,追逐庞培党人到阿非利加,而驻扎在迦太基的遗址附近的时候,他为噩梦所惊扰,梦中他看见一支军队全体都在哭泣,因此他马上在他的备忘录上记录下来:必须移民往迦太基。他回到罗马之后不久,贫苦的人请求土地,他准备派一些人到迦太基去,派一些人到科林斯去。但是不久之后,他在元老院中被他的敌人刺死了,他的继子朱理亚·恺撒(号奥古斯都)发现了这个备忘录,他建设了现在的迦太基不是在旧迦太基的遗址上,而是在遗址很近的地方,以避免古时的诅咒。我考证出来,他从罗马送去了大约三千移民,其余的人是从邻近地区聚集起来的。这样,罗马人取得了迦太基人在阿非利加的土地,毁灭了迦太基;在它被毁灭后一百零二年,[①]又移民到那里去居住。

奥古斯都重建迦太基

647

① (即公元前44年。——译者)这个年代证明移民到迦太基去的是朱理亚·恺撒,而不是奥古斯都。——英译者

第八卷(下)　努米底亚事务(片断)

I. 辑自红衣主教马伊的梵蒂冈抄本

前 110　蓬密尔卡[①]被人控告,他在受审之前,和朱古达[②]一块儿逃跑了;关于受贿者,朱古达说出那句名言:“如果能够替它找到一个买主的话,整个罗马城也可以买得到。”[③]

II. 辑自《美德与恶行》

前 109　梅特拉斯[④]回到阿非利加行省,因为他严厉地处罚了犯法者,他在阿非利加为他的士兵所告发,说他进攻敌人时迟缓,而对待他自己的士兵残酷。

---

① 朱古达的部下,朱古达命令他去暗杀和朱古达争王位的马西华(加鲁萨的儿子),未成功,因此在罗马被控告。——译者

② 公元前 148 年努米底亚国王马西尼萨逝世。他的三个儿子,密西普萨、加鲁萨和马斯泰那巴分治王国。(参阅 VIII(上),105,106)次子与第三子不久去世,长子密西普萨一人为王。密西普萨懦弱无能,其子均未成年,乃以国政委托侄子(马斯泰那巴的非婚子)朱古达。前 118 年密西普萨去世。朱古达驱逐他的堂兄弟,夺取了整个努米底亚王国,因此与罗马发生战争。罗马屡次派遣将军前往讨伐,他利用贿赂,取得对他有利和约。罗马元老院不批准和约,召他来罗马对质。他利用金钱贿赂罗马权贵。被发觉后,他和他的亲信蓬密尔卡逃出罗马。——译者

③ 参阅萨拉斯特《朱古达战纪》VIII. 20,3。——译者

④ 罗马执政官,元老院派往阿非利加去讨伐朱古达的司令官。——译者

III. 同上

梅特拉斯把发卡元老院的全体元老们处死，因为他们曾经 前108
把罗马驻军出卖给朱古达；和他们一道被处死的，有罗马的驻军司令官图比略，他是一个罗马公民，他在可疑的情况下，投降了敌人。朱古达把一些色雷斯人和利格里亚人的逃兵交给梅特拉斯之后，梅特拉斯把其中一些人的手砍掉，把另一些人埋在土中，土达到他们的腹部，然后用箭和标枪刺住他们，使他们不能动弹之后，放火把他们活活地烧死。

IV. 辑自《使节》

当马略①到瑟塔的时候，菩卡斯②派来的使者们到了他那 前107
里，请他派人去跟菩卡斯商谈；因此，他派遣他的部将奥拉斯·曼利阿斯和他的财政官科尼利阿斯·苏拉去。菩卡斯对他们说，他是因为马略的行为而跟罗马人作战的，因为马略把他自己从朱古达手中取来的土地夺去了。对菩卡斯的这种怨言，曼利阿斯回答说，这块土地是罗马人以武力从西法克斯手中取来，把它作为礼物，送给马西尼萨的；③罗马人所给予的这种礼物，只

① 马略原为梅特拉斯的部下。前105年代梅特拉斯率领罗马军队与朱古达作战。——译者

② 毛利泰尼亚国王，朱古达的岳父。——译者

③ 参阅 VIII（上）.32。——译者

有在元老院和罗马人民愿意的时候，那些接受这种礼物的人才可以保持着。他补充说，他们改变他们的意旨，不是没有原因的，因为马西尼萨死了，朱古达因为谋杀了他的孙子们而成为罗马人的敌人。他说，“因此，一个敌人占有我们所给予一个朋友的礼物，这是不对的；你也不应当认为你能够从朱古达手中夺取罗马人民的财产。”这是曼利阿斯关于争执中的领土所说的话。

7　V. 同上

前 107　菩卡斯又派遣一个使团去向马略求和，并劝苏拉在商谈中帮助他们。这些大使在途中被一些强盗所抢劫，但是苏拉很好地接见了他们，并款待他们，直到马略从加都利亚回来的时候。马略请他们劝菩卡斯一切都服从苏拉。因此，菩卡斯（他这时候已有意背叛朱古达了）以募集新兵为借口，派遣使者到邻近的埃塞俄比亚人那里去（他们的居地从东埃塞俄比亚起，西达毛利泰尼亚的阿特拉斯山），于是请求马略派遣苏拉到他那里去商量。马略派苏拉去了。菩卡斯本人、他的朋友马格达尔西斯和一个迦太基的被解放奴隶科尼利阿斯用下面的方法，瞒过了朱古达的朋友阿普赛尔，阿普赛尔是朱古达派到菩卡斯的军营里来监视菩卡斯的行动的。①

① 公元前 105 年苏拉利用菩卡斯的帮助，俘虏朱古达，朱古达战争（前 118—前 105 年）才告结束。——译者

第九卷　马其顿事务（片断） 11

I. 辑自《使节》

当马其顿国王腓力[①]开始向罗马人作战[②]的时候，罗马人没有注意他。他们正忙于别的事情，所以他们甚至于没有想到他，因为意大利还正在被迦太基将军汉尼拔所蹂躏，他们在阿非利加、迦太基和西班牙都有大批军队，并且正在恢复西西里的秩 前 215
序。腓力本人虽然没有受过罗马人的任何侵害，但是为扩充领土的野心所驱使，他派遣一个以谢诺芬尼斯为首的使团，到意大利去向汉尼拔说，如果汉尼拔同意帮助他征服希腊，他就也答应在意大利帮助汉尼拔。汉尼拔同意这个协议，宣誓保证这个协议，并派遣一个使团去接受腓力的宣誓。在他们的归途中，两方面的大使们都被罗马的一条三列桨战舰所截获，被送往罗马。因此，腓力大怒，乃进攻罗马的同盟国科西拉。

II. 辑自红衣主教马伊的梵蒂冈抄本 13

西俾尔圣书[③]以这些诗句引诱罗马人对腓力进行战争：“马 前 215

① 腓力第五（前 231－前 179 年）。——译者

② 第一次马其顿战争（前 215－前 205 年）。——译者

③ 参阅 I（VIII）。——译者

其顿人自夸为亚哥斯诸王的后裔。腓力是你们的祸福的决定者。老腓力①必定是建立许多城市和民族的统治者，但是小腓力②必失掉一切荣誉，为西方人所征服，必死于此地。”

III. 辑自《使节》

前 208　1. 埃及王托勒密③的使节们以及开俄斯、密提林和阿塔马尼斯人的国王阿密南德的使节们于两个不同的时候，在挨托利亚人平素召集他们的城市来会商的地方④举行会议，以调解罗马人、挨托利亚人和腓力之间的纠纷。但是萨尔彼喜阿斯⑤说，他无权订立和约。他秘密地写信给元老院说，挨托利亚人继续对腓力作战，对罗马人是有利的，因此元老院阻止这个和约，派遣一万步兵和一千骑兵来援助挨托利亚人。利用罗马人的援助，挨托利亚人攻陷了安布累喜阿；但是不久之后，当罗马人离开了的时候，腓力又收复了这个地方。使节们又举行会议，他们再三公开地说，由于腓力和挨托利亚人之间的纠纷，才使希腊人受罗马人的奴役，因为他们使罗马人常常有夺取希腊的企图。当萨尔彼喜阿斯站起来回答他们的时候，群众不愿听他的话，只高声大呼道，使节们说得好。

前 205　2. 最后，挨托利亚人采取主动，撇开罗马人和腓力订立了

① 即亚历山大的父亲，腓力第二。——译者

② 小腓力，即腓力第五。——译者

③ 托勒密第四(前 244—前 205 年)。——译者

④ 挨托利亚的忒耳蒙城。——译者

⑤ 驻扎在希腊的罗马将军。——译者

和约。腓力本人和罗马军队的司令官都派遣使节们到罗马去，以便达成协议。两者之间订立了和约，以双方都不要损害对方的朋友们为条件。这是两者之间第一次试探实力的结果，双方都不相信这是一个稳定的和约，或者是以善意为基础的和约。

IV. 同上

不久之后，腓力命令他的海上属民准备一支舰队，占领了萨 前200
摩斯和开俄斯，并且蹂躏了阿塔拉斯国王的一部分领土。他甚
至袭击帕加玛本土，神庙或坟墓都未能幸免。他又劫掠了罗得
斯人的大陆领土，因为罗得斯人是主张订立和约的。他率领他
的另一部分军队劫掠亚狄迦，围攻雅典，借口说，这些国家中，没
有一个是和罗马人有关系的。又有消息传来，说腓力与叙利亚
国王安提阿结成了同盟，同盟条约上规定，腓力应当帮助安提阿
征服埃及和塞浦路斯岛，因为埃及国王托勒密第四(别号斐罗巴
托①)还只是一个童子；而安提阿应当帮助腓力取得塞勒尼、西
克拉底斯群岛和爱奥尼亚。这个谣传引起普遍的忧虑，罗得斯 17
人把这个消息告诉了罗马人。在罗得斯人之后，雅典的大使们
也到了罗马，抱怨腓力所计划的围攻。挨托利亚人也后悔不该
订立和约，他们抱怨腓力对于他们无信义，请求再为罗马人的同
盟者。罗马人谴责挨托利亚人，因为他们近来叛离；但是罗马人
派遣大使们到两个国王那里去，命令安提阿不要侵入埃及，腓力

① 此处应该是托勒密·斐罗巴托的儿子托勒密第五，别号伊壁芬尼斯。托勒密·斐罗巴托卒于公元前203年。——英译者

不要侵扰罗得斯人和雅典，不要侵扰阿塔拉斯或他们的其他任何同盟者。腓力答复罗马的大使们说，只要罗马人遵守他们和他所订立的和约，那就很好了。这样，条约无效了，一支罗马军队匆忙地被派往希腊，陆军由巴布利阿斯指挥，舰队由琉喜阿斯[①]指挥。

V. 辑自红衣主教马伊的梵蒂冈抄本

前198　马其顿国王腓力和夫雷密奈那斯[②]商谈，这次商谈是因伊壁鲁斯人的大使所引起的。当夫雷密奈那斯命令腓力为了希腊人自己的利益，而不是为了罗马人的利益撤出希腊，并且赔偿他对这些城市所加的损害的时候，腓力一部分……

VI. 辑自《修伊达斯》

一个牧人答应在三天之内，引导一支轻装军队由一条很少有人走的小路去。

19

VII. 辑自《使节》

前198　琉喜阿斯·昆提阿斯〔夫雷密奈那斯〕派遣使者到亚加亚同

① 琉喜阿斯·昆提阿斯·夫雷密奈那斯是泰塔斯·昆提阿斯·夫雷密奈那斯的弟弟。——译者

② 泰塔斯·昆提阿斯·夫雷密奈那斯，当时罗马执政官，指挥侵入马其顿的军队。——译者

盟去,劝他们跟雅典人和罗得斯人一道,背弃腓力,跟罗马人联合在一起。腓力也派遣大使到他们那里去,请求他们以同盟者的资格来援助他。但是他们因为在自己的边界上跟拉西第梦的僭主内比斯作战,受到骚扰,所以意见分歧,迟疑不决。他们大部分人主张和腓力联盟,以反对罗马人,因为以前罗马的司令官萨尔彼喜阿斯在希腊曾经施行了一些暴政。当罗马派坚决要实行他们的主张的时候,大部分反对派因厌恶而退出会议,剩下来的反对派因为人数少,被迫让步,就参加了和琉喜阿斯的同盟,马上带着战争器械,跟着他去围攻科林斯了。

VIII. 同上

夫雷密奈那斯在马利亚湾和腓力第二次会商。当罗得斯人、前 197
挨托利亚人和阿塔马尼斯人的国王阿密南德控告腓力的时候,夫雷密奈那斯命令腓力撤退其在佛西斯的驻军,要求双方派遣使节到罗马去。当他们派遣的使节到了罗马的时候,希腊人请求罗马元老院要腓力从希腊撤出他所谓"希腊的桎梏"的三支驻军:一支驻扎在卡尔西斯,这是威胁彼奥提亚人、优卑亚人和罗
克里斯人的;一支驻扎在科林斯,这是封锁伯罗奔尼撒半岛的门 21
户的;第三支驻扎在狄密特利阿,这好像是监视着挨托利亚人和马格尼西亚人的。元老院问腓力的使节们,国王对这些驻军的看法怎样。当他们回答说不知道的时候,元老院说,这个问题应当由夫雷密奈那斯裁决,照他所认为正当的去做。所以使节们就离开了罗马。但是夫雷密奈那斯和腓力不能达成协议,因此战

争又开始了。

IX. 同上

1. 腓力再次战败①之后，派遣一个传令官到夫雷密奈那斯那里去求和，夫雷密奈那斯又允许跟他会商；在会商中，挨托利亚人很不高兴，责备夫雷密奈那斯受了国王的贿赂，埋怨他对于这一切事务轻易地改变想法。但是他认为，如果废除腓力，使挨托利亚人的权力至高无上的话，那对于罗马人或希腊人都是不利的。可能这个意外的胜利使他认为满意了。他同意腓力到一个地方来了之后，他首先要求同盟者一个城市一个城市地发表意见，别的城市的态度比较温和，因为它们担心，正如腓力的灾难所证明的，命运是无常的；他们认为他之遭遇着这个灾祸，不是由于软弱，而是由于不幸。但是挨托利亚人的首席官吏亚历
23 山大说："夫雷密奈那斯不知道，只有毁灭腓力的帝国，才是对罗马人或希腊人有利的。"

2. 夫雷密奈那斯回答说，亚历山大不知道罗马人的性格，他们从来不曾一举就毁灭一个敌人，而是饶恕了许多侵犯者，正好像近来饶恕迦太基人一样，恢复他们的财产，并且跟那些过去对不起他们的人订立同盟。他说，"你们也不知道，马其顿边界上有许多蛮族部落，如果我们废除了马其顿国王的话，他们会很容易地侵入希腊。因此，我认为还是保留着马其顿政府以保卫你

① 公元前197年罗马人大败腓力于星诺塞法利。——译者

们,免受蛮族的侵略。[①] 但是腓力应当从那些过去他不肯放弃的希腊地方撤退,应当赔偿罗马战费二百他连特,并以最显贵的家族的成员作为人质,包括他自己的儿子狄密多留在内。休战四个月,等候元老院批准这些条件。”

3. 腓力接受了所有这些条件;元老院知道订立和约的时候,就批准了,但是认为夫雷密奈那斯所要求的条件还不够,它下令,所有在腓力统治下的希腊城市都得到自由,他应当在下届地峡赛会[②]以前,把在这些地方的驻军撤退;他所有的船舰,除一条六列桨船舰和五条装有甲板的小船外,都应交给夫雷密奈那斯;他应当立即付给罗马人白银五百他连特,此外还要每年付给五百他连特,以十年为期;他应当把他手中所有的战俘和叛徒交出。这些条件是元老院加进去的。腓力全部都接受了,这比什么东西都更强烈地证明夫雷密奈那斯所提出的条件是多么不够。他们派遣十个人到夫雷密奈那斯那里来作顾问(在每次战争结束的时候,习惯上常是这样做的),他们帮助他处理新得到的土地。 前196

4. 他和这些顾问把这些事情办好了之后,他亲自参加地峡赛会,竞赛场中充满了人,他以军号命令他们肃静,并要传令官宣布如下:“罗马人民和元老院以及他们的将军夫雷密奈那斯征服了马其顿和马其顿国王腓力之后,使希腊免除外国驻军之苦,不付贡税,依照他们自己的风俗和法律生活

① 参阅波里彼阿《通史》XVIII,37,9。——译者

② (前196年6月—7月)。地峡赛会是在科林斯举行的,每两年在初春或夏季举行一次。——译者

着。”[①]于是群众高声欢呼，发生欢天喜地的骚动，到处有成群的人把传令官唤回来，让他向他们重说这些话。他们把花冠和头带投在夫雷密奈那斯头上，决议在他们的城市里替他竖立铜像。他们派遣使节，携带金冠到罗马的卡皮托神庙去，表示他们的感激，把他们自己列为罗马人的同盟者之列。罗马人和腓力的第二次战争就这样结束了。

前 190　5．后来不久，腓力甚至在希腊帮助罗马人对安提阿国王作战；[②]当他们正在亚细亚向安提阿进军作战，由崎岖难行的道路上通过色雷斯和马其顿的时候，他带着自己的军队护送他们，供给他们粮食和金钱，修补道路，在没有渡口的河流上搭桥，驱散
27 心怀敌意的色雷斯人，他引导他们一直达到赫勒斯滂。为了报酬他的这些功绩，元老院释放了扣留为人质的他的儿子狄密多留，豁免了他尚未付出的赔款。但是当罗马人战胜安提阿回来的时候，这些色雷斯人袭击罗马人，把他们的战利品抢去了，杀害了许多罗马人[③]——这很明显地说明当他们进军的时候，腓力对罗马人所作的贡献是多么大。

前 183　6．对安提阿的战争结束之后，许多希腊人控诉腓力，说他藐视夫雷密奈那斯在解决希腊的事务时所下的命令，有许多不许他做的事情，他做了；或者有许多要他做的事情，他没有做。为了答辩这些控告，狄密多留代表他的父亲，作为使者到罗马

① 这是罗马侵略者欺骗希腊人民的，罗马侵略者在希腊到处干涉内政，扶助寡头贵族，迫害民主派。——译者

② 参阅 XI. 16 以下。——译者

③ 参阅 XI. 43。——译者

去,因为他在罗马为人质时,罗马人很喜欢他,夫雷密奈那斯也是对元老院极力称赞他的。他由于很年轻,似乎有点慌张,他们要他诵读他父亲的备忘录,在备忘录中分别地记载着,某些事情已经做了,另一些事情是应当做的,虽然那些事情的决定是不公平的,因为这种陈述附加了许多条款。但是元老院因为他在最近对安提阿的战事中给予的热心帮助,说元老院将饶恕他;又补充说,元老院之饶恕他是因为狄密多留的关系。在和安提阿的战争中,腓力对罗马人显然作出了最大的贡献,[①]当时假若他和安提阿合作,如安提阿所请求的那样,他是可以给罗马人以最大的损害的,因此他指望可以从罗马人手中得到很多利益;但是他
现在看到他不被信任,受到非难,罗马人对他只是饶恕而不是感 29
激,而且饶恕也只是因为狄密多留的关系,因而大为愤怒,但是他隐瞒了他的真实情感。后来有一些事情在罗马人面前仲裁的时候,罗马人把他的许多领土转让给攸美尼斯,总是设法削弱他,因而他终于秘密地准备战争了。

X. 辑自《修伊达斯》

腓力把所有航海来进攻他的军队完全消灭了,否则罗马人会说,马其顿的势力已经被打垮了。

① 参阅 XI.23。——译者

XI. 辑自《使节》

1. 罗马人对柏修斯(腓力的儿子)猜忌,因为他的势力迅速地增加了;他们特别感到不安,因为他和希腊人很接近,他和那些因为罗马将军们而深恨罗马人的人交朋友。后来那些被派到巴斯塔尼部落里去的使节们报告说,他们看到马其顿坚固设防,有充足的战争物资,马其顿青年受了良好的训练;这些事
前172 情也使罗马人感到不安。柏修斯看到这种情况的时候,他派遣另一些使节们去消除这种猜忌。这时,帕加玛附近亚细亚地区的国王攸美尼斯,因为以前和腓力有宿怨对柏修斯不放心,也到了罗马,在元老院公开地告发柏修斯,说他总是敌视罗马人的;他杀害了他的兄弟,[①]就是因为他的兄弟对罗马人友善,
31 他帮助腓力聚集大量军备来反对罗马人,这些军备,在他即位的时候,实际上是增加了,而不是减少了;他用一切可能的办法来讨好希腊人,给予拜占庭人、挨托利亚人和彼奥提亚人以军事援助;他已经占有了色雷斯的要塞,当帖撒利人和培希比人想派遣使团到罗马来的时候,他煽动他们,使他们不和。

2. 他说,"对于你们的两个朋友和同盟者,他把阿布鲁玻里逐出他的王国,阴谋杀害伊利里亚酋长阿提塔鲁斯而庇护那些杀害阿提塔鲁斯的凶手们。"攸美尼斯又因为他和外国人的婚姻

① 即狄密多留,参阅李维 XI.24。——译者

关系①而诽谤他，因为两次都和王族发生婚姻关系，他的结婚游行是由罗得斯的全部舰队护送的。攸美尼斯甚至把他这样年轻的时候所表现的勤劳克己的生活和他迅速地取得广泛的声誉和赞美作为告发的材料。凡是那些甚至比直接告发还更能引起罗马人对他的嫉妒、猜忌和畏惧的事情，攸美尼斯都没有遗漏，他力劝元老院当心这个声望这样高，又跟他们这样接近的青年敌人。

3. 元老们实际上是因为他们不愿在他们旁边有一个头脑清醒、勤劳而仁慈的国王，一个世袭的敌人这样迅速地露头角；但是外表上是因为攸美尼斯的告发，决定对柏修斯作战。在目前，他们把这个企图隐藏起来。当柏修斯派去答辩攸美尼斯的
控告的代表哈巴拉斯和罗得斯人派去的一个使节想要当面驳斥 33
攸美尼斯的时候，元老院当攸美尼斯还在那里的时候，不接见他们；等到攸美尼斯离开了那里之后，他们才被接见。他们第一次失去了耐心，很坦白地说出他们心中的话，这样，更加使罗马人生气，因为罗马人已在考虑跟柏修斯和罗得斯人作战了。但是许多元老们责难攸美尼斯不应该因为他自己个人的私仇和恐惧而引起这样大的一次战争；而罗得斯人，在许多国王派去参加他们的太阳神节日的代表中，不肯接待攸美尼斯所派去的代表们。

4. 当攸美尼斯回到亚细亚去的时候，他从瑟哈德特尔斐去祭神，有四个人藏在墙后面，向他行刺。除此之外，罗马人还提出了他们要和柏修斯作战的其他一些原因，好像他们还没有下

① 他自己娶塞留古第四之女雷俄狄斯为妻，他的妹妹嫁给俾泰尼亚国王普鲁西亚（XII. 2）。——译者

令作战的样子。他们派遣大使们到诸同盟国王——攸美尼斯、安提阿、阿里阿累西斯、马西尼萨和埃及国王托勒密那里去，也到希腊、帖撒利、伊壁鲁斯和阿开那尼亚去，到那些他们可以拉到他们一边来的岛屿去。这特别使希腊人感到不安，有些是因为他们把柏修斯当作一个希腊的朋友而非常爱戴他，有些是因为他们被迫而和罗马人订立协议的。

前171　5. 当柏修斯知道这些事实的时候，他又派遣一些使节到罗马去；使节们说，国王很惊异，希望知道为什么他们忘记了协议而派遣代表到四周各地去，来反对他——他们的同盟者。如果他们因为什么事情而生气的话，他们应当首先谈判。于是元老
35 院把攸美尼斯所告诉他们的事情，攸美尼斯所受的损失，特别是他占领了色雷斯，聚集了一支军队和许多战争物资，这表示不想要和平的样子，来责备他。他再次派遣使节，这些使节被引入元老院议事厅，他们发言如下："罗马人啊，对于那些想要寻找战争口实的人，任何一点事情都可以作为借口，但是如果你们尊重条约的话——你们说你们是很尊重条约的——那么，你们从柏修斯手中受到了什么损失，以至于要跟他作战呢？这不能是因为他有一支军队和战争物资。他不是拿这些东西来反对你们的，你们也不禁止其他的国王有这些东西，他要提防他统治下的人，提防他的邻人，提防外国人，害怕他们有反对他的企图。但是对于你们罗马人，他派遣使节来批准这个和约，这个只是最近才重订的条约。

6. "但是你们说，他把阿布鲁玻里逐出他的王国，是的，不错，但是这是由于自卫，因为他已经侵入了我们的领土。这个事

实，柏修斯本人已经向你们说明了，后来你们和他重订新约，因为那时候攸美尼斯还没有诽谤他。阿布鲁玻里事件发生在订约之前，当你们批准这个条约的时候，你们似乎认为这个事件是公平的。你们说他和多罗彼人作战，但是他们是他自己的属民。如果他对他自己的属民所做的事情也必须向你们报告的话，这是太苛求了。尽管这样，为了对你们和他自己的名誉的高度重视，他还是向你们报告了。这些多罗彼人把他们的总督拷打致死，柏修斯要问，你们的属民如果犯了这样的罪行的话，你们是
怎样对待的呢？但是杀害阿提塔鲁斯的凶手们继续住在马其 37
顿！是的，这是根据人类的共同法律；根据同样的法律，你们自己也庇护了从别的国家逃亡来的人。但是当柏修斯知道你们认为这是一个罪行的时候，他就完全禁止他们到他的王国境内来了。

7.“他支援拜占庭人、挨托利亚人和彼奥提亚人，不是反对你们，而是反对别人。关于这些事情，我们的大使们很久以前就告诉了你们。你们没有反对，直到攸美尼斯诽谤我们的时候为止，而你们又不许我们的大使们当着他的面答辩。但是你们责难柏修斯，说柏修斯在特尔斐阴谋杀害他。多少希腊人和多少蛮族人曾经派遣过使节到你们这里来控诉他，他是所有这些人的敌人，因为他是这样卑鄙的一个人！至于勃隆度辛的挨累尼阿斯说，柏修斯会选择一个罗马公民——你们的一个很殷勤有礼的朋友，来对元老院下毒药，好像他能够利用他来消灭元老院，或者消灭一些元老们，使另一些元老们对他好些，这种事情，谁会相信呢？挨累尼阿斯对那些想煽动你们作战的人说谎，给

他们造成一个似乎合理的口实。柏修斯为这样多的民族所喜爱，他是希腊的朋友，他过着一个统治者的克己生活，而不是一个酒徒，不是一个浪子；攸美尼斯，由于仇恨、嫉妒和恐惧，甚至不惜把这一点也作为一个罪行，而你们竟能耐心地听信他口中的这些废话！

8. “因此，你们对他所加的责难，甚至在更大的程度上在你们自己的头脑中得到反应，因为人们会看见你们是不容忍温和、
39 正直而勤勉的邻居的。柏修斯敢于要求挨累尼阿斯和攸美尼斯或任何其他的人在你们面前受到严格的检查和审判。他提醒你们不要忘记他的父亲在帮助你们和安提阿大王作战时的热忱。[①] 在那时候你们是知道得很清楚的；因为这已经过去，而忘记了它是卑鄙的。并且他求助于你们跟他的父亲以及跟他本人所订的条约，他毫不迟疑地劝告你们也要畏惧你们所凭以宣誓的神祇，不要对你们的同盟者发动非正义的战争，不要以邻近、节制和准备作为不满的原因。象攸美尼斯一样，因嫉妒或恐惧而被煽动起来了，这是有辱于你们的。反过来说，如果你们饶恕一些勤勉的、如攸美尼斯所说的，有充分准备的邻居，这样做是聪明的。”

9. 当这些使节们这样说完了的时候，元老院没有答复，只是公开宣布战争，执政官命令使节们当天离开罗马，在三十天之内离开意大利；对于所有在罗马的马其顿居民也宣布了同样的命令。元老院这个行动使人们既是惊慌，又是愤怒，因为在通告

① 参阅 IX(IX. 5)。——译者

后几小时内,这样多的人要被迫一块儿离开罗马,在这样短的时间内,人们甚至连驮兽也不能找到,而又也不能自己搬运所有的东西。在匆忙中,有些人不能达到一个住宿的地方,只得在中途过夜。另一些人带着妻室儿女在城门口投身于地上。这样出乎意外的命令颁布之后,任何事故都可能发生;因为和议正在进行中,这个命令是他们所没有预料到的。

XII. 同上

柏修斯在胜利之后,或者因为要愚弄克拉苏以嘲笑他,或者 *41*
因为要试探他的心情,或者因为害怕罗马人的势力和资源,或者 前171
因为其他的缘故,他派遣使者到克拉苏那里去商谈和约,做了许多他的父亲腓力所曾经拒绝过的让步。在这个诺言中,柏修斯似乎是在愚弄和试探克拉苏。但是克拉苏回答说,如果他不把马其顿和他自己交出来的话,那么,跟他议和,是有失于罗马人的尊严的。罗马人是首先退却的,克拉苏深以为耻,因此他召集一个会议,在会议中,他表扬了帕撒利人在这次灾祸中的勇敢行为;他虚伪地申斥了挨托利亚人和其他希腊人,说他们不应该首先逃跑,他把这些人送到罗马去了。

XIII. 辑自《修伊达斯》

双方的军队都利用夏季剩下来的时间聚集谷物,柏修斯在田野中打谷,罗马人在他们的军营里打谷。

XIV. 同上

他（昆·马喜阿斯）虽然年已六十，笨重而肥胖，但是在劳动方面，是第一流的。

43 ## XV. 同上

前 171 当柏修斯正在洗澡以恢复精神的时候，有人跑到他那里去，告诉他说，〔敌人来了。〕他从水中跳出，大声说，他还没有作战，就被俘虏了。

XVI. 辑自《美德与恶行》

前 169 柏修斯在逃跑之后，此刻渐渐恢复了他的勇气，他很卑鄙地杀死了尼西阿斯和安得罗尼卡；他们是受他派遣，带着命令去把金钱抛在海中，把船舰焚毁的；因为这些船舰和金钱被救出来了，他知道他们亲眼看见他的可耻的惊慌，可能告诉别人。从那时候起，他突然变为一个对任何人都是残暴和不顾一切的人了。以后，他的判断也表现得不是正确的或聪明的。过去他在计谋中最有说服力，在推测中最为精干，在战斗中最为勇敢，只是由于缺乏经验，有时失败；但是当他开始走背运的时候，他莫名其妙地突然变为懦弱和轻率，以及在一切事务中不稳定、无恒心和灵机迟钝了。这样，我们看到，许多人在处于逆境中的时候,便丧失了他们通常的判断力。

XVII. 辑自《使节》

罗得斯派遣使节们到马喜阿斯那里去,祝贺他和柏修斯作 前169
战。马喜阿斯要这些使节们劝罗得斯人派遣使者到罗马去,设 *45*
法使罗马人跟柏修斯订立和约。当罗得斯人听到这些事情的时候,他们改变了心思,认为柏修斯的情况还不是那么坏,因为他们认为如果没有取得罗马人的同意,马喜阿斯不会这样吩咐的。但是他做这件事以及许多其他的事,都是由于胆怯而擅自主张的。尽管这样,罗得斯人还是派遣了使者到罗马去,另一些使者到马喜阿斯那里去了。

XVIII. 辑自《美德与恶行》

1. 马其顿边界上一个伊利里亚人部落的国王贞修斯,为了 前168
三百他连特的利益,和柏修斯订立同盟,他已收到了一部分现金,于是他便进攻罗马人的伊利里亚。当罗马人派遣柏彭那和培提略为使节去查问这件事情的时候,他把他们两人囚禁起来。当柏修斯知道这件事的时候,他决定不再付清其余的款项,因为他认为贞修斯已经用他自己的行动,使他成为罗马人的敌人了。他又派遣代表们到多瑙河那一边的基提人那里去,又向攸美尼斯提出,如果攸美尼斯倒到他一边来,或者替他向罗马人商议一个和约,或者在战争中不支援任何一方的话,他愿意给予

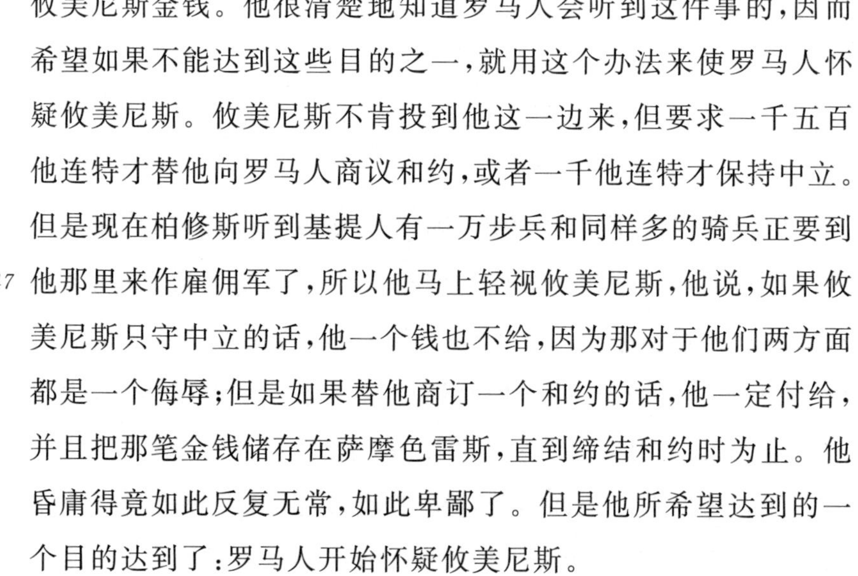

攸美尼斯金钱。他很清楚地知道罗马人会听到这件事的，因而
希望如果不能达到这些目的之一，就用这个办法来使罗马人怀
疑攸美尼斯。攸美尼斯不肯投到他这一边来，但要求一千五百
他连特才替他向罗马人商议和约，或者一千他连特才保持中立。
但是现在柏修斯听到基提人有一万步兵和同样多的骑兵正要到
47 他那里来作雇佣军了，所以他马上轻视攸美尼斯，他说，如果攸
美尼斯只守中立的话，他一个钱也不给，因为那对于他们两方面
都是一个侮辱；但是如果替他商订一个和约的话，他一定付给，
并且把那笔金钱储存在萨摩色雷斯，直到缔结和约时为止。他
昏庸得竟如此反复无常，如此卑鄙了。但是他所希望达到的一
个目的达到了：罗马人开始怀疑攸美尼斯。

2. 当基提人渡过多瑙河的时候，他们要求给予他们的领袖克罗略一千金币，每个骑兵十个金币，每个步兵五个金币，总共十万五千金币多一点。柏修斯派遣使者带着给予他们的军官们的军袍、金项圈和马匹以及一万金币，到他们那里去。当他离他们的军营不远的时候，他派人去请克罗略来。克罗略问使者们是否带来了黄金，当他知道他们没有带来的时候，他命令他们回到柏修斯那里去。当柏修斯知道此事的时候，他又被神明所扰乱，在他的朋友中，任性地抱怨基提人轻诺寡信的性格，伪称他不敢接受两万基提人在他的军营里。他说，他能够勉强地接受一万人；他们如果反叛的话，他能够镇压他们。

3. 当他对他的朋友们说这些事情的时候，他对基提人说了别的谎言，要求他们的一半军队到他这边来，答应把即将得到手的黄金给予他们——他是这样矛盾，这样急于想得到不久以前

他命令投入海中的那些金钱。克罗略看到使者们又回来了,他
大声地问他们是否带来黄金;当他们想要说别的事情的时候,他 49
命令他们首先谈那些黄金。当他知道他们还没有得到黄金的时
候,他再也不听他们一句话,就带着他的军队回国去了。这样,
柏修斯又失掉了这些同盟者,这些同盟者人数很多,并且是正在
恰好的时机到达的。他又是这样愚拙,当他带着一支大军在菲
拉过冬的时候,他不侵入供给罗马人粮食的帖撒利,而派遣军队
到爱奥尼亚去阻止罗马人在那个地区取得粮食。

XIX. 同上

当鲍鲁斯①的幸运达到这样的顶点的时候,神明嫉妒他的昌盛。他的四个儿子中的两个大的,马克西马斯和西庇阿,过继给别的家族了;②两个年纪小点的,一个死于他举行凯旋之前三天,另一个死于他举行凯旋之后五天。在他对人民的演说中,他把此事说得和任何其他的事情一样重要。当他来到广场时,按照将军们的习惯,报告他的工作的时候,他说,"我一天就从勃隆度辛航海到了科西拉。我五天就从科西拉到了特尔斐,我在特尔斐向神致祭。又用了五天,我到了帖撒利,就司令官职。十五天之后,我战胜了柏修斯,征服了马其顿。所有这些幸运的事来

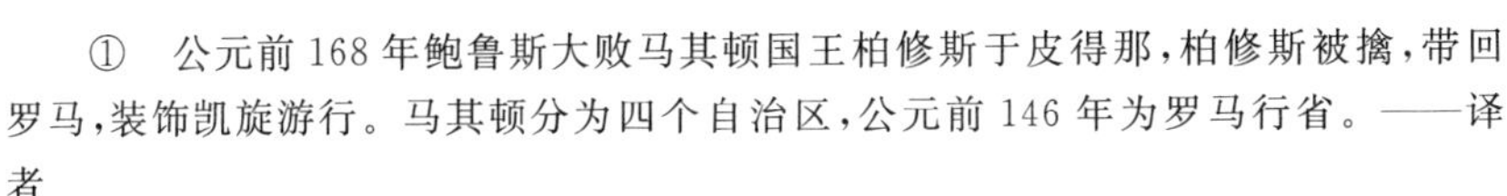

① 公元前168年鲍鲁斯大败马其顿国王柏修斯于皮得那,柏修斯被擒,带回罗马,装饰凯旋游行。马其顿分为四个自治区,公元前146年为罗马行省。——译者

② 马克西马斯过继给非比阿家族(VI. 65),西庇阿过继给西庇阿家族,即小西庇阿·阿非利加那(VIII. 上,101和XI. 29)。——译者

前168 得这样迅速，使我担心在我回国途中，我的军队会遭到一些灾
51 祸。当军队安全地回国的时候，我替你们担心命运的嫉妒。现在灾祸降在我身上，我突然丧失了我的两个儿子，我是最不幸的，但是我免除了替你们的担心。”鲍鲁斯这样说了之后，因为他所有的功绩，①人人赞扬他；因为他的儿子的死亡，人人同情他。他不久之后就死了。

①　鲍鲁斯是个大刽子手，仅在伊壁鲁斯一带，一小时以内就有七个城镇受到洗劫〔X(II.9)〕，十五万人被卖为奴隶。——译者

第十卷　伊利里亚的战争 55

I. 伊利里亚人的起源

伊利里亚人的起源

1. 那些居住在马其顿和色雷斯的那一边，从查俄尼亚和帖斯普罗提亚到多瑙河一带地区内的人，希腊人称之为伊利里亚人。这是这个地区的纵的方面；它的横的方面是从马其顿和色雷斯的山脉到巴诺尼亚、亚得里亚海和阿尔卑斯山山麓。据希腊作家们说，它的纵的方面是五天的路程，它的横的方面是三十天的路程。罗马人测量这个地区，发现其长度在六千斯塔狄亚①以上，其广度约一千二百斯塔狄亚。②

2. 他们说，这个地区的名字是从波利非马斯③的儿子伊利里阿斯而来的。独眼巨人波利非马斯和他的妻子加拉提亚④有三个儿子：塞尔都斯、伊利里阿斯和加拉斯，三人都是从西西里迁来，统治那些因他们的名字而命名的克勒特人、伊利里亚人和加拉西亚人的民族。许多民族所流传的许多神话中，我认为这似乎是最有理由的。伊利里阿斯有六个儿子：恩基利阿斯、奥塔 57

---

① 合 1110 公里。——译者

② 合 222 公里。——译者

③ 海神波赛敦的儿子，住在西西里，曾因奥德秀斯及其伙伴十二人于其洞穴中。奥德秀斯设计弄瞎了他的眼睛，因而逃跑出来了。见《奥德赛》(9.106 以下)。——译者

④ 海上女神。——译者

利阿斯、达达那斯、密都斯、道拉斯和培希巴斯；也有一些女儿们：巴托、达奥托、达塞罗和其他一些；从这些人产生了道兰底人、培希比人、恩基利人、奥塔利恩斯人、达达尼人、巴提尼人、达塞累底人和达西伊人。奥塔利阿斯又有一个儿子，巴诺尼阿斯或培翁；巴诺尼阿斯又有两个儿子，斯科狄斯卡和特利巴拉斯，从这两个人又产生了两个名字相类似的民族。但是这些事情让考古学家去谈吧。

3．在这样广阔的一个地区内，有许多伊利里亚人的部落，这是很自然的；就是现在，斯科狄西人和特利巴利人的名字还是很有名的，他们居住在一个广阔的地区内，彼此战争，互相毁灭，达到这样的程度，以致残余的特利巴利人逃到多瑙河那一边去，和基提人一起居住了。他们虽然繁盛到腓力和亚历山大的时代，[①]但是现在已经灭绝，他们的名字在他们曾经居住过的地区内已很少有人知道了。斯科狄西人也同样地降到极端衰弱的地步，在后来和罗马人的战争中受到很大的损失之后，逃到多瑙河中的岛屿上。经过一些时间之后，他们有些人回来了，定居在巴诺尼亚的疆域之内，这样，现在还有一个斯科狄西人部落，住在巴诺尼亚。同样地，以海上势力著名的阿狄阿西人最后也被陆军势力较强而常被阿狄阿西人打败的奥塔利恩斯人所消灭了。另一个伊利里亚人部落利布尼人，作为一个航海民族，仅次于阿狄阿西人。他们利用轻快小船在亚得里亚海中和岛屿上从事海盗生涯，因为这个缘故，罗马人直到今日，还称他们的轻快二列

① 公元前四世纪。——译者

桨船为“利布尼”。

4. 据说，奥塔利恩斯人是由于阿波罗的复仇而遭到毁灭 59
的。他们跟摩利斯多马斯和一个克勒特民族西姆布赖人一起参 阿波罗的复仇
加侵犯特尔斐神庙的远征，他们大部分人在还没有达到窃取圣
物的目的的时候，就被暴风、飓风和雷电所毁灭了，残留下来的
人回到家乡的时候，马上就来了无数身体被溪水脏污了的青蛙；
地下发出有毒素的水蒸气，因而在伊利里亚人中间引起瘟疫，特
别使奥塔利恩斯人易于死亡。最后，他们带着瘟疫逃出家乡（因
为害怕这种瘟疫，没有人肯接待他们）。他们走了二十三天之
后，到了基提人的一个无人居住的沼泽地区，他们定居在那里，
与巴斯塔尼人为邻。阿波罗神以地震惩罚克勒特人，摧毁了他
们的城市，这个灾祸并不停止，直到最后他们也离开了住所，侵
入伊利里亚，和他们的同伙犯罪人住在一起，后者已因瘟疫而被
削弱了。当他们掠劫伊利里亚人的时候，他们染上瘟疫，于是他
们又逃跑，沿途掠劫，到达比里尼斯山脉。但是当他们回到东方
的时候，罗马人记得他们以前和克勒特人的冲突，害怕这些人会 前105
越过阿尔卑斯山，侵入意大利，因此派遣两个执政官领兵去抵抗 第一次和罗马人接触
他们，这两个执政官全军覆灭了。罗马人所受到的这个灾祸引
起全意大利对克勒特人的巨大恐惧，直到最后，刚战胜努米底亚
人和毛利泰尼亚人不久的盖约·马略当选为司令官，并且屡次
打败了西姆布赖人，大肆屠杀，如我在《克勒特人史》中已经叙述
的那样。[①] 他们陷于极端衰弱的地位，为各地所拒绝，因此，在 61

① 这部分历史已失传；参阅 IV.(I)2；XIII.29。——译者

给予别人许多损害，而自己也遭受许多损害之后，他们回到家乡去了。

5. 这就是阿波罗神因为伊利里亚人和克勒特人不敬奉神祇，对于他们所加的惩罚。但是他们并未停止掠劫神庙，因为某些伊利里亚人部落，特别是斯科狄西人、密底人和达达尼人，又跟克勒特人联合在一起，同时侵入马其顿和希腊，掠劫许多神庙，包括特尔斐神庙在内，但是这次死亡了许多人。罗马人在他们第一次跟克勒特人冲突之后的三十二年间，不断地和他们作战，到此时，罗马人因为这次神庙的被劫掠，在琉喜阿斯·西庇阿领导下，向伊利里亚人作战了，因为现在罗马人已占有马其顿和希腊。据说，邻近的部落记得伊利里亚人因为奥塔利恩斯人的罪行所遭到的灾祸，不愿支援神庙的劫掠者，而有意地遗弃他们，把他们交与西庇阿，西庇阿把大部分斯科狄西人消灭了，残余的人逃到多瑙河，定居在多瑙河中的岛屿上。西庇阿跟密底人和达达尼人订立和约，从他们手中得到了原属于神庙的那些黄金的一部分，作为贿赂。有一个罗马作家说，这是琉喜阿斯·西庇阿时代以后，直到帝国成立的时候止，罗马人许多内战的主要原因。关于希腊人所称为伊利里亚人的诸民族，我就说到此地为止，以作为序言。

63 6. 这些民族以及巴诺尼亚人、利喜阿人、诺利西人、欧罗巴的密西亚人和住在多瑙河右岸的其他邻近部落，罗马人都把他们彼此分别开来，正和希腊诸民族彼此分别开来一样，他们用每个部落各自的名字相称，但是他们认为整个伊利里亚包括在一个共同的名称之下。这个观念起于何时，我不能寻找出来，但

是这个观念一直继续到今天，因为他们承包从多瑙河河源到攸克星海间所有的国家的税收在一个项目之下，称为伊利里亚税收。罗马人怎样征服他们的，这些战争确实的原因和借口是什么，我在写克勒特历史的时候，承认我没有找出来，我请求那些能够告诉我们更多一些东西的人写下来。而我只把自己所知道的写下来。

II. 罗马人和伊利里亚人最早的关系

7. 阿格朗是亚得里亚海滨伊利里亚那部分领土的国王，亚 前230
得里亚海是伊壁鲁斯国王皮洛斯及其继承人统治的。阿格朗在 第一次伊利里亚战争
他一方面，夺取了伊壁鲁斯一部分领土，又先后占领了科西拉、
伊庇丹努和法鲁斯，[①]在这些地方驻扎了军队。当他的舰队威
胁亚得里亚海其余地区的时候，伊萨岛[②]请求罗马人的援助。
罗马人派遣使者跟伊萨人去调查阿格朗对他们所加的侵害。当
使者们航行去的时候，伊利里亚人的轻型船只进攻他们，杀害了
伊萨的代表克利姆博鲁斯和罗马人科伦卡尼阿斯；其余的人飞 65
跑逃亡。因此，罗马人由海陆进攻伊利里亚。同时，阿格朗已经 前229
死了，遗下一个婴儿名叫派恩斯，他的妻子为监护人和摄政，虽
然她不是这个小孩的母亲。阿格朗的法鲁斯总督，同时也统治
科西拉的狄密多留阴谋叛变，把这两个地方投降于入侵的罗马
人。罗马人和伊庇丹努人订立同盟并支援伊萨人和正在被伊利

① 现在南斯拉夫的赫瓦尔岛。——译者

② 现在的维斯岛，在亚得里亚海中。——译者

里亚人围攻的伊庇丹努人。后者解围逃跑，他们中间一个部落
前 228 阿丁坦尼人倒到罗马人一边去了。这些事情发生之后，阿格朗的寡妻派遣使者到罗马去，把俘虏和叛徒交给罗马人。她不是为她自己而是为了阿格朗所做的一切请求宽恕。使者们得到这样的答复：科西拉、法鲁斯、伊萨、伊庇丹努等地的居民和伊利里亚的阿丁坦尼人已经是罗马的属民，如果派恩斯放弃上述的地方，同意不得有两条以上的而且必须是解除武装的快船航行于利苏斯以外的海域的话，他可以保有阿格朗王国其余的领土，作为罗马人民的一个朋友。这些条件她都接受了。

8．这就是罗马人和伊利里亚人间的第一次冲突与和约。于是，罗马人使科西拉和阿波罗尼亚得到了自由。他们给予狄密多留某些要塞，作为他背叛自己人民的报酬，附加一个明白表
67 示的条件，说他们只是暂时把这些要塞给他，因为他们怀疑他的
前 222 背信弃义的精神；不久之后，这种精神完全支配了他。因为当罗
第二次伊利里亚战争 马人正在和波河流域的高卢人进行三年战争的时候，狄密多留认为他们事忙，无暇兼顾，就出发从事海盗远征，并且拉着另一个伊利里亚的部落伊斯特赖人一起参加这个勾当，使阿丁坦尼人脱离罗马。罗马人解决了高卢的战事之后，马上就派遣一支海军战败了海盗。次年，他们进攻狄密多留和他的伊利里亚同伙罪犯。狄密多留逃往马其顿国王腓力那里，但是当他回来又在亚得里亚海上从事海盗勾当的时候，他们杀死了他，把他的故
前 220 乡法鲁斯城完全毁灭了，因为这个城市和他的罪恶勾当是分不开的。但是，因为派恩斯又恳求饶恕，他们赦免了伊利里亚人。这就是罗马人和伊利里亚人的第二次冲突和条约。

9. 我所发现的其余的全部事实，我不是按照年代顺序记下来的，而是分别地叙述每个伊利里亚民族。

当罗马人在腓力的继承人柏修斯时代和马其顿进行战争的 前168
时候，另一个伊利里亚人部落的国王贞修斯为了金钱，和柏修斯 与贞修斯的战争
订立同盟，进攻罗马人的伊利里亚，并且把罗马人派去的使节囚
禁起来，控诉他们不是使者而是间谍。罗马将军安尼喜阿斯率
领海军远征，俘虏了贞修斯的一些快帆船，又和他在陆地上作
战，打败了他，把他包围在一个要塞中。当他恳求谈判的时候， 69
安尼喜阿斯命令他投降罗马人。他请求给他三天的时间来考
虑，安尼喜阿斯允许了他；三天满期的时候，他的属民已经倒到
安尼喜阿斯一边去了，他请求和安尼喜阿斯会晤；他跪下，极为
卑贱地乞饶。安尼喜阿斯鼓励这个正在战栗的坏蛋，把他从地
上扶起来，请他吃晚餐，但是在宴会后他将要离开的时候，安尼
喜阿斯命令侍从们，把他投入狱中。后来安尼喜阿斯在罗马举
行凯旋的时候，带着贞修斯和他的儿子们在一起；和贞修斯进行
的全部战争在二十天之内就结束了。但是战胜柏修斯的伊密利 前167
阿斯·鲍鲁斯在回罗马的途中，依照元老院的密令，特别巡视了
贞修斯的七十个城市。这些城市大受震惊，但是他说，如果这些
城市把所有的金银都交给他，他答应饶恕一切。当它们同意这
样做的时候，他分别派遣军队到每个城镇里去，指定所有负指挥
责任的军官们在同一天内行动，命令他们于黎明时在每个城镇
中宣布；所有的居民都应当在三小时内把金钱带到市场里来；当
他们带来了之后，就劫掠他们所剩余的财产。这样，鲍鲁斯在一
小时内，就劫掠了七十个城镇。

10. 另外有两个伊利里亚部落，阿狄伊人和巴拉伊人，侵略罗马的伊利里亚；罗马人因为正在忙于别的事情，所以就派遣使
前135 者们去谴责他们。当他们不肯服从的时候，罗马人便聚集了一
71 万步兵和六百骑兵，去进攻他们。当伊利里亚人知道此事的时候，因为他们还没有准备战争，便派遣使者去恳求饶恕。元老院命令他们赔偿那些受到损害的人。因为他们没有这样做，便由福尔维阿斯·夫拉卡斯率领军队向他们进攻。这次战争只是一次袭击而已，因为我不能找出这次战争的具体结果。塞姆普罗
前129 尼阿斯·图狄塔那斯和提比略·班达萨跟爱阿彼得人进行战争，他们是住在阿尔卑斯山这一边的，似乎征服了他们，好像琉
前119 喜阿斯·科塔和梅特拉斯征服了塞吉斯泰人；但是不久之后，两个部落都叛变了。

前156 11. 另一个伊利里亚部落达尔马西亚人袭击罗马的伊利里亚属民。当罗马人派遣使者到他们那里去抗议的时候，他们拒绝接待。因此，罗马人派遣一支军队，以马喜阿斯·腓加拉斯为执政官兼司令官，去进攻他们。当腓加拉斯还正在那里设立军营的时候，达尔马西亚人打败了他的卫队，把他打败，并逐出军营。他的军队急忙逃跑到平原地带，直达那罗河边。当达尔马西亚人正在回来的时候（因为现在冬季快到了），腓加拉斯想偷偷地袭击他们；但是他发现，他们一听到他快到了的时候，马上从他们的城镇里又聚集起来了。但是他把他们赶进得尔密尼昂城内，因此，他们第一次取得得尔马丁斯人的名称，后来变为达尔马西亚人的名称。他袭击这个防御工事很坚固的城市既无效果，也不能利用他所有的攻城机械，因为那个地方的地势很高，

和达尔马西亚人的战争

所以他就进攻并夺取了其他一些市镇，而由于对方集中兵力在得尔密尼昂，这些市镇一部分是被放弃了的。于是他回到得尔 73
密尼昂来，利用弩炮，把缠着亚麻、涂着松脂和硫磺的两腕尺①长的木棍射入城内。这些木棍，由于空气流通，被煽成火焰，像火把一样，在空中飞舞起来了，凡是它们落到的地方就引起烈火焚烧，所以这个城市大部分都被焚毁了。这就是腓加拉斯对达尔马西亚人所进行的战争的结果。后来在西西利阿斯·梅特拉 前119
斯为执政官的时期，他只是因为想要举行一次凯旋而向达尔马西亚人宣战，虽然他们并没有触犯他。他们把他当作朋友款待，他在萨罗那镇跟他们一起过冬；以后他回到罗马，就举行了一次凯旋。

III. 恺撒和伊利里亚人

恺撒和伊利里亚人 前50

12. 当恺撒在高卢为总督的时候，就是这些达尔马西亚人和当时最兴旺的其他一些伊利里亚人从另一个伊利里亚部落利布尼人手中夺取了普罗摩那城。利布尼人投降罗马人，他们向就在附近的恺撒求援。恺撒传信给那些占领普罗摩那城的人，要求他们把这个城市交还利布尼人。当他们拒绝的时候，他派遣一支强大的队伍去进攻他们，这个队伍完全被伊利里亚人消灭了。恺撒也没有再发动进攻，因为和庞培进行内争，他没有闲暇的时间。当内争爆发成为战争的时候，恺撒在冬天带着他的

---

① 一腕尺相当于18—22英寸。——译者

军队从勃隆度辛渡过亚得里亚海，开始在马其顿发动进攻庞培
75 的战役。安敦尼从其余的军队中又带了一个分遣队去支援在马
其顿的恺撒，他也是在仲冬之月渡过亚得里亚海的。加宾尼阿
前48 斯替恺撒带了十五个大队的步兵和三千骑兵，绕着亚得里亚海
边，通过伊利里亚。伊利里亚人担心会因为他们不久以前对恺撒所做的事情而受到处罚，认为恺撒的胜利将是他们的毁灭，因此就进攻和杀害加宾尼阿斯指挥下的全部军队，只有加宾尼阿斯本人和少数人逃掉了。[①] 因为取得这样多的战利品，他们的财富和势力现在达到了顶点。

13. 恺撒为势所迫，一心想结束和庞培的战事；庞培死后，他把和庞培在各地的余党的战争告一结束。当一切都已经解决了之后，他回到罗马，准备跟基提人和帕提亚人进行战争。[②] 因此，伊利里亚人开始担心他会来进攻他们，因为他们正在他计划进军的路线上。所以他们派遣使者到罗马来，恳求饶恕他们过去所做的，请求做罗马人的朋友和同盟者，鼓吹他们自
前45 己是一个很勇敢的种族。恺撒正忙于准备进攻帕提亚人；但是
他严肃地答复他们说，他不能和那些已经做出了他们所做的事情来的人交朋友，但是如果他们缴纳贡税，把人质交给他，他愿意饶恕他们。这两件事，他们都答应做；因此，他派遣发提尼阿斯带着三个军团和一大队骑兵到那里去，向他们征收小量的贡
前44 税和收取人质。当恺撒遇刺时，伊利里亚人认为罗马的权力在
恺撒身上，恺撒一死，罗马的权力也消失了；因此，在贡税的问题

① 参阅《内战史》II. 59。——译者

② 参阅《内战史》II. 110。——译者

以及其他一切问题上，他们都不听发提尼阿斯的话了。当他企 77
图使用武力的时候，他们进攻，消灭了他的五个大队，包括军队的指挥官培比阿斯在内，培比阿斯是一个元老等级的人。发提尼阿斯带着他其余的军队逃往伊庇丹努。罗马元老院把这支军队跟马斯顿行省和罗马的伊利里亚一块儿转让给杀害恺撒的一个凶手布鲁图·西彼俄；同时把叙利亚指定给另一个凶手喀西约。但是他们两人正被牵入跟安敦尼和第二个恺撒（别号奥古斯都）的战争中，所以也没有时间来注意伊利里亚人了。

多瑙河畔的巴诺尼亚人

14. 培翁尼人是多瑙河畔一个很大的民族，从爱阿彼得人住的地方一直到达达尼人住的地方。希腊人称他们为培翁尼人，但是罗马人称他们为巴诺尼亚人。他们也被罗马人看作是伊利里亚的一部分，如我在前面已经说过的；①因为这个缘故，我把他们包括在我的《伊利里亚史》中，似乎是恰当的。从马其顿时代②起，由于阿格利安人对腓力和亚历山大所作出的很重要的贡献，他们是很有名的。他们是与伊利里亚接界的下巴诺尼亚的培翁尼人。当科尼利阿斯远征巴诺尼亚人，结果惨败的时候，所有的意大利人这样地害怕那些人，以致很久以后，没有一个执政官敢于向他们进攻。关于伊利里亚人和巴诺尼亚人的早期历史，我所能够知道的就是这样多，就是在第二个恺撒（别号奥古斯都）的纪略中，我也不能找出关于巴诺尼亚人的更早的记事。

15. 尽管这样，我认为除我所提到的这一些部落之外，其他

① 参阅2,3两节。——译者
② 公元前四世纪。——译者

79 伊利里亚部落以前是早已在罗马人的统治之下的。奥古斯都说到他自己所做的事情，说他怎样收复那些叛变的部落，强迫他们重新又缴纳贡税，怎样征服另一些自始就是独立的部落；怎样征服那些住在阿尔卑斯山顶上、常常来劫掠意大利邻近地区的野蛮而好战的民族；我不知道，奥古斯都为什么叙述别人所做的事不像叙述他自己所做的事那么多呢。我觉得很奇怪，这样多越过阿尔卑斯山去征服高卢和西班牙的罗马大军会忽视这些部落，就是那个在战争上最成功的人盖约·恺撒，当他和高卢人作战，在这个地区过冬的十年中，也没有完成征服他们的任务。但是其他的人，似乎只注意通过阿尔卑斯山地区去做他们受命去做的事，恺撒似乎是因为高卢战争以及紧跟着发生的和庞培的战争，所以把结束伊利里亚人纠纷的问题搁置了。恺撒似乎不仅被任命为高卢总督，同时也被任命为伊利里亚总督——不是全部伊利里亚，只是当时归罗马人统治的那一部分。

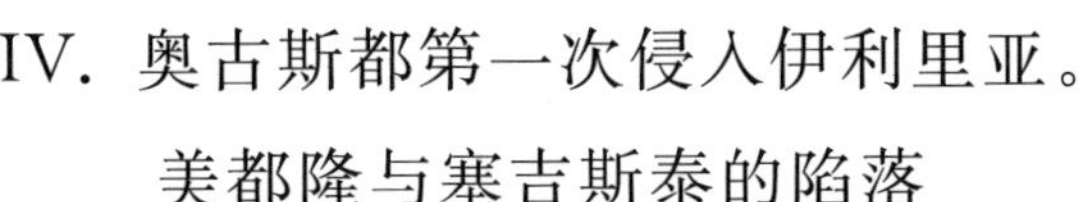

IV. 奥古斯都第一次侵入伊利里亚。美都隆与塞吉斯泰的陷落

16. 当奥古斯都使自己成为一切的主人翁的时候，他把自己跟安敦尼的懒散对比，向元老院报告说，他使意大利免除了那
前 35 些常常袭击意大利的蛮族部落的威胁。在第一次战役中。他征
奥古斯都侵入伊利里亚 服了俄克西伊人、柏托尼提人、巴西阿提人、道兰底人、康培伊人、西姆布赖人、美罗门尼人和彼利西伊人。他用较长时期的努
81 力也征服了多克利阿提人、卡尼人、因特夫罗尼人、内累西人、格

林提狄翁人和道利西人。他向这些部落勒索他们所没有缴纳的贡税。当这些部落被征服了的时候，邻近的部落希巴西尼人和培西人害怕起来，因而向他投降。他把另一些过去叛变了的部落，住在岛屿上的马尔他人和科西拉人，完全消灭了，因为他们从事海盗勾当，他把青年人处死，并把其余的人出卖为奴隶。他剥夺了利布尼人的船舰，因为他们也从事海盗勾当。爱阿彼得人的两个部落，麦恩提尼人和阿文狄阿提人住在阿尔卑斯山中，他们在他到达的时候，就向他投降了。这些爱阿彼得人中间，人数最多、最善战的阿鲁彼尼人从乡村跑到城市里，当他到达那里的时候，他们逃往森林里去了。奥古斯都取得这个城市，但是没有焚毁它，因为他希望他们会投降；当他们投降了的时候，他允许他们占领他们的城市。

萨拉西人和爱阿彼得人的被征服

17. 那些给他以最多麻烦的部落是萨拉西人、外阿尔卑斯
山的爱阿彼得人、塞吉斯泰人、达尔马西亚人、达西梯塔人和离 339
萨拉西人很远的巴诺尼亚人。萨拉西人部落占据较高的阿尔卑
斯山脉，这是一个难于通行的山脉，道路狭窄，难于攀登。因为
这个缘故，他们不仅保全了独立，并且还向那些从他们国内通过
的人征收通行税。维都斯出乎意外地袭击他们，用计夺取了他
们的通道，包围他们达两年之久。由于缺乏食盐（他们是用盐很
多的），他们被迫投降，他们接受了一支罗马驻军；但是当维都斯 83
离开那里的时候，他们马上驱逐驻军，占领山间通道，嘲弄奥古
斯都派去进攻他们的军队，因为他们什么重要的事情都做不了。
因此，奥古斯都在和安敦尼作战之前，承认他们的独立，答应不
因为他们对维都斯所犯的罪行而处罚他们。但是因为他们怀疑

前34 这种行为，他们储藏大量食盐，侵略罗马人的领土。直到最后，美塞拉·科维那斯被派去进攻他们，以饥饿迫使他们屈服。萨拉西人就是这样被征服了。

前35 18. 外阿尔卑斯山的爱阿彼得人是一个强悍的蛮族部落，大约在二十年之内两次赶走了罗马人，蹂躏阿揆雷雅，劫掠特吉斯敦的罗马殖民地。当奥古斯都从一条陡峻而崎岖的道路进攻他们的时候，他们砍伐树木，使他难于通行。当他更向前进的时候，他们躲避在森林中的其他地方，布置埋伏，等待即将来临的敌人。奥古斯都总是疑心有这类事情的，他派遣军队去占领山脊，当他沿途砍伐树木前进的时候，在山脊上的那些军队和他平行前进。爱阿彼得人从埋伏中跳出来，杀伤了许多士兵，但是他们自己的大部分军队被那些从上面的高地向他们袭击的罗马人杀死了。其余的人又逃往丛林中放弃了他们的城市特波那斯。奥古斯都攻下了这个城市，但是没有烧掉它，因为希望他们会来投降，后来他们果然投降了。

在美都隆的激战

85 19. 他由此前进，到另一个地方，名叫美都隆，这是爱阿彼得人的主要城市。这个城市是在一个树木茂盛的山上，位于峡谷两旁的两个山峰上。这里大约有三千名善战而武装得很好的青年，他们很容易地击退了包围他们的城墙的罗马人。罗马人造一个土墩。美都隆人日夜从城内出来袭击，以阻挠这项工作；他们利用狄西摩斯·布鲁图在此地跟安敦尼和奥古斯都进行的战争时他们所取得的机械从城墙上扰乱罗马士兵。当他们的城墙将被攻陷的时候，他们又在城内建筑另一条城墙，放弃那条被破坏了的城墙，躲在那条新建筑成功的城墙内。罗马人占领那条被放弃了的城墙，把它焚毁掉。他们靠着新城墙，建筑两个土墩，从这两个土墩上搭四座桥架在城墙顶上。为了分散美都隆人的注意力，奥古斯都派遣一部分军队绕道到城镇的后方，同时命令其余的军队从桥上冲到城墙上去，而他自己则爬到一个高塔的顶上去看战斗的结果。

20. 有些蛮族人在城墙上面对面地迎战那些从桥上过来的
人，而另一些蛮族人则埋伏在桥下，用他们的长矛向那些人刺
去。他们看到一座桥断了，大大地受到鼓舞；第二座桥跟着断在
第一座桥上。当第三座桥沉下来的时候，罗马人完全惊慌了，所
以没有人敢冒险在第四座桥上走了。奥古斯都从塔上跳下来，
责备他们，当他的言语不能鼓励他们执行职责的时候，他就夺取 87
一个盾牌，亲自跑到桥上去。他的两个将军，阿格利巴和海挨
罗，一个卫兵卢都斯，和福拉斯——只有这四个人，带着少数持
盾者，跟着他跑上去了。当他差不多渡过了那座桥的时候，士兵
们深为惭愧，成群地跟着他冲上去。于是这座桥因为载重过多
也断了，桥上的人成堆地跌下来。有些人被跌死了，另一些人的
骨头跌断，被运走了。奥古斯都的右腿和双臂都受了伤。但是
他马上带着他的职位标帜，上到那个塔上，表示他是安全的，恐
怕由于他死亡的谣言会产生惊慌。同时为了使敌人不要幻想，
以为他会让步而撤退，他马上开始建造新桥，这件事比什么事都
使美都隆人恐慌，因为他们认为是在和一种不可战胜的意志作
斗争。

美都隆的被毁灭

21. 次日，他们派遣使者到奥古斯都那里来，给他五十名他自己选择的人质，承认接受一支驻军，并把那座较高的山峰交给

罗马人,而他们自己占据那一座较低的山峰。但是当驻军进城,命令他们放下武器的时候,他们实在大为愤怒。他们把妻室儿女关在议事厅中,驻扎卫兵守着,命令他们:万一战事不利的话,就纵火焚烧议事厅的房屋,而他们自己则拼命进攻罗马人。但是因为他们从较低的地势进攻那些占据较高地势的人,他们完
89 全被打败了。于是卫队纵火焚烧议事厅,许多妇女杀死她们的儿女和她们自己。另一些妇女抱着她们还活着的儿女们跳入火焰中。这样,美都隆的全体青年死于战斗中,大部分非战斗人员死于火中。他们的城市完全被烧光,没有一点痕迹遗留下来,虽然它是那些地区里最大的城市。美都隆被毁灭之后,其余的爱阿彼得人都吓慌了,因而投降了奥古斯都。外阿尔卑斯山的爱阿彼得人才第一次被罗马人征服。奥古斯都离开那里以后,波
前 34 森尼人叛变,马可·黑尔维阿斯被派去进攻他们。他征服了他们,把那些叛变的领导者处死之后,把其余的人出卖为奴隶。

前 35　22. 在较早的时候,罗马人曾两次进攻塞吉斯泰人,但是没有取得人质或其他别的东西;因为这个缘故,塞吉斯泰人妄自尊大。奥古斯都通过巴诺尼亚地区,进攻他们,当时这个地区还没有隶属于罗马。巴诺尼亚是一个多树的地区,从爱阿彼得人居住的地方延长到达达尼人居住的地方。那里的居民不是住在城市中,而是依照亲属关系,散居在乡间各地或村落中。他们没有共同的议事会,没有全国共同的统治者。他们有十万战士,但是他们不是集合在一个团体中,因为他们没有一个共同的政府。当奥古斯都进兵攻击他们的时候,他们逃往树林中,杀害罗马军队中的迷途者;但是在奥古斯都希望他们会自动地投降的时候,

对塞吉斯泰人的战争

他没有破坏他们的田野和村落。因为他们没有来，他就用火与
剑在这个地区进行破坏达八天之久，直至他来到塞吉斯泰人那 91
里为止。他们所住的地方也是巴诺尼亚地区，在萨夫河畔；河畔有一个因为这条河和一条很大的壕沟包围着而防卫坚固的城市。因为这个缘故，奥古斯都很想占据这个地方，作为武器储藏所，以便于对伊斯特河那一边的达西亚人和巴斯塔尼人进行战争，在那里伊斯特河被称为多瑙河，但是稍微下来一点，就是伊斯特河。萨夫河流入伊斯特河中，奥古斯都在萨夫河建造船只，替他运输粮食到多瑙河去。

23. 因为这些缘故，他想占据塞吉斯泰。当他快要到了的时候，塞吉斯泰人派人去问他要求什么。他回答说，他想驻扎一支军队在那时，收取一百名人质，使他可以安稳地利用这个市镇作为进攻达西亚人的军事根据地。他又要求他们所能够尽量供给的粮食。这个城市的主要人物勉强地同意了，但是一般人民很为愤怒，然而他们同意交纳人质，可能是因为这些人质不是他们的孩子，而是显贵们的孩子。但是当驻军快要到了的时候，他们看见驻军，不能忍受，所以他们在狂怒的情绪下，把城门关闭起来，他们自己驻守在城墙上。因此，奥古斯都在河上搭桥，用壕沟和栅栏把这个地方包围起来；把他们包围了之后，就建造两个土墩。塞吉斯泰人常常袭击这两个土墩，因为不能攻下它们，
他们向土墩上投下大量的火把和火。当别的巴诺尼亚人派遣援 93
军来支援他们的时候，奥古斯都迎战，布置埋伏，消灭了他们一部分人，其余的人溃逃。此后就再也没有人来援助他们了。

塞吉斯泰的陷落

24. 这样，塞吉斯泰人忍受了各种围城的灾难之后，在被围

的第三十天被攻陷了。那时候他们才开始哀求。奥古斯都一则钦佩他们的勇敢，一则怜悯他们的哀求，所以既没有杀害他们，也没有驱逐他们，只处他们以罚金就满足了。他把城市的一部分用墙隔开来；在那部分城内，他驻扎了二十五个大队。他做了这件事之后，回到罗马，想到春天时再往伊利里亚去。但是谣言盛行，说塞吉斯泰人屠杀了驻军，他在冬季里就匆忙出发。后来他发现这个谣传是假的，但是不是没有原因的。因为塞吉斯泰人突然暴动，罗马军队曾经陷于危险中，因为事出意外，他们丧失了许多人；但是第二天，他们集合起来，把暴动者镇压了。于是奥古斯都把他的军队转而进攻与道兰底人为邻的另一个伊利里亚人部落达尔马西亚人了。

V. 奥古斯都第二次侵入伊利里亚和整个伊利里亚的被征服

前 34

第二次进攻达尔马西亚人的战争

25. 达尔马西亚人屠杀了加宾尼阿斯的部下五个大队，夺取了他们的军旗之后，因为胜利而得意，十年来没有放下武器。当奥古斯都向他们进攻的时候，他们彼此订立同盟，规定在战争中互相支援。他们有战士一万二千人以上，他们推选维苏斯为
95 将军。他又占领了利布尼人的城市普罗摩那，他把这个城市设防，虽然这个城市的天然形势是很坚固的，因为这是一个山上要塞，四面八方都是锯齿形的尖山。他的大部分军队驻扎在城内，但是他让守卫者驻扎在山上，这些守卫者在高地上俯视着罗马的军队。在他们可以很清楚地看得见的地方，奥古斯都开始建筑一

条城墙，想把他们隔绝起来，但是他秘密地派遣他最勇敢的士兵们寻找一条小路，以达到最高的山上。这些人在树林中隐藏起来，在晚间当守卫的军队还在睡眠的时候，突然袭击，把守卫军队杀死了，黎明时，向奥古斯都发出信号。于是他领导大军进攻城市，同时派一个一个的分队到那些被攻下来的高地去，这些分队居高临下，再攻取那些较低的山。蛮族人大为恐慌和混乱，因为事实上他们四面八方都被攻击了。那些在山上的人特别恐慌，他们担心水源会被截断，因此他们都逃往普罗摩那城内去了。

普罗摩那城的陷落

26. 奥古斯都利用一条长达四十斯塔狄亚[①]的城墙包围这个城市和敌人还占据的两座小山。有一个达尔马西亚人泰斯提马斯带着另一支军队来援救这个地方了。奥古斯都上前迎战，把他击退到山中去了。当泰斯提马斯还在那里观望的时候，奥古斯都在包围城墙还没有完成的时候，就把普罗摩那攻下来了。因为当城内市民出来袭击，被狼狈地击退了的时候，罗马人追赶他们，跟着他们一块儿进了城，罗马人在城内把他们杀死了三分
之一。其余的人逃入卫城里，罗马人的一个大队在卫城的城门 97
口守着。在第四天夜里，蛮族人进攻他们，这个大队的士兵恐慌地从城门口逃跑，但是奥古斯都制止了敌人的进攻；次日，接受了他们的投降。那个放弃了阵地的大队必须抽签决定每十人中处死一个人，此外还有两个百人队长也被处死刑。又下令，这个大队里其余的人，在那个夏季里必须吃大麦以代小麦，作为进一

① 约7.5公里。——译者

步的处罚。

27. 普罗摩那就是这样被攻陷了；泰斯提马斯看见这种情况后，就解散他的军队，告诉他们四处逃散。这样，罗马人不能追赶他们很远，因为罗马人不熟悉道路，不敢分散为小队，同时逃亡者的足迹也很混乱了。但是罗马人取得了森林边界上的西

西诺丁的被焚毁

诺丁。在这个森林中，过去达尔马西亚人使加宾尼阿斯的军队陷入两山中一个长而深的峡谷中，现在敌人也埋伏了军队在这里等待奥古斯都；但是奥古斯都焚毁了西诺丁之后，他派遣军队由山顶上绕道前进。当他通过峡谷的时候，两边山顶上的军队和他一齐前进。他砍伐树木，夺取城镇，焚毁一切阻碍他前进的东西。当他围攻塞托维亚城的时候，一支蛮族军队赶来支援。他和这支军队战斗，阻止它进入城内。在这次冲突中，他的膝盖

99 被石头打中，他休养了几天。当他恢复了健康的时候，他回到罗马，跟他的同僚佛尔卡提阿斯·图拉斯一起执行执政官的职务去了，留着斯泰提利阿斯·道拉斯在那里结束战事。

前 33

达尔马西亚人的被征服

28. 他于1月13日就执政官新职，当天就把政府交给奥特罗尼阿斯·培都斯，他本人马上动身回到达尔马西亚，当时他还是三巨头之一，因为三巨头自己决定而为人民所批准的第二个五年时期还剩有两年。现在达尔马西亚人为饥饿所迫，外面的粮食供应都被截断了，因此，他们在途中迎着奥古斯都，向他哀求，投降了。他们依照奥古斯都向他们提出的要求，提交了七百个幼儿作为人质，又交出了他们从加宾尼阿斯手中所夺去的罗马军旗。他们又答应付给从盖约·恺撒以后到现在所未交付的贡税，答应从今以后，忠顺于罗马。奥古斯都把这些军旗保存在

屋大维亚柱廊里。达尔马西亚人被征服之后，奥古斯都进攻得尔巴尼人；他们也同样地用祈祷请求饶恕，交出人质，答应缴纳尚未付给的贡税。[1] 其他的部落，在他到达的时候，也同样交出人质，作为遵守他跟他们所订条约的保证。但是因为病的关系，有些部落他没有去。这些部落没有交纳人质，也没有订立条约。但是它们后来似乎也都被征服了。

这样，奥古斯都征服了整个伊利里亚地区，不仅是那些叛离 前33
罗马的部分，并且那些从前没有被罗马人统治的地区也在内。因此，元老院允许他举行伊利里亚战争的凯旋，这次凯旋和他后来战胜安敦尼所举行的凯旋是同时举行的。

29. 罗马人所认为是伊利里亚一部分的其他民族，在巴诺 101
尼亚这一边的有利喜阿人和诺利西人；在巴诺尼亚那一边，直到攸克星海，有密西亚人。我想利喜阿人和诺利西人是在高卢战争中被盖约·恺撒征服的，或在巴诺尼亚战争中被奥古斯都征服的，因为他们住在高卢和巴诺尼亚之间。我没有发现任何单独向他们进行战争的记载，因此，我推想，他们是和邻近的部落一块儿被征服的。

30. 马可·琉卡拉斯（那个指挥米特拉达梯战争的李锡尼·琉卡拉斯[2]的兄弟）进兵攻击密西亚人，到达一条河畔，那里有六个希腊城市靠近密西亚的领土，就是伊斯特鲁斯、戴奥尼索玻里、奥得苏斯、美新布里亚、卡拉提亚和阿波罗尼亚；他从阿波罗尼亚把阿波罗的巨像带到罗马，这个巨像后来竖立在帕拉

---

① 这里原文有脱漏。——英译者

② 参阅 XII. 72 以下。——译者

丁山冈上。我没有发现罗马共和国对密西亚人更做了别的什么事情。在奥古斯都时代，他们没有向罗马人缴纳贡税；继奥古斯都为皇帝的提比略[①]才使之缴纳贡税。在取得埃及以前，由人民的命令所做的一切事情，我都分别地写在各国的历史中了。在占领埃及以后，这些皇帝亲自当作自己的事业所平定或合并的那些国家将来会在罗马帝国的历史[②]中说到。在那些地方，我将更多地说到关于密西亚人的事情。在目前，因为罗马人把密西亚人当作伊利里亚的一部分，而这是我写的伊利里亚人的历史，为了使它完备起见，我先说到琉卡拉斯以共和国将军的身份侵入密西亚和提比略在帝国时代取得密西亚，这似乎是恰当的。

① 公元 14－37 年。——译者

② 这是指阿庇安历史的第 XXII－XXIV 卷，现已失传。——译者

第十一卷　叙利亚战争 105

I. 安提阿的野心及其与罗马人的冲突

1. 叙利亚人、巴比伦人和其他民族的国王安提阿（塞留古 前224
的儿子，安提阿的孙子）是继亚历山大之后统治幼发拉底河周围 安提阿大王的野心
亚细亚诸国的塞留古传下来的第六个国王。他侵略米提亚、帕
提亚和那些叛离他的祖先的其他国家，他取得许多战绩，因此他
被称为安提阿大王。因为他的胜利以及因这些胜利而获得的
“大王”称号，使他很得意。他又侵略西利—叙利亚和西里西亚
的一部分，从埃及国王托勒密·斐罗巴托[①]手中夺得了这些地
方，因为托勒密还是一个孩童。他充满了贪得无厌的野心，他进
兵攻击赫勒斯滂人、挨托利亚人和爱奥尼亚人，好像他是亚细亚
的统治者，而这些地方的人是属于他的一样，因为这些地方的人
以前是亚细亚国王们的属民，于是他进入欧罗巴，把色雷斯置于
他统治之下，并且用武力征服那些不服从他的人。他在刻索尼
苏斯设防，重建莱西马基亚，这个地方是继亚历山大之后，统治
色雷斯的莱西马库斯所建筑，作为一个要塞，以防范色雷斯人自 107
己的；但是在他死后，色雷斯人把它毁掉了。安提阿再移民到那
里去居住，把那些已经逃亡了的公民召回。把那些已经被卖为

① 伊壁芬尼斯之误。——英译者

奴隶的人赎回，再带了一些别的人到那里来居住，供给他们牛、羊和铁，以从事农业。凡是可以使之迅速地完成作为一要塞的一切事情，他都没有忽略，因为他认为这个地方似乎处于冲要地位，可以控制整个色雷斯，同时可以作为他正在打算的其他一切军事行动的一个很便利的物资供应基地。

他和罗马第一次发生分歧

2. 同时，这也是他和罗马人公开发生分歧的开始，因为当他通过附近的希腊城市的时候，这些城市大部分和他联合在一起，接受了他的驻军，因为怕被他俘虏。但是士麦拿、拉姆普萨卡斯和其他一些城市的居民还是抵抗，他们派遣大使们到罗马的将军夫雷密奈那斯那里去，他是最近在帜撒利一次大战①中打败了马其顿国王腓力的；因为马其顿人的事务和希腊人的事务在某些时候和地方常常是紧密联系在一起的，如我在我的《希腊史》②中所已经说明了的。因此，安提阿和夫雷密奈那斯之间有些使节来往，他们彼此试探，毫无结果。罗马人和安提阿彼此猜忌已经很久了；罗马人推想安提阿是不会安分守己的，因为他由于领土广大和志得意满，已经如此妄自尊大。在另一方面，安提阿相信罗马人是唯一能够阻止他扩展势力，使他不能渡过海峡，达到欧罗巴的民族。但是他们之间还没有公开决裂，直到最
109 后托勒密·斐罗巴托派遣大使他们到罗马去，控诉安提阿从他手中夺去了叙利亚和西里西亚。罗马人很高兴地抓着这个机会，作为正好达到目的的机会，派遣使者到安提阿那里去，表面上是调解他和托勒密之间的纠纷，但是实际上是去探知他的阴

① 公元前197年星诺塞法利之役。——译者

② 第九卷。——译者

谋，并尽力阻止他。

3．使团的首领尼阿斯[①]要求安提阿应当让罗马人民之友 莱西马基亚会议
托勒密统治所有他父亲遗留给他的领土，过去为腓力领土一部分的亚细亚诸城市应当独立，因为安提阿夺取了罗马人从腓力手中所剥夺的土地，这是不对的。他说，“安提阿从米提亚带着这样大的一支舰队和陆军，从高山来到亚细亚沿海一带，侵入欧罗巴，建筑城市，征服色雷斯，如果这不是为了准备另一个战争的话，我们完全不知道是为了什么。”安提阿回答说，色雷斯是属于他的祖先的，当他们忙于别的事情的时候，它从他们的掌握中溜掉了，他现在又占据了这个地方，因为他有时间这样做了。他建筑莱西马基亚，为后来他的儿子塞留古的政府所在地。他愿意允许亚细亚的希腊城市独立，只要它们承认这个恩惠是得自
他本人，而不是得自罗马人。他说，“我是托勒密的亲戚，不久我 111
就会做他的岳父，我一定注意使他感激你们。同时我也完全不知道，当我从来没有干涉意大利的事情的时候，罗马人凭什么权利来干涉亚细亚的事情。”

4．所以他们没有达到任何谅解就离开了，双方面都更为公
开地进行威胁。外面流传谣言说托勒密·斐罗巴托死了，因此 前195
安提阿匆忙地跑到埃及去，以便趁埃及无主的时候，夺取埃及。 汉尼拔在以弗所
在他前往埃及的途中，迦太基人汉尼拔在以弗所遇见了他。汉尼拔此时是从自己国家跑出来的逃亡者，因为他的敌人向罗马人

① 根据波里比阿(XVII. 31)的记载，这个大使的名字是琉喜阿斯·科尼利阿斯。关于这次会议的其他方面的记载和阿庇安的记载相同。这次会议是在莱西马基亚举行的。——英译者

告发，说他煽动纠纷，想发动战争，而且绝对不能安于和平。这是迦太基人根据和约，隶属于罗马人的时候。因为汉尼拔在军事方面享有盛誉，安提阿以隆重的礼节款待他，和他保持亲密的关系。在吕西亚，他听说托勒密还活着，所以他放弃了夺取埃及的念头，而想取得塞浦路斯，所以尽速航往那里；但是在萨鲁斯河口遇到风暴，丧失了许多船舰，有些船舰上有他的士兵们和朋友们，他驶入叙利亚的塞雷西亚，以便修补损坏了的船舰。他在那里举行他们的儿子安提阿和女儿雷俄狄西亚的婚礼，他使他们两人结婚。

前 193　5. 现在他决定不再隐瞒他打算和罗马人进行的战争了。他利用和邻近诸国王的婚姻关系，组织同盟，他把他的女儿克娄巴
113 特拉（别号叙拉）嫁给埃及国王托勒密，把西利一叙利亚给她，作为嫁奁，这个地方是过去他从托勒密本人手中夺去的。这样讨好了这个年轻的国王，使托勒密在他的罗马人战争的时候不要和他为难。他把他的女儿安提阿基斯嫁给卡巴多西亚国王阿里阿累西斯，剩下来的一个女儿他想嫁给柏加玛国王攸美尼斯。但是攸美尼斯得知安提阿将要和罗马人作战，为此安提阿才想要和他结成婚姻关系，所以，他拒绝了。他的兄弟们，阿塔拉斯和腓利特鲁斯，看见他拒绝和这样伟大的一个国王发生婚姻关系，而这个国王是他的邻居，又是国王方面首先提出的，很觉得诧异。攸美尼斯向他们指出，将来战争一开始，结果尚难决定，但是因为罗马人的勇敢和持久性，最后他们会取得胜利的。他说："如果罗马人胜利了的话，我的王位是安稳的。如果安提阿胜利了的话，我可以想象我们所有的一切都会被我的邻居夺去，

或者，如果他允许我做国王的话，我也会受到他的统治。”因为这些缘故，他拒绝了这次婚姻。

II. 汉尼拔的献策

安提阿派遣一个使团到罗马去

6. 于是安提阿跑到赫勒斯滂，渡过海峡到刻索尼苏斯，用说服投降或武力征服的手段，占领了色雷斯大部分土地。他解放了在色雷斯人统治下的希腊人，他用许多方法讨好拜占庭人，因为他们的城市正当攸克星海的出口，地位非常重要。他送礼 115
物或以他的资源来威吓加拉西亚人，使他们和他建立同盟，因为他认为加拉西亚人身躯巨大可以做他的良好战士。于是他航入以弗所，派遣莱西亚、黑哲西阿那克斯和美尼巴斯为使者前往罗马。实际上他们是被派去探听元老院的意图的。但是为了伪装起见，美尼巴斯说，“虽然国王安提阿很想和罗马人交朋友，只要他们同意，还愿意做他们的同盟者，但是他们力劝他放弃爱奥尼亚的城市，豁免某些国家的贡税，不要干涉亚细亚的事务，不要干涉色雷斯，虽然它曾经是属于他的祖先们的。这样他很为诧异。你们说的话不是朋友们的劝告，而像是战胜者对战败者所下的命令。”元老院看出这个使团是来试探他们的意向的，因此很狡猾地回答说，“如果安提阿愿意让亚细亚的希腊人自由和独立，不侵入欧罗巴的话，只要他愿意，他就能够做罗马人的朋友。”罗马人的回答就是这样的，他们没有说明如此回答的理由。

汉尼拔向安提阿献计

7. 因为安提阿想首先侵入希腊，因此发动对罗马人的战争。他把他的计划告诉了汉尼拔。汉尼拔说，因为希腊长期以来受到破坏，这项工作是容易的；但是在国内进行的战争是最为艰苦的，因为这些战争会引起饥荒；而在国外发生的战争就比较容易对付。安提阿绝对不能在希腊战胜罗马人，因为他们在那里有
117 充足的本地出产的谷物和足够的资源，因此，汉尼拔劝他占据意大利某些地方，作为军事行动的根据地，这样罗马人的势力在国内和国外都可以削弱。他说，“关于意大利，我有经验。有一万人，我就能够占据战略上的要点；写信给我在迦太基的朋友们，煽动人民暴动。他们已经对现状不满，他们不信任罗马人。如果他们知道我又在蹂躏意大利，他们会充满了勇气和希望。”安提阿很注意地听着他的献计；因为他认为迦太基能加入，对于他的战争是很有利的(事实上也是如此)。所以他要汉尼拔马上写信给他的朋友们。

汉尼拔派遣使者往迦太基

8. 汉尼拔没有写信，因为他认为此时这样做是不安全的，因为罗马人正在搜查一切，战争尚未公开宣布，他在迦太基有许多敌人，迦太基没有固定的或一致的政策，——正因为没有固定的或一致的政策，结果，在不久之后，它便毁灭了。但是派遣了一名泰尔的商人亚里斯托以经商为名到他的朋友们那里去，要他们在他侵入意大利的时候，鼓动迦太基，为它所遭受的虐待而复仇。亚里斯托这样做了，但是汉尼拔的敌人知道他在城内的时候，他们马上骚动起来，好像一次革命将要发生似的，到处搜查，想找出他来。但是为了使汉尼拔的朋友们不至于特别受到控告起见，他在晚间秘密地把信件贴在元老院官厅的前面，说汉尼拔劝全体元老院利用安提阿的帮助挽救祖国。他这样做了之后，即航海离开了那里。早晨，汉尼拔的朋友们因亚里斯托这种

事后的补救而免除了恐惧，因为这意味着他是被派到元老院来 119
的；但是迦太基充满了各种骚动，人民对罗马人恨入骨髓，而无法避免被发觉。当时迦太基的形势是这样的。

9. 同时罗马人派遣使者（摧毁迦太基势力的西庇阿也在其 前192
中），像安提阿的使者们一样，来调查安提阿的计划，和估计他们 罗马使者在以弗所遇见汉尼拔
的实力。听说国王已经到彼西底亚去了，他们就在以弗所等待。他们常常和汉尼拔会谈，因为当时迦太基和他们和平相处，安提阿也还没有公开宣战。他们责难汉尼拔说，罗马人对他，或者对迦太基没有做出什么违反和约的事，他不应该从他的祖国逃跑。他们这样做的目的是想因为长期跟他谈话和往来，而引起国王对他的怀疑。汉尼拔虽然是一个非常杰出的军事天才，但是没有看出这一点来；而国王在知道他们所进行的事以后，果然怀疑他，后来便更加不愿信任他了。在他心中有一种暗藏的嫉妒心理，他担心汉尼拔会抢去他的事业的光荣。

10. 据说，西庇阿和汉尼拔有一次在体育馆会见的时候，曾 西庇阿和汉尼拔的对话
当着许多旁观者评论将才。西庇阿问汉尼拔，谁是最伟大的将军？汉尼拔回答说，“马其顿的亚历山大。”对于这个回答，西庇
阿没有说什么，因为他似乎把第一名让给亚历山大了；但是他又 121
问汉尼拔，其次是谁？汉尼拔回答说，“伊壁鲁斯的皮洛斯”，因为他认为大胆是一个将军的首要的资格；因为不可能找出两个国王比这两个更为有冒险精神的了。听了这个答复，西庇阿颇有点生气了，但是他又问汉尼拔，他认为第三位是谁，指望至少第三位该是西庇阿自己。但是汉尼拔回答说，“是我自己，因为当我年轻的时候，我征服了西班牙，带着一支军队越过阿尔卑斯

山，这种事情是赫丘利[①]以后没有人做过的。我侵入意大利，使你们所有的人恐怖万分，破坏了你们四百个城镇，常常使你们的城市处于极端危险之中。在整个时期中，我从迦太基既没有取得金钱，也没有取得援兵。”西庇阿因为看见他会继续对自己夸奖，他就一面大笑，一面说，“汉尼拔啊，如果你没有被我打败的话，你会把自己放在什么地位呢?”汉尼拔现在看出他的嫉妒来了，回答说，“我会把我自己列在亚历山大之上。”汉尼拔这样坚持对自己的夸奖，但是用了一个巧妙方式奉承了西庇阿，因为他暗示西庇阿曾经战胜一个比亚历山大还优越的人。[②]

11. 这次谈话之后，汉尼拔邀请西庇阿做他的客人，西庇阿回答说，如果汉尼拔不是和安提阿住在一起的话，他会很乐意到汉尼拔那里去，因为罗马人怀疑安提阿。这样他们两人以不愧为伟大司令官的态度，在他们的战争结束之后，抛弃了敌意。夫雷密奈那斯则不是这样的，因为后来安提阿战败之后，汉尼拔逃
123 亡，在俾泰尼亚附近游荡的时候，夫雷密奈那斯因别的事情派遣

汉尼拔的死亡

一个使团到普鲁西亚国王那里去，虽然他和汉尼拔无宿怨，他没有受到元老院的命令，而且因为迦太基已经覆亡，汉尼拔已不足为惧，但是他使普鲁西亚毒死汉尼拔。有一个故事说，汉尼拔有一次收到一个神谶，神谶说：

“利比萨的土将覆盖汉尼拔的遗体。”

所以他相信他将死于利比亚。但是俾泰尼亚有一条利比苏斯河，附近地区因这条河的缘故，叫做利比萨。我把这两件事情

① 希腊神话中的大力士。——译者

② 大多数近代批评家认为这个故事是虚构的。——英译者

并列起来，以纪念汉尼拔和西庇阿的宽宏大量和夫雷密奈那斯的胸襟褊狭。

III. 安提阿进入希腊与罗马人的宣战

安提阿侵入希腊

12. 安提阿从彼西底亚回到以弗所的时候，和罗马的使者
们谈判；他答应：如果罗马人和他订立一个条约的话，他可以让
罗得斯人、拜占庭人、塞西卡斯人和亚细亚的其他希腊人独立自
由；但是他不愿解放挨托利亚人和爱奥尼亚人，因为他们就是对
于亚细亚的蛮族国王，也长久以来惯于服从的。罗马的使者们
没有和他达成协议——事实上，他们不是来订立协约的，只是想
找出他的目的来的，所以他们回到罗马去了。于是挨托利亚人
的一个使团来到安提阿那里，这个使团以托阿斯为首，请他做挨
托利亚军队的司令官，力劝他马上上船往希腊去，因为那里一切 125
事情都准备好了。他们不让他等待即将到来的上亚细亚的军
队，而夸大挨托利亚人的势力，并且答应拉西第梦人和马其顿的
腓力也会和他联盟，因为腓力愤恨罗马人，他们力劝他渡海。他
的头脑因兴奋而起了变化，就是他的儿子在叙利亚死亡的消息
也一点没有使他迟延，他带着当时他所有的全部军队一万人乘
船前往优卑亚。他占领全岛，这个岛屿由于惊慌，向他投降了。
他的一个将军密西西俄进攻第力安（阿波罗的圣地）的罗马人，
杀了他们一些人，把其余的人都俘虏了。

13. 因为下面的原因，阿塔马尼斯人的国王阿密南德和安提阿建立联盟。有一个名叫亚历山大的马其顿人，他是在麦加

阿密南德和他联合在一起

罗玻里[1]受教育，取得了那里的公民权，他冒充为亚历山大大王的后裔。为了使人相信他的谎言，他把他的两个儿子名为腓力和亚历山大，把他的女儿叫做阿巴玛。阿巴玛许配与阿密南德。她的兄弟腓力领着她去举行结婚典礼，腓力看见阿密南德身体柔弱，又无经验，他就留在那里，借着这种婚姻关系，负责代管政府事务。安提阿对这个腓力提出一个希望，他将替他恢复他祖
127 先的马其顿王国，这样，安提阿就与阿塔马尼斯人结成了同盟。安提阿亲自到底比斯去，向底比斯人发表演说，这样，他又与底比斯人结成了同盟。

他轻率地信赖底比斯人、阿密南德和挨托利亚人，而敢于进行这次大战；他和人争论，是马上侵入帖撒利呢，还是等到冬季过了再侵入呢？但是对于这个问题，汉尼拔没有表示意见。在决定之前，安提阿征求汉尼拔的意见。

汉尼拔重复他的建议

14. 汉尼拔回答说：“如果你想征服帖撒利的话，不管是现在或在冬季完结的时候都是不难的，因为在经受许多痛苦而精疲力竭时，他们现在会转到你这一边来；如果你遭到不幸的话，他们又会转到罗马人那一边去，我们到此地来，没有自己的军队，只因为信任挨托利亚人，他们把我们带到此地来，他们说，拉西第梦人和腓力会跟我们联合在一块儿。我听到说，拉西第梦人实际上是站在亚加亚人一边，向我们作战的，至于腓力，我没有看见他在此地帮助你，虽然他能够左右成局，他帮助哪边，哪边就会得胜。我的意见和从前一样，你应当尽可能迅速地把你

---

① 在南希腊的阿卡狄亚，阿卡狄亚同盟的中心，波里比阿的故乡。——译者

的军队从亚细亚召来。不要信赖阿密南德和挨托利亚人。当你的军队到了的时候，就向意大利进行战争，使他们因国内所遭到的灾难而分散力量，这样他们对你的危害就尽可能少些，他们不会前进，因为害怕他们自己可能遭到祸害，我以前所说的计划，现在已经不能用了，但是你应当用你一半的舰队劫掠意大利的沿海一带，其余的一半则等待机会，而你自己带着你的全部陆军驻扎在希腊靠近意大利的一个地方，佯作要侵入意大利的样子，无论什么时候，如果你能够的话，你就真的侵入意大利。要想尽 129
一切方法和腓力建立同盟，因为他帮助哪一边，就能够对哪一边作出最大的贡献。但是如果他不同意的话，你就派遣你的儿子塞留古由色雷斯去进攻他，这样腓力也会同样地因为国内的灾难而分散力量，使他不能支援你的敌人。”汉尼拔的主意就是这样的，这是所有提出来的意见中最好的意见；但是其他顾问们以及国王本人，由于嫉妒他的名声和判断力而不采纳他的计策，他担心汉尼拔的将才超过自己，担心这些武功的光荣会是他的——只派遣波利塞奈达到亚细亚去征调那些军队。

前 191

罗马人准备战争

15. 当罗马人听到安提阿侵入希腊，在第力安杀害和俘虏了罗马人的时候，他们就宣战。实际上安提阿和罗马人间的战争就是这样爆发了，他们长期以来就彼此猜疑。安提阿的领土是这样广大，因为他是上亚细亚许多强大民族和整个沿海一带（只有少数例外）的统治者，他现在已经侵入欧罗巴；他的声望这样可怕，他的资源这样巨大，他攻击别的民族的武功这样大、这样显赫，因此他取得了大王的称号，所以罗马人预料到这次战争对于他们将是一次长久而激烈的战争。他们对于他们最近战胜

的马其顿国王腓力以及对迦太基人也很怀疑，担心他们会违反和约，因为汉尼拔正在和安提阿合作。他们也怀疑其他的属民，
131 担心他们也会因为安提阿的声望而叛变。因为这些缘故，他们派遣军队到所有的行省去监视他们但不引起敌对行动，又派遣大法官带着军队一道去，他们称大法官为六斧之人，因为执政官有十二个棒束和十二把斧头[①]（和过去国王所有的一样），而这些大法官只有执政官一半的尊严，职位的标帜也只有一半。因为这样危急，他们也很为意大利焦急，担心在意大利有人对他们不满或发起暴动。因此，他们派遣一支很大的步兵队往他林敦防守，以免那个地区受到攻击；又派遣一支舰队在沿海一带巡逻，在起初安提阿所引起的惊慌是如此之大的。当国内的一切事情安排好了的时候，他们征集一支军队去进攻安提阿本人，在罗马城征集了两万人，从同盟中征集的军队两倍于此。他们打算于早春的时候，渡过亚得里亚海。这样，他们利用整个冬季来准备战争。

16. 安提阿进军向帖撒利人进攻，到了星诺塞法利，[②]过去罗马人曾在此地打败马其顿，[③]他看见还有些死者的遗体没有埋葬，他替他们举行盛大的葬礼。他这样讨好马其顿人，在马其顿人面前谴责腓力，说他没有埋葬这些为他服务而阵亡的人。直到现在腓力还是摇摆不定，不知道他应当参加哪一边，但是当

① 根据罗马的制度，高级行政长官有侍从跟随着，每个侍从肩上携短棒一束，表示有令人服从之权，棒束中插一斧头，表示有生杀之权，独裁官有侍从二十四人，执政官有侍从十二人，大法官有侍从六人。——译者

② 意译为狗头山。——译者

③ 公元前197年。——译者

腓力参加罗马人一边

他听到这件事的时候，马上就参加罗马人一边了。他邀请在附
近指挥一支军队的一个罗马将军培比阿斯会面，向他提出新的
保证，表示愿与罗马忠实结盟以反对安提阿。培比阿斯因此而 133
称赞他，并感到有勇气派遣阿彼阿斯·克旁狄马上带着两千步
兵，由马其顿进入帖撒利。当阿彼阿斯到了腾皮谷，从那个地方
看见安提阿正在围攻拉利萨的时候，他燃起许多营火以便使对
方看不出他的军队的少。安提阿以为培比阿斯和腓力到了，大
为恐慌，便以当时是冬季为借口，放弃了围攻，退到卡尔西斯。
他在那里和一个美丽的少女恋爱，虽然他年过五十，而且正负担
这样大一次战争的重任，他和她举行结婚典礼，举行公众宴会，
让他的军队把整个冬季的时间都浪费于安闲奢侈的生活中。当
春天到了的时候，他进攻阿开那尼亚，他发现安闲生活使他的军
队不适宜于各种任务了。于是他后悔他的婚姻和公众宴会。但
是他还是攻下了阿开那尼亚的一部分领土，并且还在围攻其余
的要塞。当他听到罗马人正在横渡亚得里亚海的时候，他马上
回到卡尔西斯去了。

IV. 罗马军队大败安提阿于德摩比利

罗马人渡亚得里亚海

17. 罗马人带着当时准备好了的军队匆忙地从勃隆度辛到
了阿波罗尼亚，共计骑兵两千人，步兵两万人和少数战象，由阿
西略·曼尼阿斯·格拉布里俄指挥。他们向帖撒利进军，解救
了那些被围的城市。他们把敌人的驻军逐出阿塔马尼斯人的城
市，俘虏了那个还指望得到马其顿王位的麦加罗玻里的腓力。 135

他又俘虏了大约三千名安提阿的士兵。当曼尼阿斯正在做这些事情的时候，腓力进攻阿塔马尼亚，征服了整个阿塔马尼亚地区，阿密南德国王逃往安布里喜阿。当安提阿知道这些事情的时候，因事物发展的迅速和幸运变化的突然，他大为惊慌，现在他知道汉尼拔计策的聪明了。他连续地派遣使者往亚细亚去催促波利塞奈达赶快来。于是他从各方面把他所有的军队调来。他自己所有的军队达一万步兵和五百骑兵，此外还有一些同盟者；他带着这支军队占据德摩比利，想在这个难于通行的峡谷阻止罗马人来进攻他，等待他的军队从亚细亚赶来。德摩比利峡谷长而狭窄，一面是多风浪而无港口的海，另一面是深而不能通过的沼泽，峡的上面有两个险峻的山峰，一个名叫特基阿斯，另一个名叫卡利德罗马斯，这个地方也有一些温泉，所以这个地方叫做德摩比利（意为"热门"）。

安提阿占据德摩比利

18. 安提阿在那里建筑了一条双墙，墙上安置他的军事机械。他派遣挨托利亚人占据这些山顶，以防止任何人由过去泽尔士进攻利奥尼达领导下的斯巴达人的那条著名的小道秘密地绕过来，①那时候这些山是没有人防守的。每个山上有一千挨
137 托利亚人驻守，其余的军队驻扎在赫拉克里亚城附近。曼尼阿斯看见了敌人的准备工作之后，在早晨黎明的时候发出战斗的信号，命令他的两个军团将校马可·伽图和琉喜阿斯·发利略按照他们的意思选择一些军队，于晚间绕着山前进，尽他们力所能及，赶走挨托利亚人。琉喜阿斯在特基阿斯山被挨托利亚人

① 参阅希罗多德《历史》VII. 204—223。——译者

击退了,因为在那个地方他们战斗得很好;但是驻扎在卡利德罗马斯山附近的伽图,大约在最后一更,[①]当敌人还在睡眠的时候便发动进攻,尽管这样,战斗还是艰苦的,因为他必须在反抗的敌人面前爬过很高的岩石和悬崖。同时曼尼阿斯正在领着他的军队,以纵队进攻安提阿的正面,因为只有这样才可能通过山峡。国王把他的轻装部队和轻盾部队列在方阵的前面,方阵列在他的军营的前面,在右手边底下的山坡上有弓箭手和投石手,在左手边靠近海岸有战象和总是跟着战象在一块儿的那个纵队。

德摩比利的战役

19. 交战了,[②]轻装部队首先向曼尼阿斯进攻,从各方面冲进来了。他勇敢地迎战,起初退却,然后前进,把他们赶退。方阵让开一条路使轻装部队走过。于是方阵关闭起来,掩护他们,用密集形的长矛向着敌人,这种阵形,自亚历山大和腓力以来,
常使敌人发生恐怖,不敢面对密集的长矛队形交战。但是突然 139
挨托利亚人大声呼喊,从卡利德罗马斯山上跑来,跳下走入安提阿的军营。起初双方都不知道发生了什么事,因为不明真相,双方都发生了混乱,但是当伽图出现,正在大声呼喊追逐挨托利亚人,已经靠近安提阿的军营上面的时候,国王的军队本已听说罗马人的一些可怕的战斗方式,又因为他们知道自己由于整个冬天过着安闲和奢侈生活而元气大伤,因此就开始逃跑。他们不知道伽图有多少人,由于恐怖,在他们认为人数很多。他们担心自己军营的安全,所以毫无秩序地逃往军营,想保卫军营,抵抗

① 凌晨三、四点钟的时候。——译者

② 公元前 191 年 4 月。——译者

安提阿被打败了

敌人，但是罗马人紧紧地追在他们后面，和他们一块儿跑进了军营。于是安提阿的军队又开始逃跑，和第一次逃跑一样，毫无秩序。曼尼阿斯追赶他们，直到斯卡斐亚，他杀死一些人，俘虏了一些人，他从那里回来之后，动掠了国王的军营；只要他一出现，就把那些在他离开那里的时候已经冲进了罗马军营里的挨托利亚人赶出去了。

他逃往亚细亚

20. 在这次战役和追逐中，罗马人丧失了大约两百人，安提阿损失了一万人，包括被俘的在内。国王本人在最早发现有战败象征的时候，就带着五百骑兵，头也不回地逃跑，直到伊拉提亚，从伊拉提亚逃到卡尔西斯，从卡尔西斯带着他的新妇优卑亚
141 (这是他叫她的名字)乘着他的船舰逃到以弗所，但是他没有带走他的全部船舰，因为罗马的海军大将进攻他的一些运输粮食的船舰，把它们击沉了。当罗马人民得知这次胜利这样迅速而容易地取得了，他们向神献祭，对于安提阿的可畏惧声名初步的考验，使他们很为满意。为了酬劳腓力作为一个同盟者的功绩，他们把他的儿子狄密多留送还给他，当时狄密多留还在他们手中做人质。

21. 当这些事情正在罗马进行的时候，曼尼阿斯接受了佛西斯人、卡尔西斯人以及其他一些和安提阿合作的人的请求，解除了他们的恐惧。他和腓力劫掠挨托利亚，围攻它的城市。他俘虏了在隐藏中的挨托利亚人的将军德谟克里都。他过去曾经威吓夫雷密奈那斯说，他将在台伯河岸上驻扎他的军营。曼尼阿斯带着一支军队，背着包裹和掳获物，越过科拉克斯(这是一个险峻而难于通行的山，是那个地区最高的山)，进入卡利玻里。

许多士兵，因为道路不好，从悬崖上跌下来，连同他们的武器和装备都跌得粉碎，虽然挨托利亚人可以使这支军队陷于混乱，但是连他们的踪迹也没有看见，他们派遣一个使团到罗马去商谈和约去了。同时，安提阿命令他的军队从上亚细亚诸省迅速地往海边进军，装备一支舰队，命罗得斯的一个流亡者波利密奈达指挥。于是他渡海到刻索尼苏斯，又在那里设防。他又加强塞斯都斯和阿卑多斯的防御工作，如果罗马人的军团侵入亚细亚
的话，他们一定从那里通过。他使莱西马基亚成为他在目前战 143
争中的主要军需储藏所。聚集大量的武器和军粮在那里，因为他相信不久罗马人就会以巨大的陆军和海军来进攻他的。罗马人任命当时的执政官琉喜阿斯·西庇阿代替曼尼阿斯为司令官，但是因为他没有军事经验，所以罗马人又任命他的兄弟巴布利阿斯·西庇阿做他的顾问，[①]巴布利阿斯·西庇阿是曾经摧毁迦太基的势力，并且是第一个受到阿非利加那的称号的。

两个西庇阿受命来进攻他

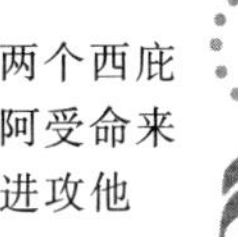

V. 塞留古进攻帕加玛，无功；罗马海军大败安提阿海军于迈昂尼撒斯

罗马海军的胜利

22. 当两位西庇阿还在做准备工作的时候，负担意大利沿海防务责任的李维已经被推选出来继承阿提略的职务，他带着防守沿海一带的船舰以及迦太基人和其他同盟国的一些船舰，马上航往庇里犹斯。他在那里接收了阿提略的舰队，带着八十

① 巴布利阿斯·西庇阿于公元前194年为执政官，罗马法律规定，作了执政官的人要经过十年后始能再为执政官候选人，所以他本人不能当执政官。——译者

一条有甲板的船舰起航，攸美尼斯带着他自己的五十条船舰（其中一半是有甲板的）跟着去。他们航入佛西亚，这个地方是属于安提阿的，但是由于恐惧，允许他们入港。次日，他们航出，准备海战。指挥安提阿的舰队的波利塞奈达带着两百条船舰来迎战，他的船舰比对方的船舰轻便得多，这是很大的优势，因为罗马人对于航海还没有经验。他看见两条迦太基的船在前面航行，便派三条船去对抗并把它们俘虏过来，但是船上的船员都跳
145 入海中逃跑了。李维愤怒地驾驶他的旗舰，远远地跑在其余的船舰前面，向那三条船冲去。敌舰是三对一，所以很轻视地用铁钩抓着他的旗舰。当这些船舰系在一起的时候，战斗就像在陆地上一样进行。罗马人相对勇猛得多，跳上敌舰，把敌人打败，乘着他们的一条船，带着敌人的两条船回来了。这是这次海战的序幕。当两个舰队交战的时候。罗马人因为体力强悍和勇敢，处于优势；但是由于船舰笨重，不能追上敌人，敌人利用他们敏捷的船只迅速地逃跑，躲在以弗所港内。罗马人到开俄斯，在那里有二十七条罗得斯的船舰以同盟者的资格和他们联合在一起了。当安提阿听到了这次海战的消息的时候，他派遣汉尼拔到叙利亚去，从腓尼基和西里西亚再装备一个舰队。当他带着这个舰队回来的时候，罗得斯人把他赶入旁菲利亚，俘虏了他的一些船舰，封锁了其余的船舰。

前 190

两个西庇阿向赫勒斯滂进军

23. 同时，巴布利阿斯·西庇阿跟执政官琉喜阿斯到了挨托利亚，从曼尼阿斯手中接收兵权。他认为围攻挨托利亚的诸城市不过是一些小事情，所以接受这些居民的申请派遣一个新的使团到罗马去；而他在他兄弟的司令官任期满期之前，匆忙地

去进攻安提阿。他由马其顿和色雷斯进军到赫勒斯滂。如果不是马其顿的腓力修理道路招待他和护送他，事先在河上塔桥，并 147
以粮食供应他的话，这对于他会是一次很艰苦的行军。为了报谢他的劳绩起见，两个西庇阿马上豁免了他尚未付给的那一部分赔款，事先元老院已经授权给他们，如果他们发现腓力热心助战的话，他们可以这样做。他们又写信给俾泰尼亚国王普鲁西亚，提醒他说，罗马人常使那些和他们建立同盟的国王的领土扩大。他们说，虽然他们过去已经在战争中征服了马其顿的腓力，但是他们允许他保留他的王国，释放了他被扣留在罗马为人质的儿子，豁免了他尚未付给的赔款。因此普鲁西亚很乐意地和罗马人建立同盟，以反抗安提阿。

舰队司令官李维，当听到两个西庇阿进军的时候，留着罗得斯人保西马库斯带着罗得斯的船舰和他自己的一部分船舰在伊奥利斯，而他自己则带着他大部分的船舰往赫勒斯滂，去迎接这支军队，塞斯都斯、累提安、亚加亚人的港口和其他几处地方投降了他。阿卑多斯不肯投降，他便围攻阿卑多斯。

罗马舰队中计被俘虏

24. 李维离开以后，保西马库斯屡次演习，以训练他的水手们，制造各种军事机械。他用盛着火的铁容器系在长杆子的一端，悬挂在海上，以便照亮自己的船舰，当敌舰接近的时候，就落在敌人的船舰上。当他正忙于这些工作的时候，安提阿的海军大将波利塞奈达（他也是一个罗得斯人，因犯罪被放逐的）用一个计策来害他。他答应，只要保西马库斯帮助他，使他能够被召
回本国的话，他可以把安提阿的舰队交出。保西马库斯怀疑这 149
个诡计多端的流氓，长期对他很小心地戒备。但是波利塞奈达

亲笔写了一封信给他，说到叛变的问题，实际上他已经依照信上所说的，航出以弗所，装作派遣他的军队到附近去取谷物的样子。以后，保西马库斯看到这种行动，认为如果不是说实话的话，没有人会在提议叛变的信件上签署自己的名字的，因此完全相信了，失掉了他的警惕性，派遣他自己的舰队去取谷物。波利塞奈达看见他的讨策成功了，马上又聚集了他的船舰，派遣海盗奈康得带着少数人往萨摩斯去，跑到陆地上保西马库斯的后方去，引起混乱；而他本人则于半夜起航，在黎明时向保西马库斯进攻，当时保西马库斯还在睡眠中。保西马库斯在这个突如其来的非意料所及的灾祸中，命令他的部下放弃船舰，在陆地上自卫。但是当奈康得从他的后方进攻他的时候，他以为陆地不但被那些可以看得见的人，而且被更多得多的人所占据了；在黑暗中产生这种想法，是很自然的。所以他又紊乱地向他的船舰上冲去。在战斗中，他在最前面，勇敢地战斗，他是第一个阵亡的。其余的人都被俘虏或被杀害了。他的船舰中七条有火容器设备的，逃跑了，因为害怕火，没有船敢于跑近它们。其余的二十条船都被波利塞奈达拖到以弗所去了。

25. 听到这个胜利的消息的时候，佛西亚又倒到安提阿一
151 边去了，跟萨摩斯和丘米所做的一样。李维担心他留在挨托利亚的自己的船舰，所以匆忙地回到挨托利亚来了。攸美尼斯迅速地和他联合在一起，罗得斯人又派来了二十条新船舰。在短时间内，他们都恢复了士气，航往以弗所，准备再来一次海战，因为敌人没有出现，他们把海军分为两部分：一部分在海上列成一条长线，而另一部分则在敌人的海岸上登陆，破坏这个地区，直

到奈康得从内地向他们进攻，夺去了他们的掳获物，把他们赶回他们的船舰上去。于是他们退到萨摩斯，李维作海军大将的任期已满了。

在帕加玛的战斗

26. 大约这个时候，安提阿的儿子塞留古蹂躏攸美尼斯的领土，围攻帕加玛，把士兵都包围在城内。因为这个缘故，攸美尼斯迅速地航往他国内的海军根据地挨利亚。继李维为海军大将的琉·伊密利阿斯·累基拉斯也和他在一起。亚加亚人以同盟者的资格也派遣了一千步兵和一百精选的骑兵到攸美尼斯那里去。当他们的司令官戴奥芬尼斯从城墙上看见塞留古的士兵们以轻敌的态度游戏饮酒为乐的时候，他劝帕加玛人和他一起，出城袭击敌人。因为他们不赞成这个计划，他就武装了他的一 153
千步兵和他的一百骑兵，带着他们出城，很安静地站在城墙下面。敌人嘲弄他很久，因为他的人数很少，以为他不敢战斗，但当他们用餐的时候他围攻他们，引起他们产生混乱。使他们的前哨逃亡。当其他的人跳起拿他们的武器，设法套上他们马匹的笼头，或捉住那些逃跑的马匹，或者骑上那些跳动不停的马匹的时候，戴奥芬尼斯取得了一个最光辉的胜利，帕加玛人在城墙上大声呼喊；但是就在那个时候，他们也不敢出来作战。在这次匆忙的出击中，他尽能力所及杀死了许多敌人，俘虏了一些，连同他们的马匹在一起，于是他很快地跑回来了。第二天他又把亚加亚人驻扎在城下，帕加玛人又没有和他一块出来。塞留古带着一支很大的骑兵队，向他挑战，但是现在戴奥芬尼斯还不肯应战。他紧靠着城墙，守着自己的岗位，等待机会。但是当塞留古停留在那里，直到中午领导他已经疲劳了的骑士转头回来的

时候，戴奥芬尼斯突击他的后卫，使敌军陷于混乱，又尽力给敌人以损害之后，他马上又回到城墙下他原来站着的地方。每次当敌人劫取粮食或木柴的时候，他就这样等待机会，总是用这个方法或那个方法骚扰敌人，他迫使塞留古带着军队离开帕加玛，最后，把他完全逐出攸美尼斯的领土之外了。

迈昂尼苏斯的海战

27. 不久之后，波利塞奈达和罗马人在迈昂尼苏斯附近发生一次海战；[①]在这次战斗中，波利塞奈达有装备甲板的船舰九十条；罗马海军大将累基拉斯有八十三条，其中二十五条是罗得斯的。罗得斯的司令官恩多鲁斯指挥左翼，但是他看见波利塞奈达另一翼的阵线延长，远远地超过了罗马人的阵线，担心罗马
155 人的船舰会被敌人包围，所以他带着行驶迅速的船舰和有经验的桨手，很快地驶去，绕过那里，首先用他的火船进攻波利塞奈达，到处散布火焰。波利塞奈达的船舰，因为火的关系，不敢向进攻的船舰冲击，只是团团转，船上装着很多的水，它们的吊锚架[②]经常受到冲击。最后一条罗得斯的船舰撞击一条西顿的船舰，这一冲击很厉害，所以西顿船舰的锚脱出来了，刺入罗得斯的船舰中，把两条船舰连在一起了。因为两条船舰都不能移动了，于是双方的船员间的战斗好像陆战一样了。双方都有许多别的船舰跑来援救，战斗是猛烈的。罗马人的船舰从安提阿的阵线中部冲过去，这样，安提阿的阵线就被削弱了，被包围了还不知道。当他们发现自己被包围了的时候，他们开始逃跑，敌人

① 公元前191年晚夏。——译者

② 横过船头，两边突出，好像耳朵一样的横木；原来是用来下锚的，有时作得坚固，以防撞击。——译者

追赶，安提阿的船舰丧失了二十九条，其中十三条连同船员都被俘虏了，罗马人只丧失了两条船舰，波利塞奈达俘虏了那条罗得斯的船舰，带到了以弗所。

VI. 罗马军队大败安提阿于马格尼西亚

28. 迈昂尼苏斯海战的结果就是这样的。当安提阿还没有
听到这个消息的时候，他在刻索尼苏斯和莱西马基亚非常小心
地设防，他认为这是防御罗马人的最主要的工作，事实上也是如 157
此。如果腓力不引导他们的话，就是色雷斯其余的地方，罗马人
也很难于通过。但是，因为一般说来，安提阿是一个轻浮而不坚
定的人，当他听到在迈昂尼苏斯战败的消息的时候，他完全恐慌
起来了，他认为命运在跟他作对。一切和他愿望相反：他认为他
的海军势力强大得多，而罗马人正是在海上击败了他，罗得斯人
把汉尼拔封锁在旁菲利亚；安提阿以为腓力可能不会忘记他从
罗马人手中所受的损害，而腓力正在援助罗马人走过难于通行
的道路。一切都使他丧失了勇气，神明开始消灭了他的理智（正
好像不幸的事增加的时候总是那样的），所以甚至还没有看见敌
人来，他就无缘无故放弃了刻索尼苏斯。他储藏在那里的大量
谷物、武器、金钱和军事机械，他既没有带走，也没有焚毁，而把
所有这些军事物资好好地留在那里，等待敌人来。那些莱西马
基亚人，好像从围城中逃跑出来的一样，带着他们的妻室儿女，
痛哭流涕地跟着他逃跑，他也不注意他们。他专心注意防止敌
人渡过海峡到阿卑多斯来；把他成功的最后希望完全寄托在这

安提阿的恐惧

一点上。但是神明使他的脑筋纷乱到这种程度，甚至他也不防止敌人横渡海峡，在敌人还没有到的时候，就匆忙地向内地逃跑，甚至连海峡地带也没有留下驻军防守了。

159 29. 当两个西庇阿听到他撤退了的时候，他们一举[①]而取得了莱西马基亚，把在刻索尼苏斯的钱财和武器都占有了，匆忙地渡过了无人守卫的赫勒斯滂，比安提阿还先到萨第斯，安提阿还不知道罗马人已经渡过了海峡。这个惊慌而丧失了勇气的国王把他自己的过失归之于命运，派遣拜占庭人赫拉克莱德向两个西庇阿议和，他提议把士麦拿、格拉奈卡斯河畔的亚历山大里亚和拉姆普萨卡斯交给他们（这次战争是因为这些城市的关系而开始的），赔偿战费的一半。赫拉克莱德被授予权限，如果必要的话，他可以放弃那些在战争中跟罗马人站在一边的爱奥尼亚人和挨托利亚人的城市，以及任何两个西庇阿所要求的。这些事情赫拉克莱德将公开地提出。赫拉克莱德又在暗地里被授予权限，他可以允许巴布利阿斯·西庇阿一笔巨额金钱和释放他的儿子，他的儿子是在从卡尔西斯航往狄密特利阿的时候被国王俘虏的。这个儿子就是后来攻陷和毁灭迦太基、第二个享有西庇阿·阿非利加那的称号的那个西庇阿。他是战胜马其顿王柏修斯的鲍鲁斯和西庇阿的女儿的儿子，而由西庇阿所过继的。两个西庇阿同声回答赫拉克莱德说："如果安提阿希望媾和，他应当不但交出爱奥尼亚和挨托利亚诸城市，而且要交出道拉斯山这一边的所有亚细亚的城市，付给因为他的原因而引起

① 直译为"跑步"。——英译者

的这次战争的全部费用。”巴布利阿斯私自对赫克拉莱德说：“如 161
果当安提阿还占有刻索尼苏斯和莱西马基亚的时候，提出这些条件来的话，这些条件会被很高兴地接受的；如果他还是在防守着赫勒斯滂海峡的话，也可能被接受。但是因为现在我们已经安全地渡过了海峡，正如俗话所说的，我们不仅备好了马，而且骑上了它，我们就不能同意这样轻微的条件了。我个人对国王的建议是感激的，我接到我的儿子之后，我会更加感激。我为了报答他起见，我劝告他接受这些已经提出来的条件，不要冒险，免得将来接受更加苛刻的条件。”

两军准备战争

30. 这次会商之后，巴布利阿斯生了病，退到挨利亚去了，留下尼阿斯·多密提亚斯在那里作他兄弟的顾问。安提阿也和过去马其顿的腓力一样，认为如果他在战争中被打败了的话，他所遭遇的也不会比这些条件更坏了；他把他的军队集合在推雅底拉平原附近离敌人不远，把西庇阿的儿子送到挨利亚西庇阿那里去了。西庇阿劝告那些送他的儿子的人们说，在他本人回到军队里之前，安提阿不要作战。安提阿根据西庇阿的忠告，把他的军营移到西彼拉斯山，建筑一条坚固的城墙，把这座山防卫起来。他又以普利基阿斯河为界把他自己和敌人隔开，使他不至于被迫而勉强作战。但是多密提阿斯有野心，想由他自己来决定战争的胜负。所以他冒失地渡河，扎营在离安提阿二十斯塔狄亚[①]的地方。连续四天，他们双方都把军队在他们自己的要塞前面列成阵势，但是没有一方开始发动战斗。第五天，多密 163

① 约3.7公里。——译者

提阿斯又把军队列成阵势傲慢地前进。因为安提阿不应战，他把他的军营移得更近些。隔了一天之后，他由一个传令官在敌人可以听得见的地方宣布，明天他一定跟安提阿作战，不管他愿意不愿意。安提阿感到烦恼，又改变了他的心思。虽然他可以在城墙下坚持不动，胜利地把敌人击退，等候西庇阿恢复健康，但是他现在认为他的人数多，如果拒绝应战是耻辱的。所以他准备战斗了。

罗马人的阵势

31. 两军都在最后一更、刚刚在黎明之前，开出军营。双方军队的部署是这样的：罗马军团为一万人，构成左翼，靠近河边。军团兵的后面是一万意大利同盟军；这两部分军队都列成三行战斗队形。意大利同盟军的后面是攸美尼斯的军队和大约三千亚加亚轻盾兵。这是左翼的阵势；而右翼是罗马人和意大利人的骑兵，和攸美尼斯的骑兵，总数不过三千人。所有这些军队中间又有轻装部队和弓箭手编在一块儿，在多密提阿斯本人的周围有四队骑兵。总共约达三万人。多密提阿斯的岗位在右翼，把执政官本人放在中央。他命令攸美尼斯指挥左翼。他认为他的阿非利加战象是没有用的，因为数目既少，身躯又小，阿非利加的战象通常是这样的（小象总是害怕大象的），所以他把战象放在后卫。

32. 罗马人的战斗阵线就是这样的。安提阿的军队总数是
165 七万人，其中最强的是一万六千人的马其顿方阵，还是依照亚历山大和腓力的方式排列的。这些军队安置在中央，分为十队，每队一千六百人，前排五十人，纵深三十二排。每队的侧面有战象二十二头。方阵的外表像一条城墙，而战象是城上的堡塔。这

是安提阿的步兵的布置。他的骑兵安置在两翼，是由披铠甲的加拉西亚人和称为阿哲玛①的马基顿部队组成的，他们被称为阿哲玛，因为他们是精选的骑士。同样多的骑兵安置在方阵的两边。除了这些骑兵之外，右翼还有一些轻装部队、其他带银盾的骑兵和两百名骑马的弓箭手。在左翼有泰克托萨基人、特罗克密人、托利斯托波利人的加拉西亚部队和国王阿里阿累西斯所供给的卡巴多西亚人部队以及别的部落的混合部队。还有一队穿铠甲的骑兵和一个称为伴侣骑兵的分队，这个分队是轻装的。安提阿是这样布置他的军队的。他似乎最信赖他的骑兵，因此他把很多骑兵安置在他的前线，而他应当最信赖的纪律最好的方阵反而笨劣地拥挤在一个狭小的地面上。除上面所列举的军队外，还有许多福里基亚、吕西亚、旁菲利亚、彼西底亚、克里特、特拉利斯和西里西亚的投石手、弓箭手、标枪手和轻盾兵；
都是照克里特的方式武装的。还有其他来自达希人、密西亚、挨 167
利马伊斯和阿拉伯的弓箭手，他们骑在行动迅速的骆驼上，他们从高处敏捷地发箭；当肉搏的时候，他们使用很长的薄片刀。安提阿又安置一些装有镰刀的战车在两军之间，以发动战斗，命令他们在第一次进攻之后，就退却。

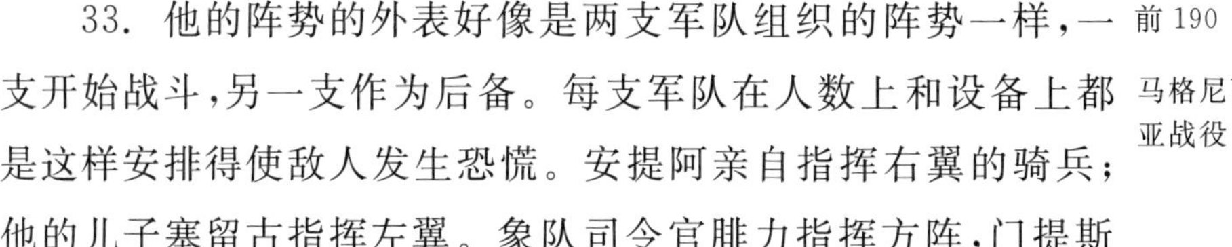

33. 他的阵势的外表好像是两支军队组织的阵势一样，一支开始战斗，另一支作为后备。每支军队在人数上和设备上都是这样安排得使敌人发生恐慌。安提阿亲自指挥右翼的骑兵；他的儿子塞留古指挥左翼。象队司令官腓力指挥方阵，门提斯

前190

马格尼西亚战役

① 这个字似乎是阿庇安从 αγητσs 一字（意为“可钦佩的”）得来的，这可能是错误的。——英译者

和修克西斯开始战斗。当天是暗淡无光的，所以这种显赫的阵势是看不清楚的，各种投射器的瞄准效力也因多雾和黑暗的天气而受到影响。当攸美尼斯看到这种情况的时候，他不注意敌人其余的军队，只担心装有镰刀的战车的进攻，因为这些战车大部分是对抗他的，因此他聚集那些投石手、弓前手和在他指挥下的其他轻装部队，命令他们包围战车，向马射击，而不向驾车的人射击；因为当一匹拖着战车的马变为不可控制的时候，那部战车就没有用处了，同时也大大地影响其余军队的秩序，因为其余的军队也害怕他们自己这一边的镰刀。很多马匹受伤，因而拖
169 着战车向他们自己的队伍里冲去。首先是骆驼队伍混乱了，因为骆驼是安置在战车防线之后的；接着是穿铠甲的骑兵混乱了，因为他们铠甲的重量，他们不容易躲避镰刀。现在骚动很大，产生了各种混乱，这主要是那些逃跑的人所引起而传播到整个战场的。恐惧的心理甚至比事实还要恶劣，因为在那个广大而拥挤的战场上，在混乱的叫喊和极端的恐慌之中，就是那些在场的人也不能很清楚地了解真相，传布恐慌的人总是夸大地传给和他靠近的人的。

34. 攸美尼斯在他的第一次尝试中取得了惊人的胜利，扫清了战车和骆驼所占据的阵地之后，领导他自己的骑兵和在他指挥下的罗马人和意大利人的骑兵进攻那些跟他抵抗的加拉西亚人、卡巴多西亚人和其他雇佣军，大声欢呼，鼓励他们不要害怕这些已经没有前哨支持的而又缺乏战斗经验的人。他们服从了他，猛力冲锋，结果，不但把这些人击溃，并且把那些已被战车冲乱了的附近队伍和穿铠甲的骑兵也打垮了。这些骑兵，特别

是因为他们的铠甲的重量，不能迅速地转动和逃跑，被敌人赶上杀死了。这是马其顿方阵左边的情况；在右边，安提阿突破了罗马人的战线，把他们截为两段，追赶他们很远。

35．马其顿方阵列成紧密的长方形，侧面有骑兵的保护，但 171
是当两边没有骑兵的保护的时候，这个方阵分开，以让那些在前面小战的轻装部队通过，于是又合起来。这样拥挤在一个长方形之内，多密提阿斯很容易地用他很多的骑兵和轻装部队把他们包围起来。他们没有机会冲锋，也没有机会疏散他们的密集队形，所以他们开始遭受很重的损失；他们非常愤怒，因为他们自己不能采用所惯用的战术而四面八方都受到敌人武器的攻击。但是他们在向所有的方面都伸出他们的密集长矛，他们向罗马人挑战，进行肉搏，总是保持着将要冲锋的样子。但是他们没有前进，因为他们是步兵，披着很重的武装，看到敌人都是骑在马上。最重要的，他们怕他们的密集队形分散开，他们也来不及改变这个队形。罗马人并不进行肉搏战，也不跑近来，因为罗马人害怕这些精兵队伍的纪律、坚强和斗志；只包围着他们，用标枪和箭向他们袭击。在这个密集队伍中，标枪和箭总是百发百中的，因为他们既不能把投射器挡开，也不能分开队伍以躲避投射器。这样在受到严重的损失之后，他们为势所迫，一面威吓，一面逐步很有秩序地退却。就是在这个时候，罗马人还是害怕，不敢跑近他们，只是继续把他们包围起来，伤害他们。直到
最后，马其顿方阵内部的战象被激动起来，不可驾驭了，于是方 173
阵溃散，狼狈而逃。

马其顿方阵被攻破

安提阿的全军覆没

36．多密提阿斯取得这个胜利之后，迅速进军攻打安提阿

的军营，打败了防守军营的士兵，同时安提阿追赶那部分和他对抗的罗马军团，这些军团的两边没有骑兵或轻装部队的护卫（因为多密提阿斯认为那条河已经给他们以足够的保障，所以没有布置军队），随后，他追到了罗马的军营。但是罗马军营的司令官，一个军团将校，带着生力军匆忙来应战，阻止了他的前进，逃走的罗马士兵因为有他们的同伴们的帮助，又鼓起了勇气，重新集合起来。国王很骄傲地转回来，好像已经取得了胜利的样子，他还一点也不知道另一翼所发生的事情。当攸美尼斯的兄弟阿塔拉斯带着一大队骑兵来阻止他前进的时候，安提阿很容易地冲过去，不顾敌人；敌人和他平行进军，给他以很小的损害。但是当他发现他被打败了，看见战场上到处都有自己的士兵、马匹和战象的尸体；他的军营已经陷落了的时候，他慌张地逃跑，大约半夜里到达萨第斯。他从萨第斯前往塞利尼镇，人们称这个镇为阿巴玛，有人告诉他，说他的儿子已逃到那里去了。第二天，他退到叙利亚，把军官们留在塞利尼，聚集他的残军。他又派遣使者到执政官那里去商谈和约。执政官正忙于埋葬他自己
175 的阵亡将士，夺取死去的敌人的衣服和财物，收集战争俘虏。阵亡的罗马人中，有二十四个骑兵，约三百步兵，大部分是被安提阿杀死的。攸美尼斯只丧失了十五名骑兵。安提阿的损失，包括被俘虏的在内，据估计，达五万人，因为人数众多，要说出确实数目来是不容易的。他的战象有些被杀死了，有十五条被捕捉了。

VII. 安提阿跟罗马人订立和约。巴·西庇阿的被控告。曼利阿斯在色雷斯遭遇灾祸

安提阿求和

37. 罗马人取得这次光辉的、很多人看来是惊人的胜利(因为人数较少的军队在异地作战,像这样彻底打垮一支人数比他们多得多的军队,特别是当时还有那有高度的纪律和勇敢、过去被认为可怕而不可战胜的马其顿方阵,似乎是完全不可能的)之后,安提阿的朋友们开始责难他,说他不应该和罗马人发生争执,说他从开始就没有策略,没有精明的判断能力,他们责难他不应该甚至于没有和敌人发生冲突,就放弃了刻索尼苏斯和莱西马基亚以及武器和军事物资,不应该让赫勒斯滂不设防,因为他知道罗马人不能希望在那里很容易地强渡的。他们责难他最近的过失,不应该使他最强的一部分军队陷于紧促的地位,使之无用武之地,不应该信赖一些乱七八糟的新兵群众,而不信赖那些有长期训练、身经许多战役而精神变得坚强勇敢的职业士兵。当这些议论正在安提阿的朋友们中间进行的时候,罗马人兴高 177
采烈,认为现在没有什么事情他们难于做到,谢谢神明的保佑和他们自己的勇敢;因为人数这样少的一支军队,在异地作战,在第一次战役和第一次袭击时,仅仅一天之内,就打垮了有一切王室资源,由这样多的民族组织的一支人数多得多的军队,包括勇敢的雇佣军、负盛名的马其顿方阵和统治那个广大帝国、被尊称为大王的国王本人在内,这使他们对于他们自己的幸运有很大的信心了。他们中间有了一句流行的话,说:“过去曾经有过一个

国王——安提阿大王!”

38. 当罗马人正在这样夸口他们的成就时,执政官的兄弟巴布利阿斯已经恢复了健康,回到军队里来了,执政官接见安提阿的使者们。这些使者想知道要根据什么条件,安提阿才能够做罗马人的朋友。巴布利阿斯答复如下:“安提阿贪得无厌的天性是他遭遇着目前和过去的不幸的原因。他占有一个广大的帝国,罗马人没有反对他,而他夺取了原属于他的亲戚和我们的朋友托勒密的领土西利—叙利亚。于是他侵入了和他毫无关系的欧罗巴,征服了色雷斯,在刻索尼苏斯设防,重建莱西马基亚。他从那里进入希腊,剥夺了那些最近由罗马人解放的人民的自由,继续侵略,直到他在德摩比利之役被击溃败逃时为止。就是在那个时候,他还没有放弃他的贪婪的政策,因为虽然他在海上

西庇阿的答复

179 屡次被打败了,但是直到我们渡过了赫勒斯滂他都没有求和。那时候,他很藐视地拒绝了我们对他提出的条件,又聚集了一支大军,无数的物资,继续对我们进行战争,决定和远远优于他们的人交战,直到他遭遇这场大灾难时为止。我们本来可以正当地把更严厉的处罚加在他的身上;但是我们不惯于滥用我们自己的繁荣,或加重别人的不幸。我们向他提出和过去同样的条件,只作一些小的补充,使之有利于我们,并且有助于他自己将来的安全。他应当完全放弃欧罗巴和道拉斯山脉这一边的全部亚细亚领土,边界以后再行确定;他应交出他所有的战象,交出由我们规定的船舰数目,以后他不能豢养战象,只能有我们所允许的数目的船舰;他应当交出由执政官选择的二十名人质,偿付因他而引起的这次战争的战费,现在交五百优卑亚他连特,元老院批

准和约时，再交两千五百他连特，另外再交一万二千他连特分十二年按年在罗马付给。他还应当把所有的俘虏和叛徒交出，把他根据他和攸美尼斯的父亲阿塔拉斯所订协议而取得的土地的其余部分交还给攸美尼斯。如果安提阿接受这些条件而不欺诈的话，在得到元老院批准后，我们给他和平与友谊。”

和约的批准
181

39. 西庇阿所提出的条件全部为使者们所接受了。关于立时交付的那一部分现金和二十名人质马上照办了。安提阿的幼子安提阿是在人质之列。两西庇阿和安提阿双方都派遣使者到罗马去了。元老院批准了他们的协定，写成书面条约体现了西庇阿的观点，把不明确的地方详细说明，又做了一些小的补充。安提阿的领土以卡利卡德那斯和萨彼敦尼昂两地角为界，他不得航海越过这个地方来进行战争。他只能有十二条装有甲板的船舰，用以对他的属民进行斗争；但是如果他是首先被人攻击的，他可以有多一点船舰。他不能在罗马领土内募集雇佣军，也不能收容罗马的逃亡者，所交的人质，除安提阿的儿子以外。每三年更换一次。这个条约刻于青铜板上，藏于卡皮托神庙中（这 前189
样的条约，习惯上是藏在那里的），把一个副本送给继西庇阿为司令官的曼利阿斯·发尔索。他在福尔基亚的阿巴密亚监视安提阿的使者们的宣誓，安提阿也监视罗马派去的军团将校德谟斯的宣誓。这就是安提阿大王和罗马人之间的战争的结果；有些人认为这个条约没有对安提阿做进一步的要求是由于安提阿对西庇阿的儿子所施的恩惠。

前187
西庇阿的被控诉

40. 当西庇阿回到罗马的时候，有些人因为这件事情控告他，两个保民官对他提出受贿和叛逆罪的控诉。他藐视和嘲

183 笑这个控告，指定他受审判的日子恰好是他战胜迦太基的每年纪念日，[①]在去之前，他预先把祭祀的牺牲送到卡皮托神庙去，于是他穿着节日的礼服而不穿被告者习惯上所常穿的表示悲伤和微贱的衣服，出现在法庭，因此他马上给所有的人一个深刻的印象，使他们对他有好感，认为他是一个高尚的公民，而知道自己的正直无私。当他开始说话的时候，关于人家对他的控诉他甚至提也没有提及，只详细叙述他的生平事迹，他替祖国所做的事情和所进行的战争，他怎样进行每次战争，怎样常常胜利。他们真正高兴听这样的骄傲叙述。当他讲到他战胜迦太基的时候，他的声音达到了雄辩的顶点，使群众以及他自己充满了热情，他说："公民们啊，就是在今天这一天，我获得了胜利。把近年来你们这样恐惧的对手迦太基放在你们的脚下。现在我正要去举行定在今日的祭祀了。你们中间凡是热爱你们祖国的人都来和我一起去致祭，因为这个祭祀是为你们而举行的。"他说完了话之后，就匆匆地往卡皮托去了，没有理会对他所提出的控告。群众，包括大部分法官们在内，都高声欢呼，跟着他去了；当他举行祭祀的时候，欢呼之声仍在继续。控告者不知所措，不敢以这个案件尚未充分审判为理由，再叫他回来受审，也不敢以煽动民众的罪名来控告他，因为他们知道他的整个一生不是嫌疑或毁谤所能伤害的。

185 41. 对于跟他的事业不相称的控告，西庇阿是如此藐视，我认为他比阿里斯泰德[②]因为盗窃公款罪被控告时，或苏格拉

① 十月十九日。这个日子因日食而确定，不完全可靠。——译者

② 雅典将军(前530—前468年)，前480年大败波斯侵略军于马拉敦。后以侵占公款被控告。参阅普鲁塔克《传记集》，第394页。——译者

底[①]也和他一样地被控告的时候做得聪明些；因为这两个人受到类似的毁谤的时候，都没有答辩，如果不是苏格拉底说出了柏拉图[②]使他说出来的言辞的话。他表现得比伊巴密浓达[③]在跟佩洛庇达[④]和另一个人一同担任彼奥提亚将军职务的时候的人格高尚些。在这三个人中间，底比斯人给予每个人一支军队，派遣他们在反对拉西第梦人的战争中去援助阿卡狄亚人和美塞尼亚人，但是在他们还没有完成他们的任务的时候，因为有人对他们毁谤，就命令他们回国。但是他们有六个月之久，没有把兵权移交给他们的继任人；直到他们把拉西第梦人的驻军赶跑，以阿卡狄亚人代替了拉西第梦人的时候，他们也还没有交出兵权。伊巴密浓达强迫他的同僚们这样做，保证他们不会因此受到处罚。当他们回国的时候，控告者分别对他们提出控诉，断定他们的死刑（因为法律上规定，当兵权已被指定交给另一个人的时候，拒交者应处死刑）；但是其他两个人由于引起人们怜悯，由于长篇的发言，由于把过失推到伊巴密浓达身上（这是伊巴密浓达要他们这样说的，同时他也证实了他们所说的是真实的），因而免除了处罚。他是最后一个受审判的，他说，“我承认我是违犯了法律，逾期拒绝交出兵权，我威逼了那些你们刚才宣布无罪的

前369

类似伊巴密浓达的案件

① 希腊唯心主义哲学家（前470—前399年）。以腐蚀青年被控告，服毒自杀。——译者

② 希腊唯心主义哲学家（前427—前347年），苏格拉底的学生。苏格拉底本人无著作，其思想赖柏拉图的著作以传，柏拉图还撰有苏格拉底的《自辩书》。——译者

③ （前418—前362年）。底比斯将军。前371年大败斯巴达军队于琉克特拉，确定底比斯在希腊的霸权。——译者

④ （？—前364年）。底比斯的将军，与伊巴密浓达共同建立底比斯的霸权。——译者

人。我既然违犯了法律，我也不请求免除极刑。我只请求你们，为了酬谢我过去的贡献，在我的坟墓上刻上这样的墓志铭：‘在此地躺着的是琉克特拉的胜利者。虽然他的国家不敢对抗这个敌人，甚至连一个戴着拉哥尼亚帽子的异邦人也不敢对抗，但是
187 他领导着他的同胞公民们直达斯巴达的大门前。他的国家把他判处死刑，因为他为了国家的利益而违犯了法律。’”他说了这些话之后，从讲坛上跑下来，要把他自己交给任何想拖他去受处罚的人。法官们因为受到他的言辞的谴责，因为钦佩他的答辩，因为尊敬答辩人本身，大为感动，没有等到表决，就跑出法庭了。

前 189 曼利阿斯继西庇阿任执政官职务

42. 读者可以随自己的意思比较这两个案件。代西庇阿为执政官的曼利阿斯到那些从安提阿手中取得的各地区去，处理那些地区的事务。和安提阿联盟的一个加拉西亚部落托利斯托波伊人逃到密西亚的奥林普斯山上。曼利阿斯费了很大的力气，才爬上山去。当他们逃跑的时候，他追赶他们，被他杀死的和从崖石上被抛下来的不可胜数。他俘虏了大约四万人，焚毁他们的武器，当时战事还在继续进行，他不可能带走这样多的俘虏，因此他把他们卖给邻近的野蛮人。在泰克托萨基人和特罗克密人中，他中了他们的埋伏，遭遇了危险，死里逃生。但是他回转来向他们进攻，发现他们一大群拥挤在军营里，他用轻装部队把他们包围起来。他骑着马到处跑，命令部下离开相当距离向他们射击，但是不要和他们进行肉搏战。这群人这样密集在一块儿，所以投射的标枪没有不击中目标的。他杀死了约八千
189 人，追逐其余的人越过哈利斯河。卡巴多西亚国王阿里阿累西

斯过去也曾经派遣军队援助过安提阿，因此大为恐慌，派人去恳求，此外还送了二百他连特的金钱，使曼利阿斯没有进入他的国内。曼利阿斯带了许多财宝、无数的金钱、大量的掠夺物和一支满载而归的军队回到赫勒斯滂。 前188

在色雷斯的灾祸

43. 到现在为止，曼利阿斯是进行得很顺利的。但是他愚蠢地没有小心由水道回国，因为当时是夏季；没有重视他所带着的辎重，虽然没有必要给予他的军队以艰苦工作或行军训练，因为他们不是去作战，而是带着战利品回国。但是他在闷热的天气里，由一条长而狭窄困难的道路，通过色雷斯前进。他既没有送信要马其顿的腓力来迎接和护送他，也没有把他的军队分为几部分，使他们可以更轻易地前进，易于在身边取得需要的东西，也没有为了更加安全起见，把行李放在行列的中间；而是带着军队列为一个单行的纵长队，把行李放在中央，所以无论前卫或后卫都不能很快地来救护它，因为纵队很长而道路很狭窄。所以当色雷斯人在侧面从各方面向他进攻的时候，他的战利品、公款和军队本身大部分都丧失了，他带着残留的部分逃入马其顿；这个惨祸说明腓力过去护送两个西庇阿的时候所作出的贡献是多么大的，安提阿放弃刻索尼苏斯的时候所犯的错误是怎样的。曼利阿斯从马其顿进入帖撒利，从帖撒利进入伊壁鲁斯，191
然后渡海到勃隆度辛，在那里解散他的士兵回乡，而他自己则回罗马去了。

给攸美尼斯的报酬

44. 罗得斯人和帕加玛国王攸美尼斯因他们参加反抗安提阿的联盟而很自豪。攸美尼斯亲自前往罗马，罗得斯人则派遣代表前往。元老院把吕西亚和开利亚给予罗得斯人；但是不久之后，罗马人又从罗得斯人手中夺取了这两个地方。因为在罗马人和马其顿国王柏修斯的战争中，罗得斯人表示有点袒护柏修斯。罗马人把他们从安提阿手中夺来的所有领土，除亚细亚的希腊城市外，都给了攸美尼斯。在这些希腊城市中，那些过去缴纳贡税给攸美尼斯的父亲阿塔拉斯的城市受命缴纳贡税给攸美尼斯，而那些过去缴纳贡税给安提阿的城市，则完全豁免了贡税，成为独立的城市。

45. 罗马人这样处理了他们在这次战争中所获得的土地。

VIII. 塞留西王国的衰亡及罗马人统治下的叙利亚

前 187 后来安提阿大王死后，他的儿子塞留古继位，把他的儿子狄
密多留送给罗马人，作为人质，以代替他的兄弟安提阿。当安提
安提阿大王的继承人 阿在回国途中到达雅典的时候，一个宫廷官吏希利俄多拉斯组
织的阴谋把塞留古暗杀了；但是当希利俄多拉斯想自己掌握政
权的时候，他被攸美尼斯和阿塔拉斯所驱逐，他们两人立安提阿
193 为王，以便得到他的好感，因为某些争执，他们也已经对罗马人
安提阿·伊壁芬尼斯 怀疑了。这样，安提阿大王的儿子安提阿即位为叙利亚王。[①]
叙利亚人称他为伊壁芬尼斯（意为光辉的），因为当政权被篡夺
前 175 者所夺取的时候，他表现出是一个真正的国王。他和攸美尼斯结
成友谊和联盟之后，用强硬的手腕统治叙利亚和邻近的民族。他

① 安提阿第四（前 175—前 163 年）。——译者

任命提马库斯为巴比伦总督，任命赫拉克莱德为财政大臣；他们是两兄弟，都是他的宠臣。他又远征亚美尼亚国王阿塔薛阿斯，把他俘虏了。

前164 安提阿·攸巴托

46. 伊壁芬尼斯死后，遗下一个儿子安提阿，[1]年九岁，叙利亚人给他取个名字，叫做攸巴托，[2]以纪念他的父亲的勇敢。这个小孩由莱西亚[3]教育。元老院因安提阿的早死而喜欢，因为在他的早年就表现了他的勇敢性格。塞留古的儿子、安提阿·伊壁芬尼斯的侄子狄密多留(安提阿大王的孙子、这个小孩的嫡堂兄弟)，当时在罗马为人质，年二十二岁，他请求为国王，因为这个王国是他的，而不是这个小孩的；但是元老院不许。他们认为叙利亚由一个未成熟的小孩统治，比由一个成年人统治对于他们更为有利。他们听到叙利亚有许多战象，所有的船舰超过了和约上所允许的，因此他们派遣使者们到那里去杀死那些战象，焚毁那些船舰。杀戮这些温和而罕有的动物，焚毁这些
船舰，是一个很悲惨的景象。一个名叫雷普泰尼斯的雷俄狄西 195
亚人看见这个情景很愤怒，所以他趁使团的团长尼阿斯·屋大维正在体育馆擦油[4]的时候把他杀死，莱西亚把他埋葬了。

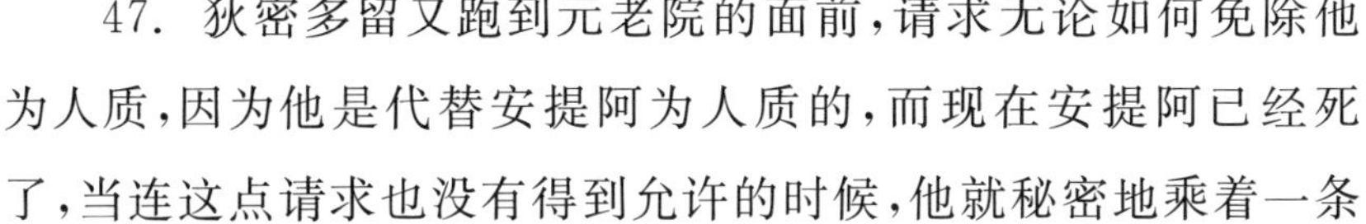

47. 狄密多留又跑到元老院的面前，请求无论如何免除他为人质，因为他是代替安提阿为人质的，而现在安提阿已经死了，当连这点请求也没有得到允许的时候，他就秘密地乘着一条

① 安提阿第五(前163—前162年)。——译者

② 攸巴托，意为“一个善良父亲的儿子”。——译者

③ 叙利亚的将军和摄政。——译者

④ 希腊人的习惯，每逢运动之后，用橄榄油遍擦身体。参阅拙译《伯罗奔尼撒战争史》(商务印书馆1960年版)，第5页。——译者

小船逃跑了。叙利亚人很高兴地欢迎他，他把莱西亚和这个小
前162 孩一块儿杀死了之后，即位为王，[①]他免去了赫拉克莱德的职
务，杀死了在巴比伦施行劣政并叛变的提马库斯，因此，狄密多
狄密多留·索特 留受到索特（意为“保护者”）的称号；这个称号首先是巴比伦人
给他的。当他在王国内的地位巩固了的时候，他送给罗马人一个价值一万金币的王冠，作为他们从前的人质的一个礼物，同时又交出了杀害屋大维的凶手雷普泰尼斯。他们接收了这个王冠，但是不肯接收雷普泰尼斯，因为他们想要使叙利亚人负担这个罪
前159 行的责任。狄密多留又进一步，夺取卡巴多西亚国王阿里阿累西
斯的政权，把它给予俄罗芬尼斯，俄罗芬尼斯被认为是阿里阿累西斯的兄弟，而狄密多留因此得到了一千他连特。但是罗马人认为阿里阿累西斯和俄罗芬尼斯作为两兄弟，应当共同统治。

48. 这两个君主的王国（以及稍后他们的继承人阿里俄巴赞尼斯也是一样）被本都国王米特拉达梯所剥夺了。因为这个事件以及其他许多事件就发生了米特拉达梯战争——这是一次
197 很大的战争，牵涉到许多国家的兴亡，延续了近四十年之久，[②]
在这个时候，叙利亚有许多国王都是王族世系彼此继任王位，在很短的时间内王位便更换一次，有许多朝代的更替和暴动，以前从塞留西王族统治下叛离出来的帕提亚人夺取曾经属于塞留西王族的美索不达米亚。亚美尼亚国王提格累尼斯的儿子提格累
提格累尼斯征服叙利亚 尼斯[③]（他曾经征服了许多有自亡的国王的邻近国家，因为这些

① 狄密多留第一（前162—前159年）。——译者
② 公元前89—前64年。——译者
③ 提格累尼斯大王（前95—前55年）。——译者

战功，他取得了“诸王之王”的称号）进攻塞留西王族，因为
他们不承认他的统治权。安提阿·庇护[①]不能抵抗他，因此 前83
提格累尼斯征服了幼发拉底河以西的全部叙利亚领土，直达埃
及。同时他取得了西里西亚（因为西里西亚也是属于塞留西王
族的），他派他的将军马加达特统治这些被征服的地区达十四年
之久。

49. 当罗马将军琉卡拉斯追赶逃往提格累尼斯的领土内的 前69
米特拉达梯的时候，马加达特带着他的军队支援提格累尼斯。
因此安提阿·庇护的儿子安提阿[②]乘机暗中进入叙利亚，得到
人民的同意，恢复了在那里的政权。首先发动对提格累尼斯的
战争，夺取了他新获得的领土的琉卡拉斯也不反对安提阿行使
他祖先的权力。但是继琉卡拉斯为司令官的庞培，当他在打败 前66
了米特拉达梯的时候，允许提格累尼斯统治亚美尼亚，剥夺了安 庞培为罗马人夺取
提阿在叙利亚的政权，虽然安提阿并没有做过对不起罗马人的 叙利亚
事情。庞培这样做的真正原因是他有一支军队在他指挥之下，*199*
并吞一个广大而无防守的帝国，对于他来说，是轻而易举的。但
是他这样做的借口是：被提格累尼斯推翻的塞留西王族统治叙
利亚是不应该的，反而不如由战胜提格累尼斯的罗马人来统治。

50. 这样，罗马人没有经过战争，就占有了西里西亚、叙利 又取得腓尼基和巴勒斯坦
亚内地和西利一叙利亚、腓尼基、巴勒斯坦以及从幼发拉底河到
埃及和海边所有称为叙利亚的其他许多国家。只有犹太民族还 前63
在抵抗；庞培征服了他们，把他们的国王亚里斯多布拉斯送往罗

① 安提阿第十（前95—前93年）。——译者

② 安提阿第十三（前69—前64年）。——译者

马，毁灭了他们最大的和他们所认为最神圣的城市耶路撒冷，正如埃及第一个国王托勒密所做的一样。后来这个城市重建起来，韦柏芗又把它毁灭了，[①]在我们的时代，哈德良又做了同样的事情。[②]因为这些叛变的缘故，对于所有的犹太人所征收的人头税比对领近诸民族所征收的重些。叙利亚人和西里西亚人每人每年亦必须交付财产总值的百分之一作为税款。庞培又使一些以前由塞留西王族统治的民族由他们自己的国王或酋长统治。同样地他批准那些在米特拉达梯战争中跟他合作的亚细亚加拉西亚人的四个酋长在他们的领土内的权力。不久之后，这些领土也逐渐归罗马人统治了，这大部分是在奥古斯都的时代。

叙利亚以后的历史

51. 现在庞培马上使他战时的财政官斯卡鲁斯负责统治叙利亚，后来元老院任命马喜阿斯·腓力普斯为斯卡鲁斯的继任者，又任命林都拉斯·马喜利那斯为腓力普斯的继任者，两人都是大法官等级。这两人中间每个人把他整整的两年时间都花费
201 在抵抗邻近的阿拉伯人的进攻上。因为这个缘故，罗马开始派遣代执政官们[③]到叙利亚，他们和执政官一样，有权征集军队，进行战争。这些带着一支军队被派遣出去的代执政官中间，第
前55 一个是加宾尼阿斯；当他正要出发进行战争的时候，被兄弟俄罗德斯逐出王国的帕提亚国王米特拉达梯劝加宾尼阿斯不要去进

① 公元66—70年犹太人暴动时，韦伯芗的儿子泰塔斯毁灭的。——译者

② 公元132—135年犹太人又暴动。——译者

③ 直译是“那些担任过纪年的职位的人”，罗马人通常纪年的方式是“在某某和某某为执政官的时期”。——英译者

攻阿拉伯人，让军队转而进攻帕提亚人。同时，埃及国王托勒密
第十一[①]也丧失了王位，他用巨额的金钱说服加宾尼阿斯不要
去进攻帕提亚人，把军队转而进攻亚历山大里亚。加宾尼阿斯
战胜了亚历山大里亚人，恢复了托勒密的王位；但是他自己被元 前55
老院所放逐，因为他没有得到元老院的命令，私自侵入埃及，进
行一个罗马人所认为不祥的战争；因为这个战争是西卑尔神书 前54
中所禁止的。我认为克拉苏继加宾尼阿斯之后为叙利亚总
督——在对帕提亚人进行战争的时候，遭遇一个很大的惨剧的 前51
就是这个克拉苏。当琉喜阿斯·毕布拉斯继克拉苏之后为叙利
亚总督的时候，帕提亚人侵入叙利亚。当萨克萨继毕布拉斯为 前40
总督的时期，这个地区，甚至远达爱奥尼亚，都受到帕提亚人的
蹂躏，当时罗马人正忙于内战。

IX. 追述：塞留西王国的建立

52. 这些事情，我将在我的《帕提亚史》[②]中更详细地叙述， 亚历山大大王死时的叙利亚
但是因为本卷是关于叙利亚的事务，而我已经叙述了罗马人是
怎样征服叙利亚，使它成为现在的情况的；现在我简单地叙述一 203
下，在罗马人以前，统治叙利亚的马其顿人所做的事情，这不会
是不恰当的。

在波斯人之后，亚历山大成为叙利亚[③]以及他所看到的其 前323

① 托勒密第十一（前80—前51年）。——译者

② 这部分历史，阿庇安没有写成。——译者

③ 亚历山大第三（大王）（前336—前323年），生于前356年。——译者

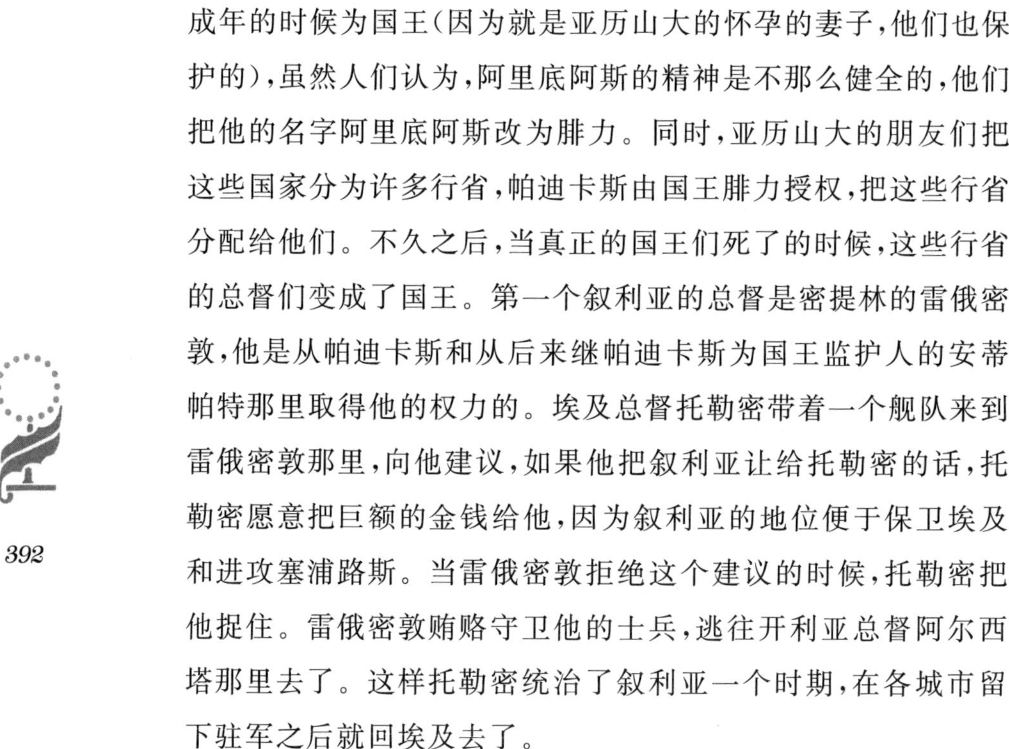

他一切民族的唯一君主。他死后遗下了一个很年幼的儿子[①]和另一个还没有出生的儿子，[②]马其顿人是忠于腓力的家族的，所以他们选择亚历山大的兄弟阿里底阿斯在亚历山大的儿子们未成年的时候为国王（因为就是亚历山大的怀孕的妻子，他们也保护的），虽然人们认为，阿里底阿斯的精神是不那么健全的，他们把他的名字阿里底阿斯改为腓力。同时，亚历山大的朋友们把这些国家分为许多行省，帕迪卡斯由国王腓力授权，把这些行省分配给他们。不久之后，当真正的国王们死了的时候，这些行省的总督们变成了国王。第一个叙利亚的总督是密提林的雷俄密敦，他是从帕迪卡斯和从后来继帕迪卡斯为国王监护人的安蒂帕特那里取得他的权力的。埃及总督托勒密带着一个舰队来到雷俄密敦那里，向他建议，如果他把叙利亚让给托勒密的话，托勒密愿意把巨额的金钱给他，因为叙利亚的地位便于保卫埃及和进攻塞浦路斯。当雷俄密敦拒绝这个建议的时候，托勒密把他捉住。雷俄密敦贿赂守卫他的士兵，逃往开利亚总督阿尔西塔那里去了。这样托勒密统治了叙利亚一个时期，在各城市留下驻军之后就回埃及去了。

前321　53. 安提哥那斯是福里基亚、吕西亚和旁菲利亚的总督。当安蒂帕特前往欧罗巴的时候，安提哥那斯留下为全亚细亚的
205 监督；于是他围攻卡巴多西亚总督攸美尼斯，攸美尼斯被公开地宣布为马其顿人的敌人。攸美尼斯逃掉了，占据米提亚，但是后来被安提哥那斯所俘虏而被杀掉，安提哥那斯在回来的时候受

① 其前妻巴西尼（即斯塔泰拉）所生的儿子赫邱利，当时他们母子均在帕加玛。——译者

② 其妻罗克塞那已身怀有孕，于亚历山大死后生一子，名亚历山大。——译者

到巴比伦总督塞留古的盛大欢迎。有一天塞留古惩办了一个总督,而没有跟安提哥那斯商量,安提哥那斯大为愤怒,要求塞留古交出他的金钱和所占有的东西的账目。因为塞留古的权力不如安提哥那斯,所以逃往埃及托勒密那里去了。安提哥那斯免除美索不达米亚总督布利托的职务,因为他让塞留古逃跑了,安提哥那斯自己取得了巴比伦、美索不达米亚和从米提亚到赫勒斯滂所有的国家的政权,同时安蒂帕特已经死了,他占有这样广阔的一部分土地,其他总督马上嫉妒起来了;因为这个缘故,主要是托勒密、色雷斯的总督莱西马库斯、安蒂帕特的儿子、安蒂帕特死后领导马其顿人的凯山得应塞留古的请求,和他组织了一个同盟。他们派遣一个联合使团到安提哥那斯那里去,要求他跟他们以及其他已经丧失了行省的马其顿人分配那些他新近得到的土地和金钱。安提哥那斯藐视他们的要求,因此他们联合起来对他作战。在另一方面,他准备抵抗他们,把托勒密在叙利亚的残余驻军全部赶出去,把他在腓尼基和西利—叙利亚所还保留的全部领土都夺去了。

前 316

塞留古·尼卡托

54. 他进军越过西里西亚峡门,①留下他年约二十二岁的儿子狄密多留带着一支军队驻扎在伽萨,以抵抗从埃及来的托勒密。托勒密在伽萨一战中大败这个青年,迫使他逃往他的父亲那里去了。托勒密马上派遣塞留古到巴比伦去恢复他的政权,给他一千步兵和三百骑兵去做这件事。塞留古带着这支小的军队恢复了巴比伦,居民很热烈地欢迎他,在很短的时间内,

207

前 312

① 西里西亚和叙利亚之间道拉山中的通道。——译者

他的势力大大增加。但是安提哥那斯击退了托勒密的进攻，在塞浦路斯附近的海战中取得了光辉胜利；在这次海战中，他的儿子狄密多留是司令官。因为这个很显著的功绩，军队宣布安提哥那斯和狄密多留两人为国王，因为他们自己的国王（腓力和奥林比亚斯的儿子阿里底阿斯以及亚历山大的两个儿子）现在都已经死了。托勒密的军队也尊托勒密为国王，否则在这次战败之后，人们会认为他的地位低于战胜者。这样，对于这些人，相反的事件产生了类似的后果。其他的人都学习他们两人的榜样，所有的总督都变为国王了。

55. 这样，塞留古成为巴比伦尼亚的国王，他又获得米提亚王国；在战斗中，他亲自杀死了安提哥那斯留在那里的总督尼卡托。以后他又跟马其顿人和蛮族人进行了许多战争。其中两次主要战争是跟马其顿人打的：第二次是和色雷斯国王莱西马库
209 斯打的，第一次是和安提哥那斯在福里基亚的伊普苏斯打的。在
前 301 伊普苏斯战役中，安提哥那斯亲自指挥，亲自战斗，虽然他已年
帝国的范围 过八旬。在这次战役中，安提哥那斯被杀，于是所有曾经跟塞留古联盟的诸国王瓜分了他的领土。在这次瓜分的时候，从幼发拉底河到海边的全部叙利亚以及内地的福里基亚都是塞留古所分得的土地。他总是等待着邻国的机会，利用他强大的军队和有说服力的外交，因此他获得了美索不达米亚、亚美尼亚、所谓塞留西的卡巴多西亚，征服了波斯人、帕提亚人、巴克特里亚人、阿拉伯人、塔比里人、索格狄安那人、阿拉科特人、赫卡尼亚人，以及亚历山大所曾征服的其他邻近的民族，一直到印度河。所以他所统治的亚细亚帝国，除亚历山大帝国以外，比他以前的任

何人的帝国都广阔，因为从福里基亚到印度河，全部地区都归塞留古统治。他渡过印度河，与住在那条河两岸的印度人的国王安德罗卡塔斯[①]作战，直到最后他们两个人彼此达成谅解，相互结亲。[②] 这些武功，有些是在安提哥那斯死前完成的，有些是在他死后完成的。

关于塞留古的神谶和预兆

56. 据说，当他还在亚历山大部下服务，跟着亚历山大参加对波斯人的战争的时候，他曾到提提马神庙[③]拜神求签询问关于他回马其顿的问题，他得到下面的回答：

“不要匆忙地回到欧罗巴去；对于你，亚细亚会好得多。”

又据说，他在马其顿的祖传炉灶，没有人燃火，突然发出大
火来了；又说，他的母亲在梦中看到，无论她发现一个什么样子 211
的戒指，她应当给他戴上，他一定会在他失掉戒指的地方做国
王。她果然发现一个上面刻着一个锚的铁戒指，他在幼发拉底
河畔附近失掉了。又据说，后来他动身往巴比伦去的时候，他踢
着一块石头跌倒了。当这块石头被挖出来的时候，发现这个石
头是一个锚。预言家们看见这个怪事，大为惊慌，认为这是迟延
的预兆。当时拉加斯的儿子托勒密跟着他参加这次远征，他说，
一个锚是安全的预兆，不是迟延的预兆；因为这个缘故，当塞留
古做了国王的时候，他用一个镂刻的锚作为他的印信戒指。有
人说，当亚历山大还在世，正在观望的时候，又有一个表示将来

① 即孔雀王朝的旃陀罗笈多(我国古书上称为月护王)(公元前 321—前 297 年)。——译者

② 塞留古割印度河以西之地与印度，旃陀罗笈多以女嫁塞留古。——译者

③ 提提马神庙离米利都城十一英里，毁于希波战争中(公元前 494 年)，后来亚历山大又重建了。——译者

前323 塞留古会得势的预兆显示出来了。亚历山大从印度回到巴比伦之后，当他正在绕着巴比伦湖航行，想从幼发拉底河引水灌溉亚述的田亩的时候，一阵风吹着他，把他的王冠吹去了，挂在一个古王坟墓上的一束芦苇上。这件事的本身象征着亚历山大的死亡；但是他们说，一个水手跟着王冠游泳，把它放在自己的头上，没有弄湿，就带来给亚历山大，亚历山大马上给他一个他连特银子，作为他热心忠诚的报酬。预言家们劝他把这个人处死。有人说，亚历山大采纳了这个意见；另有一些人说，他没有采纳。但是有些说故事的人把整个故事都省略了，说那个跟着王冠游泳去的人，根本不是一个水手，而是塞留古，他把王冠放在头上，以免弄湿它。这个预兆终于对他们两个人都实现了，因为亚历

213 山大在巴比伦逝世，而塞留古成为一个统治者，其领土比亚历山大的任何其他继承人的领土更大。

57. 这些是我所听到的有关塞留古的预言。亚历山大死后，塞留古马上做了侣伴骑兵队的领导者；当亚历山大在世时，这个侣伴骑兵队是由赫腓斯提翁指挥的，后来是由帕迪卡斯指挥的。他指挥这个骑兵队之后，成为巴比伦总督；做了总督之后

前312—前280 就做国王。因为在战争中很成功，他取得了尼卡托的别名。至少在我看来，他是这样取得这个称号的，比说他得到这个称号是由于他杀了尼卡托可能性大些。他的身躯这样巨大而有力，所以有一次，当一条野牛被带到亚历山大那里来作牺牲，绳索断了，野牛逃走了的时候，塞留古一个人，赤手空拳把它捉住；因为这个缘故，他的雕像是用牛角作为装饰的。他在他的领域内到

他所建立的城市

处建立城市，有十六个城市名叫安提阿，以纪念他的父亲；五个

城市名叫雷俄狄西亚，以纪念他的母亲；九个城市，纪念他自己；四个城市纪念他的两个妻子，就是三个阿巴密亚和一个斯特拉顿尼西亚。这些城市中，现在最著名的是两个塞留西亚城，一个在海滨，一个在底格里斯河畔；腓尼基的雷俄狄西亚、黎巴嫩山下的安提阿和叙利亚的阿巴密亚。他替其他一些城市取了一些希腊或马其顿的名称，或以纪念他自己的武功，或以纪念亚历山大；因此，在叙利亚和上亚细亚的蛮族地区中有许多城市是用希腊或马其顿的名称，例如培何伊、伊得萨、培林修斯、马罗尼亚、215
卡利玻里、亚加亚、培拉、俄罗巴斯、安菲玻里、阿勒杜萨、阿斯塔卡斯、提吉亚、卡尔西斯、拉利萨、赫里亚与阿波罗尼亚；在帕提亚，也有索特拉、卡利奥普、查里斯、赫卡敦派娄斯、亚加亚；在印度有亚历山德罗琉里；在西徐亚有亚历山大德勒卡达。因为塞留古的胜利而命名的城市，有美索不达米亚的尼斯福里昂和靠近卡巴多西亚的亚美尼亚有尼科玻里。

58. 他们说，当他将要建筑两个塞留西亚城的时候，在建立海滨的塞留西亚城之前有雷电的预兆。因为这个缘故，他奉雷为这个地方的神，因此，那个城市的居民至今还崇拜雷神，歌唱雷神的赞美诗。他们又说，当马格们①受命指定开始建筑底格里斯河上的塞留西亚城的吉祥日期和时辰的时候，他们说了一个假的时辰，因为他们不愿意有这样一个要塞建筑起来反对他们自己。国王正在他的营幕里等待指定的时辰，军队准备开始工作，肃静地站在那里，等待塞留古发出信号来；在命运中的真

底格里斯河上的塞留西亚城

① 波斯袄教僧侣。——译者

正时辰一到的时候，他们似乎听到一个声音，命令他们开始工作。所以他们跳起来，这样敏捷地开始工作，以致那些想阻止他们的传令官们也阻止不住。当工作完毕的时候，塞留古心中不安，所以又问马格们有关这个城市的事情。他们首先请求饶恕。获得允许之后，他们说："国王啊，这是命中注定的，不管是好或者是坏，人也好，城市也好，都不能改变，因为城市也和人一样，有它的命运。神明高兴要这个城市长久存在，因为它是正在良
217 好时辰开始建筑的，我们担心这会是一个对付我们自己的要塞，因此假说了一个命中注定的时辰。但是命运比狡猾的马格们或者一个不疑心人的国王都强而有力些。因为这个缘故，神明对军队宣布了一个吉祥的时辰。你从下面的事实就可以知道这是真的，因此，你无需怀疑我们有欺骗的行为了：你作为国王亲自指挥你的军队，你已经亲自命令他们等待；这支军队过去总是服从你，不怕危险和劳苦的，但是现在，就是你命令他们停止，也制止不住他们。并且突然开始工作，不仅是他们中间一部分人，而是全体一起，他们的军官们也和他们一块儿，认为命令已经下了。事实上，命令是已经下了。这就是为什么连你也不能阻止他们的原因。除去一个神能克服了你的意志，代替我们给你关于这个敌视我们和所有邻近人民的城市指示的话，那么，在人事中，什么东西比一个国王还更有力量呢？有了一个更强大的种族和我们在一块儿，我们的资源今后还有什么用处呢？你的这个城市已经有了一个幸福的开端，它将来是伟大而可垂诸不朽的。对于我们因为害怕丧失我们自己的繁荣而犯的错误，我们恳求你肯定对我们的宽恕。"国王很满意马格们所说的话，赦免

了他们。这是我所听到的关于塞留西亚的传说。

X. 塞留古之子安提阿与其妻斯特拉顿尼斯的恋爱故事。塞留古与莱西马库斯之死

塞留古、安提阿和斯特拉顿尼斯

59. 当塞留占还在世的时候，他就任命他的儿子安提阿代 前293
替他为上亚细亚的国王。如果这似乎表现了他的高尚的国王风 219
度的话，那么，对于他的儿子的恋爱和他的儿子对于这次恋爱的克制（因为安提阿爱上了塞留古的后妻，即他的继母斯特拉顿尼斯，她已经替塞留古生了一个小孩），他的行为更为高尚和贤惠。安提阿因为认识这种情欲的邪恶，他没有做出坏事情来，也没有表现出他的情感来，只是病倒了，精神沮丧，艰苦地挣扎以待死亡。享受很高的薪金以服侍塞留古的名医厄剌息斯特拉图也不能诊断他的病症。最后看到他的身体已没有任何疾病的象征，他推测这是一些心理状况，由于某种心理的状况往往可以使身体加强或削弱的。他知道忧郁、愤怒和其他情感是自己会暴露出来的，只有爱情由于害羞，常常是隐藏的。就是那时候，当医生认真地问他的时候，安提阿也完全不吐露真情，因此，他坐在他的旁边，注意观察他的身体的变化，来了解每个进入房中的人对他的影响。他发现当其他的人进来的时候，病人总是精神衰颓，毫无变化，但是当斯特拉顿尼斯来看他的时候，因为害羞和良心的斗争，他的情绪很激动，但仍默默无言。但是他的身体不知不觉之中变为更有生气而且活泼些了，当她离开那里的时候，他又衰颓下去了。所以这个医生告诉塞留古说他的儿子得了一

种无药可治的病症。国王不胜悲哀，放声大哭。于是医生补充说："他的病是恋爱，恋爱一个女人，然而这是一个绝无希望的恋爱。"

221 60. 塞留古大为诧异，难道竟有这样一个女人，他以亚细亚国王的资格，不能用恳求，用黄金，用这个生病的王子所必然继承的整个大王国（如果他想要的话，就是现在，他的父亲就可以给他，以便挽救他的生命），来说服她嫁给他的儿子以挽救他的生命。国王只想还知道一件事情，就问道，"这个女人是谁?"厄剌息斯特拉图回答说，"他爱上了我的妻子。"国王继续说，"那么，很好，我的好朋友啊，既然你和我们的友谊和恩泽这样深，在善良和智慧方面很少有人能够比得上你的，这个青年王子，你的朋友和国王的儿子，不幸堕入情网中，但是他是有德行的，他隐藏了他的罪恶的情欲，宁死而不愿暴露，难道你不愿替我挽救这个青年王子吗？难道你这样看不起安提阿吗？难道你也看不起他的父亲吗?"厄剌息斯特拉图拒绝，好像提出一个不能答复的论点一样，他说，"假如安提阿爱上了你的妻子，虽然你是他的父亲，就是你也不愿把你的妻子给他的。"于是国王凭王室的神祇赌咒说，他一定自动地高兴地把她给他，使自己作为善良父亲的榜样，仁慈地对待一个自己控制情欲而不应当受到这样痛苦的循规蹈矩的儿子。他还补充说了许许多多类似的话，于是他开始悲伤，深恨他自己不能是医治他这个不幸的孩子的医生，而在这件事情上也必须依靠厄剌息斯特拉图。

61. 当厄剌息斯特拉图从国王的认真态度上看到国王不是说假话的时候，他就把全部实情说出来了。他说明他是怎样发

现这个病症的性质的，他是怎么探听出这个秘密爱情的。塞留
古很高兴，但是要说服他的儿子是困难的；要说服他的妻子也是 223
同样困难的；但是他终于做到了。于是他召集他的军队，他的军
队现在可能猜到有什么事情了，他把他的武功和他的帝国的疆
域告诉了他们，说明他的帝国领土超过了亚历山大的任何其他
继承人所有的领土，说他自己逐渐衰老，不能统治这样广大的帝 塞留古分开他的帝国
国了，他说“为了你们将来的安全计，我想把我的帝国分开，现在
把一部分给我最亲爱的人。你们全体人员，自从亚历山大的时
候起直到今天，在我的部下扩大我的领土和权势达到这样大的
程度，你们在一切事情上都应当跟我合作，这是恰当的。我最亲
爱的人，而且也很够资格来执行统治的是我的成年的儿子和我
的妻子。因为他们都年轻，我祈祷他们不久就有孩子们来帮助
保卫这个帝国。我当着你们的面让他们结婚，现在就送他们到
上亚细亚诸省去做君王。我所加在你们身上的法律不是波斯人
或其他民族的法律，而是一切的人所共有的法律，即国王所命令
的永远是对的。”当他这样说完了之后，军队大声高呼，说他是所
有亚历山大的继承人中最伟大的国王，同时是最善良的父亲。
他对斯特拉顿尼斯和他的儿子给以同样的命令，于是让他们两
人结婚，送他们到他们的王国去，他在这次著名的行动中比在军
事行动中表现得更为强而有力。

62. 塞留古有七十二行省，他所统治的领土这样广阔，大部
分他已经让给他的儿子了，但是他还继续统治着幼发拉底河与 225
地中海之间的地区。他最后进行的战争是他为了争夺福里基亚
而和莱西马库斯在赫勒斯滂的战争。在战斗中，莱西马库斯战 前221

塞留古的被杀 败被杀，于是塞留古渡过赫勒斯滂，想自己占领莱西马基亚，但是他被跟他在一块儿的托勒密·塞劳那斯所杀。这个塞劳那斯是托勒密·索特和安蒂帕特的女儿攸里狄斯的儿子，因为他的父亲决定把他的王国传给他最小的儿子，塞劳那斯因而害怕，离开了埃及。塞留古，因为他是他的朋友的不幸的儿子，因而收容了他。塞留古就曾是这样帮助了后来杀害他的凶手，并且随便到什么地方，都带着他在一起的。

前 280 63. 塞留古统治了四十二年之后，[①]就这样死去了，年七十三岁。照我看来，上述的神谶[②]在这件事情上也说中了；这个神谶说，“不要匆忙地回到欧罗巴去；对于你亚细亚会好得多”，因为莱西马基亚是在欧罗巴，自从他带着亚历山大的军队离开欧罗巴之后，这是他第一次渡海回到欧罗巴去。据说，有一次，他特别咨询一个神谶，关于他的死亡的问题，他得到下面的答复：

“如果你不到亚哥斯去的话，你会达到你的天年；但是如果到亚哥斯去的话，你将早死。”

伯罗奔尼撒有一个亚哥斯，安非罗基亚也有一个亚哥斯，俄累斯提亚也有一个亚哥斯（马其顿的亚基底人的名字是由此而来的），爱奥尼亚海边也有一个亚哥斯，据说，是戴奥密德[③]在流荡的时候所建的——所有这些地方，在每个不同的国家中，每

---

① 公元前 321—前 280 年（包括他做巴比伦总督的时间在内，中有间断，他正式称王始于公元前 312 年）。现在史学家一般认为塞留古约生于公元前 358 年，那么他死时应当是 78 岁，而不是 73 岁。——译者

② 参阅本卷 56 节。——译者

③ 参加特洛耶战争的英雄。归国后，发现其妻不贞，乃流荡至意大利。——译者

个名叫亚哥斯的地方，塞留古都事先查知而避开了。但是他从 227
赫勒斯滂向莱西马基亚进军的时候，一个巨大而堂皇的祭坛出现在他的眼前，有人告诉他，这个祭坛或是亚哥远征队①往科尔基斯去的时候建筑的，或是围攻特洛耶的亚加亚人建筑的；因为这个缘故，当地人民称附近地带为亚哥斯，这个名字不是由于亚哥号船的名字的讹误，就是由于阿特里斯的儿子们的故乡②而产生的。当他还正在听这个故事的时候，他被托勒密杀死了，托勒密是从他的背上刺杀他的。帕加马的王子腓利特鲁斯用很大一笔金钱，从塞劳那斯手中购买塞留古的尸体，火葬之后，把骨灰送给他的儿子安提阿。安提阿把骨灰埋葬在海滨的塞留西亚，他在那里替他的父亲建立一个神庙，并划神庙附近之地为圣地。这块圣地被称为尼卡托里昂。

64. 我听说，莱西马库斯过去是亚历山大的持盾者。有一次他跟在亚历山大的身边跑了很远的路程，很疲倦了，他抓住大王坐骑的尾巴继续跑；他的前额被大王的长矛所刺伤，长矛刺破了他的一条血管，流血很多；因为没有东西包扎，亚历山大用他自己的王冠③包扎他的伤口，因此，王冠渗透了鲜血；亚历山大的预言家亚里斯坦德鲁斯看见莱西马库斯前额戴着王冠被抬走的时候，他说，“那个人将来会做国王，但是他在位时必然辛苦而

① 希腊神话，哲孙带着他的同伴，乘着亚哥号船往科尔基斯去取金羊毛。——译者

② 阿特里斯的儿子阿伽美浓的王国即伯罗奔尼撒半岛上的亚哥斯。——译者

③ 波斯国王冠冕四周所装饰的带有白点的蓝带，亚历山大采用这种王冠。——英译者

229 多烦恼。"他统治了将近四十年，包括他作总督任期在内，[①]他统治的时候果然是辛苦而多烦恼的。当他还正在指挥他的军队作战的时候，他阵亡了，年七十岁。莱西马库斯死后不久，塞留古被杀了；莱西马库斯的狗很久守着躺在地上的主人的尸体，使他不致受到鸟类和野兽的伤害，直到法萨利亚的托拉克斯发现他的尸体，把他埋葬了。另外有些人说，他是自己的儿子亚历山大埋葬的；亚历山大是在莱西马库斯杀死了另外一个儿子阿加托克利的时候，因为害怕，逃到塞留古那里去的，那时候他找到他父亲的尸体，主要靠那条狗的帮助，那时尸体已经有一部分腐烂了。莱西马基亚人把他的遗骨藏在他们的神庙中，并把神庙命名为莱西马基昂。

莱西马库斯之死

XI. 塞留古死后塞留西王国的历史

这两个最勇敢、最以身躯魁梧著名的国王[②]就是这样死亡了，一位七十岁，另一位大三岁，两人都是用自己的双手亲自战斗，直到他们死亡之日。

塞留古的继承人

65. 但是自塞留古死后，叙利亚王国正规地父子相传如下：第一个就是那个爱上了自己的继母的安提阿，[③]他被授予索特（保护者）的别名，因为他赶走了从欧罗巴侵入亚细亚的高卢人。

---

① 约公元前321—前281年。现在史学家一般认为莱西马库斯约生于公元前360年，那么他死时应当是79岁，而不是70岁。——译者

② 指塞留古第一和莱西马库斯。——译者

③ 安提阿第一（前280—前261年）。——译者

第二个是另一个安提阿，[1]他是安提阿和他的继母所生的儿子，
首先是米利都人给他一个别号狄奥斯（神圣的），因为他杀戮了
他们的僭主提马库斯，这个狄奥斯被他的妻子毒死了。他有两 231
个妻子，雷俄狄斯和柏累奈斯，雷俄狄斯是恋爱结婚的，柏累奈
斯是托勒密·菲列得尔福斯交给他做人质的女儿。雷俄狄斯暗
杀了他，后来又杀死了柏累奈斯和她的小孩。菲列得尔福斯的
儿子托勒密杀了雷俄狄斯，报复了这些罪行。他侵入叙利亚，进
军远达巴比伦。帕提亚人因塞留西王室发生混乱，乘机暴动。

66. 狄奥斯和雷俄狄斯的儿子塞留古，[2]别号卡来尼古（胜 前246
利的）继狄奥斯之后为叙利亚王。塞留古之后，他的两个儿子， 前226
塞留古和安提阿依照他们的年龄顺序相继为王。塞留古因疾病
而委靡，不能使军队服从他，在位不过两年，即因宫廷阴谋而被
毒死。[3] 他的弟弟是安提阿大王，他和罗马人作战，我在前面已 前224
经说过了。他在位三十七年。[4] 我已经说到了他的两个儿子，塞 前187
留古和安提阿，两人都即王位，塞留古[5]在位十二年，因为他的 前175
父亲的不幸，他的统治软弱无力，无所作为。安提阿（伊壁芬尼
斯[6]）在位不到十二年；在十二年中，他俘虏了亚美尼亚人阿塔
薛阿斯，进攻埃及的托勒密第六，托勒密和他的一个兄弟是前

① 安提阿第二（前261—前246年）。——译者

② 塞留古第二（前246—前226年）。——译者

③ 塞留古第三（前226—前224年）。——译者

④ 安提阿大王（第三）（前224—前187年）。生于公元前241年。参阅本卷（I—VII）各章。——译者

⑤ 塞留古第四（前187—前175年）。——译者

⑥ 安提阿第四（前175—前163年）。——译者

前168① 王留下来的孤儿。当他驻扎在亚历山大里亚附近的时候，罗马的大使波彼略带着书面命令来到他那里，要他不要进攻托勒密
233 兄弟。他看完命令之后回答说，他要考虑一下；波彼略用他的权杖在安提阿的周围画一个圆圈，说，“就在此地考虑。”他吓慌了，就从埃及撤退，劫掠了埃利马伊斯的维纳斯神庙；后来他因肺病
前164 逝世，遗下一个九岁的孤儿，就是我在前边已经说过的安提阿·攸巴托。[2]

前162 67. 我也已经说到了他的继承人狄密多留，[3]他曾经在罗
狄密多留·索特 马为人质，后逃回为国王。叙利亚人也称他为索特，他是在塞留古·尼卡托的儿子之后，第二个称为索特的国王。一个名叫亚历山大的人，冒称为塞留西王族中的成员，拿起武器来反对他。埃及国王托勒密援助亚历山大，因为托勒密仇恨狄密多留。因此，狄密多留丧失了他的王国，死了。他的儿子狄密多留[4]驱逐了亚历山大，因为他战胜了这个王族中的私生子，叙利亚称他为尼卡托，他是在塞留古之后，第二个用这个别号的。他模仿塞留古的榜样，远征帕提亚人。他被帕提亚人所俘虏，住在夫雷阿特国王的宫廷中，国王把他的妹妹罗多瓜那嫁给他。

宫廷阴谋 68. 当叙利亚王国无主的时候，王室中有一个奴隶戴奥多图把私生子亚历山大和托勒密的女儿所生的儿子，名叫亚历山大的一个小孩作为国王。后来他把这个小孩杀死了，自己夺取

---

① 原文为前108，显然为前168之误。——译者

② 参阅本卷第46节。——译者

③ 狄密多留第一(前162—前150年)。——译者

④ 狄密多留第二(前145—前139年；前129—前125年)。——译者

政权，把自己的名字改为特赖福。但是被俘虏的狄密多留的弟弟安提阿在罗得斯听到他的哥哥被俘虏了，马上回国，经过许多 235
困难，把特赖福杀死了。于是他又带着一支军队进攻夫雷阿特，要求交出他的哥哥来。夫雷阿特害怕他，所以把狄密多留送回来了。尽管这样，安提阿还是和帕提亚人作战，被打败后，自杀了。当狄密多留回国的时候，他也被他的妻子克娄巴特拉以奸计杀害了，因为克娄巴特拉嫉妒他和罗多瓜那结婚，也是因为这个缘故，她事先也和他的弟弟安提阿结了婚。她跟狄密多留生了两个儿子，名叫塞留古和安提阿·格利配斯(钩鼻子)；她跟安提阿生了一个儿了，名叫安提阿·塞西息那斯。她把格利配斯送到雅典，把塞西息那斯送到塞西卡斯去受教育。

69. 塞留古在他的父亲狄密多留死后即王位的时候，他的母亲马上用箭把他射死了，不是因为害怕他为父复仇，就是因为她疯狂地仇恨一切的人。塞留古之后，格利配斯即位为王，他迫使他的母亲饮了他为他所调的毒药。因之她终于受到了公正的处罚。但格利配斯证明自己是和他的母亲一样的，因为他阴谋陷害他的异父兄弟塞西息那斯；但是塞西息那斯发现了这个阴谋，和他进行战争，把他逐出王国。代替他为叙利亚国王。于是格利配斯的儿子塞留古和他的叔父进行战争。夺取他叔父的政权。这个新君王是极端残暴和专制的，在西里西亚的谟普苏斯
提亚城的体育馆中被烧死了。塞西息那斯的儿子安提阿继他为 237
王。叙利亚人认为他逃脱了他的堂兄弟塞留古的阴谋，是因为他敬奉神祇的关系，因此称他为安提阿·庇护。实际上他是由一个因为他漂亮而爱上了他的妓女所救出来的。我认为叙利亚

人给他这个名字是嘲笑他的，因为这个庇护娶塞利尼为妻，塞利尼过去曾经做过他的父亲塞西息那斯和他的叔父格利配斯的妻子。因此，神明给他以报应，他被提格累尼斯逐出王国。

塞留西王朝的灭亡

70. 庇护和塞利尼所生的儿子是在亚细亚长大的，因此被称为亚细亚提古，他的政权被庞培所剥夺了，正如我在前面已经说过了的。[①] 从塞留古计算起（我没有把亚历山大和他的儿子计算在内，因为他们是非正统的，他们的奴隶戴奥多图也没有计算在内），他是叙利亚的第十七位国王，他在位仅一年，那时候庞培方忙于别的事去了。塞留西王朝延续了二百三十年。[②] 计算从亚历山大大王的时候，到被罗马统治开始的时候，还应当加上提格累尼斯统治的十四年。

追述有关叙利亚的马其顿诸国王的历史就是这样多。

① 参阅本卷第 49 节。——译者

② 公元前 312—前 64 年（提格累尼斯统治 14 年，即前 83—前 69 年，包括在内）。——译者

第十二卷　米特拉达梯战争 241

I. 俾泰尼亚的起源。国王普鲁西亚和他的儿子尼科美德

1. 希腊人认为，在勒苏斯领导下参加特洛耶战争的色雷斯人（勒苏斯在夜间为戴奥密德所杀，象荷马的诗歌①中所叙述的），逃往攸克星海的出口处渡海到色雷斯去的最近的地方。有人说，因为他们找不到船只而留在那里，占据了一个名叫培布里西亚的地区。另一些人说，他们渡海越过拜占庭，到了被称为色雷斯的俾泰尼亚地区，定居在俾泰亚河的沿岸；但是为饥饿所 409
迫，又回到培布里西亚，称这个地方为俾泰尼亚。这个名称或者是由于他们从前居留地的河名而来，或者是由于时间过久，不知不觉地把这个名称改变了，因为俾泰尼亚和培布里西亚两个名字之间的差别是不大的。有些人是这样想的。另一些人说，他们的第一个统治者是宙斯和色雷斯的儿子俾泰斯，俾泰尼亚和色雷斯两个地区的名字是由这两个人的名字而来的。

2. 作为序言，有关俾泰尼亚的事就说到此处为止。在罗马人之前，先后统治这个国家的四十九个国王中，在写罗马史的时候，最值得叙述的一个国王是普鲁西亚，别号猎人，马其顿国王

俾泰尼亚国王普鲁西亚

① 《伊利亚特》X，482－497。（中译本见人民文学出版社1958年版，第188页以下）。——译者

243 帕修斯曾经把他的妹妹嫁给普鲁西亚。不久之后，当帕修斯和罗马人彼此进行战争的时候，普鲁西亚没有参加任何一边。当帕修斯被俘虏了的时候，普鲁西亚跑到罗马的将军们那里去，他穿着一种所谓特班那斯①的罗马衣服和意大利鞋子，把头剃光，头上戴着一顶庇利阿斯帽子，②正如按照奴隶主的遗嘱被解放了的奴隶们所戴的一样。并且他是一个身躯矮小而丑陋的人。当他遇着罗马的将军们的时候，他用拉丁语说，“我是罗马人的libertus”，libertus是“被解放的奴隶”的意思。他们笑他，并把他送往罗马，因为他的外表同样地滑稽可笑，他获得了赦免。

前154
他进攻阿塔拉斯

3．不久之后，普鲁西亚因为愤恨帕加玛附近亚细亚地区的国王阿塔拉斯，进兵蹂躏他的领土。当罗马元老院知道这件事情的时候，他们写信给普鲁西亚，要他不要进攻阿塔拉斯，因为阿塔拉斯是罗马人的朋友和同盟者。因为他迟迟没有服从，大使们强硬地命令他服从元老院的命令，要他带着一千骑兵到边界上的一个地方去，跟阿塔拉斯商谈和约；他们说，阿塔拉斯也带着同样数量的骑兵在那里等待他。普鲁西亚藐视阿塔拉斯所带的少数军队，希望使阿塔拉斯落在他的圈套里，所以他预先送大使们回去，说他马上会带着一千骑兵跟着后面来；但是实际上他把他的全军动员起来，带着前进，好像去作战的样子。当阿塔
245 拉斯和使节们知道此事的时候，他们毫无秩序地逃跑了。普鲁西亚夺取了罗马人丢在后面的驮兽，攻下并破坏了尼斯福里昂

① 可能是相当于Palndamentuim（一种士兵穿的军袍）。——英译者

② Pilleus，一种半椭圆形的毡帽，罗马人解放奴隶时把这种帽子给奴隶戴，作为取得自由的象征。——译者

要塞，焚毁要塞中的神庙，围攻逃往帕加玛的阿塔拉斯。当罗马人知道这些事情的时候，他们又派遣一个使团来，命令普鲁西亚赔偿阿塔拉斯所受的损失。于是普鲁西亚恐慌了，服从命令，撤退了。使节们决定，他应当马上把二十条装有甲板的船舰让给阿塔拉斯，在一定的时期内，付给阿塔拉斯赔款五百他连特以为处罚。因此，他交出了这些船舰，开始按规定的时间付给赔款。

他的儿子尼科美德

4. 因为他的极端残酷，普鲁西亚为他的臣民所痛恨；而他的儿子尼科美德则很得俾泰尼亚人的欢心。这样，尼科美德遭到普鲁西亚的猜忌，普鲁西亚把他送到罗马去住。普鲁西亚知
道尼科美德在罗马也很受人重视，他要尼科美德向元老院请求， 前148
豁免他尚未付给的阿塔拉斯的赔款。他派遣米那斯去做伴同尼科美德的使者。他对米那斯说，如果尼科美德得到允许，豁免了赔款的话，那么，就不要伤害尼科美德；不然的话，就在罗马把尼科美德杀掉。为了这个目的，他派遣许多小船和两千士兵由米那斯带去。当普鲁西亚的罚款没有获得豁免时（因为阿塔拉斯派遣安德罗尼卡去替他那方面辩护，说明罚款的数目尚少于被劫掠的东西），米那斯看到尼科美德是一个值得尊重的可爱青年，因此他不知道应当怎样办了。他不忍杀害尼科美德，又害怕
回到俾泰尼亚去。但是这位青年注意到他迟迟不回去。请求和 247
他会谈，这正是他所希望的。他们两人组织一个谋害普鲁西亚的阴谋，并得到了阿塔拉斯的使者安德罗尼卡的合作，由安德罗尼卡劝阿塔拉斯把尼科美德带回俾泰尼亚去。根据协议，他们在伊壁鲁斯的一个小镇柏泰尼斯会晤，在那里他们夜间在一个船中商量怎么办，在黎明前就分别了。

谋害普鲁西亚的阴谋

5. 第二天早晨，尼科美德从船中出来，身上穿着国王的紫袍，头上戴着王冠。安德罗尼卡迎着他，以国王之礼向他致敬，带着他自己部下的五百士兵作他的护卫队。米那斯装作刚才知道尼科美德在那里的样子，马上冲到他的两千士兵那里去，装作恐惧的样子，对他们说话。他说，“既然我们有了两个国王，一个在国内，另一个正将进攻我们的国家，我们应当向前看到我们自己的利益，对于将来有个仔细的判断，因为我们生命的安全完全依靠我们预先正确地看到哪一边是比较强大些。其中一个是老年人，另一个是青年。俾泰尼亚人是厌恶普鲁西亚的，他们热爱尼科美德。罗马的领导人物是喜欢这个青年的。安德罗尼卡已经替他供给卫队，这表示尼科美德是和阿塔拉斯联盟的；阿塔拉斯统治着俾泰尼亚人边旁的广大领土，又是普鲁西亚的宿仇。”同时，他又揭露普鲁西亚的残酷和他对每个人的暴虐行为，也说明了俾泰尼亚人对普鲁西亚的普遍仇恨心理。当他看到他的士兵们也非常讨厌普鲁西亚的暴政的时候，他马上带着他们到尼
249 科美德那里去，把他当作国王敬礼，正如安得罗尼卡以前所做的一样，带着自己部下的两千名士兵作为他的卫队。

6. 阿塔拉斯很热烈地欢迎这个青年，命令普鲁西亚指定某些城镇由他的儿子占领，并给予土地以供给给养。普鲁西亚回答说，他现在愿意把阿塔拉斯的整个王国给他，过去他侵入亚细亚的目的就是想替尼科美德争取这个王国。他这样回答之后，就正式在罗马向尼科美德和阿塔拉斯提出控诉，要求传讯他们来受审。阿塔拉斯的军队马上侵入俾泰尼亚，俾泰尼亚的居民逐渐地和侵略者站在一边了。普鲁西亚不信任一切的人，希望

罗马人能够挽救他，使他不致落入阴谋的罗网，因此，他向他的女婿色雷斯人提埃基利斯请求，得到了五百士兵，他只带着这五百士兵作为卫队，逃入尼西亚的卫城里。罗马的城市大法官①为了袒护阿塔拉斯，迟迟未引导普鲁西亚的使者去见元老院。当他最后引导他们去时，元老院表决，大法官本人可以选择使者去解决这个争端的时候，他选择了三个人：一个是头上曾经被石头击伤，因此头部有丑恶疤痕的人；另一个是因为痛风而跛脚的人，第三个是被人完全当作一个傻瓜的人；因此，伽图曾讥讽这个使团是没有感官，没有脚，也没有脑袋的。

7. 这些使者们前往俾泰尼亚，命令停止战争。尼科美德和
阿塔拉斯装作服从的样子，但是俾泰尼亚人公开地埋怨普鲁西 251
亚，依照事先告诉他们的，说他们不能再忍耐下去了，因此，使者们以罗马尚不知道这些苦情为理由，事情没有做完就回去了。但是普鲁西亚甚至对罗马人的帮助也感到失望了（因为他对自己的安全，没有做任何准备工作，只靠罗马人的帮助），因此退到尼科美底亚，以便加强这个城市，抵抗侵略者。但是这个城市的居民出卖了他，把城门打开，尼科美德带着军队进了城。普鲁西亚逃往宙斯神庙，在神庙中他被尼科美德派出的一些人杀死了。② 这样尼科美德③便继普鲁西亚为俾泰尼亚国王。他死后，

普鲁西亚的死
前149

① 当时罗马大法官六人，其中一人为城市大法官，管理罗马公民的诉讼案件，权力最大。一人管理非公民的案件，四人为行省总督，兼管行省的诉讼案件。——译者

② 普鲁西亚第二（前183—前149）。——译者

③ 尼科美德第二（前149—前128年）。——译者

他的儿子尼科美德[①]（别号斐罗巴托）继位，元老院批准了他的承继权力。

在俾泰尼亚，事务的发展就是这样的。预先说说以后的事情：这个尼科美德的孙子另一个尼科美德[②]在他的遗嘱中，把他的王国遗赠给罗马人。

II. 本都的建国。米特拉达梯第六与罗马人第一次战争发生的原因

古代卡巴多西亚

8. 在马其顿人以前，谁是卡巴多西亚的统治者，我不能确切地说出来——不知道它有它自己的政府，还是隶属于大流士。但是我认为亚历山大以缴纳贡税为条件，把他所立的统治者留在那里，因为他匆忙地进军去攻打大流士去了。他甚至于恢复
253 了本都一个亚狄迦人建立的城市阿密苏斯的民主政体。但是海挨翁尼马斯[③]说，他甚至于从来没有和那些民族接触过；他是追在大流士之后，从另一条路，沿着旁菲利亚和西里西亚的海岸前进的。但是在亚历山大之后，统治马其顿人的帕迪卡斯俘虏了

① 尼科美德第三（前 128—前 94 年）。阿庇安在此地很明白地说明普鲁西亚死后连续的三个国王都名叫尼科美德，实际上有四个。许多作家常把尼科美德第三和第四混为一人。例如《剑桥古代史》卷 IX，第 238 页以下及韦伯斯特《人民辞典》。阿庇安在他自己的叙述中也把这两个人的事迹混为一谈。参阅第 416 页注②。——译者

② 尼科美德第四（前 94—前 75 年）。其王国初为米特拉达梯所夺去，公元前 92 年罗马恢复其王位。第一次米特拉达梯战争时，又丧失了王国。公元前 84 年罗马又恢复其王国。公元前 75 年国王将死时，遗嘱以俾泰尼亚王国赠罗马。——译者

③ 先后为亚历山大及安提哥那斯等人的部将和当代的史学家，所著的历史，叙述继承人的战争至公元前 272 年为止。——译者

卡巴多西亚的总督阿里阿累西斯，把他绞死了，不是因为暴动，就是因为帕迪卡斯想把卡巴多西亚收归马其顿人统治，他让卡狄亚的攸美尼斯统治这些人民。后来攸美尼斯被判决为马其顿的敌人，处以死刑；继帕迪卡斯为亚历山大的领土监督官的安蒂帕特任命尼卡诺尔为卡巴多西亚总督。

9. 不久之后，马其顿人中间发生了内争，安提哥那斯把雷俄密敦逐出叙利亚之后，自己开始掌握了叙利亚的政权，带着波（第一个米特拉达梯 前175—前136）斯王室的后裔米特拉达梯和他在一起。安提哥那斯做了一个梦，在梦中他把黄金播在田中，米特拉达梯收获之后把庄稼运到本都去了。因此，他逮捕米特拉达梯，想把米特拉达梯处死，但是米特拉达梯带着六个骑兵逃跑了，在卡巴多西亚一个要塞中设防保卫自己。在那里，有许多人因受马其顿人势力的烦扰，就和他联合在一起了；他占有整个卡巴多西亚和攸克星海沿岸的邻近地区。[①] 他把他所建立的这个强大的势力传给他的子孙们，他们一个一个地继承王位，直到从这个王室的始祖传至米特拉达梯第六的时候，他和罗马人进行战争，因为卡巴多西亚和本
都两个国家的国王都是这个王室的家族，我认为他们有时候分 255
享政权，有些统治这个国家，有些统治另一个国家。

10. 但是无论如何，有一个本都国王米特拉达梯，[②]别号攸（米特拉达梯·攸厄吉特 前156—前120）厄吉特（施恩者），他是他们中间第一个做罗马人的朋友，派遣一些船舰和一支小的辅助军去帮助罗马人进攻迦太基的，他侵入

① 米特拉达梯第二（前281—前250年）。第四（前170—前150年）。英译旁批有误。——译者

② 米特拉达梯第五（前150—前120年）。——译者

米特拉达梯·攸巴托 前120—63

卡巴多西亚，好像侵入外国一样。他的儿子米特拉达梯（别号戴奥尼素，又号攸巴托）[①]继承了他的王位。罗马人命令他把卡巴多西亚退还给阿里俄巴赞尼斯，因为后者逃到罗马人那里，他似
前92 乎比米特拉达梯更有权利要求那个国家的政权，或者可能是因为罗马人不信任米特拉达梯的广大帝国，因而暗中设法分裂它为几个部分。米特拉达梯服从了这个命令；但是他派遣俾泰尼亚国王尼科美德的弟弟苏格拉底（别号克累斯都，意为“善良的”）带着一支军队去进攻尼科美德。这个尼科美德是普鲁西亚的儿子尼科美德的儿子，[②]罗马人已经宣布他是他的祖先领土俾泰尼亚的国王。苏格拉底并吞了俾泰尼亚。同时，罗马人所批准为卡巴多西亚国王的阿里俄巴赞尼斯被米特拉阿斯和巴哥阿斯[③]所驱逐，他们立阿里阿累西斯以代之。

他第一次和罗马人发生纠纷

11. 罗马人决定同时恢复尼科美德和阿里俄巴赞尼斯两人的王国；为了这个目的，他们派遣一个以曼尼阿斯·阿揆略[④]为首的使团到那里去，并且命令琉喜阿斯·喀西约协助这个使团完成使命。后者是负责统治帕加玛附近的亚细亚地区的，他有少数军队在他指挥之下。他们又把同样的命令送给米特拉达梯·攸巴托本人。但是米特拉达梯·攸巴托对于罗马人干涉卡巴多
257 西亚本土，很为愤怒，最近又被他们夺去了福里基亚（这件事情

① 米特拉达梯第六（前120—前63年），生于公元前132年。——译者

② 尼科美德第四，普鲁西亚的曾孙，阿庇安误以为是尼科美德第三。参阅《牛津古典辞典》尼科美德条。——译者

③ 两人均为米特拉达梯的部将。——译者

④ 就是那个因受贿把福里基亚给予米特拉达梯第五的曼尼阿斯·阿揆略的儿子。罗马习惯，长子常继承父亲的名字。——译者

我在《希腊史》中已经叙述了[①]），因此，不肯合作。但是喀西约
和曼尼阿斯带着喀西约部下的那支军队和从加拉西亚人以及福
里基亚人中聚集的一支大军，替尼科美德恢复了俾泰尼亚，替阿
里俄巴赞尼斯恢复了卡巴多西亚。喀西约和曼尼阿斯力劝尼科
美德和阿里俄巴赞尼斯同时侵入米特拉达梯的领土，发动一个
战争（因为他们两人都是米特拉达梯的邻居），并答应罗马人给
他们以援助。他们两人都迟疑不敢在他们自己的边界上发动这
样一次重大的战争，因为他们害怕米特拉达梯的势力。当使者
们坚持的时候，因为尼科美德答应付给罗马的将军们和使者们
很大一笔款子作为他复国的报酬，而这笔款子还没有付清，同时
他还从他们的罗马人随员中以利息借了其他一些巨款，他们正
在催促，所以尼科美德勉强向米特拉达梯的领土进攻，动掠他的 前88
领土，直达阿马斯特里斯城，没有遇到抵抗。米特拉达梯的军队
虽然已经准备好了，但是退却了，因为他认为没有找到作战的很
好的充足理由。

他派遣一个使者到他们那里去

12. 尼科美德带着很多的掠夺物回去了；米特拉达梯派遣
佩洛庇达到罗马的将军们和使者们那里去。他不是不知道他们
想发动战争，他们鼓动这次对他的进攻，但是他装作不知道，以
便使正将发生的战争有更多的和更明显的理由；因为这个缘故，
他提醒他们，不要忘记他自己和他的父亲跟罗马人的友谊和同
盟关系。佩洛庇达说，"从这种友谊和同盟所获得的报酬是福里
基亚和卡巴多西亚从他的手中被夺去了。在这两个国家中，卡 259

① 这段记载失传。——译者

巴多西亚是他的祖先所有，由他的父亲恢复的；而福里基亚是你们自己的将军[①]给予他作为战胜亚里斯多尼卡[②]的报酬的，尽管这样，他还是付了一笔巨款给这个将军才取得这块地方的。但是现在你们甚至允许尼科美德封锁攸克星海的海口，蹂躏这个国家，直达阿马斯特里斯，运走大量的掠获物，其数量你们是很清楚的。我的国王不是弱者，他不是不准备起来自卫，但是他等待着，以便使你们可以作这些勾当的见证人。这一切的事情你们既然都已经看见了，你们的朋友和同盟者米特拉达梯，请求你们以朋友和同盟者的资格（因为条约上是这样说的），保卫我们，以免受到尼科美德的侵害，或者制止侵略者。”

他和尼科美德的辩论

13. 当佩洛庇达这样说完了之后，在那里答辩的尼科美德的使者们说："很久以前，米特拉达梯就阴谋侵害尼科美德。他以武力扶植苏格拉底为国王，虽然苏格拉底本人是安分守己的，虽然他认为他的哥哥应当统治，这是合乎公理的。这是米特拉达梯对尼科美德的行为。尼科美德是你们罗马人立为俾泰尼亚国王的——这个打击的目标，很明显的是对着我们，也是对着你们的。同样地，当你们甚至禁止亚细亚诸国王置足于欧罗巴之后，他夺取了刻索尼苏斯的大部分土地。这些行为是他的妄自尊大以及对你们敌视和不服从的表现。看看他的大规模准备。他已经完全准备好了，想进行一个预谋的大规模战争，不仅有他

① 即老曼尼阿斯·阿揆略，参阅本卷第 57 节及 XIII. 22。——译者

② 公元前 133—前 129 年领导帕加玛人反抗罗马的领袖。（参阅本卷第 62 节及 XIII. 18）。米特拉达梯第五帮助罗马人镇压这次暴动，因而取得福里基亚以为报酬。——译者

自己的军队，还有他的同盟者——色雷斯人、西徐亚人和所有其 261
他邻近民族的一支很大的军队。他甚至已经和亚美尼亚建立了婚姻同盟，[①]他派人到埃及和叙利亚去，和这些国家的国王建立友好关系。他有三百条有甲板的战舰，并且他的船舰数目还在增加。他已经派人到腓尼基和埃及去招募瞭望者和舵手。这一切，米特拉达梯聚集了这么多，罗马人啊，我们认为这些不是用来对抗尼科美德的，而是用来对抗你们的。他恼恨你们，因为，当他利用贿赂你们一个将军的手段，已经收买了福里基亚的时候，你们命令他放弃他以不正当的方法取得的利益。他恼恨你们，因为你们把卡巴多西亚给阿里俄巴赞尼斯了。他害怕你们日益增长的势力。他伪装出他所正在进行的准备工作是用以对付我们的，但是他实际是要进攻你们，如果他能够的话。你们要是聪明一点，就不要等待他向你们宣战，只要看他的行动，而不要听他的言辞，不要放弃那些经过考验的真正朋友，而和一个向你们提出虚伪的友谊的伪君子做朋友；也不要因为一个同样是我们双方的敌人的人，而取消你们对于我们王国的决定。”

罗马使者们的两面手法

14. 尼科美德的使者们这样说了之后，佩洛庇达又在罗马人的会议上发言。他说，如果尼科美德还在埋怨过去的事情，他便接受罗马人的决定，而至于罗马人已亲眼看到的目前的事情——米特拉达梯的领土的被蹂躏、海口的被封锁、这么多的掠夺物的被运走，那就没有讨论和裁判的必要了。他说，“罗马人
啊，我们再请求你们，或者阻止这样的暴行，或者援助米特拉达 263

① 亚美尼亚国王提格累尼斯为其女婿。——译者

梯，因为他是受害者；否则，无论如何，也要站在一边，让他自己起来自卫。不要帮助任何一方。”当佩洛庇达再三这样要求的时候，虽然罗马的将军们很久以前就决定帮助尼科美德了，但是他们佯作倾听另一方面的论点。然而佩洛庇达的言辞以及和米特拉达梯所订立的目前还有效的同盟条约都使他们惭愧，在一段时间内，不知道要怎样答复才好。在停顿了一个时候之后，他们狡猾地答复说，“我们不愿意米特拉达梯受到尼科美德的损害，我们也不许可对尼科美德进行战争，因为我们认为尼科美德的势力的削弱，是对罗马不利的。”他们这样回答之后，就要佩洛庇达退出会议，虽然他想说明这个答复是不够的。

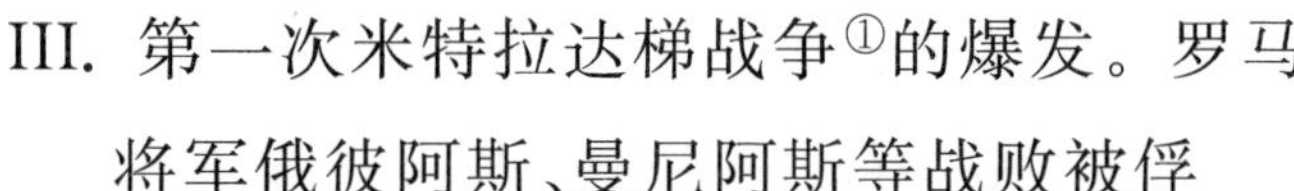

III. 第一次米特拉达梯战争[①]的爆发。罗马将军俄彼阿斯、曼尼阿斯等战败被俘

米特拉达梯夺取卡巴多西亚　他又派遣使者

15．米特拉达梯这样公开地不能从罗马人手中取得公理之后，就派遣他的儿子阿里阿累西斯率领一支大军，去夺取卡巴多西亚王国。阿里阿累西斯很快就战胜了它，驱逐了阿里俄巴赞尼斯。于是佩洛庇达又回到罗马的将军们那里，他说，“罗马人啊，不久以前，当米特拉达梯国王被夺去了福里基亚和卡巴多西亚的时候，他多么耐心地忍受你们对他所加的损害，这一点你们早已听说了。尼科美德对他所加的损害，你们已经看见了，而你们没有理会。当我们申请你们的友谊和同盟的时候，你们的

① 公元前88—前84年。——译者

回答好像我们不是控告者，而是被控告的人一样，说你们认为对 265
于尼科美德加以损害是不利于你们的，好像他是被害者一样。因此，对于卡巴多西亚所发生的事情，你们是应当对罗马共和国负责的。米特拉达梯之所以做出这样的事情来，是因为你们藐视我们，用遁词来答复我们。他想派遣一个使团到你们的元老院去控告你们。他要求你们在那里亲自答辩，在答辩之前不要做任何事，不要没有得到元老院的命令，就发动这样大规模的一场战争。你们要记住，米特拉达梯统治着他祖先的长达两万斯塔狄亚[①]的领土，他争取到许多邻近的民族——很会作战的民族科尔基斯人，攸克星海沿岸的希腊人和希腊人以外的蛮族人。他有随时服从他的一切命令的同盟者——西徐亚人、道里安人、巴斯塔尼人、色雷斯人、萨尼提亚人和所有那些住在顿河、多瑙河和亚速海一带的人。亚美尼亚的提格累尼斯是他的女婿，帕提亚的阿萨斯是他的同盟者。他有许多船舰，有些已经备好了，有些还在建造中；他有充足的各种战争物资。”

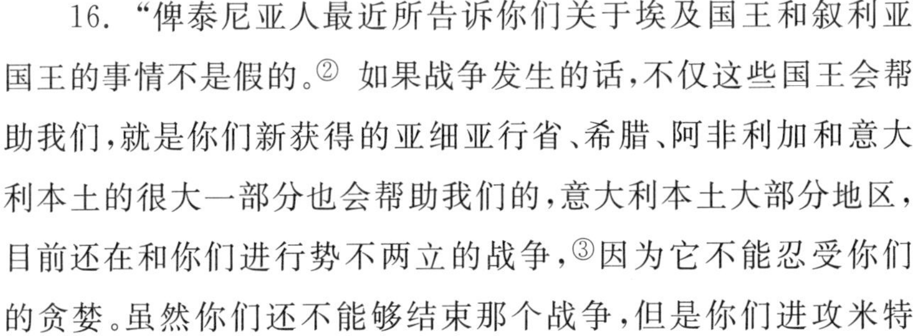

16. “俾泰尼亚人最近所告诉你们关于埃及国王和叙利亚国王的事情不是假的。[②] 如果战争发生的话，不仅这些国王会帮助我们，就是你们新获得的亚细亚行省、希腊、阿非利加和意大利本土的很大一部分也会帮助我们的，意大利本土大部分地区，目前还在和你们进行势不两立的战争，[③]因为它不能忍受你们的贪婪。虽然你们还不能够结束那个战争，但是你们进攻米特 267

① 约 3,700 公里。——译者

② 参阅本卷第 13 节。——译者

③ 公元前 91—前 88 年的同盟战争。——译者

拉达梯，唆使尼科美德和阿里俄巴赞尼斯轮流侵犯他。真的！你们还说是他的朋友和同盟者。你们假装出朋友和同盟者的样子，但是你们把他当作敌人看待。现在就请决定，如果你们的行为的后果终于使你们的头脑清醒了一点的话，请你们不是制止尼科美德侵害你们的朋友（在这种情况下，我答应米特拉达梯会帮助你们镇压意大利的暴动），就是对我们摘去朋友的假面具，或者让我们到罗马去解决这个问题。”

佩洛庇达这样说了。罗马人认为他的言辞是傲慢的，命令米特拉达梯不要干涉尼科美德和卡巴多西亚（说他们有意使阿里俄巴赞尼斯在卡巴多西亚复国），他们也命令佩洛庇达马上离开他们的军营，除非米特拉达梯服从他们的命令，否则不要再到他们那里去。他们这样答复之后，他就在监督之下，被送回去了，因为担心他将在途中诱惑一些人。

第一次米特拉达梯战争

17. 这样说完了之后，他们没有等待听到元老院和罗马人民对于这样一场大战争决定怎样办，就开始从俾泰尼亚、卡巴多西亚、巴夫拉哥尼亚和亚细亚的加拉西亚人中募集军队。当亚细亚总督琉喜阿斯·喀西约把他自己的军队准备好了和所有的同盟军聚集起来的时候，他们马上就分三路出兵：喀西约在俾泰尼亚和加拉西亚的边界上，曼尼阿斯抵抗米特拉达梯向俾泰尼亚的进军，第三位将军俄彼阿斯在卡巴多西亚山中。每支军队约有
269 步兵和骑兵共四万人。他们在拜占庭又有在密纽喜阿斯·鲁福斯和盖约·波彼略指挥下的一个舰队，守着攸克星海的出口。尼科美德也带着他部下的五万步兵和六千骑兵在那里。他们所聚集的全部军队就是这样的。米特拉达梯的军队有步兵二十五

万人，骑兵四万人。有甲板的船舰三百条，两列桨船一百条，和
相应的其他军事装备。他以尼奥托勒马斯和阿基拉斯两兄弟为
将军，国王亲自指挥大部分军队。在同盟军队中，米特拉达梯的
儿子阿卡提阿斯领导小亚细亚亚美尼亚的一万骑兵，多利劳指
挥方阵，克拉特拉斯指挥一百三十辆战车。当罗马人和米特拉
达梯大约在第一百七十三奥林匹亚纪第一次发生冲突的时候，前 88
双方的战争准备规模是如此之大。

18. 当尼科美德和米特拉达梯的将军们在阿姆尼阿斯河畔
的一个大平原上相遇的时候，他们把军队列成阵势。尼科美德带
着他的全部军队，而尼奥托勒马斯和阿基拉斯仅带着他们的轻
装步兵、阿卡提阿斯的骑兵和少数战车，因为方阵还没有赶到。
他们派遣一小支军队去夺取平原上的一个小山，担心他们会被
俾泰尼亚人包围，因为俾泰尼亚人比他们多得多。但是当他们
看见这些人从山上被赶退了的时候，尼奥托勒马斯怕被敌人包
围，匆忙地去支援他们，同时向阿卡提阿斯求援。当尼科美德
看见这个军事行动，他准备以同样的行动来迎战他们。因此发 271
生了激烈的流血斗争。尼科美德胜利了。米特拉达梯的军队逃
跑，直到最后阿基拉斯越过平原，从右侧向追逐者进攻，使追逐
者把注意力转向他。他慢慢地退却，使尼奥托勒马斯的军队有
机会再集合起来。当他估计他们集合得已经差不多的时候，他 罗马人大败
又进攻。同时，装有镰刀的战车迅速地向俾泰尼亚人进攻，把一
些敌人斩为两段，把另一些敌人碾得粉碎。尼科美德的军队看
到士兵们被切成两半，还没有停止呼吸，或者被切为碎片，或者
挂在镰刀上面，大为惊慌。不是由于战败，而是由这个可怕的

情景使他们产生恐惧，因而队伍混乱了。当他们正陷入这种混乱之中的时候，阿基拉斯从前面向他们进攻，尼奥托勒马斯和阿卡提阿斯从后卫向他们袭击。他们两面作战，战斗了一个长久的时间。但是当他的大部分人已经阵亡之后，尼科美德带着他的残军逃入巴夫拉哥尼亚，虽然米特拉达梯的方阵还根本没有参加战斗。尼科美德的军营，连同他的巨额金钱以及许多俘虏，都被敌人取得。米特拉达梯优待俘虏，给以旅费，让他们回家去，因此，在敌人中，他得到了仁慈的名声。

罗马军队的退却

19. 米特拉达梯战争中的这个第一次战役甚至使罗马的将军们也恐惧起来了，因为他们缺乏良好的判断，没有取得国家的
273 命令，卤莽地发动了这样大的一次战争。一支人数少的军队战胜了一支人数多的军队，不是由于有较优的地势，也不是由于敌人的过失，而是由于优良的将才和士兵们的勇敢。现在尼科美德扎营在曼尼阿斯的旁边。米特拉达梯登上了斯科罗巴山，这个山位于俾泰尼亚和本都的边界上。他的先锋队中有一百名萨马提亚的骑兵进攻八百名尼科美德的骑兵，俘虏了他们一些人。米特拉达梯也给他们以给养，遣散他们回家。在曼尼阿斯退却时，尼奥托勒马斯和亚美尼亚人尼马尼斯大约于第七时①在普罗托巴基昂要塞附近赶上了他，当时尼科美德已离开那里，去和喀西约联合在一起了。他们迫使曼尼阿斯作战。他有四千名骑兵，步兵十倍于此数。他们杀死了他的部下一万人，俘虏约三百人。当这些俘虏被带到米特拉达梯那里的时候，他又同样地释

① 约下午一时。——译者

放了他们，这样，使他自己在敌人中很得人心。曼尼阿斯的军营也被攻下来了，他本人逃往桑加利阿斯河畔，夜间渡河，逃往帕加玛。喀西约和尼科美德，以及在军队里的罗马使者们逃往一个名叫狮头的地方，这是福里基亚的一个很坚固的要塞，他们在那里训练他们新募集来的工匠、农民和其他新兵，又在福里基亚人中征募新兵。他们发现两种新兵都同样地没有作战的能力，他们取消了用这种不善于作战的人去作战的企图，把这些人遣散后，他们撤退了。喀西约带着他自己的军队退到阿巴密亚，尼科美德退到帕加玛，曼尼阿斯向罗得斯退却。当那些防守攸克 275
星海出口的军队听到这些事实之后，他们也逃散了，把海峡以及他们所有的船舰都让给米特拉达梯了。

20. 米特拉达梯一举就把尼科美德的全部领土破坏了之后，他占领这些领土，恢复境内各城市的秩序，于是他侵入福里基亚，住在过去亚历山大大王曾经住过的旅舍，认为米特拉达梯扎营在亚历山大也曾经停留过的地方，这是一个幸福的预兆。他蹂躏了福里基亚其余的地方，以及密西亚和最近罗马人在亚细亚取得的新领土。于是他派遣官吏到邻近诸省去，他征服了吕西亚、旁菲利亚和邻近地区，直达爱奥尼亚。吕卡斯河畔的雷俄狄西亚人还在抵抗（因为罗马将军昆塔斯·俄彼阿斯带着骑兵和雇佣军到了那里，正在保卫这个城市），他派遣传令官在城墙下向雷俄狄西亚人宣布："如果雷俄狄西亚人把俄彼阿斯交给米特拉达梯国王的话，国王允许，绝不对他们加以任何伤害。"他们听到这个宣言之后，马上遣散雇佣军，而领着俄彼阿斯本人到米特拉达梯那里去，俄彼阿斯的侍从带着仪仗走在他的前面，用

罗马将军们被俘虏

以嘲笑他。米特拉达梯对他不加伤害，只带着他环绕一周，不缚以绳索，以向人显示一个罗马将军做了他的俘虏。

21. 不久后，他俘虏了曼尼阿斯·阿搽略，他是这次使团和这次战争的主要策动者。米特拉达梯把他捆在驴子背上，带着
277 他到处跑，要他自己对所有看见他的人宣布他是曼尼阿斯。最后米特拉达梯在帕加玛把熔化了的黄金灌入他的喉中，他这样谴责罗马人的受贿。他任命总督统治各民族之后，便前往马格尼西亚、以弗所和密提林，所有这些地方都很高兴地欢迎他。以弗所人甚至毁坏了他们城内的罗马人的雕像——为了这种事情，不久之后，他们就受到了惩罚。在从爱奥尼亚回来的时候，米特拉达梯攻下了斯特拉顿尼西亚城，处它一笔罚款，派军队驻扎在城内。他在那里看见了一个美丽的姑娘，就把她也娶为妻子。如果有人想知道她的名字的话，她是斐罗波门的女儿谟尼玛。马格尼西亚人、巴夫拉哥尼亚人和吕西亚人还在那里抵抗他，他派遣他的一些将军们去作战。

IV. 米特拉达梯在小亚屠杀罗马人和意大利人及进攻罗得斯的失败

22. 米特拉达梯的情况就是这样的。当罗马人知道他的暴动和侵入亚细亚①的时候，他们马上对他宣战，虽然他们正忙于罗马城内无穷尽的纠纷和可怕的内战，②几乎所有意大利各部

① 罗马的亚细亚行省，即过去的帕加玛王国。——译者

② 同盟战争。——译者

分都一个接着一个地叛离了。当两位执政官抽签的时候，科尼
利阿斯·苏拉取得了亚细亚和米特拉达梯战争的兵权。因为他
们没有金钱支付战费，他们出卖了国王纽马·潘彼略[①]为了祭
祀神祇之用而储蓄的财宝；那时候，他们的资源如此地有限，而
他们的野心又这样地无穷。这些财宝的一部分仓促地出卖了，
获得了九千磅重的黄金，这就是他们将来用于这样大的一次战 279
争中的全部经费。

米特拉达梯下令屠杀亚细亚的罗马人

由于内战，苏拉被羁留了一个长久的时期，如我在我的《内战史》中所说到的。同时，米特拉达梯建造了许多船舰，准备进攻罗得斯，又秘密地写信给他所有的总督们和市长们，要他们在此后的第三十天，攻击他们城市中所有的罗马人和意大利人、他们的妻室儿女以及出身于意大利人的被解放的奴隶，杀害他们，抛弃他们的尸体，不要埋葬，和国王米特拉达梯共分他们的财产。他威胁着，将惩办那些埋葬死者，或隐藏活人的人；悬赏给那些告密或者杀害隐藏者的人。杀害或出卖主人的奴隶们可以得到自由；债务人杀害或出卖债权人的，可以豁免其债务的一半。米特拉达梯把这些密令同时送达所有的城市。当指定的日期到了的时候，全亚细亚境内发生了各种各样的灾祸，下面所说的是其中的一部分：

以弗所和其他城市里的可怕景象

23. 以弗所人把那些躲在阿特密斯[②]神庙中，还紧紧地抱着女神神像的人用力扯开，把他们杀害了。帕加玛人用箭射杀那

① 传说中，罗马第二个国王，公元前705—前673年。——译者

② 月神和女猎神，阿波罗之妹。——译者

些逃往挨斯叩雷彼①神庙的人，当时他们还紧紧地抱着挨斯叩雷彼的神像。阿德拉密丁人在海上追逐那些想游泳逃跑的人，把他们杀死，把他们的子女们淹死。原属于罗得斯的考那斯人
281 是在和安提阿的战争之后，最近由罗马人解放了的；他们追逐那些躲在元老院办公厅中维斯塔②神像旁边的意大利人，把他们从神龛中拖出，首先把小孩们当着他们母亲的面杀死，然后杀害母亲本人，最后才杀害她们的丈夫们。特拉利斯的公民们，为了避免这种血腥的罪行，雇用了一个名叫狄奥斐拉斯的野蛮的、穷凶极恶的巴夫雷哥尼亚人来干这件事。他把要加害的人们引导到和谐神的庙中，在那里杀害他们，把有些还抱着神像的人的手砍掉。这就是在亚细亚的罗马人和意大利人——男人、妇女、儿童，他们的已被解放的奴隶和奴隶，所有属于意大利人血统的人所遭遇的可怕命运；这个事件很明显地表明亚细亚人不仅是由于对米特拉达梯的畏惧，而且也由于对罗马人有同样深的仇恨，才迫使亚细亚人做出这些残暴的行为。但是他们因为这个罪行受到了双重惩罚——一方面受到米特拉达梯的惩罚，因为不久之后，他就背信弃义地虐待他们；另一方面，受到科尼利阿斯·苏拉的惩罚。同时，米特拉达梯渡海到寇斯岛，那里的居民欢迎他。他收容了当时埃及国王亚历山大③的儿子，这个小孩连同大量的金钱是他的祖母克娄巴特拉④留在那里的；后来米特拉

① 医药之神。——译者

② 司灶女神。——译者

③ 即托勒密第十(前 108—前 88 年)。——译者

④ 克娄巴特拉第三，即托勒密第十的母亲。多次与其丈夫和儿子共同统治埃及，参加埃及许多宫廷阴谋活动。死于前 101 年。——译者

达梯把这个小孩按照王室的方式抚养成人。在克娄巴特拉的宝库中，他把大量的财富、美术品、宝石、妇女装饰品和大量的金钱送往本都去了。

米特拉达梯进攻罗得斯

24. 当这些事情正在进行的时候，罗得斯人加强了他们的城墙和海港，到处储备了军事机械，从泰尔密苏斯和吕西亚征募一些军队来增援。所有从亚细亚逃出的意大利人都聚集在罗得 283
斯，亚细亚行省的代执政官琉喜阿斯·喀西约也在那里。当米特拉达梯带着他的舰队来了的时候，居民破坏了城郊地区，使这些地区不能被敌人利用。于是他们航行出港，把一些船舰排列在前面，把另一些船舰排在侧面，准备海战。乘着一艘四列桨船正在那里跑来跑去的米特拉达梯命令他船舰的一翼向海面伸长，迅速地划桨，以便包围敌人，因为敌舰数目比较少些。罗得斯人害怕被包围，慢慢地向后退却。最后他们回转头来，逃入港中，关闭城门，在城墙上和米特拉达梯战斗。他驻扎在城的附近，不断地想冲入港中，但是没有成功，所以他等待他的步兵从亚细亚来到。同时他们和城上的士兵不断发生小冲突。在这些小冲突中，罗得斯人处于最大的优势，因此，他们渐渐鼓舞了勇气，把他们的船舰准备好，以便一旦他们发现机会的时候，就向敌人进攻。

他在海上被打败了

25. 当国王的一条商船扯着风帆在他们附近航行的时候，一条罗得斯的两列桨船向它进攻。双方许多船舰前往赴援，于是发生一场激烈的海战。米特拉达梯船舰的猛烈和数量都超过了敌舰，但是罗得斯人以高度的技巧驾驶他们的船舰四处旋转，冲撞米特拉达梯的船舰，结果他们拖走了他的一条三列桨船舰和舰上的水手，带着大量的船头人像[①]和战利品回到港口去了。
285 又有一次，当罗得斯人有一条四列桨船舰被敌人俘虏了之后，他
们不知道，派遣六条快船去寻找它，由他们的海军大将达马哥拉
斯指挥。米特拉达梯派遣二十五只船舰去进攻它们，达马哥拉
斯在敌人的面前退却，直到黄昏的时候，当天色快要黑了，国王
的船舰转过头航行回去的时候，达马哥拉斯向它们进攻，击沉了
两条，把另外两条驱逐到吕西亚去了，那天晚上在海上过了夜之
后，才回去。这是罗得斯人所没有预料到的海战的结果。因为
他们的船舰少，正如米特拉达梯没有预料到，因为他的船舰多一
样。在这次海战中，当国王乘着他的船舰到处行驶以鼓励他的
部下的时候，他的同盟者开俄斯的一条船舰在纷乱中，猛烈地向
他的船舰冲击。当时国王装作不介意的样子，但是后来他处罚
了那个舵手和担任瞭望的人，对所有的开俄斯人怀恨在心。

他从陆地上袭击

26. 大约同时，米特拉达梯的陆军乘着商船和三列桨船舰，
挂起风帆起航，从考那斯吹来的暴风吹着它们向罗得斯驶行。罗
得斯人马上航行出来迎战，趁敌人还没有聚集起来，又受到暴风
的影响的时候就向敌人进攻，俘虏了一些敌船，撞沉了一些，焚
毁了一些，并俘虏大约四百人。因此，米特拉达梯准备再来一次
海战和围攻。他建造一种名叫萨谟布卡[②]的巨大攻城机械，安
287 装在两条船上，有些叛徒们指示他一座容易爬上去的小山，名叫
阿塔拜里阿斯山，山上有一个宙斯神庙，山的四周有一堵低墙环

---

① 即装饰船头的人像。——译者

② 是一种桥，用以从攻城者的船舰上或楼塔上过渡到敌人的城墙上去的。——英译者

绕着。他在晚间把他的一部分军队藏在船舰上，分配一些云梯给另一些船舰，命令两部分船舰静悄悄地航行；直到他们看见阿塔拜里阿斯山上发出火光信号的时候，他们就尽量大声呐喊，有些人进攻海港，有些人进攻城墙。因此他们就静悄悄地驶到了那里去。罗得斯的哨兵看见了这种情况，就燃起火光。米特拉达梯的军队以为这是阿塔拜里阿斯山上发出来的火光信号，就大声叫喊，打破沉寂，攻城部队和海战部队都同声叫喊。罗得斯人毫不沮丧，也大声叫喊来回答他们，成群地冲到城墙上来。那天晚上，国王的军队没有进攻，第二天就被击退了。

他被击败了

27. 萨谟布卡被移上去进攻爱西斯[1]神庙所在地的那部分城墙的时候，罗得斯人最为恐惧。萨谟布卡的攻城动作和其他各种武器、撞城机和投射器同时进行。带着云梯的士兵们乘着无数小船，沿着萨谟布卡旁边驶过，准备利用它的帮助，爬上城墙。尽管这样，罗得斯人坚定地等待它的进攻，直到最后萨谟布卡因为它本身的重量开始垮下来了，爱西斯的幽灵出现，把一大团火向它投下。米特拉达梯这样进攻也没有希望了，因而从罗得斯退回。于是他围攻巴塔那，开始砍伐贡献给拉图那[2]的树林，以作建造军事机械的材料，后来他在梦中受到警告，要他不要损坏圣树，他就停止了。他让佩洛庇达留在那里继续对吕西亚人进 289
行战争；并派遣阿基拉斯到希腊去，依照他所能做到的，用说服方法或以武力争取同盟者。以后，米特拉达梯把他的大部分工作交给他的将军们，而他自己则专心聚集军队，制造武器，跟他

① 古埃及主神之一，生殖女神。——译者

② 阿波罗神和阿提密斯女神的母亲。——译者

来自斯特拉顿尼西亚的妻子共同享乐。他又组织一个法庭，以审判那些被告发阴谋陷害他或者煽动革命，或者用任何方法袒护罗马人的人。

V. 苏拉到希腊，围攻雅典

前87 雅典倒向米特拉达梯一边

28. 当米特拉达梯正忙于这些事情的时候，在希腊发生了下面一些事情。阿基拉斯带着充足的军需和一支很大的舰队航往希腊，以武力征服了提洛斯岛和其他背叛了雅典人的要塞。他在这些地方杀死了两万人，大部分是意大利人，把这些要塞交给雅典人。用这样的方法，以及用广泛地夸张米特拉达梯和称赞他的方法，阿基拉斯使雅典人和他建立同盟。阿基拉斯又通过阿里斯兴的手，把提洛斯岛神庙的金库交给雅典人；阿里斯兴是一个雅典公民，他带着两千士兵护送那些金钱。阿里斯兴利用这些士兵使他自己成为祖国的主人。① 他马上把一些人以袒护罗马人的罪名处死刑，把另一些人送到米特拉达梯那里去。他虽然学过伊壁鸠鲁② 的哲学，但是他做了这些事情。在这方面也不只是他一个人，因为不仅雅典在他以前有克利提阿斯③ 和
291 那些跟他一起建立暴君政治的同伴哲学家，而且在意大利有一些毕达哥拉斯派哲学家，④ 在希腊世界的其他地方有些被称为

① 雅典的僭主。——译者

② 希腊唯物主义哲学家(前342—前271年)。——译者

③ 从公元前404年9月到公元前403年5月统治雅典的所谓三十暴君中最残暴的一个。他是苏格拉底的朋友和学生。——英译者

④ 反动的唯心主义哲学家(?—前497年)，贵族政治的拥护者，民主政治的死敌。其门徒遍于希腊各地，企图推翻民主政治、建立贵族政治。——译者

“七贤”①的人，他们担任公务，统治人民，比普通的专制君主还要残暴些，成为更大的暴君；因此，对于其他哲学家也产生了怀疑，他们是因为道德的关系而对哲学感觉兴趣呢？还是因为贫穷或者因为没有事做而用哲学作一个安慰呢？因为我们现在看见许多哲学家，微贱而贫穷，穿着哲学的服装，把这作为必需的事，痛骂那些富裕和有权势的人，这样使他们得到名誉，不是因为藐视财富和权势，而是因为嫉妒财富和权势。那些被我们说得很坏的人，在藐视这样的人的时候，表现得比他们聪明得多。读者应当把这些事情看作是对哲学家阿里斯兴的批评，因为他的缘故，我说了这些闲话。

其他希腊城市学了雅典的榜样

29. 阿基拉斯使亚加亚人、拉西第梦人和除特斯匹伊以外所有的彼奥提亚人，都倒向米特拉达梯一边来了；阿基拉斯把特斯匹伊严密地包围起来。同时，米特拉达梯派遣去的麦特罗芬尼斯带着另一支军队劫掠优俾亚以及狄密特利阿和马格尼西亚的领土，因为这些国家不肯倒到他一边来。勃罗提阿斯从马其顿带着一小支军队去进攻他，和他发生海战，击沉了一条小船和一条希密俄利亚轻船，把船上的人都杀死了，当时麦特罗芬尼斯在旁观望，他惊慌地逃跑，因为他乘着顺风，勃罗提阿斯没有赶上他，但是勃罗提阿斯猛击塞阿塔斯（这是蛮族人的一个掠获物储藏所），把一些奴隶钉死在十字架上，把自由人的手砍掉。于 293

① 公元前六世纪的希腊“七贤”是雅典执政官梭伦、米利都哲学家泰利斯、普赖伊尼的拜阿斯、林达斯的克利俄彪拉斯、斯巴达的开伦、密提林僭主毕得古斯、科林斯僭主培利安得。希腊文中，“僭主”和“暴君”是一个字。——译者

是他转而进攻彼奥提亚，那时他已经得到了从马其顿来增援的步兵和骑兵共一千人。在喀罗尼亚附近，他跟阿基拉斯和阿里斯兴发生延长到三天之久的战斗，整整三天中，双方都是势均力敌地进行战斗。但是当拉西第梦人和亚加亚人跑来支援阿基拉斯和阿里斯兴的时候，勃罗提阿斯认为所有这些敌人联合起来了。他自己不是敌手，于是退到庇里犹斯港，直到最后阿基拉斯带着他的舰队来，把那个地方也夺取了。

科尼利阿斯·苏拉出军进攻米特拉达梯

30. 已被罗马人民任命为指挥米特拉达梯战争的将军苏拉现在才带着五个军团和几个大队的骑兵渡海到希腊来了，他马上要求埃托利亚和帖撒利供给粮食和金钱。当他认为他有足够能力的时候，他马上前往亚狄迦，进攻阿基拉斯。当他通过这些地区的时候，除少数地区外，整个彼奥提亚都和苏拉联合在一起了；其中大城市底比斯过去是轻率地站在米特拉达梯一边，反抗罗马人的。现在甚至还没有交战，就更加迅速地从阿基拉斯那边倒到苏拉这边来了。当苏拉到达亚狄加的时候，他分遣一部分

他围攻庇里犹斯

军队去围攻在雅典城内的阿里斯兴，而他本人则去进攻庇里犹斯，那里的敌人在阿基拉斯指挥之下，被封锁在城内。城墙高约四十腕尺，是大的方块石头建筑成的。这些城墙是伯罗奔尼撒战争时代伯里克利建筑的，①因为他把胜利的希望寄托在庇里
295 犹斯上，所以他尽量坚固地建造这些城墙。城墙虽然很高，但是苏拉马上靠着城墙安置云梯。他给敌人以很大的损失，同时自己也遭受了很大的损失（因为卡巴多西亚人勇敢地抵抗他的进攻）

① 雅典及庇里犹斯的城墙是地米斯托克利建造的，公元前 404 年伯罗奔尼撒战争结束时被拆毁，公元前 393 年科浓重建。——译者

之后，他精疲力竭，退到埃琉西斯和麦加那，他在那里制造军事机械，准备重新向庇里犹斯进攻，并且想出了一个用土墩围攻庇里犹斯的计划。所有各种设备和工具，铁、弩炮和一切类似的东西都是底比斯供应的。他砍伐阿开得密①树林中的木材，他在那里制造巨大的机械。他又毁坏长城，利用长城的石头、木材和土以建筑土墩。

31. 庇里犹斯要塞内有两个雅典奴隶（不是因为他们对罗马人有好感，就是因为在危急的时候，他们想为自己求得安全）把要塞内一切的事情都写下来，刻在一些铅球上，用投射器把这些铅球向罗马人射去。不断地这样做了之后，这件事被人看出来了，苏拉注意铅球上的字，发现一个铅球上写着："明天步兵将从正面出城突击你们的工作者；骑兵将从两翼侧击罗马军队。"苏拉埋伏了充足的兵力；当敌人从城中冲出，以为他们的行动将使苏拉完全惊慌的时候，苏拉用他埋伏的军队给他们以更大的惊慌，杀死了许多人，把其余的人赶入海中。这就是那次出城突击的结果。但是当土墩逐渐高起来了的时候。阿基拉斯竖立反抗的楼塔，把许多军事机械放在这些楼塔上面。他又派人到卡 297
尔西斯和其他岛屿去请求援兵，把他的桨手武装起来，因为他知道一切都很危险了。他的军队已经是比苏拉的军队多些的，现在因为有了这些援兵，所以更加多得多了；他在半夜的时候，带着火把出城突击，焚毁了一所披屋，以及披屋内的军事机械；但是苏拉大约在十天之内又造成了新的披屋和军事机械，安放在

① 雅典郊外一个花园，柏拉图讲学之地。——译者

原来的地方。阿基拉斯也在那部分的城墙上建筑了一座楼塔，以来抵抗。

阿基拉斯出城突击

32. 阿基拉斯得到了米特拉达梯从海道上派来、由德罗密斯特指挥的一支新军队之后，他带着他的全部军队出城来战斗。他分配弓箭手和投石手在他的军队里面，紧靠在城墙下面排列他的军队，使城墙上防卫者的投射器可以射中敌人。另一些军队，带着火把[①]驻扎在城门口附近，以便等待机会，出城突击。他们战斗了很久，胜负未决，每边轮流退却，蛮族人首先退却，直到阿基拉斯聚集他们起来，领导他们又转回来。这使罗马人大为恐惧，所以其次就是罗马人逃跑，直到麦利那跑上去，把他们聚集起来时为止。正在这个时候，另有一个军团搜集木料回来，和那些已经受到耻辱的士兵一起，看见激烈的战争正在进行中，就向米特拉达梯的军队猛烈地冲锋，杀死了他们大约两千人，把其余的士兵赶入要塞内。阿基拉斯设法想把他们再聚集起来，坚持他的阵地很久，以致他被关闭在城外，不得不用绳索把他拖上去。为了报答他们这次光辉的行为，苏拉免除了那些受到耻
299 辱的士兵们的恶名，给予其他的士兵们以巨大的赏赐。

33. 现在冬季快到了，苏拉在埃琉西斯建立他的军营，用一条从高山到海边的深沟保护他的军营，所以敌人的骑兵不容易达到他那里。当他正在进行这项工作的时候，每天还是发生战斗，有时是在深沟的旁边，有时是在敌人的城下。敌人常常跑出来，用石头、标枪和铅弹袭击罗马人。苏拉因为需要船舰，派人

① 关于他们的用意，可参阅第 35 节。

苏拉派遣琉卡拉斯去取船舰

到罗得斯到取船舰，但是罗得斯人不能派遣船舰来，因为米特拉达梯控制了海上。于是他命令琉卡拉斯（他是后来继苏拉之后为这个战争中的司令官的著名罗马人）秘密地前往亚历山大里亚和叙利亚，要从这些国王及精于航海事务的城市取得一个舰队和护送一个罗得斯的海战队来。琉卡拉斯毫不迟疑，虽然敌人占领着海上。他坐着一条快船，经常从一条船更换到另一条船，以隐藏他的行动，达到了亚历山大里亚。

前86

城墙上的激战

34. 同时，庇里犹斯要塞中的叛徒又从城墙上抛下来一个消息说，正在当天晚上阿基拉斯将派遣一队士兵护送小麦往雅典去，因为雅典正遭受饥荒。于是苏拉替他们布置一个圈套，把士兵和粮食都俘获了。同一天，在卡尔西斯附近，麦那提阿斯击伤了米特拉达梯另一个将军尼奥托勒马斯，杀死了他的部下约一千五百人，俘虏的人数还多些。不久之后，晚间，当那些在庇里犹斯城墙上守卫的人睡觉的时候，罗马人利用他们身边带着 301
的机械把云梯推到城墙下，爬上城墙，杀死了那个地方的守卫士兵。因此，有些蛮族人以为所有城墙都被攻下来了，所以放弃了他们的岗位，逃往海港。另一些蛮族人勇敢地抵抗，杀死了领导进攻部队的人，把其余的人从城墙上抛下。另外还有一些人从城门中冲出，几乎焚毁了罗马人两个楼塔中的一个；如果不是苏拉乘马从军营里跑来，当天整晚以及第二天继续激战，把它挽救了的话，他们是会把这个楼塔焚毁掉了的。于是蛮族人退却了，但是阿基拉斯又在城墙上竖立一个很大的楼塔，对着罗马人的楼塔，塔上的人彼此互相袭击，不断地投射各种投射器，直到最后苏拉利用他的弩炮，每个弩炮一齐射出二十颗最重的铅弹，杀死了许多敌人，震动了阿基拉斯的楼塔，使楼塔变为不安稳了，阿基拉斯害怕它垮下来，不得不迅速地把楼塔撤掉。

雅典城内的饥荒

35. 同时，雅典城内的饥荒愈来愈严重了，铅弹又通报消息，说晚间将有粮食运往那里去，阿基拉斯疑心有叛徒把他的护粮队的消息告诉了敌人。因此，在他派遣护粮队的同时，他驻扎一支军队在城门口，带着火把，如果苏拉进攻他的护粮队的话，他就袭击罗马人的工事。这两件事情都发生了，苏拉俘虏了护
303 粮队，而阿基拉斯则焚毁了罗马人的一些机械。同时，米特拉达梯的儿子阿卡提阿斯领导另一支军队侵入马其顿，毫无困难地打败了那里的少数罗马军队，征服了全国，任命一些总督们统治这个国家，他本人前来进攻苏拉，但是病了，死于提塞昂附近。同时，雅典的饥荒很严重了，苏拉建筑一些要塞，环绕雅典城，以防止任何人出来，因为他们人数众多，饥荒对于那些这样被包围了的人会更加严重些。

地下的战斗

36. 当苏拉把土墩建筑得相当高了的时候，他把军事机械推上去，进攻庇里犹斯。但是阿基拉斯挖掘土墩下面的土，把土运走，长久的时间内，罗马人毫不怀疑。突然土墩沉下去了，罗马人很快就懂得这种情况了，把他们的军事机械撤去，填满土墩。他们也学敌人的榜样，挖掘一条地道达到他们估计正在城墙下面的一个地方。挖土的人在地下相遇，在那里他们在黑暗中彼此用剑和矛尽力战斗。当这个战斗正在进行的时候，苏拉利用他安置在土墩顶上的撞城机冲击城墙，直到最后城墙的一部分垮下来了。于是他急忙去焚毁邻近的楼塔，向它发射大量的火箭，命令他最勇敢的士兵们登上云梯。双方都勇敢地战斗，

但是楼塔被焚毁了。另外还有一小部城墙也垮下来了，苏拉马上设一个岗位在那里，对着那部分垮了的城墙。他挖掘了一段城墙的墙脚，所以那段城墙只有木梁支持着了，于是他把大量硫磺、大麻和松脂放在下面，马上放火烧着全部城墙。城墙垮下来 305
了——时而这里，时而那里——保卫城墙的士兵也随着城墙跌下来了。这个巨大而出乎意外的崩溃使各处保卫城墙的军队士气沮丧，因为每个人意料到他所站在上面的那块土地可能会接着沉下去。恐惧和信心的丧失使他们时而转向这边，时而转向那边，所以他们对于敌人只作微弱的抵抗了。

苏拉在庇里犹斯被击退

37. 苏拉对那些这样丧失士气的军队继续不断地进行战斗，经常地使他军队里那些疲劳的士兵换班，一队一队地补上带着云梯的生力军，同时大声叫喊欢呼，他同时以威胁和鼓励，督促他们前进，对他们说，这个片刻时间是整个战争的紧要关头。在另一方面，阿基拉斯也带上新的生力军来代替那些丧失了勇气的士兵。他也不断地以新的军队来抵抗敌人的进攻，鼓励他们，督促他们前进，告诉他们说，不久他们就会从危难中挽救出来了。在双方的军队里又鼓励了高度的热忱和勇敢，阿基拉斯的持久性超过了所有其他的人。双方死伤的人数大约相等。最后，苏拉，因为他是进攻的一边，精力耗费得更多，所以发出退却的军号，他称赞他许多士兵们的勇敢。阿基拉斯在晚间马上修补城墙被破坏了的地方，在许多地方，内部建筑眼镜堡，以保护城墙。当这些眼镜堡还是新建成的时候，苏拉以他的全军轮流进攻它们，他认为，这些眼镜堡还是潮湿而松软的，他可以很容易地破坏它们。但是因为他必须在一个很狭小的地面进行工

307 作，在前面和侧面都容易受到上面的投射器的射击，如进攻新月形的要塞所常常发生的那样，所以他又精疲力竭了。于是他完全放弃了以突击方法攻进庇里犹斯的企图，只包围它，以便利用饥荒迫使它屈服。

VI. 雅典的陷落与喀罗尼亚战役

雅典的陷落

38. 但是当他发现雅典城的防卫者很严重地受到饥荒的痛苦，他们已经把他们的家畜吃光了，煮烂皮革，舐食他们从那里所能够得到的东西，有些人甚至食人肉；于是苏拉命令他的士兵们用一条壕沟包围这个城市，使居民甚至一个一个地也不能秘密地逃跑。壕沟挖好了之后，他把他的云梯拿上来，同时开始突

居民被屠杀

破城墙。衰弱的防卫者马上就崩溃了，罗马人冲入城内。跟着
440 在雅典城内发生了残酷无情的大屠杀。居民因为缺少营养，无力逃跑，苏拉下令，不分青红皂白大加屠杀，妇女或小孩也不饶恕。他很为愤怒，因为雅典人无缘无故这样突然和蛮族人联合在一起，对他表示这样的仇恨。大部分雅典人，当他们听到这个命令的时候，都自动地涌向杀戮者的刀口上。少数人软弱地跑到阿克罗波利，①阿里斯兴也是其中的一个，他已经焚毁了奏乐场，使苏拉不能就便取得奏乐场中的木材以进攻阿克罗波利。苏拉禁止焚毁雅典城，但是允许士兵们劫掠。在许多房屋里，他们
309 发现有煮好作为食物的人肉。第二天苏拉出卖那些奴隶。对于

① 即雅典卫城。——译者

那些头一天晚上没有被屠杀的少数的人，他答应他们有自由。但是取消他们的投票权和选举权，因为他们曾经对他作过战，虽然他也允许他们的子孙们有这些特权。

39. 这样，雅典充满了恐怖。苏拉驻扎守卫士兵包围阿克罗波利，阿里斯兴和他的同伴不久就为饥渴所迫而投降，对阿里斯兴和他的卫队，对所有那些行使权力者或者做了任何事情违犯了罗马人第一次征服希腊时替他们所定下来的规则的人，他都处以死刑。其余的人他饶恕了，他给他们全体上的法律和以前罗马人替他们定下的法律，实质上是一样的。从阿克罗波利中取得了大约四十磅黄金和六百镑白银——但是在阿克罗波利所做的这些事情似乎是稍后一点的时候发生的。

苏拉回到庇里犹斯

40. 雅典被攻下来之后，苏拉就不再等待去用包围的方式攻陷庇里犹斯了，他马上带来了撞城机、抛射体和投射器以及一支很大的军队和几个大队；这些军队在披屋的掩蔽之下，挖穿城墙，这些大队向守城者大量地投射标枪和箭，以便赶退他们。他破坏了一部分新建的眼镜堡，因为眼镜堡还是潮湿而松软的。阿基拉斯从第一次的经验，就预料到了这种情况，已经建筑了好几个类似的眼镜堡，所以苏拉攻下了一层城墙后，又遇着另一层 311
城墙，发现他的工作永无尽期。但是他以不倦的精力向前推进，他常使士兵们换班，他到处在他们中间出现，督促他们前进，向他们说明，他们取得过去劳绩的报酬的全部希望完全依靠完成这件剩下来的这一小部分工作，士兵们也相信这事实上也是他们辛苦的终点，光荣的爱好和认为攻下像这样的城墙是一个光辉灿烂的成就的思想鼓励他们加强他们的工作，因此他们猛力向前推进。最后,阿基拉斯看见他们像疯狂了一样,不顾一切地冲上来进攻,大为惊慌,因而放弃了城墙,把它让给他们,急忙地跑上了庇里犹斯防卫最坚固、四面为海环绕的那部分要塞去了。因为苏拉没有船舰,他甚至连进攻他也不可能。

他逐出阿基拉斯

41. 阿基拉斯从那里由彼奥提亚退到帖撒利,在德摩比利聚集了他自己的和德罗密基特所带来的军队的残余部分。他又合并了米特拉达梯的儿子阿卡提阿斯带着侵入马其顿的军队(这支军队是生力军,几乎是实力最强的)和米特拉达梯派来、新到的军队,米特拉达梯从来没有停止过增派援兵。当阿基拉斯正在急忙地聚集他的军队的时候,苏拉焚毁庇里犹斯,因为它给予他的困难比雅典城还要多些,兵器库、海军船坞以及其他任何著名的建筑都没有幸免。于是他由彼奥提亚前进,向阿基拉斯进攻。当他们彼此相遇的时候,阿基拉斯的军队正从德摩比利
313 渡过峡口,进入福西斯,他的军队是由色雷斯人、本都人、西徐亚人、卡巴多西亚人、俾泰尼亚人、加拉西亚人和福里基亚人的军队以及从米特拉达梯新得到的领土内来的其他军队组成的,共约十二万人,每个部族有它自己的将军,但是阿基拉斯是所有这些将军们上面的最高司令官。苏拉的军队是意大利人和一些希腊人及马其顿人。(他们是最近背叛阿基拉斯,而倒到苏拉一边去的),以及来自邻近地区的一些其他军队,但是他们的总数还没有敌人人数三分之一那么多。

42. 当他们彼此相对地占据阵地的时候,阿基拉斯迭次领导他的军队出来挑战;由于地形不好和敌人人数的众多,苏拉迟疑不肯应战。但是当阿基拉斯向卡尔西斯退却的时候,他紧紧

地跟在阿基拉斯的后面，等待着有一个有利的时机和地势。当
他看见敌人在喀罗尼亚附近多岩石的地区扎营，在那个地方，战 喀罗尼亚战役 前86
败者没有逃亡的机会的时候，他占据附近的一个广阔的平原，领
导他的军队前进，想迫使阿基拉斯作战，不管他愿意不愿意，在
那个地方，平原的坡形，无论前进或后退，都是有利于罗马人的，
而阿基拉斯则为岩石所包围，他的全军无论如何不能同时行动，
因为地势不平，他不能把他的军队聚集起来，如果他们被击溃了
的话，他们会为岩石所阻止而无法逃跑。因为这些理由，主要地
是由于敌人地势的困难，苏拉领导他的军队前进，料想敌人人数
的众多会对于他毫无用处。那时候，阿基拉斯无意交战，因此，
他在选择营地的时候，毫不注意，现在因为罗马人正在前进，他 315
渐渐地看出他的地势的不利，但为时已晚，来不及想别的办法
了，于是他派遣一支骑兵来阻止敌军的前进，这支骑兵被打垮
了，逃散在岩石之中。其次，他用六十辆战车冲锋，希望一个冲
锋把敌人军团的队伍冲散。罗马人分开他们的队伍，让这些战
车由它们自己的动力推着前进，直到后方，因为旋转很困难，这
些战车被敌人后卫的标枪所包围而毁坏了。

43. 虽然这样，阿基拉斯也还可以从他设防的军营里坚强地抵抗，因为那里的巉岩可能对他有所帮助，但是他急忙地领导他人数这样多的士兵出来（他们没有想到在此地作战的），使他们列成阵势，发现他自己陷于一个很窄狭的阵地，因为苏拉已经跑拢来了。他首先用他的骑兵猛烈地冲锋，把罗马军队的阵势截为两部分，由于他们人数之少，所以两部分都完全被包围了。罗马人在各方面都把脸转过来对着敌人，勇敢地战斗。盖尔巴

和霍腾秀斯受损失最大，因为阿基拉斯亲自领导抵抗他们的战斗，蛮族人在司令官眼前战斗，由于竞争心理，他们的勇气被鼓舞达到顶点。但是苏拉带着很大的一队骑兵去支援他们，阿基拉斯觉得一定是苏拉跑来了，因为他看见了总司令的军旗，和很
317 大一团尘土扬起来了，所以他放弃了包围敌人的企图，开始恢复

阿基拉斯被击溃

他原来的阵地。苏拉带着他最好的一部分骑兵，在途中又调来他原来安置作为后备军的两个新大队，在敌人还没有完成他们的调动和布成一个坚强的阵线的时候，就猛烈向敌人进攻。他使敌人陷于混乱，冲破了敌人的战线，使他们溃败，追逐他们。当那方面的胜利已经开始了的时候，指挥左翼的麦利那也不是袖手旁观的，他谴责他的士兵们的迟缓，他也勇敢地向敌人冲去，使敌人溃散。

44. 当阿基拉斯的两翼都退却的时候，中军也不能保持阵地，而全体逃亡。于是苏拉所预料的一切，敌人都遭遇着了。没有回旋的余地，没有宽敞的地区可以逃跑，他们被追赶者驱入乱石之中，他们有些落在罗马人手中，有些比较聪明一点，向他们自己的军营里逃跑。阿基拉斯自己站在他们的前面，阻止他们进去，命令他们向后转，面对着敌人，这样暴露了他在战争危急关头没有经验。他们很快地服从了他的命令，但是他们既没有将军们领导他们，也没有军官们使他们排成行列，也不能辨别他们各自的军旗，因为他们是毫无秩序地纷纷逃跑的，既没有地方逃跑，也没有地方战斗，因为那时候，由于敌人的追赶，他们比在任何时候更加拥挤在一团，他们毫无抵抗地被杀死，有些是被敌人杀死，有些是在拥挤和混乱中被他们自己的朋友们杀死的。他

们又向军营的门口逃跑，他们被阻拦在军营的周围，痛骂守门的人。他们愤恨地提醒他们不要忘记他们祖国的神祇和他们的共 319
同亲属关系，说他们被敌人的刀剑所屠杀的还没有被他们的朋友们的漠不关心所屠杀的那么多。最后阿基拉斯经过不必要的迟延之后，才开了军营的大门，让那些无组织的逃亡者跑进来。当罗马人看到这种情况的时候，大声欢呼，跟那些逃亡者一块儿冲进军营里来了，这样使他们获得全胜。

蛮族人被大屠杀

45. 阿基拉斯和其他分批逃掉的人在卡尔西斯集合起来，十二万人中间，剩下来的不过一万人。罗马人只丧失十五人，其中两人后来回来了。这是苏拉和米特拉达梯部将阿基拉斯在喀罗尼亚战役的结果。这个结果之产生，由于苏拉的聪明的程度和由于阿基拉斯的过失的程度相等。苏拉得到了很多俘虏、大量武器和战利品，他把其中没有用了的一部分堆集起来。于是他把自己依照罗马人的习惯穿戴起来，焚烧那些无用的战利品，作为对战神的祭祀。他给他的军队一个短短的休息之后，急忙地带着一些轻装部队来进攻攸里配斯河上的阿基拉斯，但是因为罗马人没有船舰，阿基拉斯安稳地航行于岛屿之间，劫掠沿海一带，他在萨星修斯登陆，围攻萨星修斯，但是晚上被驻扎在那里的一些罗马人所攻击，他又匆忙地上船，回到卡尔西斯，他不像一个军人，而像一个海盗了。

321

VII. 米特拉达梯对开俄斯的报复。小亚希腊人城市的反抗。苏拉再败阿基拉斯于奥科美那斯

米特拉达梯的愤怒和残酷

46. 当米特拉达梯听到了这次惨败的消息的时候，他大吃一惊，感觉到恐慌了，这是很自然的。尽管这样，他尽量迅速地从他所有的附属民族中聚集了一支新军。他认为，因为他的战败，某些人很可能迟早会起来反对他，如果他们找到好的机会的话；他在战争变为更加激烈之前，把一切有嫌疑的人都逮捕起来。首先，他杀死加拉西亚的小君主和他们的妻室儿女，不仅那些作为朋友和他联合在一起的人，并且那些不是他的臣属的人——所有的人都被杀死，只有三个人逃掉了。有一些人是用诡计捉住的，另一些人是他在一个晚间宴会中杀掉的，因为他认为，如果苏拉来了的时候，这些人中间没有一个人会对他忠诚的。他没收他们的财产，在他们的城市中驻扎军队，任命攸马库斯为这个国家的总督。但是那些逃掉了的小君主马上从乡民中聚集了一支军队，把他和他的驻军赶出加拉西亚境外，所以除他所夺取的金钱外，他在加拉西亚没有剩下一点东西了。因为自从在罗得斯附近的海战中，一条开俄斯的船舰无意中撞击了国王的坐船以后，他怀恨开俄斯的居民，他首先没收所有那些逃往苏拉一边去的开俄斯人的财产，然后派人去调查罗马人在开俄斯的财产。第三步，正在带着一支军队往希腊去的他的将军芝诺比阿斯乘晚间夺取开俄斯的城墙和所有设防的地方，驻扎卫队

在城门口，宣布所有的异邦人应当安静，开俄斯人应当去参加人 323
民会议，以便他可以向他们传达国王的命令。当他们集合起来的时候，他说，国王怀疑开俄斯，因为城内有一个亲罗马党；但是如果他们交出他们的武器，交出他们主要家族中的儿童作为人质的话，他会满意的。因为看见城市已经落在他的手中，他们两件事情都做了。芝诺比阿斯把这些武器和人质都送往厄立特里，对开俄斯人说，国王会直接写信给他们的。

47. 米特拉达梯来了信，信上说，“就是现在，你们还是袒护罗马人的，你们有许多公民还和他们住在一块儿。你们收取罗马人在开俄斯的土地的出产，你们没有给我们分成。在罗得斯的海战中，你们的三列桨船舰向我坐的船舰冲击，使我坐的船舰震动。我自动地把这个过失归之于舵手一个人身上，希望你们会考虑到你们安全的利益，因而知足。现在你们秘密地派遣你们的主要人物到苏拉那里去，你们从来没有证明或宣布他们中间任何人的行动是没有得到公众的允许的。如果你们不是和他们合作的话，这是你们应有的责任，虽然我的朋友们认为那些现在正在阴谋反对我的政府的人和那些过去已经阴谋图害我本人的人应当处死刑，但是我判决你们应当付给两千他连特的罚金。”那封信的大意就是如此。开俄斯人想要派遣大使们到国王那里去，但是芝诺比阿斯不允许。他们已经解除武装了，他们主 325
要家族的儿童已经交出了，同时有一支很大的蛮族人军队占据了城市，因此他们嚎啕大哭，搜集神庙中的装饰品和所有妇女的珠宝以凑成两千他连特的数目。当这笔款项缴了的时候，芝诺比阿斯责难他们骗了称头，召集他们到戏院中来，于是他让他的军

开俄斯的恐惧

队抽出剑来，驻扎在戏院的周围，以及沿着从戏院到海边的街上。他领导开俄斯人一个一个地从戏院里出来，把他们放在船上，男人和妇女及小孩分开，所有的人都遭到蛮族捕捉者的侮辱。他们从那里被拖到米特拉达梯那里，米特拉达梯把他们送到攸克星海边去了。开俄斯的公民所遭遇的灾难就是这样的。

亚细亚希腊人城市的恐怖

48. 当芝诺比阿斯带着他的军队到达以弗所的时候，公民们命令他在城门口放下武器，只带几个随员进城去。他遵守了这个命令，他拜访了斐罗彼门（米特拉达梯得宠的妻子谟尼玛的父亲，他曾经被米特拉达梯任命为以弗所的监督），召集以弗所人举行人民会议，他们预料他不会做出什么好事情的，把会议延期到第二天。那天晚上他们会商，彼此互相鼓励；会商之后，他们把芝诺比阿斯投入狱中，置之死地，于是他们配备士兵防守城墙，组织人民，把粮食从乡间运进城来，使城市完全在防守状态之中。当特拉利斯、海彼巴、麦索玻里和其他几个城市的人民听到这件事情之后，他们担心他们也会遭遇着开俄斯人的命运，所以他们都学以弗所的榜样。米特拉达梯派遣一支军队来镇压暴动者，对于那些被他俘虏的人，他处以可怕的惩罚；但是因为他担心其他的暴动，所以他给各希腊人的城市以自由，宣布取消债
327 务。给城内全部侨民以公民权，解放奴隶。他之所以这样做，因为他希望债务人、侨居者和奴隶们会认为他们新得的特权只有在米特拉达梯的统治之下，才能巩固，因此会对他有好感（真的，

谋害米特拉达梯的阴谋

结果是这样的）。同时，士麦拿的门尼俄和斐罗提马斯，列斯堡的克利斯提尼和阿斯克利彼奥多图，所有这些国王的亲密朋友（阿斯克利彼奥多图曾经有一次请国王到他家里做客）都联合起

来，组织一个杀害米特拉达梯的阴谋。阿斯克利彼奥多图本人告发了这个阴谋。为了证实他所说的话，他安排着使国王自己隐藏在床下，窃听门尼俄所说的话。这个阴谋就这样被揭发出来了，阴谋者受拷讯之后被处极刑。许多其他的人，因为被怀疑有类似的阴谋而受到惩罚，当帕加玛有八十个公民在开会商议同样的事情时被逮捕，其他城市中也有其他的人做这类的事情的时候，国王到处派遣密探，这些密探告发他们的私敌。这样丧失了生命的人大约有一千六百人。这些告发者中间有一些人后来不久被苏拉捉着，被杀死了，另一些人自杀了，还有一些人跟着米特拉达梯逃往本都去了。

奥科美那斯战役

49. 当这些事情在亚细亚发生的时候，米特拉达梯聚集了一支八万人的军队，由多利劳领导到希腊去支援阿基拉斯，阿基拉斯还有他以前的军队的残余一万人在那里。苏拉占据奥科美那斯附近的阵地以对抗阿基拉斯。当他看见敌人很多骑兵来了的时候，他在平原地带挖掘许多宽十英尺的壕沟，当阿基拉斯前进的时候，他把他的军队列成阵势迎战。罗马人战斗不利，329
因为他们害怕敌人的骑兵。苏拉骑着马，长时期地到处跑动，鼓励和威吓他的士兵。就是这样，他也不能把他们集合起来，他从马上跳下来，夺取一面军旗，带着他的持盾者，跑到两支军队的中间去，大声说道，“罗马人，如果有人问你们，你们在什么地方曾经遗弃你们自己的将军苏拉的话，你们可以说，那是当他正在奥科美那斯战役中战斗的时候。”军官们看见他危险了，从他们自己的行列中冲出去援助他，士兵们由于惭愧，也跟着前进，把敌人打退。这是胜利的开端。苏拉又跳上他的马，在军队里面跑来跑去，夸奖和鼓励他们，直到获得全胜。敌人丧失了一万五千人，其中约一万是骑兵，包括阿基拉斯的儿子戴奥哲尼斯在内。步兵逃到他们的军营里去了。

阿基拉斯又被苏拉打败了

50. 因为苏拉没有船舰，他担心阿基拉斯和从前一样会逃到卡尔西斯去。因此，他在整个平原地带，分段驻扎守夜的人。第二天阿基拉斯没有出来进攻，苏拉在离他的军营不到一斯塔狄亚①的地方，挖掘一条壕沟，把他包围起来。于是苏拉比以前更加认真地号召他的军队完成这次战斗所剩下来的小部分工作，所以领导他们进攻阿基拉斯的军营。同样的情景也在敌人中出现，虽然是在不同情况下，因为他们为势所迫，军官们匆忙到处跑动，说明危险迫在眉睫，谴责士兵们，如果他们不能抵抗
331 人数较少的进攻者，甚至连军营也守不住的话。双方都在冲锋和大声叫喊之后，就做出许多勇敢的成绩来。罗马人利用他们的盾保护自己，正在破坏军营的某一个角的时候，蛮族人从营内的低墙上跳下，抽出刀剑来，环绕这个角站着，预备击退侵入者。没有一个人敢冲进去。直到最后，军团将校巴西拉斯首先跳进去，杀了他前面的敌人。于是整个队伍跟着他冲进去。接着就是蛮族人的逃跑和被屠杀。有些蛮族人被追上了，有些被赶入附近的湖中，因为他们不会游泳，死时还在那里用杀害他们的人所不懂的蛮族语言乞怜。阿基拉斯躲在一个沼泽里，找到一条小船，他乘着这条小船逃往卡尔西斯去了。他在此地匆忙地召集米特拉达梯驻扎各地的分遣队。

① 希腊原文作“不到一斯塔狄亚”，英译本作“不到600希腊尺”。——译者

VIII. 苏拉被宣布为公敌。苏拉与米特拉达梯媾和

51. 第二天苏拉把勋章授予军团将校巴西拉斯，并赏赐了其他的人，以奖励他们的勇敢。他劫掠彼奥提亚，因为彼奥提亚经常从这边倒到那边，然后他移军到帖撒利，进入冬营，在那里等待琉卡拉斯和他的舰队，但是因为他不知道琉卡拉斯在哪里，他开始自己建造船只。这时候他在国内的政敌，科尼利阿斯·秦那和盖约·马略宣布他为罗马人民的公敌，破坏了他在罗马城内以及乡村中的房屋，杀害他的朋友们。虽然这样，但是他一点也没有放松他的权力，因为他有一支热诚忠于他的军队。秦那选择夫拉卡斯做他的同僚执政官①之后，派遣夫拉卡斯带着两个军团来到亚细亚，以代替苏拉统治这个行省和指挥米特拉达梯的战争，因为苏拉现在已经被宣布为公敌了。夫拉卡斯没有战争的经验，一个名叫费姆布里亚的元老等级的人自愿加入军队，跟着他在一块儿，因为费姆布里亚使人相信他有做将军的资格。当他们从勃隆度辛起航的时候，大部分的船只都被风暴摧毁，有一些先走的船舰，则被米特拉达梯派遣来抵抗他们的一支新军队所焚毁。并且夫拉卡斯是一个流氓，因为处罚不公，贪得无厌，为全体军队所痛恨。因此，有些先派遣到帖撒利去的军队倒向苏拉一边去了。但是费姆布里亚保全了其余的军

苏拉被宣布为公敌 333

夫拉卡斯和费姆布里亚

① 公元前96年秦那和马略攻入罗马，二人同为执政官。数日后，马略死去，秦那选择夫拉卡斯为执政官。参阅《内战史》。——译者

队，使他们没有背叛，因为他们认为费姆布里亚比夫拉卡斯更为厚道，而且是一个较好的将军。

前 85　52. 有一次，他在一个旅舍里，因为住房的问题和财政官发生了争执，夫拉卡斯作为双方的调停者，很少为费姆布里亚考虑，费姆布里亚生气了，威胁着要回罗马去了。因此夫拉卡斯任命另一个人代替他当时所担任的职务。但是费姆布里亚等待他的机会。当夫拉卡斯航往卡尔西顿，留下德谟斯在那里做他的民政官的时候，费姆布里亚首先从德谟斯手中夺取棒束权杖，理由是军队已经任命他本人为司令官。不久之后，夫拉卡斯回来了，大为愤怒，但费姆布里亚迫使他只好逃跑，直到最后夫拉卡

335 斯躲在一栋屋子里，晚间爬过城墙，首先逃往卡尔西顿，后来逃往尼科米底亚，把城门关闭起来。费姆布里亚追赶他，发现他躲在一个井里，把他杀死了，虽然他是一个罗马的执政官和这次战争的司令官，而费姆布里亚本人却只是一个普通的公民，因他的请求而作为一个朋友跟他去的。费姆布里亚把他的头割下，抛入海中，把尸体的其他部分扔掉，没有埋葬。于是他任命他自己为司令官，对米特拉达梯的儿子打了几次胜仗，把国王本人赶进帕加玛。他由帕加玛逃往彼坦尼，但是费姆布里亚追赶他，开始用一条壕沟包围那个地方，直到最后国王乘了一条船逃往密提林去了。

费姆布里亚摧毁伊利昂

53. 费姆布里亚穿过亚细亚行省，惩办亲卡巴多西亚党人，破坏那些不开门欢迎他的城市的领土。伊利昂[①]的居民被他围

① 即特洛耶。——译者

攻后，向苏拉求援；他说，他会来援助他们的，同时，要他们对费姆布里亚说，他们已经投降苏拉了。当费姆布里亚听到这些话的时候，他祝贺他们已经是罗马人民的朋友了，命令他们允许他进城，因为他也是一个罗马人，讥讽地暗示伊利昂与罗马间的关系。当他被允许进城之后，他马上不分青红皂白地大肆屠杀，把整个城市焚毁了，对于那些联络苏拉的人，他百般拷打。他既不保全神庙中的圣物，也不饶恕那些逃往雅典娜神庙中的人，而把他们和神庙一起烧掉。他拆毁城墙，第二天搜查那个地方还有 337
什么东西没有毁掉的。这个城市当时从它自己的一个同族人①所得到的待遇比过去从阿加美浓②所得到的待遇更为恶劣得多，以致没有一栋房屋、一个神庙、一个神像被保留下来。有人说，那个叫做巴拉狄昂③的雅典娜女神像，是被人认为是从天上掉下来的，当时有人看到这个神像，没有损坏，倒下来的墙壁形成一个拱门，罩在它的上面；如果不是戴奥密德和奥得修斯在特洛耶战争的时候把它运走了的话，这可能是真的。在第一百七十三奥林匹亚纪的末年，④伊利昂就是这样被费姆布里亚毁灭了。有人说，这次灾难和它从阿伽门农手中所受到的灾难⑤之间经过了一千零五十年。

① 传说，罗马人的始祖是从特洛耶逃出的王子伊尼阿斯。所以称罗马人为他的同族人。参阅 I(I)1。——译者

② 阿各斯国王，特洛耶战争中的希腊联军总司令。——译者

③ 即雅典娜女神像，立于特洛耶的卫城上。相传，此像在特洛耶即安全；否则就不安全。后为远征特洛耶城的希腊人戴奥密德和奥德秀斯所盗走，特洛耶即被攻陷。——译者

④ 公元前 84 年。——译者

⑤ 传说阿伽门农攻陷特洛耶是公元前 1184 年。——译者

米特拉达梯求和

54. 当米特拉达梯听到他在奥科美那斯战败的消息的时候,他想到从战争开始以来,已经派遣了巨大数目的军队到希腊去了,他们连续地、迅速地遭到惨败,因此,他写信给阿基拉斯,要他尽可能地根据最好的条件媾和。阿基拉斯和苏拉会晤,他说,"苏拉啊,国王米特拉达梯是你父亲的朋友,由于其他罗马将军们的贪婪,他被牵入了这次战争。如果你愿意给他以公平的条件的话,他将依赖你的道德品质而媾和。"因为苏拉没有船舰;因为他在罗马的政敌不给他以金钱或其他任何东西,而宣布他是一个被剥夺法律保护的人;因为他已经取得了彼提亚,[①]奥林匹亚和挨彼道鲁斯等神庙的金钱,为了报答这些神庙起见,他指定底比斯一半的领土给了它们,因为底比斯屡次叛变;因为他急

339 于要率领他还没有受到损失的生力军去进攻他国内的敌党,所以他同意媾和。他说,"阿基拉斯啊,如果对米特拉达梯做了不公平的事的话,他早该派遣使团来说明他是怎样受到诬害的。

苏拉的答复

蹂躏了别人这样广大的土地,杀害了这样多的人民,夺取了许多城市的公款和圣款,没收了那些被他杀害的人们的财产,——这是加害于别人者所做的事情,而不是受害者所做的事情。他曾经对他自己的朋友们正和对我们一样地背信弃义,把他的许多朋友置之于死地,他杀害了许多他请来参加宴会的小君主和他们的妻室儿女,他们并没有和他作战。对于我们,他显出他的动机是出自先天的仇视,而不是出自战争的必要,对于在全亚细亚的意大利人,连同他们的妻室儿女和有意大利血统的奴隶加以一

① 即特尔斐神庙。——译者

切可能的迫害、拷打和屠杀。这个人对意大利这样深怀仇恨，而他现在冒称和我父亲有交情！——这个交情在我消灭你们的军队十六万人以前，你们是不记得了的。”

55. “为了报复这种行为起见，我们有一切权利对他采取绝对不和解的态度；但是为了你的缘故，我愿意替他从罗马取得赦免，只要他真的悔改了。但是，如果他还玩弄伪君子的手法的话，我劝告你，阿基拉斯啊，当心你自己。替你和他，考虑目前的形势吧，要记着他是怎样对待他的朋友的，我们是怎样对待攸美尼斯[①]和马西尼萨[②]的。”当苏拉正说着话的时候，阿基拉斯愤怒地拒绝了这个提议，说他绝对不愿意出卖一个把军队交给他指挥的人。他说，“我希望和你达成一个协议，只要你提出温和 341
的条件来。”停了片刻之后，苏拉说，“阿基拉斯啊，只要米特拉达梯愿意把你们所有的全部舰队交给我们；只要他愿意交出我们的将军们和大使们、所有的俘虏、叛徒和逃亡的奴隶，把开俄斯人和所有被他拖到本都去的其他的人送回他们自己的家乡；只要他除在他这次破坏和约以前所占有的地方外，把所有其他地方的驻军撤退；只要他愿意赔偿这次因他而引起的战争的军费而满足于仅占有他祖传的领土——那么，我希望我能说服罗马人，使他们不要记住他对他们所加的祸害。”阿基拉斯马上从他所占领的一切地方撤退了驻军，把其他条件上报国王批准。同时，苏拉为了利用他的闲暇时间，进攻马其顿边界上的伊尼梯人、达达尼人和辛提人的部落，蹂躏他们的领土，因为他们不

苏拉提出和约的条件

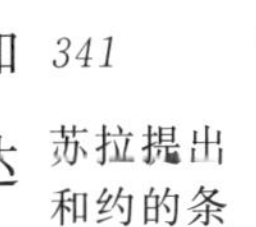

① 参阅 XI. 38、44 等节。——译者

② 参阅 VIII(上)，32。——译者

断地侵扰马其顿，他这样训练了他的士兵，同时也使他们致富。

前84 米特拉达梯拖延，苏拉进军亚细亚

56. 米特拉达梯的使节们回来，所有这些条件，除了那些关于巴夫拉哥尼亚的以外，都被批准了。他们补充说，“如果他跟你们另一个将军费姆布里亚商议和约的话”，米特拉达梯可能得到较好的条件。苏拉看见他们把他这样来比较，大怒说，他将惩办费姆布里亚，并将亲自往亚细亚去，看看米特拉达梯是要和平，还是要战争。这样说了之后，他派遣琉卡拉斯前往阿俾多斯
343 （因为琉卡拉斯几次冒着有被海盗俘虏的危险之后，终于回来了），于是他亲自进军，通过色雷斯，往塞浦细拉。他已经聚集了一个由塞浦路斯、腓尼基、罗得斯和旁菲利亚等地的船舰组成的舰队，劫掠敌人沿海一带多处地方，沿途和米特拉达梯的船舰发
亲自晤谈 生小战。于是苏拉从塞浦细拉前进，米特拉达梯从帕加玛前进，两人举行会商。每人带着一小队军队到双方军队都可以看得见的一个平原上。米特拉达梯开始说话，谈到他自己和他父亲跟罗马人的友谊和同盟，于是他谴责罗马人的使节们、代表们和将军们，说他们使阿里俄巴赞尼斯在卡巴多西亚恢复王位，夺去了他的福里基亚，允许尼科美德做对不起他的事，使他受到损害，他说，“他们做这些事情，完全是为了金钱，他们从我手中和从他们手中轮番取得金钱；因为，罗马人啊，没有别的东西比贪婪更容易使你们大多数人受到责难的。当战争由于你们的将军们的行动而爆发的时候，我为了自卫所做的一切是迫于不得已，而非出自心愿的。”

苏拉对米特拉达梯的谈话

57. 当米特拉达梯停止说话的时候，苏拉回答说：“虽然你请我们到这里来是为了一个不同的目的，就是来接受我们的和

平条件的，但是我不拒绝简单地谈谈这些事情。当我做西里西
亚总督的时候，我根据元老院的命令，让阿里俄巴赞尼斯在卡巴
多西亚复位，当时你服从了这个命令。如果你不同意的话，你应
当在那时候就反对，说出你的理由来；否则以后你就应当永远保
持缄默。曼尼阿斯因为受贿，把福里基亚给了你，[①]这件事对你
们两方面说来，都是犯罪行为。根据你以贿赂取得这个地方这 345
一事实本身来看，你已承认你没有权利取得那个地方。曼尼阿
斯因为受贿所做的其他事情在罗马受到审判，元老院撤销了他
所做的一切事情。因为这个缘故，他们并没有议决，由于福里基
亚是非法地给了你，它应当变为罗马的附属国；若是议决，它应
当自由。虽然我们以战争取得了它，但并不认为最好是由我们
统治它，那么，你凭什么权利能够占据它呢？尼科美德也告发
你曾派一个名叫亚历山大的刺客，接着又派一个和他竞争王
位的苏格拉底·克累斯都去伤害他，他说他侵入你的领土是
为了报复这些恶行。但是如果他做了对不住你的事，你应当
派遣一个使团到罗马去，等待得到一个答复。虽然你是太急
于想报复尼科美德，但是阿里俄巴赞尼斯没有伤害你，你为什
么要驱逐他呢？当你把他赶出他的王国，你就迫使在那里的
罗马人不得不使他复位。为阻止他们这样做，你发动了这次
战争。你很久就阴谋发动这次战争，因为，如果你能够打败罗
马人的话，你想统治全世界，你所说的理由只是掩盖你的真实

① 事实上是给他的父亲米特拉达梯第五。公元前 123 年，盖约·革拉古为保民官时，曼尼阿斯因此事受审（《内战史》I. 22），当时米特拉达梯第六还在童年，尚未即位。——译者

意图的借口。证据是这样的：虽然你还没有和任何国家发生战争，你就设法和色雷斯人、萨马提亚人和西徐亚人建立同盟，派人到邻近的国王们那里去求援，建立海军，募集瞭望手和舵手。

58. “最重要的，你所选择的时间证实了你的阴谋诡计。当你听到意大利已经叛离了我们的时候，你乘我们正当有事之秋，进攻阿里俄巴赞尼斯、尼科美德、加拉西亚和巴夫拉哥尼亚，最
347 后又袭击我们的亚细亚行省。当你取得这些地方之后，你多么可耻地对待这些城市，你解放奴隶，取消债务，任命奴隶和债务人统治一些城市；多么可耻地对待希腊人的城市，在那里根据一个捏造的罪名杀害了一千六百人！你邀请加拉西亚的小君主来参加宴会，然后把他们杀死了。你在一天之内，屠杀或淹死所有意大利血统的居民，包括母亲和婴孩在内，就是那些逃到神庙里的人也不予饶恕。你对我们表现得多么残酷，多么不忠顺，充满了无限的仇恨！你把所有受到你迫害的人的财产都没收了之后，带着大军，渡过海峡，来到欧罗巴，虽然我们是禁止亚细亚的国王们踏进欧罗巴的。你蹂躏我们的马其顿行省，剥夺希腊人的自由。在我收复了马其顿，从你的魔掌中解放了希腊，歼灭了你的士兵十六万人，夺取了你的军营和军营里所有的财产之前，你既没有悔悟，阿基拉斯也没有为你调停，你通过阿基拉斯请求饶恕这些你现在寻求辩解的行为我觉得很诧异。你既然在离开我一些距离的时候害怕我，难道你以为现在我离你很近了，我是来和你辩论的吗？当你拿起武器来和我们对抗的时候，我们辩论的时机已经过去了；我们有力地击退了你的进攻，而且决意彻

底击败你的进攻。”当苏拉还在那里愤慨地说话的时候，国王恐惧了，因而同意了苏拉通过阿基拉斯所提出的条件。他交出了船舰和所规定的其他一切，回到他世袭的本都王国，把本都当作他唯一的领土了。米特拉达梯和罗马人的第一次战争就是这样结束的。

米特拉达梯接受了条件

IX. 苏拉对小亚希腊人城市的勒索。第二次米特拉达梯战争

349

苏拉要求费姆布里亚投降

59. 现在苏拉进军到离费姆布里亚不到两斯塔狄亚[①]的地方，命令他交出军队来，因为他做司令官是违反法律的。费姆布里亚嘲笑地回答说，苏拉本人现在掌握兵权是非法的。苏拉把军队列成包围线，把费姆布里亚包围起来。费姆布里亚的许多士兵公开地投到苏拉这边来了。费姆布里亚把剩下来的军队召集起来，请求他们支持他。当他们拒绝跟他们的同胞公民作战的时候，他扯碎他的衣服，他匍匐在他们每一个人的面前。当他们还是不理他，更多的人背叛了他的时候，他在军团将校的军营里到处跑，用金钱收买了一些军团将校之后，他又召集一个会议，要求他们全体宣誓拥护他，那些被收买的人大声说，全体人员都应当提名宣誓。他号召那些因为过去的恩惠而感激他的人。第一个被提到的是诺尼阿斯的名字，诺尼阿斯过去是他的一个亲密侣伴。甚至他也不肯宣誓的时候，他抽出他的剑来，威

① 相当于370公尺。——译者

胁着要杀死他；如果不是因为其余的人大声叫喊，他大为恐慌而不得不停止的话，他真的会把他杀死的。于是他收买一个奴隶，并允许给他自由，要他假装作一个逃兵去暗杀苏拉。当这个奴隶将要执行他的任务的时候，他惊慌了，因而受到猜疑，被捕后，供认出来了。苏拉的士兵们大为愤怒，藐视地包围费姆布里亚
351 的军营，辱骂他，给他取一个绰号，叫做雅典尼俄，[①]雅典尼俄是曾经在西西里做过几天逃亡奴隶的国王的。

费姆布里亚的自杀

60. 因此，费姆布里亚在绝望中跑到包围线上去，请求和苏拉谈话。苏拉自己没有出来，派遣卢提略出来以代替他。从一开始费姆布里亚就感到失望了，因为苏拉认为他甚至连会面也是不配的，虽然他曾经允许和敌人会面。当他恳求饶恕因为他的年轻所犯的罪行的时候，卢提略答应说，如果他愿意航行离开亚细亚省（因为苏拉是亚细亚省的代执政官）的话，苏拉允许他安全地离开此地，到海边去。费姆布里亚说，他有另一条较好的途径。他回到帕加玛，跑进挨斯叩雷彼神庙，用他的剑自杀了。因为伤势还未致死，他命令他的奴隶把武器再向深处刺进。这个奴隶杀了他的主人，然后自杀。

费姆布里亚就这样死了，他和米特拉达梯一样，曾使亚细亚深受折磨之苦。苏拉把他的尸体交给他的自由民去埋葬，他补充说，他不愿意仿照秦那和马略的行为，他们在罗马杀害了许多人，不许给这些人死后埋葬。费姆布里亚的军队倒到他一边来了，他和军队交换了誓言，把他们和他自己的军队联合在一

① 第二次西西里奴隶暴动（公元前104－前101）中的领袖。——译者

起。于是他命令库里奥使尼科美德恢复俾泰尼亚，使阿里俄巴赞尼斯恢复卡巴多西亚，把一切事情都报告元老院，因为他还不知道他已经被通过为公敌了。

苏拉处理亚细亚的事务

61. 把亚细亚的事务处理了之后，苏拉给予伊利昂、开俄斯、吕西亚、罗得斯、马格尼西亚和其他一些城市的居民以自由，作为他们跟他合作的奖励，或者作为因为他们对他忠诚而受到损害的赔偿，把他们都列为罗马人的朋友。于是他分布他的军 353
队到现有的一些城市里去，发表宣言说，所有被米特拉达梯解放了的奴隶们都要回到他们的主人那里去。因为许多人不肯服从，有些城市暴动，于是苏拉以各种借口，进行无数的屠杀，被屠杀的人中间有自由人，也有奴隶。许多城市的城墙被拆毁。另外许多城市被劫掠，居民被卖为奴隶。亲卡巴多西亚党的人们和城市都受到严厉的处罚，特别是以弗所人，因为他们奴颜婢膝地讨好国王，以侮辱的态度对待神庙中罗马人的祭品。这之后，在各地发出布告，命令主要的人物都在某天到以弗所来会见苏拉。当他们集合在一起的时候，苏拉通过军团将校向他们发表演说如下：

他对人民的演说

62. “我们第一次带着一支军队到亚细亚来，是正当叙利亚国王安提阿在掠夺你们的时候。我们把他赶出去，确定他的领土疆界在哈利斯河和道拉斯山之外，[①]当你们变为我们的属民而不是他的属民的时候，我们并没有继续占有你们，而让你们自由，我们只把少数地方，不是作为纳税人，而是当作被保护人，给

① 参阅 XI. 17、29、39 等节。——译者

予我们战争中的同盟者,攸美尼斯和罗得斯人。[①]有一件事情可以证明这一点,就是,当吕西亚人埋怨罗得斯人的统治的时候,我们就使他们从罗得斯人的统治下解放出来。我们对你们的行为就是这样的。而在另一方面,当阿塔拉斯·斐罗密托已经在他的遗嘱中把他的王国遗赠给我们的时候,你们支援亚里斯多尼卡来反抗我们达四年之久,[②]直到他被俘虏的时候,你们大部
355 分国家由于恐惧和迫不得已,才恢复你们应尽的义务。尽管这样,经过二十四年的时间(在这个时期中,你们无论公家或私人,都获得了很大的繁荣和发展)之后,你们由于过着太平和奢侈的生活,又傲慢起来,趁我们在意大利有事的机会,你们中间有些人招请米特拉达梯来;另一些人,当他来了的时候,就和他联合起来。最可耻的,是你们服从他的命令,在一天之内,把你们城内所有的意大利人都杀死了,包括妇女和儿童在内,就是那些逃到供奉你们自己的神祇的神庙里的人也不饶恕。由于这个罪行,你们已经从米特拉达梯手中受到了一些惩罚,因为他对你们背信弃义,对你们大加劫掠和屠杀,重分你们的土地,取消你们的债款,解放你们的奴隶,任命暴君来统治你们中间一些人,在陆地上和海上到处抢劫;所以一经过尝试和比较,你们就明白你们选择了一个什么样的保护人以代替从前的保护人了。煽动这些罪行的人也受到我们一些惩罚。但是必须把有些惩罚加在你们大家身上,因为你们做了这样的事情,这个处罚应当和你们所犯的罪恶相当,这也是合理的。但愿罗马人甚至做梦也想不到

① 参阅 XI. 44。——译者

② 公元前 133—前 129 年。参阅 XII. 12 及《内战史》I. 18。——译者

他征收五年的赋税和战费

邪恶的屠杀、不分青红皂白地没收财产、奴隶的暴动或其他野蛮的行为。就是现在由于想宽恕在全亚细亚这样著名的希腊人种和名声，为了那个罗马人从来就很珍视的美好名誉的缘故，我只征收你们五年的赋税和我在这次战争中所花出的金钱以及处理本省所需要的其他费用，这笔款项应当马上付给，我将依照城市 357
的情况把这些款子向你们每个城市摊派，并规定付给的时间。对于那些不服从的，我将当作敌人来惩办。”

地中海的海盗

63. 苏拉这样说完了之后，就分摊罚款于代表们，派遣人员去征收这些款项。这些已经陷于贫穷的城市以高利借贷款项，抵押他们的剧场、他们的体育馆、他们的城墙、他们的港口和其他每一片公产，因为它们受到士兵们无礼追索。金钱就是这样凑集起来，送到苏拉那里去，亚细亚行省充满了悲惨。它受到大批海盗的自由袭击，这些海盗很像正规舰队，而不像一般成群结伙的强盗。当米特拉达梯劫掠沿海一带的时候，他首先把他们装备起来，因为他认为他不能长久地占有这些地区。于是他们人数大为增加，他们不只限于攻击船舰，并且进攻港口、要塞和城市，他们进攻爱阿苏斯、萨摩斯和克雷佐门尼，也进攻萨摩色雷斯。当时苏拉正停留在那里，劫掠那里神庙的装饰品，价值一千他连特。或者是因为他希望那些触犯了他的人应受到惩罚，或者因为急于想回罗马去镇压反对他的政党，苏拉撇下了那些海盗，航往希腊，从希腊带着他大部分军队，前往意大利。他在意大利所做的事情我已经在我的《内战史》中叙述了。①

① 参阅《内战史》I. 76 以下。——译者

前 83 第二次米特拉达梯战争 359

64. 第二次米特拉达梯战争[①]是在这个时候开始的。苏拉留下麦利那带着费姆布里亚的两个军团在那里处理亚细亚尚未完了的事务；麦利那有野心想取得一个凯旋，所以设法寻找细故作为战争的借口，发动战争。米特拉达梯回到本都之后，对科尔基斯人和西密利亚的博斯波鲁斯附近诸部落进行战争，因为他们叛变了他。科尔基斯人请求他让他的儿子米特拉达梯做他们的统治者，当他照这个请求做了的时候，他们马上就又臣服于他了。国王怀疑这是由于他的儿子自己有野心想做国王而引起的。因此他派人去召他的儿子来，最初用金镣铐锁住他，不久之后就把他置之于死地，虽然他的儿子在亚细亚对费姆布里亚的战争中，为他做了很多事。他建造了一个舰队，配备一支大军，进攻博斯波鲁斯的诸部落。他的准备工作的庞大规模，很快就使人相信这些准备工作不是用来对付这些部落的，而是用来对付罗马人的，因为他还没有把全部卡巴多西亚归还阿里俄巴赞尼斯，他还保留了一部分。他也怀疑阿基拉斯在希腊和苏拉议和时，让步太多。当阿基拉斯听到这个消息的时候，他大为恐慌，因此逃往麦利那那里去，利用他对麦利那的影响，力劝麦利那先下手对米特拉达梯发动战争。麦利那突然通过卡巴多西亚，向科马那进攻，这是米特拉达梯的一个很大的市镇，有一个富裕而受人尊敬的神庙在那里；他杀死了国王的一些骑兵。当国王的使节请他注意和约的时候，他回答说，他没有看见和约，因为苏拉没有把和约写成文字，看到口头提出的建议实行了以后，他

麦利那的侵略

① 公元前 83－前 81 年。——译者

就离开了那里。当麦利那这样回答了之后,他马上开始劫掠,就是神庙中的金钱也没有幸免,然后就在卡巴多西亚进入冬营。 361

前 82
米特拉达梯向罗马控诉

65. 米特拉达梯派遣一个使团到元老院和苏拉那里去,控诉麦利那的行为。同时麦利那已经渡过了哈利斯河,当时因为下雨,河水涨了,很难渡过。他蹂躏了米特拉达梯的四百个村庄,因为国王没有抵抗,只等待使团的回来。于是麦利那满载着掠夺物回到福里基亚和加拉西亚。在那里他遇着了卡利狄阿斯,卡利狄阿斯是罗马由于米特拉达梯的控告而派来的。卡利狄阿斯没有携带元老院的命令,只当着大家面说,元老院命令他不要侵扰国王,因为国王和他们现在和平相处。他这样说了之后,人们又看见他和麦利那一个人单独谈了话,麦利那一点也没有停止他的暴行,又侵略米特拉达梯的领土了。米特拉达梯以为罗马人是命令麦利那公开作战的,他命令他的部将哥狄阿斯对罗马人的村庄进行报复。哥狄阿斯马上就夺取了并运走了许多驾轭牲畜、驮兽、平民和士兵,开辟阵地,和麦利那对抗,两军之间有一条河流着。双方都没有开始战斗,直到最后,米特拉达梯带着一支大军来了,于是在河流的两岸马上开始了激烈的战斗。米特拉达梯胜利了,渡过河,在各方面,对于麦利那处于优势。麦利那退到一个防卫坚固的山上,国王在那里进攻他。丧失了许多人之后,麦利那越过山岭由一条无人走过的途径逃到福里基亚,在途中受到敌人投射器的严重袭扰。

他进攻麦利那,败之。

66. 这个光辉而迅速的胜利的消息很快就传布开来,使许多人又转到米特拉达梯这边来了。他把麦利那所有的驻军都赶 363
出卡巴多西亚,他依照他本国的方式,在一个高山上的一个很高的木材堆上向宙斯·斯特拉提阿斯[1]致祭。其方式如下：首先诸国王亲自运送木材到木材堆上。于是他们做一个较小的木堆环绕着那一个大堆。他们把牛奶、蜂蜜、酒、油和各种香料倾泻在那个较高的堆上。在较低的堆上，摆着面包和肉的酒席，以供在场的人吃用（正好像波斯王在巴萨加提[2]所举行的祭祀一样），于是他们放火焚烧木材。火焰很高，从海上一千斯塔狄亚[3]的距离内都可以看见；人们说，因为热度很高，几天之内没有人能够靠近这个地方。米特拉达梯按照他本国的风俗，举行了这种祭祀。

前81
苏拉制止战争

但是苏拉认为，当米特拉达梯没有违反和约的时候，向他作战，是不对的。因此，他派奥拉斯·加宾尼阿斯去告诉麦利那说，上次要他不要对米特拉达梯作战的命令应当认真遵守，并且要使米特拉达梯和阿里俄巴赞尼斯彼此和解。在这两人会谈中，米特拉达梯把他一个四岁的幼女许配给阿里俄巴赞尼斯，根据这个借口，规定他不但应保留当时他还占据的卡巴多西亚一部分领土，并且还增加了一部分土地。于是他举行宴会，款待全体人员，依照习惯，以黄金为奖品，赏赐那些在饮酒、吃东西、讲笑话、歌唱等等方面得胜的人，——这个比赛只有加宾尼阿斯一个人没有参加，米特拉达梯和罗马人之间，延续约三年之久的第二次战争[4]就这样终结了。

---

① 即"战神"。——英译者
② 过去波斯帝国的都城。——译者
③ 约185公里。——译者
④ 公元前83—前81年。——译者

X. 米特拉达梯与塞多留建立同盟。第三次米特拉达梯战争的爆发 365

67. 当米特拉达梯现在有闲暇的时候，他征服了博斯波鲁斯的部落，任命他的一个儿子马查里斯做他们的国王。于是他进攻科尔基斯人①附近的亚加亚人（他们被认为是那些从特洛耶战争归来的时候，迷失道路的亚加亚人的后裔），但是丧失了两个军团，一部分是在战役中死亡的，一部分是因寒冷而死亡的，一部分是中敌人的计而死亡的。当他回国的时候，他派遣使节到罗马去签订协议。同时，阿里俄巴赞尼斯或者是由于他自己的意思，或者是由于别人的极力要求，派人到罗马去控诉，说卡巴多西亚没有交还给他，米特拉达梯还保留了较大的一部分领土。苏拉命令米特拉达梯放弃卡巴多西亚。他放弃了，于是又派遣一个使团去签订协定。但是现在苏拉已经死了；因为元老院忙于别的事，执政官们没有接见他们。所以米特拉达梯促使他的女婿提格累尼斯，好像是他主动的一样，侵入卡巴多西亚。这个诡计瞒不过罗马人，但是这个亚美尼亚国王环绕着卡巴多西亚筑起一条封锁线，把大约三十万人掳到他本国去了，他把这些人跟另外一些人一起，安置在他当初即亚美尼亚王位的地方，这个地方他以他自己的名字命名为提格累诺塞达，意为提格累尼斯的城市。

新的纠纷又在酝酿中

前 78

① 住在高加索之南，黑海之东。——译者

米特拉达梯与塞多留联盟 前75 367

68. 当亚细亚正发生了这些事情的时候，西班牙总督塞多留[①]煽动那个行省和所有邻近的地区背叛罗马人，他从他的同僚中选择一些人，模仿罗马的元老院，组织一个元老院。他的党羽中有两个人，琉喜阿斯·马基阿斯和琉喜阿斯·方尼阿斯向米特拉达梯建议，他应当和塞多留建立联盟，向他指出他在亚细亚和邻近国家有很大的希望。米特拉达梯赞成这个建议，派遣使节到塞多留那里去。塞多留引导他们去见元老院，感到自豪，因为他的声名达到了本都，他现在可以从东西两方夹攻罗马人的势力了。所以他和米特拉达梯订立一个条约，把亚细亚、俾泰尼亚、巴夫拉哥尼亚、卡巴多西亚和加拉西亚许给他。派遣马可·发里阿斯为将军，两个琉喜阿斯，即马基阿斯和方尼阿斯为顾问，到他那里去。利用他们的帮助，米特拉达梯开始对罗马人的第三次，也是最后的一次战争；[②]在这次战争的过程中，他丧失了他的全部王国。塞多留在西班牙丧失了他的生命。罗马派遣两个将军去进攻米特拉达梯；第一个是琉卡拉斯，就是那个在苏拉部下做过舰队长官的那个琉卡拉斯；第二个是庞培；庞培使他的全部领土以及远达幼发拉底河的邻近地区（因为米特拉达梯战争提供了吞并的借口和推动）都归入罗马人统治之下。

他准备战争

69. 米特拉达梯已经屡次和罗马人发生冲突，他知道这次战争这样无可辩解地、这样仓促地发动，是一次不可调和的战争。他做了一切准备。想把一切作为孤注一掷。那个夏天剩下来的日子以及整个冬季他都用在砍伐木材、建造船舰、制造武器

① 马略民主党人，反对苏拉的。——译者

② 公元前74—前64年。——译者

上。他分配两百万麦斗①的谷物给沿海一带。除了他以前的军 369
队之外，他有查利培斯人、亚美尼亚人、西徐亚人、道里安人、亚加亚人、赫尼奥基人、琉科西里人和那些住在德摩敦河附近，叫做阿马森人的国家的人作为同盟者。这些新添的力量是从亚细亚来的，在欧洲，他招募萨马提亚人部落（巴西利第人和爱阿西基斯人），科拉利人和那些住在多瑙河沿岸及罗多彼和黑马斯山脉中的色雷斯人；此外，还有一切民族中最勇敢的巴斯塔尼人。米特拉达梯共募集了大约十四万步兵和一万六千骑兵的一支战斗部队。有一大群筑路工、辎重队和随军小贩跟在后面。

70. 在春天开始的时候，米特拉达梯检阅了他的海军，依照 前 74
习惯上的形式向宙斯·斯特拉提阿斯举行了祭祀，又用白马拖着一辆战车投入海中的仪式向波赛顿②举行祭祀。于是他带着指挥他的军队的两个将军，泰克西利斯和赫摩克拉底，匆忙地去进攻巴夫拉哥尼亚。到了那里，他对他的士兵们发表演说，自豪地说到他的祖先，吹嘘他自己，说他怎样使他的王国从很小的开始发展到现在的广大范围，当他在场的时候，他的军队怎样地从来没有被罗马人打败过。他谴责罗马人的贪得无厌；他说，“他们被无穷无尽的贪心所支配，甚至对意大利和他们自己的祖国，他们也加以奴役。”他谴责他们对最近这次条约的背信弃义，并说，他们不愿记录这次条约，因为他们正在等待一个机会来破坏
它。他这样说明战争的原因之后，着重说明他的军队的组织和 371
他的资源，说到罗马人正当多事之秋，因为他们在西班牙正和塞

他对他的军队发表演说

① 每麦斗约相当于五十二点三公升。——译者

② 海神。——译者

多留进行艰巨的战争，全意大利因内争而分裂，他说："因为这个缘故，他们长期以来让海盗纵横海上，他们没有一个同盟者，也没有任何属民还自愿地服从他们。难道你们没有看见。"他补充说："他们有一些最显贵的公民（指着发里阿斯和两琉喜阿斯）和我们联合在一起，跟他们自己的祖国作战吗？"

他侵入俾泰尼亚

71. 他结束了讲话，煽动起他的军队之后，就侵入俾泰尼亚。尼科美德最近死了而无后嗣，把他的王国遗赠给罗马人了。俾泰尼亚总督科塔是完全不善于战争的，带着他所有的军队逃往卡尔西顿，所以俾泰尼亚又归米特拉达梯统治了，罗马人从各方面成群地聚集到卡尔西顿的科塔那里来。当米特拉达梯进军到那个地方的时候，科塔不出来会战，因为科塔对于军事没有经验，而他的海军司令官纳达斯带着一部分军队占据平原上最坚固的阵地。但是他被逐出那个地方，经过许多城墙，逃到卡尔西顿的城门口。这些城墙大大地阻碍了他的行动。于是那些想同时进入城内的人在城门口拼命地争先入城，因为这个缘故，追逐者的投射器发无不中。守城的士兵也害怕城门失守，让城门的门闩从机械上降下，纳达斯和其他一些军官们被用绳索拉到城墙上。其余的人处于他们朋友们和他们敌人们之间，伸出手来
373 向两方面哀求，都被杀死了。米特拉达梯很好地利用了他的胜利，他当天就把他们船舰开进港口来，破坏封锁海港入口的铜链，焚毁四条敌舰，拖去其余的六十条，纳达斯或科塔没有再抵抗，因为他们还是被关闭在城内。罗马人丧失了约三千人，包括元老等级的琉喜阿斯·曼利阿斯在内。米特拉达梯丧失了二十个巴斯塔尼人，他们是最先冲进港口内的。

XI. 米特拉达梯围攻塞西卡斯，大败，逃往阿密苏斯，琉卡拉斯围攻阿密苏斯

琉卡拉斯为司令官，在塞西卡斯断绝米特拉达梯的粮道

72. 已经当选为执政官和指挥这次战争的将军的琉喜阿
斯·琉卡拉斯带着一个军团的士兵从罗马来，和费姆布里亚的
两个军团相联合又加上两个别的军团，共有步兵三万人，骑兵约
一千六百人，他带着这支军队驻扎在塞西卡斯米特拉达梯的军
营附近。当他从逃兵那里知道国王的军队约有三十万人，国王
所有的军粮都是从劫掠或海上运来的时候，他对他身边的人说，
他可以不战而马上打败敌人，他要他们记住他的诺言。他看见
一个山的地势很好，便于做一个军营，在那里能很容易地取得粮
食，同时能够截断敌人的粮食供应，于是他进军占领那个山，以
便利用这个方法取得胜利，而自己没有危险。到那个山上去的
只有一条狭窄的通道，米特拉达梯以重兵据守这条通道，因为泰
克西利斯和其他军官们劝他这样做，但是使塞多留和米特拉达 375
梯建立同盟的琉喜阿斯·马基阿斯，现在因为塞多留已死，私通
琉卡拉斯；他从琉卡拉斯那里取得保证之后，就劝米特拉达梯让
罗马人通过那条通道随他们在那里扎营。他说，“费姆布里亚的
那两个军团想要背叛，会直接倒到你这边来的。当你能够不战
而打败敌人的时候，何必要战斗流血呢？”米特拉达梯没有怀疑，
轻率地听了他的话。他让罗马人毫无阻难地通过了那条通道，
在他前面的大山上设防；占据了这个山，罗马人自己就能够
安全地从后方运取粮食；而在另一方面，米特拉达梯则被一个

湖、许多山和许多河流所截断，不能从陆地的一方面运输粮食，只有很困难地偶然得到一点粮食而已；他也没有一条容易走的出路，再也不能战胜琉卡拉斯。因为琉卡拉斯的阵地是难于攻陷的；当他自己占据这个地方的时候，他忽视了这一点。并且冬季快到了，不久，他从海上运来的粮食就会断绝。琉卡拉斯看到这种情况的时候，对他的朋友又提起他的诺言，对他们说明，他的预言实际上已经实现了。

米特拉达梯围攻塞西卡斯

73. 虽然，米特拉达梯就是在那时还能够利用他人数的众多突破敌人的防线，但是他没有这样做，只利用他准备好了的器械紧紧地围攻塞西卡斯，认为这样可以补救他的地势的恶劣和

377 粮食的缺乏。因为他有充足的士兵，他用一切可能的方法尽力围攻。他用双层的防潮堤封锁港口，挖一条壕沟包围城市的其余部分。他筑起无数的土墩、攻城塔和有撞城机的披屋。他建造一个一百腕尺高的塔，在这个塔上又建造另一个塔，从这上面射击弩炮弹、石头和各种投射器。两条四列桨船舰联合在一起，运输另一个攻城塔进攻港口，一靠近城墙就可以利用机械设备，从塔上搭出一条桥来。当一切都准备好了的时候，他首先用船只把他所俘虏的三千塞西卡斯居民，送到城边去。这些人向城墙上伸出他们的手来哀求，请求他们的同胞们在他们的危险情况中不要伤害他们，但是塞西卡斯的将军庇西斯特拉图在城上宣布，因为他们在敌人手中，他们应当坚毅地迎接自己的命运。

塞西卡斯的勇敢防御战

74. 当这个企图失败了的时候，米特拉达梯带来那个安装在船舰上的机械，突然把桥抛出，搭在城墙上，有四个士兵从桥上跑过去。塞西卡斯人起初看见这个新奇的机械的时候，大为

惊慌，退却了一点；但是因为其余的敌人迟迟没有跟上来，他们
鼓起勇气，把那四个士兵从城墙上抛下去。于是他们把燃烧的
松脂向船舰上倾下去，迫使它们载着这个攻城机械，船尾在前，
倒退出去。这样塞西卡斯人击退了从海上来进攻的敌人。当天
他们利用第三个办法，把在陆地一边所有的攻城机械，都集中起
来，向辛劳防御的公民进攻，这些公民们到处奔跑，以迎战这些
不断变更的袭击。他们用石头击脱撞城机的头部，或者用套索 379
折断撞城机，或者利用装满羊毛的篮子使撞城机的冲击丧失力
量。他们用水和醋熄灭敌人的火箭。利用衣服或麻布，很松软
地张挂在前面，以减少其他投射器的力量。总之，凡是人力所能
办得到的一切方法他们都用尽了。虽然他们百折不挠地辛勤工
作；但是将近黄昏的时候，有一部分城墙，因为被火烧坏，垮下来
了；但是因为热度太高，没有人敢急忙地冲进去。那晚上，塞西
卡斯人绕着城建筑另一条墙。这时候，刮起了大风，把国王的其
余的攻城机械都破坏了。

75. 据说，塞西卡斯是宙斯给普罗瑟彼那①作嫁奁的，在所有神祇中，居民对她最为尊敬。现在她的节日快到了，在这个节日里，他们习惯上是用一头没生产过的黑色小母牛向她祭祀的，因为现在他们没有黑色小母牛，所以他们做一条黏土的小母牛。正在那个时候，一条黑色的小母牛从海中游泳到他们那里来了，在海港入口处的铜链下潜水而过，跑进城中，自己跑到神庙里，站在祭坛的旁边。塞西卡斯人带着欢悦的希望，把它作为牺牲。

① 生殖女神，宙斯的外甥女，冥王普鲁图的妻子。——译者

因此米特拉达梯的朋友们劝他航行离开那个地方，因为这个地方是神圣的，但是他不听。他登上突出在塞西卡斯城上面的丁狄马斯山，建筑一个土墩，从山边达到城墙边，他在土墩上面建造攻城塔；同时又挖掘地道，以摧毁城墙的地基。因为他的马匹在此地没有用处，并由于缺乏食物，变得衰弱了，马蹄也伤了，所以他把他的马匹绕道送到俾泰尼亚去了。当他们正在渡林达卡
381 斯河的时候，琉卡拉斯突然向他们进攻，杀死很多，俘虏了约一万五千人、六千匹马和大量的驮兽。

当这些事情正在塞西卡斯发生的时候，米特拉达梯的一个将军攸马库斯蹂躏福里基亚，杀死了许多罗马人和他们的妻室儿女，征服了彼西底亚人和爱骚利亚人，西里西亚也被征服了，最后加拉西亚的一个小君主狄奥泰鲁斯把侵略者赶出去，杀了他们的许多士兵。这是在福里基亚境内以及福里基亚附近所发生的事情。

围城军队里的饥荒

76. 当冬季到了的时候，米特拉达梯不能从海上取得粮食了，所以全部军队都闹饥荒，他们中间有许多人饿死了。有些人甚至仿效蛮族人的办法，吃内脏。另一些人因为以野草维持生活而生病了，另外许多尸体被抛弃在附近地带，没有埋葬，因此除饥荒外，又加上了瘟疫。尽管这样，米特拉达梯还继续努力攻城，希望利用从丁狄马斯山边延长起来的土墩，攻陷塞西卡斯。但是当塞西卡斯人从地下挖掘土墩下的地基，焚毁土墩上的攻城机械，并且因为知道他的军队缺乏食物而衰弱了，常常出城袭击他的军队的时候，米特拉达梯才开始想逃跑。他乘晚间逃跑，

前73
米特拉达梯的逃跑

带着他的舰队往巴利阿斯去，他的陆军从陆地上往拉姆普萨卡

斯去。许多人在渡伊塞配斯河的时候丧失了生命，因为当时河水大涨，琉卡拉斯在那里向他进攻。这样，由于他们自己的勇敢和琉卡拉斯所给予敌人的饥荒，塞西卡斯人从国王的巨大围城准备工作中到得了挽救。他们创立琉卡拉斯赛会，以纪念这件事情，直到现在还有这个赛会。米特拉达梯派遣船舰去营救那 383
些逃往拉姆普萨卡斯的人，因为他们在那里还是被琉卡拉斯包围着，他把这些人和拉姆普萨卡斯的公民们一块儿运走了。他把一万精兵和五十条船舰，交与发里阿斯（塞多留派来的将军）以及巴夫拉哥尼亚人亚历山大和宦官戴奥尼素指挥；他自己带着大部分的军队航往尼科米底亚。暴风来了，两部分的人都死了很多。

琉卡拉斯追赶他

77. 当琉卡拉斯利用使敌人陷于饥荒的方法，在陆地上取得了这个结果之后，他从亚细亚行省征集了一个舰队，分配给他的部将。特利拉略航往阿巴密亚，攻陷了它，杀害了许多逃往神庙中的居民。巴尔巴取得位于一个山下的普鲁西亚，占据米特拉达梯的驻军已经放弃了的尼西亚。在亚加亚人的港口附近，琉卡拉斯俘虏了十三条敌舰。他在雷姆诺斯附近的一个荒岛上（岛上有法罗克提提斯[①]的祭坛，上面有铜蛇、弓和用带子绑起来的胸甲，用以纪念那个英雄所受的痛苦），赶上了发里阿斯、亚历山大和戴奥尼素，他以最快的速度藐视地向他们驶去。但是因为他们坚强地抵抗。他就命桨手们停划，而派遣船航成对

① 特洛耶战争中最著名的弓箭手，在雷姆诺斯岛上，他的脚被蛇咬伤，所以他落在后面。希腊人围攻特洛耶十年，最后把他请到特洛耶来，射死巴里斯，特洛耶才被攻下。——译者

地向敌人驶去，以便引诱他们到海洋来。因为他们不肯应战，只
是继续在陆地上防卫他们自己，他派遣他的一部分舰队绕道到
岛的另一边，使一支步兵队伍登陆，把敌人赶上他们的船舰。他
385 们还不敢航行到海洋里来，只是在海岸上防卫自己，因为他们害
怕琉卡拉斯的军队。这样，他们在向陆地的一边和向海面的一
边，同时受到投射器的射击，很多人受了伤，在惨重地被屠杀后，
开始逃跑了。发里阿斯、亚历山大和宦官戴奥尼素在他们躲藏
的洞穴中被俘虏了。戴奥尼素吞服了他随身带着的毒药，马上
就死了。琉卡拉斯下令，发里阿斯应当处死，因为带着一个罗马
元老在凯旋中游行，似乎是不好的。但是他留下亚历山大来装
饰他的凯旋游行。于是他依照胜利者的惯例，把书信用桂枝装
饰起来送到罗马去，然后率领军队向俾泰尼亚推进。

米特拉达梯的船只失事

78. 当米特拉达梯正在航往本都的时候，他遇着第二次暴风，丧失了大约一万人和大约六十条船舰，其余的船舰被风吹得四散各处。他自己坐的船舰有一个漏洞，他登上一个海盗的小船，虽然他的朋友们劝他不要坐那条船。海盗们把他安全地送到息诺普登岸。从那个地方，他的船被拖到阿密苏斯，在那里他号召他的女婿亚美尼亚国王提格累尼斯和他的儿子西密利亚的博斯波鲁斯的统治者马查里斯赶快去援助他。他命令戴奥克利携带大量的黄金和其他礼物到邻近的西徐亚人那里去，但是戴奥克利拿了那些黄金和礼物，逃到琉卡拉斯那里去了。琉卡拉
斯在胜利之后，勇敢地向前推进，征服阻碍他前进的一切，就地
前 72 征发粮食。因为这是一个富裕的地区，没有受过战争的劫掠，一
387 个奴隶的价格马上变为四个德拉克玛，一条公牛一个德拉克玛，

山羊、绵羊、布匹和其他物件的价格与之成比例。琉卡拉斯围攻阿密苏斯，也围攻攸巴多利亚；米特拉达梯在阿密苏斯[①]的旁边建造了攸巴多利亚，以他自己的名字命名，把它当作他的帝国的中心。他用另一支军队围攻地米西拉，这个城市是以一个阿马森人命名的，位于德摩敦河上。围攻这个地方的人运来了攻城塔，筑起土墩，挖掘很大的地道，所以在地道中发生很大的地下战争。居民在地道上面凿开洞口，把野猪和其他野兽以及成群的蜜蜂从洞口赶进去，伤害那些在地下工作的人。那些围攻阿密苏斯的人受到别的一些折磨。居民勇敢地击退了他们，经常出来袭击，常常向他们挑战，要求单人决斗。米特拉达梯从卡比拉运送充足的粮食、武器和士兵给他们；他在卡比拉过冬，组织一支新军。他在这里聚集了大约四万步兵和四千骑兵。

XII. 琉卡拉斯再败米特拉达梯，追到亚美尼亚。提格累塞塔之役

79. 当春天到了的时候，琉卡拉斯越过山岳地带，进攻米特拉达梯；米特拉达梯已经布置了一些前哨，阻止他的前进，一旦发生什么事情，他们就连续发出烽火信号。他任命王族中的一员非尼克斯指挥这个前卫队。当琉卡拉斯来到的时候，非尼

前71

389

琉卡拉斯第二次向米特拉达梯进攻

① 又是一个地理上的错误。阿密苏斯是在海边，攸巴多利亚在内地很远。(中译者按：阿密苏斯即现在的土耳其北部黑海滨之萨姆松；攸巴多利亚即现在苏联克里木米岛西部的耶夫帕托里亚，在塞瓦斯托波尔以北40英里。)——英译者

克斯发出烽火信号，通知米特拉达梯，于是带着他的军队投降到琉卡拉斯那边去了。现在琉卡拉斯毫无困难地越过了山岳地区，来到卡比拉，但是在一次骑兵战役中被米特拉达梯所败，又退到山上。他的骑兵指挥官庞波尼阿斯受伤，被俘后，带到米特拉达梯的面前。国王问他，如果国王免他一死的话，他能对国王有些什么贡献。这个罗马人回答说，“如果你和琉卡拉斯讲和的话，我将有一个最有价值的贡献；但是如果你继续和他敌对的话，那么，你所问的，我连考虑也不愿意考虑。”蛮族人要把他处死，但是国王说，他不愿意对遭遇不幸的勇敢的人加以暴行。他连续几天，把他的军队列成阵势预备战争，但是琉卡拉斯不下来应战；他四处观望，想设法爬上山去，以达到琉卡拉斯那里。正在这个时候，有一个名叫奥尔卡巴的西徐亚人，当琉卡拉斯正在午睡的时候，想冲进琉卡拉斯的营帐里去；他是不久以前投降琉卡拉斯的，在最近的一次骑兵战役中，他挽救了许多人的生命，因为这个缘故，他得到信任，和琉卡拉斯同岁，作他的心腹，参加他的密谋。依照他的习惯，他佩着短剑在他的腰带上。当侍从们不许他进去的时候，他大怒，说有紧要的事，必须把将军叫醒。侍从们回答说，对琉卡拉斯说来，没有什么事比他的安全还更
391 为重要的。因此这个西徐亚人跨上了他的马，立时跑到米特拉达梯那里去了，或者是因为他曾经阴谋杀害琉卡拉斯，现在认为他受到猜疑了，或者因为他认为自己受到侮辱，因而愤怒。他向米特拉达梯告发另一个名叫索巴达卡的西徐亚人，因为他正在阴谋背叛到琉卡拉斯那边去，因此索巴达卡就被逮捕了。

琉卡拉斯越过一个山脉

80. 琉卡拉斯不敢从山上下来，直接进入平原地带，因为敌人的骑兵强得多，他也找不出绕道而过的方法；但是他在一个山洞中找到了一个熟悉山中小径的猎人。利用他作一个向导，琉卡拉斯由米特拉达梯的头顶上一些崎岖的小路，迂回地从山上下来。这个时候，因为敌人骑兵的缘故，他避开了平原地带，从山上下来，在前面有一条山溪的地方选择一个地方作他的营地。因为缺乏粮食，他派人到卡巴多西亚去取谷物，和敌人发生小战，直到有一天，当国王的军队被击溃了的时候，米特拉达梯从他的军营里跑出来追他的军队，用恶言辱骂他们，把他们集合起来；罗马人深受惊吓，以致迅速地逃跑到山上去，很久还不知道敌军已停止追赶他们，他们惊慌到这种程度，每个人以为在他后面逃跑的伙伴是来追赶他的敌人，米特拉达梯向各地送出战报，宣布这次胜利。于是他派遣一支由最勇敢的骑兵组成的大军，去阻挠从卡巴多西亚运往琉卡拉斯那里的粮食，想使琉卡拉斯跟他自己在塞西卡斯的时候一样，受到粮食缺乏的痛苦。

81. 截断琉卡拉斯的粮食供应，这是一个绝妙的主意，因为 393
他只能从卡巴多西亚取得粮食。但是国王的骑兵在狭窄的通道中袭击护送队的前哨，他们没有等待他们的敌人达到平原地区才进攻。结果，在狭窄的地面内，他们的马匹毫无用武之地；罗马人仓促地把他们的行军纵队列成阵势。正和步兵自然会那样的一样，利用地势的困难，他们杀了国王部队的一些士兵，把另一些士兵赶着从悬崖上跌下来，把其余的士兵击溃了。少数士兵在夜间逃回他们的军营，说他们是仅有的生存者，所以谣言把这个灾难更加夸大了，当然这个灾难实际上也是够大了的。

米特拉达梯比琉卡拉斯还先听到这个惨败的消息，他预料到琉卡拉斯会趁着他的骑兵遭到这样大的一次屠杀之后，马上来进攻他。因此，在惊慌中，他开始想逃跑了。

米特拉达梯军营里的惊慌

他马上把他的这个意思告诉了他营帐里的朋友们。他们不等待发出信号来，当还没有天亮的时候，每个人匆忙地把他自己的行李送出军营，在军营门口的驮兽非常拥挤。当士兵们看见了这个骚动，看见运送行李的人所正在做的一切，他们联想到各种不合情理的事情来。一则充满了恐惧，一则因为没有把撤退的信号同时告诉他们，他们愤怒，他们跑出，破坏了他们自己的要塞，没有司令官或其他任何军官的命令，四处狼狈而逃，因为那是一个平原地带。当米特拉达梯看见他们慌张而狼狈地奔跑的时候，他从他的营帐里
395 冲出，跑到他们中间，企图向他们讲话，但是没有人听他的。他在人群中被挤得跌下马来了，但是他再跨上马，带着少数随从逃往山中去了。

82. 当琉卡拉斯听到他的护粮队的胜利，看到敌人逃跑的时候，他派遣一支很大的骑兵去追赶逃亡者。他用他的步兵把那些还在军营里清理行李的人都包围起来，他命令他的士兵暂时先不要劫掠，只不分青红皂白地屠杀。但是，士兵们看见许多金银器皿和很贵重的衣服的时候，他们不理会他的命令。那些赶上了米特拉达梯的人割开了一匹装运黄金的骡子的驮鞍，黄金倒出来了，当他们忙于抢金子的时候，他们让米特拉达梯逃往科马那里去了。他带着两千骑兵，从那里逃到提格累尼斯那里去了。

米特拉达梯逃往提格累尼斯那里去了

提格累尼斯没有亲自接见他，只派一些人在他的领土上款待他。米特拉达梯对他的王国完全绝望了，因此派遣宦官巴卡

斯到他的王宫里去用一切可能的方法，把他的姊妹们、妻子们和妾媵们处死。她们痛哭流涕，悲伤她们的命运，她们都被刺杀、被毒死和被绞死了，当米特拉达梯的驻军司令官们看见了这些事情的时候，除少数人外，他们集体地倒到琉卡拉斯那边去了。琉卡拉斯进军到这些城市，处理这些城市中的事务。他又航海到本都沿海的城市里去，占领了阿马斯特里斯、赫拉克里亚和其他一些城市。

前70 琉卡拉斯处理本都诸城市的事务

83. 息诺普还继续猛烈地抵抗琉卡拉斯，居民在海上和他作战，不是没有成功的，但是当他们被包围了的时候，他们焚毁 397
了他们较重的船舰，乘着较轻的船逃跑了。因为受到下面一个梦的感动，他马上把息诺普变为一个自由城市。据说，赫丘利在他远征阿马森人的时候，他的同伴奥多利卡被暴风吹到息诺普来了，他成为这个地方的主人；他的神像给息诺普人宣示神谶。他们在逃跑中来不及带着他们的同胞，所以他们用亚麻布和绳索把它包扎起来。这件事情事先没有人告诉琉卡拉斯，他一点也不知道，但是他梦中看见了奥多利卡在召唤他。第二天，当有些人带着这个包扎着的神像从他身边经过的时候，他命令他们把包裹打开，于是他看见了他认为他在前天夜里已经看见了的东西。他的梦就是这样的。他仿照息诺普的样子，他使同样地从海上逃跑来的阿密苏斯的公民们回到他们的家乡，因为他知道他们是雅典在海上称霸的时候把他们移殖到那里去的，他们原先有一个民主政体，后来长期受波斯国王的统治。由于亚历山大的命令，他们的民主政体曾经恢复过，最后他们又被迫而屈服于本都国王。琉卡拉斯同情他们，仿效亚历山大对亚狄迦人所表示

的好感，他给予这个城市以自由，尽快地把这些公民召回来。他这样破坏后又恢复了息诺普和阿密苏斯之后，琉卡拉斯和米特拉达梯的儿子，博斯波鲁斯的统治者马查里斯建立了友好的关
399 系，马查里斯送他一顶金冠。琉卡拉斯进而要求提格累尼斯交出米特拉达梯来。于是他本人回到亚细亚行省去了，亚细亚还欠有苏拉加于它的罚款的一部分未缴清。他在那里对农作物征收百分之二十五的捐税，对奴隶和家内财产也征税。他对神祇举行凯旋式的祭祀，好像他已经胜利地结束了战争。

他要求提格累尼斯交出米特拉达梯来

前 69

他进军攻击提格累尼斯

84. 他举行祭祀之后，带着两个精选的军团和五百骑兵进攻提格累尼斯，因为提格累尼斯不肯把米特拉达梯引渡给他。他渡过幼发拉底河之后，通过蛮族人的领土，只要求蛮族人供给必要的粮食，因为他们不想作战，或使自己受苦，宁愿琉卡拉斯和提格累尼斯他们两人自己决定胜负。没有人告诉提格累尼斯说琉卡拉斯正在进军，因为他曾绞死了第一个报道这样一个消息的人，认为这扰乱了各城市的良好秩序。但是当他终于知道这个事实的时候，他派遣密特罗巴赞尼斯带着两千骑兵去阻止琉卡拉斯的进军，他把防卫提格累诺塞塔的任务委托给曼西阿斯，我已经说过了，提格累诺塞塔是国王在这个地区建设的一个城市，以纪念他自己的，他号召全国主要的居民移居到那里去，违者没收财产。他建筑一条高五十腕尺的城墙环绕着这个城市，墙脚下有许多马房。在郊外，他建筑了一个王宫、许多大花园、猎场和湖泊。他又在附近建筑了一个坚固的要塞。这一切他都交给曼西阿斯负责管理。于是他跑到全国去征集一支军
401 队。琉卡拉斯在第一次和密特罗巴赞尼斯交战时，就把他打败，

把他赶跑了。塞克斯提略把曼西阿斯包围在提格累诺塞塔城内，劫掠王宫，因为王宫是没有设防的，挖一条壕沟包围城市和要塞，安装攻城机械，进攻它们，开始挖掘墙脚。

提格累诺塞塔之役

85. 当塞克斯提略正在做这些事的时候，提格累尼斯聚集了大约二十五万步兵和五万骑兵。他派遣约六千骑兵到提格累诺塞塔来；他们冲过罗马人的包围线，到城墙上的塔边，夺取了国王的妾媵，带着走了。提格累尼斯亲自带着其余的军队来进攻琉卡拉斯。这时候他才第一次接见米特拉达梯。米特拉达梯劝他不要和罗马人进行肉搏战，只用他的骑兵包围他们，破坏乡村，如果可能的话，利用饥饿迫使他们屈服，正好像琉卡拉斯在塞西卡斯对待他自己的一样，他在那里由于粮食耗尽，没有战斗而丧失了他的军队。提格累尼斯嘲笑这样的战略，引军前进，准备战斗。当他看见罗马军队人数这样少，他讥讽地说，“如果他们以使节的资格到这里来的话，那么，他们人数太多；如果他们是以敌人的资格来的话，那么他们全部的人数又太少了。”琉卡拉斯看见提格累尼斯的后方有一个小山，地势很好。他把骑兵驻扎在前面，准备从正面进攻，以袭扰敌人，诱使敌人进攻，然后自动地退却，使蛮族人在追逐中冲破他们自己的行列；但是琉卡拉斯本人带着他的步兵，绕道来到那个小山边，悄悄地把那座小山占据。当他看见敌人好像已经获胜了的样子，正在追逐，向四面八方散开，而把他们的全部辎重队留在那个小山脚下的时候，他大 403
声喊道：“士兵们，我们胜利了”，首先向他们的辎重队冲去。这些运送辎重的人马上狼狈而逃，他们向他们自己的步兵那里直冲，步兵向骑兵那里冲去，顷刻之间，他们完全溃败了。罗马

提格累尼斯的全军覆没

的骑兵诱导追逐者跑了一个很远的距离之后，回转头来，把敌人击溃，辎重队在混乱中和其他的士兵相碰撞。他们都在一大群人中彼此互相拥挤，不知他们在哪个地方战败了，因此很多人被杀死了。没有人停止战斗去劫掠的，因为琉卡拉斯已经以严重的处罚威胁他们，禁止他们抢掠，所以他们在路上看见了手镯和项圈也掉头不顾，继续追杀敌人，远达一百二十斯塔狄亚[①]的距离，直到黄昏的时候。于是他们回转来，得到琉卡拉斯的允许，大肆掠夺。

86．当曼西阿斯看到在提格累诺塞塔附近这次战败的时候，他解除他所有的希腊雇佣军的武装，因为他怀疑他们。他们害怕被逮捕，他们无论走到哪里或在哪里休息总是在一块儿，手拿着棍棒，曼西阿斯带着武装蛮族人向他们进攻。他们用衣服缠着他们的左臂，当作盾牌，勇敢地向那些袭击他们的人冲去，马上就夺得了所有被他们杀死的人的武器。当他们这样尽可能

提格累诺塞塔的陷落

地武装起来的时候，他们夺取了一些城塔间的空地，向城外的罗马人招呼；当罗马人走近的时候，他们让罗马人进了城。这样提格累诺塞塔陷落了，许多财富被劫掠了，在一个新建的而且建筑规模宏大的城市中这是很自然的。

405

XIII．米特拉达梯逃回本都，击败罗马军队。琉卡拉斯被解除兵权

前68　提格累尼斯聚集一支新军

87．提格累尼斯和米特拉达梯跑遍全国，聚集一支新军队，

① 约18.5公里。——译者

由米特拉达梯指挥，因为提格累尼斯认为他的惨败应当给他一些教训。他们又派遣使者到帕提亚去，想从那个地区求得援助。琉卡拉斯派遣了相对的使节去，请求帕提亚人：如果不是支援他，就要严守中立；帕提亚的国王和双方都订立秘密协定，但不急于援助任何一方。米特拉达梯在每个市镇中制造武器，几乎征募了亚美尼亚的全部人民。从这些人中间，他选择那些最勇敢的人，共得七万步兵和这个数目一半的骑兵，把其余的人都遣散了。他尽可能地按照意大利的制度编制，把他们分为中队与大队，交给本都军官们去训练。

胜负未决的军事行动

当琉卡拉斯向他们进军的时候，米特拉达梯带着他的全部步兵和一部分骑兵集中在一个小山上。提格累尼斯带着其余的骑兵进攻罗马的劫粮队，但被打败了；因为这个缘故，以后甚至在米特拉达梯本人的附近，他们也更加放手地劫掠粮食了，他们在米特拉达梯的附近扎营。尘土又起了，这表示提格累尼斯来到了；两个国王的计划是包围琉卡拉斯。但是琉卡拉斯一看到他们的行动，他派遣他的精选骑兵走到很远的地方去和提格累尼斯交战，以阻止他把他的行军纵队列成阵势。他又向米特拉达梯挑战。开始挖掘一条壕沟包围米特拉达梯，但是不能够诱他出来。最后冬季到了，双方的工作因而停止了。 407

88. 提格累尼斯撤退到亚美尼亚的内地去了，而米特拉达梯带着他自己的四千军队和提格累尼斯给他的同样多的军队，匆忙地回到他自己的本都王国残存的部分去了。琉卡拉斯跟在他的后面。因为缺少粮食，琉卡拉斯也不得不移动。当琉卡拉斯还没有能够阻止他的时候，米特拉达梯进攻琉卡拉斯留在那

里指挥军队的非比阿，把非比阿击溃，杀死他的士兵五百人。非比阿解放他军营里的奴隶们，又战斗了一个整天，但是这个战役对他不对，直到最后米特拉达梯的膝盖被一块石头打中，他的眼睛下面处被标枪刺伤，他被匆忙地抬出战场。此后，许多天内，他的军队为国王的生命而担心。罗马人没有动静，因为他们受伤的人数很多。米特拉达梯被一个西徐亚部落的阿加里人医治好了，他们利用毒蛇的毒汁作为医药，因为这个缘故，他们总是跟国王在一起。琉卡拉斯另一个部将特里阿里阿现在带着他自己的军队来支援非比阿，他接收了非比阿的兵权。不久之后，他和米特拉达梯交战。正在战斗中，一次风暴把双方的营帐都掀起来，吹跑了驮兽，把他们一些士兵从悬崖上摔下来，类似这样的风暴是人类的记忆中所从来没有过的。于是双方的军队暂时撤退。

409 米特拉达梯打败了非比阿和特里阿里阿

89. 但是当特里阿里阿听到琉卡拉斯快要来了的时候，他想在琉卡拉斯到达之前决一胜负。他在黎明之前，进攻米特拉达梯的前哨。战争延续了一个长久的时候，胜负未决，直到最后国王压倒了对抗他的敌人，决定了战斗的胜负。他打散了他们的行列，把他们的步兵赶进一个泥沟中；他们在那里不能站立，因而被屠杀了。他把他们的骑兵追赶过平原地带，他最兴奋地利用了他的幸运，直到最后一个在他旁边跑着的伪装为侍从的罗马百人队长，用剑重重地刺伤了他的大腿，因为这个百人队长料想不能刺穿他的甲胄以伤害他的后背。他身边的人马上把这个百人队长砍为肉泥。米特拉达梯被运到后方，他的朋友们在忧郁中匆忙地把他军队从这个光辉的胜利中召回。军队中发生混乱，因为他们出乎意外地被召回，他们担心别的地方发生了什么灾祸。当他们知道了这是怎样一回事的时候，他们马上集合在平原上，环绕着国王，很为惊慌，直到最后他的医生提谟修斯止住了伤口的出血，把他举起来，使他可以被人看见，正好像亚历山大在印度一样，当他刚被治好的时候，他坐在一条船上，使马其顿人可以看见他，因为马其顿人担心他的健康。当米特拉达梯清醒过来的时候，他谴责了那些把军队从战斗中召回的人，当天又率领他的军队进攻罗马人的军营。但是罗马人在恐惧中已经从军营里逃跑了。在剥掉阵亡者的衣服的时候，发现其中有二十四名军团将校和一百五十名百人队长。在任何一次失败战 411
役中，很少有这样多的罗马军官阵亡的。

90. 米特拉达梯退到现在罗马人所称为小亚美尼亚的地区，把他所能够带走的粮食都带走，其余他不能带走的则加以销毁，使琉卡拉斯在进军的时候，不能取得任何粮食。在这个时候，一个名叫阿提狄阿斯的元老等级的罗马人被发觉阴谋杀害国王，阿提狄阿斯是被罗马人判决有罪而逃亡到那里的，长期和米特拉达梯在一块儿，国王把他当作朋友看待。国王把他处死，但是没有拷打他，因为他曾经是一个罗马的元老；但是那些和他同谋的人则受到了可怕的拷打。那些知道阿提狄阿斯的阴谋的自由民，他只遣散了他们，而不加以伤害，因为他们只是帮助他们的主人做事。当琉卡拉斯已经在米特拉达梯的附近扎营的时候，亚细亚地方总督派遣传令官来，宣布罗马责备琉卡拉斯不必要地拖延这次战争，已经下令遣散他部下的士兵，凡不服从这个命令的人的财产都应当充公。当他得到这个通知的时候，军队

罗马反对琉卡拉斯的阴谋

马上解散了，只有少数人还留下和琉卡拉斯在一块儿，因为他们很贫穷，他们不害怕这个处罚。

XIV. 庞培平定海盗

91. 所以，在琉卡拉斯指挥下的米特拉达梯战争，和以前几次战争一样，没有得到确定的结果。罗马人深苦于意大利人的暴动和由于海上的海盗活跃而受到饥荒的威胁，所以认为在目前的灾难没有结束的时候，又进行一个这样巨大的战争是不恰
413 当的。当米特拉达梯看到这个情况的时候，他又侵入卡巴多西亚，加强自己的国家的防御；当罗马人正在肃清海盗的时候，他们对这些事情装作不见。但是当海盗肃清了，而肃清海盗的庞培还在亚细亚的时候，米特拉达梯战争马上又开始了，这次战争的指挥权也给予庞培了。因为在进攻米特拉达梯以前的海上战役，是在他指挥下的军事行动的一部分。在我的历史的其他部分没有适当的地方可以叙述，似乎最好在这里介绍一下，依照这些事件发生的情况概括地加以叙述。

庞培被任命为司令官

前88

地中海的海盗

92. 当米特拉达梯第一次和罗马人进行战争，征服了亚细亚行省的时候(当时苏拉方忙于解决希腊的纠纷)，他认为他不会长久地占据这个行省，因此他用一切方法掠夺它，正如我在前面已经说到了的，他还派遣海盗到海上去。开始他们乘着少数小船到处航行，像强盗一样，扰乱居民。当战事延长了，他们的人数渐多，驾驶更大的船只。他们一旦取得了很大的利益之后，就是当米特拉达梯被打败、媾和和撤退了的时候，他们也没有停止

劫掠；因为战争的缘故，他们丧失了生计和家乡，陷入极端贫穷 前85
之中，因此他们不能在陆地上收获，就在海上收点东西，起初乘快艇，后来用两列桨船舰和三列桨船舰，成队地在海盗首领指挥下出动，这些首领就像军队的将军们一样。他们进攻没有设防
的市镇，攻倒另一些市镇的城墙或从地下挖掘城墙的地基，或以 415
正规包围的方式攻下它们，进行劫掠，把比较富裕的公民劫到他们隐藏的港口里去，扣住他们，以索取赎金。现在他们看不起强盗的名称，他们称他们的掠获物为战利品。他们有工匠，用铁链系着工作，他们不断地运进木材、铜和铁等原料。他们因所获得的利益而很得意，放弃了一切改变他们生活方式的思想。此时他们把自己跟国王、统治者和大军队相比，认为如果他们都联合起来的话，他们是不可战胜的。他们建筑船舰，制造各种武器，他们主要中心地是西里西亚那部分叫作特拉基亚（克拉基）的地方，他们选择这个地方作为他们共同停泊和扎营的地方。他们到处拥有要塞、山头、荒岛和躲藏之处，但是他们把西里西亚这部分沿海一带作为他们主要集合的地方，这个地方崎岖不平，又无海港，高峰突起；因为这个缘故，他们都被称为西里西亚人。可能这个祸害是由西里西亚的特拉基亚人开始的，后来来自叙利亚、塞浦路斯、旁菲利亚和本都的人以及几乎所有东方各民族的人都和他们联合在一起，由于米特拉达梯战争的残酷性和长期性，他们宁愿犯罪，而不愿忍受折磨，为了这个目的，他们宁愿居于海上，而不愿居于陆地上。

93. 这样，在一个很短的时间内，他们的人数增加到以万计，现在他们不仅控制了东方的海面，而且控制了整个地中海，

达到赫丘利石柱，现在他们甚至在海战中打败了一些罗马的将
417 军，其中也包括被他们在西西里沿岸打败的西西里总督。在海上没有哪一处是可以安全航行的；因此缺少商业的来往，土地荒

罗马的苦恼和焦虑

废。罗马城最切肤地感到这个祸害，它的属地深受其苦；而它本身由于人口众多遭受严重的饥荒。这些海盗分散在陆地和海上各处，他们没有固定的地盘妨碍逃跑。他们既不是从特定的地方，也不是从任何已知的地方出来袭击，他们没有财产或任何东西可以称为是他们自己的，而只是他们偶然碰到的东西。要想消灭这样大的一支善于航海的人的势力，对罗马来说，是一件很艰巨的工作。这次战争的史无前例的性质引起了烦恼和恐惧，因为这个战争不受任何法律的限制，也没有什么可以捉摸的或看得见的东西。过去麦利那曾经进攻过他们，但是没有取得什么值得一说的成就，继麦利那之后，塞维利阿·爱骚利卡也没有取得任何成就。现在海盗们很藐视地在勃隆度辛和伊达拉里亚附近，袭击意大利沿海，劫走了一些在那里旅行的贵妇，还有两个大官员连同他们的职位标志。

前67
庞培受命进剿海盗

94. 当罗马人再也不能忍受这种损失和侮辱的时候，他们通过法律，任命他们中最负盛名的尼阿斯·庞培为司令官，任期三年，他在赫丘利石柱以内的全部海面上和离海岸四百斯塔狄亚①以内的陆地上有绝对的权力。他们送信给所有的国王、统治者、人民和城市，要求他们用一切方法支援庞培。他们授权予
419 他可以在各行省募集军队和征收金钱，他们从他们自己的兵员

① 约74公里。——译者

中拨给他一支很大的军队，拨出他们所有的船舰，和数达六千亚狄迦他连特的金钱——这些海盗分散在这样广阔的海面上，轻易地隐藏在许多偏僻的地方，迅速地撤退后又出乎意外地冲出，他们认为要征服这样大的海盗势力是一个很艰巨的任务。在庞培以前，罗马人从来没有授予任何人这样大的权力使他开始工作的。现在他有十二万步兵、四千骑兵、两百七十条船舰，包括希密俄利亚轻船[1]在内。他有二十五个元老等级的助手，这些助手他们称之为特派人员；[2]他把海面划分给他们，给每个人分配一些船舰、骑兵和步兵，授予他们以大法官的职位标帜，使他们每个人有绝对的权力，而庞培本人像一个王中之王一样，在他们中间跑来跑去，看他们是不是留在他们所驻扎的地方；不然的话，当他在一个地方追赶海盗的时候，任务还没有完毕时又会被拉去做别的事情了；把海面这样分配，使到处都可能有军队和海盗们交战，防止海盗们彼此联合起来。

他进攻海盗的安排

95. 庞培是这样安排他的全部工作的。他任命提比略·尼
禄和曼利阿斯·托夸都负责指挥西班牙和赫丘利石柱一带，他
指定马可·庞波尼阿斯负责指挥高卢和利格里亚沿岸的海面。
阿非利加、撒丁尼亚、科西嘉和邻近的岛屿交给林都拉斯·马喜
利那斯和巴布利阿斯·阿提略管辖；意大利的沿岸交琉喜阿斯· 421
基利阿斯和尼阿斯·林都拉斯管辖；西西里和亚得里亚海直达
阿开那尼亚归普罗喜阿斯·发禄和提林提阿斯·发罗管辖；伯
罗奔尼撒、亚狄迦、优卑亚、帖撒利、马其顿和彼奥提亚归琉喜阿

① 参阅第249页附注。——译者

② Iegati，给予一个将军或一个行省总督的正式助手。——英译者

斯·西升那管辖；希腊岛屿、整个爱琴海、再加上赫勒斯滂归琉喜阿斯·罗利阿斯管辖；俾泰尼亚、色雷斯、普罗蓬提斯和攸克星海口归巴布利阿斯·派索管辖；吕西亚、旁菲利亚、塞浦路斯和腓尼基归梅特拉斯·尼波斯管辖，这样安排了各大法官的兵权，以便进攻、防守和保卫各人管辖的地区，这样，他们每个人都可以捕捉。其他的人所击溃的海盗，不致因为追逐海盗而远离他们自己的防地，也不致象在赛跑中一样，被牵着团团转，因而把完成任务的时间延长了。庞培本人巡视全部海面。他首先视察西部各据点，在四十天之内就把工作做完了，回来的时候经过罗马；然后从罗马往勃隆度辛。他从那里起，花费了同样多的日子巡视东部各据点。因为他的行动的迅速，他的准备工作规模的巨大，他的可畏的声誉使所有的人大为吃惊；海盗们原想首先向他进攻的，或者至少要让他知道他所担任的剿灭他们的工作不是一件容易事，立刻惊慌失措起来，放弃了他们正在围攻的市镇，逃往他们惯常隐藏的山顶上和海湾中。这样，庞培马上没有经过战斗就把海面肃清了，海盗们到处被大法官们在他们驻扎的地区内打败了。

423　96. 庞培本人匆忙地带着各种军队和许多攻城机械往西里西亚去，因为他预料到在那里需要进行各种战斗，各种围攻，以夺取悬崖上的山峰；但是一切他都不需要。他的声威和他的准备工作的巨大已经使强盗产生了惊慌，他们希望如果他们不抵抗的话，可能得到仁慈的待遇。首先那些据守着他们两个最大的要塞，克拉格斯和安提克拉格斯的人投降了。在他们之后，西里西亚的山地居民也投降了。最后，他们全体一个跟着一个地投

他前往西里西亚

他攻陷并破坏他们的要塞

降了。他们同时交出大量的武器，有些是造好了的，另一些还在工场里；也交出他们的船舰，有些还在船坞里，另一些已经下水了；也交出他们聚集起来、准备建造船舰的铜、铁、帆布、绳索和各种木材；最后交出大量俘获，有些是被扣留着勒索赎金的，有些是用铁链系着替他们做工的。庞培焚毁他们的木材，带走他们的船舰，遣送俘虏们各自回到他们的本国。他们中间有很多人回到家乡后发现了他们自己的纪念碑，因为人们以为他们已经死了。那些显然不是由于作恶，而是由于战争结果陷于贫穷，因而堕落为这种生涯的海盗们，庞培安插在马拉斯、阿达那和伊壁芬尼亚或西里西亚·特拉基亚的其他没有人居住或人口稀少的市镇里。他又把其中一些人送往亚加亚的岱米。这样进攻海盗的战争，原先以为是很困难的，庞培在几天之内就结束了。他捕获了七十条船，海盗交出三百零六条船，收复了大约一百二十个海盗的市镇、要塞和其他集结的地点。大约有一万个海盗在战斗中被杀死了。

XV. 庞培进攻米特拉达梯。提格累尼斯投降庞培。米特拉达梯逃往西徐亚筹划攻打罗马的巨大计划 425

授予庞培以非常的权力

97. 因为这样迅速地出乎意外地取得了这次胜利，罗马人大为赞扬他；当他还在西里西亚的时候，他们推选他为指挥对米特拉达梯战争的司令官，和以前一样，授予他以无限的权力，可以随他的意思宣战和媾和，根据他的判断宣布某些民族为朋友，某些为敌人。他们把意大利边界以外所有的军队都归他指挥。所有这些权力过去是从来没有一起给予过一个将军的；可能这就是他们称他为伟大的庞培的原因，[①]因为米特拉达梯战争是已经由他的前任将军们结束了的。因此，他聚集了一支军队，向米特拉达梯的领土进军。米特拉达梯从他自己的军队中精选三万步兵和三千骑兵，驻扎在他的边界上。但是因为琉卡拉斯最近已经把那个地区破坏了，那里缺乏粮食；因为这个缘故，他们士兵很多逃跑了。他把那些被他捉着的逃兵钉死在十字架上，打瞎他们的眼睛，或把他们活活地烧死。虽然因为害怕处罚，逃亡的人数减少了，但是粮食的缺乏使他的力量削弱了。

他进军攻击米特拉达梯

98. 他派遣使者到庞培那里去，询问根据什么条件他可以取得和约，庞培回答说，"交出我们的逃兵，并且无条件投降。"当米特拉达梯知道这些条件的时候，他把这些条件告诉了罗马的逃兵。当他看见他们惊慌失措的时候，他宣誓说，因为罗马人的
427 贪婪，他绝对不和他们媾和，也不会引渡任何人给他们，也不会做出任何违背全体人共同利益的事来。米特拉达梯这样说了。于是庞培埋伏了一支骑兵，派遣另一些人前去公开地袭扰国王的前哨。命令他们去激怒〈敌人〉，然后退却，好像被打败了的样子。〈他们这样做了，〉直到最后那些埋伏的骑兵袭击敌人的后方，把他们击溃。如果不是国王担心这个危险，领导他的步兵前来的话，罗马人可能随着逃亡者一道冲进敌人的军营。于是罗马人退却了。这是庞培和米特拉达梯的第一次兵力的较量

① 参阅第517页注①。——译者

和骑兵的交战。

99. 国王因为苦于缺乏粮食，勉强地退却，让庞培进入他的领土内，预料当庞培驻扎在这个荒凉地区的时候，他也会苦于缺乏粮食的。但是庞培安排好了，使他的军粮随后运来。他绕道到米特拉达梯的东方，在一个方圆一百五十斯塔狄亚[①]的范围内建立一系列的设防据点和军营，列成一个包围线环绕着他，使他不易于劫掠粮食。国王没有反抗这项工作，或者是由于恐惧的缘故，或者是由于灾难临头的时候所有的人都容易患精神麻痹。因为又感到粮食的缺乏，他屠杀了他的驮兽，只留着他的马匹。最后，他留下来的粮食不够维持五十天了的时候，他于深夜寂静中，由很坏的道路上逃跑了。庞培在白天里经过很大的困难才赶上他，袭击他的后卫。当时国王的朋友们又力劝他准备战斗，但是他不愿作战。他只用他的骑兵击退袭击者，并在黄昏的时候退入深林中。第二天他占据一个有乱石保卫着的坚固地势，到那里去只有一条道路可通，他用四个大队的先锋队守着这条道路。罗马人布置一支对抗的军队守着那里，以防止米特拉达梯的逃跑。

前66 晚间国王退却

庞培赶上了他把他打败了

429

100. 黎明的时候，双方的司令官把他们的军队武装起来。前哨开始在山坡上发生小战，有些国王的骑兵没有骑马，也没有得到命令，跑去支援他们的前哨。许多罗马骑兵跑上来进攻他们。米特拉达梯的这些没有马匹的骑兵集体地跑回他们的军营去骑他们的马匹，然后迎战那些和他们的条件相同的前进的罗

① 约 27.75 公里。——译者

马人。当那些还在高地武装他们自己的人望着山下，看见他们自己的人慌张地大声叫喊，向他们奔跑，但是不知道奔跑的原因，他们以为这些人已经被击溃了。他们抛掉他们的武器，逃跑了。以为他们的军营在两面都被攻陷了。因为那里没有一条出路，他们在混乱中彼此相撞，直到最后，他们从悬崖上跳下。米特拉达梯的军队就是这样由于那些没有得到命令去援助先锋队，因而引起混乱的人的轻率举动而灭亡了。庞培剩下来的工作只是屠杀和俘虏那些还没有武装好和那些被包围在石山峡谷中的士兵，这是一件很容易的工作。大约有一万人被杀死，军营和军营内所有的军事物资都被庞培取得了。

101. 米特拉达梯只有他的卫队跟着他，拼命冲向悬崖逃跑
431 了，他遇着一支雇佣骑兵和三千左右步兵，他们跟着他一直逃奔到息诺累克斯要塞，他过去聚集了大批金钱在那里。他在那里赏赐那些跟着他逃跑的人，给予他们一年的薪给。他带着六千他连特，急忙地跑到幼发拉底河的上游，想从那里跑到科尔基斯去。他不停地行军，大约在第四天的时候，他渡过了幼发拉底河。三天之后，他整顿和武装那些跟着他在一起的，或和他联合在一起的军队，从绰特尼进入亚美尼亚。在那里，绰特尼人和伊伯里亚人设法用标枪和投石器阻止他入境，但是他冲过他们，前进到阿普萨鲁斯河边。有人认为亚细亚的伊伯里亚人是欧罗巴的伊伯里亚人的祖先；另一些人认为亚细亚的伊伯里亚人是从欧罗巴的伊伯里亚人那里迁去的；还有一些人认为他们只是名字相同，而他们的风俗和语言是不相同的。米特拉达梯在科尔基斯的戴奥斯叩里阿斯过冬，这个城市科尔基斯人认为是纪念

米特拉达梯逃往亚美尼亚

戴奥斯叩里兄弟[①]跟亚哥远征队在这里逗留过而命名的。他在那里想出了一个巨大的计划，对于一个逃亡者说来，这是一个稀奇古怪的计划，他想环绕整个本都一周，然后到西徐亚和亚速海，于是到达博斯波鲁斯海峡。他想夺取他的不孝子马查里斯的王国，再来对抗罗马人；想趁着罗马军队在亚细亚的时候，从欧罗巴那一方面来向他们作战，以海峡把他们隔开来。人们相信这个海峡之所以称为博斯波鲁斯海峡，是因为当爱娥[②]变为一条母牛的时候，她游过了这个海峡，以逃避希拉的嫉妒。

从那里逃往西徐亚

102. 米特拉达梯此时所热心地追求的空想计划就是这样的。尽管这样，他认为他会实现这个计划的。他一方面许以诺言，一方面以武力，冲过了奇特而好战的西徐亚人的部落。他虽然是一个逃亡者，处于灾难之中，但是他还是这样使人尊重和畏惧。他通过赫尼奥基人的地区的时候，他们自愿地接待他。亚加亚人抵抗他，他把他们击溃了。这些人，据说，是从围攻特洛耶回来的时候，被暴风吹到攸克星海，在那里的蛮族人的手里受到许多痛苦，因为他们是希腊人；当时他们派人到他们的家乡去请求派出船只，他们的请求受到漠视，他们就痛恨希腊人，以致无论什么时候，一捉到希腊人，他们就依照西徐亚人的习惯，把希腊人杀死，作为供神的牺牲。起初，在他们的愤怒中，他们用这个方法对待所有的希腊人，后来只用这个方法对待最漂亮的希腊人，最后只用这个方法对待少数由抽签决定的人。关于西 433 前65

① 希腊罗马神话，即宙斯的一对双生子，卡斯托和波拉克。——译者

② 希腊神话，爱娥为亚哥斯希拉神庙的女祭司，为宙斯所爱。为了瞒着他的妻子希拉起见，宙斯使他变为一条小母牛的形状。因为害怕希拉，她游泳横过海峡，因此这个海峡就叫做“博斯波鲁斯”，“博斯”意为“牛”，“波鲁斯”意为“渡河处”。——译者

徐亚的亚加亚人的事，就这样完了。最后米特拉达梯到达亚速海地区，这里有许多王公，他们都款待他，护送他，和他交换无数的礼物，因为他的事业的声誉、他的帝国和他的势力现在还是不可藐视的。他甚至和他们建立同盟，筹划另一些更为新奇的军事计划，例如通过色雷斯向马其顿进军，通过马其顿向巴诺尼亚进军，越过阿尔卑斯山侵入意大利。他把他的女儿们嫁给其中较有势力的王公，以加强和他们的同盟。当他的儿子马查里斯知道他在这样短的时间内在蛮族中做这样的旅行，通过以前从
435 来没有人通过的所谓西徐亚峡门的时候，他派遣使者到他那里去替自己辩护，说他之所以跟罗马人和解是出于不得已。但是因为他知道他父亲的暴烈脾气，他逃往本都的刻索尼苏斯，焚毁他的船舰，以防止他的父亲来追赶他。当米特拉达梯得到了另一些船舰，派遣这些船舰去追赶他的时候，他预料到他的命运就自杀了。米特拉达梯把他自己离开时所留在那里有权势的朋友们都处死刑；但是他儿子的朋友们，他都遣散而不加伤害，因为他们所做的是出自私人友谊的义务。

103. 这些是关于米特拉达梯的情况。

前66 庞培进军到科尔基斯

在米特拉达梯逃走的时候，庞培马上追赶他，直到科尔基斯，但是庞培认为他的敌人绝对不会绕道往本都，或亚速海去，或干出大事情来的，因为他已经被赶出他的王国了。他进军到科尔基斯，以便了解这个亚哥远征队、戴奥斯叩里兄弟和赫丘利所到过的地方，他特别想看看，据说普罗米修斯[1]被系在高加

① 希腊神话，普罗米修斯因盗火给人类，被宙斯锁在高加索山上，后为赫丘利所释放。——译者

索山上的那个地方。从高加索山流出许多含有细得看不见的金沙的溪水，居民把带着蓬松的羊毛的羊皮放在溪水中，这样收集了那些漂流的细沙；可能伊族特[①]的金羊毛就是这一类的羊毛。所有的邻近部落都跟着庞培参加他的探险远征。只有阿尔巴尼亚人的国王奥累西斯和伊伯里亚人的国王阿多西斯在塞尔都河埋伏了七万人，正在等待他；塞尔都河接受几条大河的水，其中最大的一条是阿拉克西斯阿，然后分作十二条可以航行的河口注入里海中。

他和蛮族人发生一次战役

庞培发现了这个埋伏，搭桥渡过了河，把蛮族人赶入密林中。这些人是精于森林战术的，他们掩蔽着，进攻敌人而不把自己暴露出来。庞培用他的军队，把这个树林包围起来，纵 437
火燃料树林。当他们跑出来的时候，他追逐逃命的人，直到最后他们都投降了，把人质和礼物交给他。后来庞培在罗马举行一次凯旋以庆祝这些功绩。在人质和俘虏中发现有许多妇女，她们所受的创伤不少于男人们。人们以为这些人就是阿马森人，但是阿马森人[②]是被请来援助蛮族人的一个邻近的民族呢，还是那里有一种蛮族人所称为阿马森人的好战的妇女呢，我不知道。

他进军攻击提格累尼斯

104. 庞培从那个地区回来之后，马上进军亚美尼亚，攻击提格累尼斯，以他曾经支援米特拉达梯作为进攻的一个理由。他现在离国王住所阿塔克塞塔不远了。提格累尼斯决心不再作战。他曾经有三个儿子，是米特拉达梯的女儿所生，两个是他亲自杀死的——一个是在这个儿子反抗他的父亲的战斗中被杀

① 希腊神话中科尔基斯的国王，亚哥远征队是去盗取他的金羊毛的。——译者

② 古代传说中西徐亚的女战士民族。——译者

的；另一个是在猎场中被杀的，因为他的父亲被摔下来的时候，他不去帮助他的父亲。当他的父亲躺在地上的时候，他把王冠戴在自己的头上。第三个儿子名叫提格累尼斯，似乎对于他父亲打猎中出事故显得很悲伤的样子，他的父亲给他一个王冠。尽管这样，但是不久之后，他也率军攻打他父亲，被战败后，逃往
439 帕提亚人的国王夫雷阿特那里去了，夫雷阿特是最近才继承他的父亲星特利卡的王位，统治那个国家的。当庞培将要到了的时候，这位年轻的提格累尼斯把他的主意告诉了夫雷阿特，得到了他的允许（因为夫雷阿特也想得到庞培的友谊）之后，以哀求者的资格，逃往庞培那里去了，虽然他是米特拉达梯的外孙。在蛮族人中间，庞培的正义和诚意的声誉这样大，所以老提格累尼斯相信他，没有预先通知，就跑到他那里，把他的一切事务都交给庞培裁决，同时控诉他的儿子。庞培命令军团将校们和骑兵军官们到路上去迎接他，作为对他的礼节，那些跟着提格累尼斯一块儿去的人，因为没有得到一个传令官的允许，害怕不敢前进，因而逃回去了。但是提格累尼斯继续前进，依照蛮族人的礼节，匍匐在庞培的面前，把庞培当作他的上司。也有人说，当庞培派人去叫他来的时候，他是由侍从领导前来的。不管是怎样的，他来了，为他自己过去的行为辩护，送给庞培本人六千他连特，送给他的军队每个士兵五十德拉克玛，每个百人队长一千德拉克玛，每个军团将校一万德拉克玛。

提格累尼斯以祈祷者的身份跑到他那里去了

庞培赦免了他，解决了亚美尼亚的事务

105. 庞培赦免了他过去的罪行，使他跟他的儿子和解，决定他的儿子统治索芬尼和哥狄尼（这两个地方现在叫做小亚美尼亚），父亲统治亚美尼亚其余的领土，一朝去世就由他的儿子

继承他的那部分领土，他要求提格累尼斯现在放弃他在战争中所取得的领土。因此，他放弃了从幼发拉底河到海边整个叙利亚的领土；因为他所占有的那块土地和西里西亚的一部分领土 441
是从安提阿(别号庇护)手中取得的。那些当提格累尼斯跑到庞 前65
培那里来的时候、在途中离弃他的人心怀疑惧，因而劝他的儿子(当时他还在庞培那里)谋杀他的父亲。因此，庞培逮捕他，把他囚禁起来。因为他同时设法煽动帕提亚人反抗庞培，他被带去列入庞培的凯旋式中，后来被处死了。现在庞培认为整个战事已告结束，他在打败米特拉达梯的地方建立一个城市，这个城市被称为尼科玻里(意为胜利之城)，以纪念这件事情，这个城市在小亚美尼亚。他把卡巴多西亚王国退还给阿里俄巴赞尼斯，把索芬尼和哥狄尼并入这个王国之内，这两个地方是过去他分给提格累尼斯的儿子的，现在当作卡巴多西亚一部分来管理了。他又把卡斯塔巴拉城和西里西亚的其他一些城市给阿里俄巴赞尼斯。当阿里俄巴赞尼斯还活着的时候，他把他的整个王国交给他的儿子，从那时候起，直到恺撒·奥古斯都的时候，发生了许多变化；在奥古斯都的统治之下，这个王国，和其他王国一样，变为罗马的一个行省了。

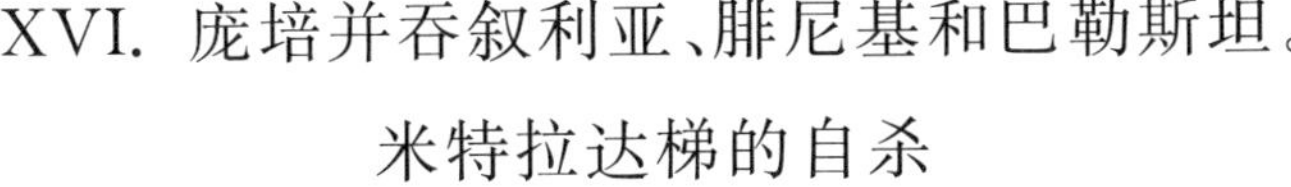

XVI. 庞培并吞叙利亚、腓尼基和巴勒斯坦。米特拉达梯的自杀

前64
庞培的其他战争

106. 于是庞培越过道拉斯山，对科马基尼国王安提阿作战，直到后来安提阿跟他建立了友好关系。他又对米提亚王大

流士作战，打得他溃窜，不是因为他援助了安提阿，就是因为他
前63 在安提阿之前援助了提格累尼斯。他对那巴提安的阿拉伯人作
443 战（他们的国王是阿累塔）；进攻犹太人（因为他们的国王亚里斯
多布拉斯曾经造反）直到攻陷他们最神圣的城市耶路撒冷。他
进军西里西亚那些还没有归罗马人统治的地区，沿幼发拉底河
他使叙利亚归罗马统治 的叙利亚其余地区和西利一叙利亚诸国，腓尼基和巴勒斯坦，伊
都密亚和伊都里亚，以及叙利亚其他地区；这些地区，他不经一战就使之归于罗马的统治之下。他不是对安提阿·庇护的儿子安提阿有什么不满的地方（当时安提阿在庞培那里，请求他的世袭王国），而是因为他认为提格累尼斯打败了安提阿，他本人从提格累尼斯手中夺取了这块地方，根据战争的权利，这块地方是属于罗马人的。当他正在处理这些事情的时候，夫雷阿特和提格累尼斯的代表们到他那里来了，因为这两个人已经发生了战争。提格累尼斯的代表们请求庞培援助他的朋友；而帕提亚国王的代表们想设法建立夫雷阿特和罗马人之间的友好关系。因为庞培认为如果没有得到元老院的命令而和帕提亚人作战，这是不好的。所以他派遣调停人去调解他们两人之间的纠纷。

前65 米特拉达梯在克里米亚 107. 当庞培正在做这些事情的时候，米特拉达梯已经完成了环绕攸克星海的旅行，占据了那个海口上①的一个欧罗巴市镇蓬提卡彼昂。在博斯波鲁斯海峡，他处死他的一个儿子西法里斯，这是因为这个儿子的母亲下面的过失而引起的。米特拉

---

① 相反地，蓬提卡彼昂是在巴鲁斯·密俄提斯海（即亚速海）的出口处，现在刻赤城的地方。——英译者

达梯有一个要塞，那里有一个秘密的地下金库，他用许多用铁包
着的青铜容器储藏了大量的金钱在那里。他使他的一个妻子或 445
妾滕斯特拉顿尼斯管理这个要塞。当他还正在环绕着攸克星海族行的时候，她把这个要塞献给庞培了，并且对他泄露了这个秘密的金库，只要求一个条件，就是如果他俘虏了她的儿子西法里斯的话，不要杀害他。庞培取得了这些金钱，答应她不杀害西法里斯，又允许她拿去她自己的东西。当米特拉达梯知道这些事情的时候，他在海峡岸上，当西法里斯的母亲正在对岸望着的时候把西法里斯杀死，而且把他的尸体抛掉不予埋葬，他这样对他的儿子泄愤，以便使违背了他的那个母亲伤心。此时他派遣使节到庞培那里，当时庞培还在叙利亚，不知道国王在海峡。他们说，如果罗马人允许国王享有他世袭的王国的话，他愿意向罗马人缴纳贡税。当庞培要求米特拉达梯应当亲来请求，如提格累尼斯所做的那样的时候，他说，只要他是米特拉达梯一天，他就绝对不同意这样做；但是他愿派遣他的一些儿子和朋友们去申请。就是当他说出这些话的时候，他也还在那里征募一支自由人和奴隶混合的军队，制造武器、投射器和攻城机械，自由砍伐木材，宰杀耕牛以取牛筋。他对一切的人，甚至那些财产很少的人，也征收赋税。他的官吏残暴地勒索，不让他知道，因为他脸上患着烂疮，病倒了，他只让三个侍候他的宦官可以看见他。

他准备另一次战争

108. 当他的病好了，他的军队聚集起来了（共六十个精选 447
的大队，每个大队六百人，[①]和许多其他的部队，此外还有船舰 前64

① 这是仿照罗马人的编制。——译者

和他病时他的部将们所已经攻下来了的要塞），他派遣一部分军队渡过海峡，到海口上另一个市镇法那哥利亚去，以便趁着庞培还在叙利亚的时候，占据海峡的两岸。法那哥利亚的卡斯托过去曾经受过国王的宦官特赖福的虐待，现在当特赖福正在进城

反抗米特拉达梯的暴动

的时候，卡斯托向他突击，把他杀死了，号召公民们暴动。虽然卫城已由阿塔菲尼斯和米特拉达梯的其他儿子们占据了，但是居民把木材堆在卫城的周围，纵火焚烧，结果米特拉达梯的儿子们阿塔菲尼斯、大流士、泽尔士和俄克萨特里，以及他的一个女儿攸巴特拉因为害怕火而投降，被俘虏起来了。这些人中间，只有阿塔菲尼斯一人年约四十岁；其他都是一些漂亮的小孩。另一个女儿克娄巴特拉进行抵抗，她的父亲赞赏她的勇敢精神，派了许多二列桨船艇，把她抢救出来了。米特拉达梯最近所占领的邻近要塞，即刻索尼苏斯、狄奥多西亚、尼姆斐安和所有攸克星海沿岸便于作战的其他地方，因为受法那哥利亚人勇敢行动的鼓舞，都暴动起来，反抗米特拉达梯了。米特拉达梯看到这些频繁的叛变，怀疑军队本身了，担心他们会背叛他，因为他们都是被强迫来服役的，赋税又很重，还因为士兵们总是不信任倒运的司令官们，因此他命令宦官们把他的女儿们送到西徐亚诸王
449 公那里去做妻子，同时请他们尽量迅速地派遣援兵到他那里来。他自己的军队里有五百士兵跟着他们去。这些士兵们一离开米特拉达梯的面前，就马上把那些护送妇女的宦官们杀死了（因为士兵们总是痛恨这些能左右米特拉达梯的一切的人的），带着这些青年妇女到庞培那里去了。

他计划入侵意大利

109．他虽然已经失去了这样多儿女和要塞，失去了他整

个王国，已经没有资格作战了，虽然他已经不能指望从西徐亚人那里得到支援了，但是在他的打算中还没一点适合他目前情况的谦逊的迹象。他打算转向高卢人。为了这个目的，他长期以来就和高卢人发展了友好关系，他想利用他们侵入意大利，希望许多意大利人自己因为痛恨罗马人的原因，会和他联合在一起；因为他曾经听到说，当罗马人在西班牙和汉尼拔进行战争的时候，汉尼拔的计划就是这样的，后来汉尼拔成为罗马人最害怕的人。他也知道，因为仇恨罗马人的缘故，最近几乎全体意大利人都起来反抗罗马人，和罗马人进行很长久的战争，[①]他们曾经和角斗士斯巴达克联合在一起来反抗罗马人，[②]虽然斯巴达克不是一个有声望的人。怀着这种思想，他预备尽快地跑到高卢人那里去；这个计划之大胆，可能给他带来很大的光荣，但是却使士兵们畏缩了，他们害怕长期在异域跟那些就是在他们自己的国内也不能战胜的人作战。他们又认为米特拉达梯在完全绝望

之中打算像一个国王一样战斗而死，不肯安闲而死。但是他们 451
还是坚定的，缄默的，因为就是在他不幸的时候，他也没有做出什么卑贱或可鄙的事情来。

110. 正在这种情况之下，他所最重视的和再三指定为他的 前63
继承人的儿子法那西斯，或者为这次远征和王国担心（因为当时 他的儿子法那西斯阴谋反对他
他还有从罗马人手中取得宽恕的希望；但是他认为，如果他的父亲侵入意大利的话，那么，这个王国就会完全被毁灭了），或者由于被其他自私自利的动机和打算所驱使，计划一个阴谋，反对他

① 同盟战争（前90—前88年）；参阅《内战史》I. 38以下。——译者

② 参阅《内战史》I. 116—121。——译者

的父亲。他的同谋者被捕，受到拷打，但是美诺芬尼斯劝告国王，当他正要开始远征的时候，把他最亲爱的儿子处死，似乎是不合适的。他说，这样的过失是战争时的共同特点；战争终结时就会平息下来了的。这样，米特拉达梯被说服，赦免了他的儿子，但是他的儿子还害怕他的父亲的愤怒，他知道军队畏惧远征，他晚间首先跑到罗马的逃兵那里去，他们扎营的地方和国王相隔很近，向他们夸大说侵入意大利的危险，这种危险他们是知道得很清楚的；他向他们提出许多诺言，只要他们拒绝去，引诱他们叛离他的父亲。他说服了他们之后，于是当晚又派遣秘密使者到附近的其他军营里去，把他们争取过来。第二天清早，叛兵们首先发出一声喊叫，于是就在他们近旁的士兵跟着呼应，一

军队里的兵变

453 队跟着一队。甚至海军部队也参加一起喊叫，可能不是因为所有的人都是事先受人唆使的，而是因为士兵们一般地是反复无常的。他们瞧不起倒运的人，总是愿意自己有一个新的希望。其他的士兵不知道这个阴谋，以为所有的士兵都已经被收买了，如果只有他们还在国王一边的话，他们不可能有力地抵抗人数远为众多的士兵，所以由于恐惧和迫不得已，而不是由于自愿，也联合起来大声喊叫了。米特拉达梯为嘈杂的声音所惊醒，派人出来问喊叫的士兵要求什么。他们不隐瞒说，"我们要求你的儿子做国王；我们要一个青年人，而不要一个为宦官们所左右的老年人，一个杀害了这样多儿子、手下的将军们和朋友们的刽子手。"

111. 当米特拉达梯听到了这些话的时候，他出来劝他们。于是许多哨兵岗位上的士兵们跑来想参加和叛兵一起，但是叛

兵们不肯收容他们，除非他们做出一些不可挽救的事情来以证明他们的忠诚，同时指着米特拉达梯。国王逃跑了，但是他们已杀死了他的马，同时把法那西斯奉为国王，向他欢呼致敬，好像叛兵已经胜利了一样。其中有一个士兵，从一个神庙中拿来一片很宽的芦纸草放在法那西斯的头上，以代表一个王冠。国王从一个高的柱廊中看见了这一切事情，他连续地派使者到法那西斯那里去，请求允许他安全地逃跑。当他的使者们没有一个回来的时候，他担心他们会把他交给罗马人，因此他称赞那些现在还忠顺于他的卫队和朋友们，送他们到新国王那里去；但是当
他们到了的时候，由于误会，叛军把他们中间一些人杀死了。于 455
是米特拉达梯拿出一些他总是和他的宝剑一起带在剑鞘里的毒药来，用水调和。他有两个在一起长大、现在还年轻的女儿，米特拉达蒂斯和尼萨，已经许配给埃及王和塞浦路斯王的；当时她们请求让她们先服一些毒药，坚决地请求，并阻止他在她们拿到一些毒药吞服以前服毒。她们两个马上中毒身死；但是虽然他很快地走动，以促使毒药迅速发生作用，毒药对他没有效力，因为他惯常不断地服食了其他药品，以防止他人给他下毒药的；这些药品至今还是叫作“米特拉达梯药剂”①，这时他看见一个名叫毕都伊塔斯的高卢人军官在那里，他对这个高卢军官说，“过去因为你的右手反抗我的敌人，我得到了很多好处。我在这样广大的一个王国做了这样多年的绝对君主，但是我这样愚笨，常常服用防毒剂，所以现在服毒也死不了；如果你杀死我，使我免于

米特拉达梯服毒，但无效果

① 一种防毒剂药。——译者

被牵去列入一个罗马凯旋式的危险的话，那就是给我最大的恩惠了。虽然我已经注意防止了人可能从食物中吃到的一切毒药，但是我没有防备所有的毒药中最能致命的那种毒药，这种毒
他的死亡 药可以在每个王室中找到，这就是士兵们、儿女儿和朋友们的背信弃义。”毕都伊塔斯很受感动，为国王做了他所要求的事。

112. 米特拉达梯就是这样死了，他是希斯塔斯配斯的儿子
457 波斯王大流士的第十六代孙；是那个离开马其顿人而取得本都
米特拉达梯的性格和事业 王国的那个米特拉达梯的第八代孙。① 他享寿六十八岁或六十九岁，在位五十七年，因为他即位时还是一个孤儿。他征服了邻近的蛮族和许多西徐亚人，跟罗马人进行激烈的战争达四十年之久。在这场战争中，除常侵入罗马人的亚细亚行省，侵入福里基亚、巴夫拉哥尼亚、加拉西亚和马其顿外，他迭次征服了俾泰尼亚和卡巴多西亚。他侵入希腊，他在希腊做了许多惊人的事业。他统治自西里西亚到亚得里亚海的海面，直到后来苏拉消灭了他的十六万士兵后，又把他限制在他的世袭王国里。虽然受到这次很大的惨败，但是他毫无困难地又发动了战争。他和当时最伟大的将军们作战。被苏拉、琉卡拉斯和庞培打败了，虽然他也有几次战胜了他们。他俘虏了琉喜阿斯·喀西约、昆塔斯·俄彼阿斯和曼尼阿斯·阿揆略，并带着走。他把曼尼阿斯·阿揆略杀了，因为曼尼阿斯·阿揆略是引起这次战争的人。其余的人，他都交给苏拉了。他打败了费姆布里亚、麦利那、执政官科塔、非比阿和特里阿里阿。就是在他遭到不幸的时候，他也是

① 在第九节中，米特拉达梯·攸巴托被称为米特拉达梯第六，这可能是正确的。——英译者

乐观而倔强的。就是在他被打败了的时候，他也没有放过任何一个能够进攻罗马人的方策。他跟萨谟尼安人和高卢人建立同 459
盟，他派遣使节到西班牙塞多留那里去。他常被敌人和阴谋者所伤害，但是甚至他到了年老的时候，他也不因为这个缘故而不去做任何事，没有哪次阴谋不被他发觉的，就是最后一次阴谋也被他发觉了，但是他自动地宽恕了这个阴谋，结果，却因这次阴谋而致死——曾经被他宽恕了的犯这一罪行的人是这样忘恩负义。他嗜杀成性，对一切的人都是残酷的——他杀害了他的母亲、他的兄弟、他的三个儿子和三个女儿。他自己所送给尼密亚和特尔斐的盔甲表明他的身躯很高大。他是如此强壮，骑在马上投射标枪可以达到最后一个人。他能够骑在马上，一天走一千斯塔狄亚，[①]每隔相当距离换一次马。他常同时用十六匹马驾驶一辆战车。他有希腊学问的素养，因此，熟悉希腊的宗教祭祀，喜欢音乐。他大体上饮食有节，忍苦耐劳，只是喜欢女人。

113. 米特拉达梯别号攸巴托和戴奥尼素，他就是这样死了。罗马人一听到他死的消息，就举行庆祝，因为他们解除了一个麻烦敌人的威胁了。法那西斯用一条三列桨船舰把他父亲的尸体，跟那些俘虏曼尼阿斯的人和所有无数的人质（包括希腊人和蛮族人）送到在息诺普的庞培那里去，请求庞培允许他统治他的祖传王国，或者只统治米特拉达梯所给予他兄弟马查里斯的博斯波鲁斯。庞培供给米特拉达梯的葬费，命令他的仆从替他 461
的遗体举行国王的葬礼，埋葬在息诺普诸国王的坟墓中，因为庞

他葬于息诺普

① 相当于 185 公里。——译者

培佩服他的伟大成就，认为他在当时的国王中是居于首位的。因为法那西斯使意大利免除了很多麻烦，庞培把他列为罗马人的朋友和同盟者，把博斯波鲁斯（法那哥利亚除外）给他，作为他的王国；庞培使法那哥利亚的居民自由独立，因为当米特拉达梯正在恢复他的势力，有一个舰队、一支新军和一些军事据点的时候，他们首先起来反抗他，因为他们带头引起别处也暴动起来，造成他最后垮台。

XVII. 庞培在东方的功业及其凯旋

庞培在东方的功绩

114. 庞培在同一次战争中，肃清了海盗的巢穴，降服了当时活着的最伟大的国王；除了本都战争外，他还对科尔基斯人、阿尔巴尼亚人、伊伯里亚人、亚美尼亚人、米提亚人、阿拉伯人、犹太人以及其他东方民族打了几次胜利的战役，于是把罗马人的势力推广到埃及的边界上了。但是他没有进入埃及本国，虽然埃及国王请他到那里去镇压一个暴动，送礼物给他，送金钱和衣服给他的全部军队。这或者是由于他害怕这个现在还繁荣的王国的强大，或者是想防止他的敌人的嫉妒，或者是想避免神谶所警告的预言，或者是因为我在我的《埃及史》①中所要说到的其他的理由。他使一些被他征服的民族获得自由，以便把他们
463 作为同盟者。另一些民族，他立即置于罗马人统治之下，还有一些，他分配给诸国王——把亚美尼亚给提格累尼斯，把博斯波鲁斯给法那西斯，把卡巴多西亚以及上面所说到的其他行省给阿

① 是 XVIII－XXI 卷，现已失传。——译者

里俄巴赞尼斯。他把塞留西亚和他所征服的那一部分美索不达米亚交给科马基尼的安提阿，他让狄奥泰鲁斯和其他的人做加罗格里西亚人的小王公，加罗格里西亚人是此时住在卡巴多西亚边界上的加拉西亚人。他让阿塔拉斯作巴夫拉哥尼亚的王公，让阿里斯塔库斯作科尔基斯的王公。他又任命阿斯拉斯为科马那地方所崇拜的女神的祭司，这是一个像国王一样高贵的职务。法那哥利亚的卡斯托被列为罗马人民的朋友。他把许多领土和金钱给予其他的人。

他所建立的城市

115. 他也建立了一些城市——在小亚美尼亚建立尼科玻里，因纪念胜利女神而命名；在本都，建立了攸巴多利亚，这个城是米特拉达梯·攸巴托建立的，以自己的名字命名，但后来它因为允许罗马人入城而被毁灭了。庞培把它重建起来，命名为马格诺玻里。在卡巴多西亚，他重建马萨卡，这个城市过去在战争中完全被毁灭了。他在许多地方，在本都、巴勒斯坦、西利一叙利亚，也在西里西亚恢复了一些已经毁灭或损坏了的其他城市；过去他把大部分海盗定居在西里西亚，在那里过去的索利城现在被称为蓬彼奥玻里。过去米特拉达梯常用塔劳拉城作为家具储藏所在，在这个城内发现了两千只玛瑙镶金的酒杯，许多杯子、冰酒器、饮酒牛角，也有卧榻和椅子，马笼头和马具，都同样地用宝石和黄金作为装饰。这个储藏所里面的东西这样多，所以搬运 465
就花了三十天的工夫。这些东西里面有一些是希斯塔斯配斯的儿子大流士[①]传下来的；另一些是来自托勒密王国的，因为克

① 即波斯国王大流士第一(大王)(前521—前486年)，生于公元前558年。——译者

娄巴特拉把这些东西储藏在寇斯岛上，[①]居民把这些东西送给米特拉达梯了；还有其他一些东西是米特拉达梯本人制造或聚集起来的，因为他在家俱方面也和在其他事物方面一样，爱好美丽的东西。

前 62　116. 在冬季末了的时候，庞培分配奖赏给他的军队，赏给每个士兵一千五百亚狄迦德拉克玛，以相应比例的赏金赏给军官们，据说，奖金总数达一万六千他连特。于是他进军到以弗所，上船往意大利，在勃隆度辛遣散他的军队之后，匆忙地前往罗马。这个民主的行动使罗马人大为吃惊。当他将到罗马的时候，接连不断的行动来迎接他，首先是青年人，他们离城最远；然后是各种不同年龄的队伍，按照他们各自所能行走的路程远近出迎；最后，元老院的人员来了，他们因他的武功而惊异得了不得，因为过去从来没有一个人曾经打败过这样强大的敌人，同时

使这样多大国臣服于罗马，把罗马的统治扩张到幼发拉底河畔。

他的凯旋式

他被授予一个凯旋式，其显赫豪华的程度是前所未有的，当时他年仅三十五岁。凯旋式连续举行了两天，在游行队伍中，除阿尔巴尼亚人、赫尼奥基人、西徐亚的亚加亚人和东方的伊伯里亚人外，还有来自本都、亚美尼亚、卡巴多西亚、西里西亚和叙利亚的许多国家的代表们参加。七百余没有损坏的船舰开入港口中。
467 在凯旋游行中，有许多双马车和担架运载黄金或各种其他装饰品，也有希斯塔斯配斯的儿子大流士的卧榻，米特拉达梯本人的宝座和王笏和他的雕像（高八腕尺，是纯金做的），和七千五百一十万德拉克玛的银币；还有无数的车辆载着武器和船的

①　参阅本卷第 23 节。——译者

铁嘴，以及大群的俘虏和海盗，他们没有一个人是捆绑着的，只是都穿着他们的本地服装。

117. 在游行队伍的最前面，是那些曾经跟庞培作战的国王们的总督、儿子和将军，他们在庞培的前面走，当时在那里的人数(有些是被俘虏的，另一些是交来做人质的，)达三百二十四人。其中有提格累尼斯的儿子提格累尼斯，米特拉达梯的五个儿子，即阿塔菲尼斯、居鲁士、俄克萨特里、大流士和泽尔士，也有他的女儿俄萨巴里斯和攸巴特拉。科尔基斯人的酋长奥尔塔西斯，犹太人的国王亚里斯多布拉斯，西里西亚人的僭主们，西徐亚的女统治者，三个伊伯里亚人的酋长，两个阿尔巴尼亚人的酋长和曾经做过米特拉达梯的骑兵司令官的雷俄狄西亚人米南德都被带在游行队伍中。在游行队伍中也抬着那些没有在那里的国王的肖像，有提格累尼斯和米特拉达梯的肖像，描绘出他们作战、战败和逃跑的情况。甚至连米特拉达梯的被包围，和悄悄地夜间逃跑也被描画出来了。最后他是怎样死的，他的两个女儿自愿跟他同死也被画出来了。也有那些在他以前死的儿子们和女儿们的肖像，还有按照他们国家的习惯装饰起来的蛮族神祇的肖像。另外人们招着一块大匾随着进行，匾上刻有这样的文字：“夺取的有铜嘴的船舰八百只。建立的城市在卡巴多西亚有十八个，在西里西亚和西利一叙利亚有二十个；在巴勒斯坦建立了现在被称为塞留西斯的城市。征服的国王：亚美尼亚人提格累尼斯，伊伯里亚人阿多西斯，阿尔巴尼亚人奥累西斯，米提亚人大流士，那巴提安人阿累塔，科马基尼的安提阿。”这些是匾上刻文所记载的事情。庞培本人坐着一辆用宝石镶嵌着的战 469

在游行队伍中被带着的俘虏

他的匾额上

车，据说，如果有人能够相信的话，他穿着亚历山大大王的大氅。这件衣服似乎是在米特拉达梯的财产中找到的；米特拉达梯是从寇斯的居民手中取得的，而寇斯的居民是从克娄巴特拉手中取得的。那些和他一起参加战争的军官们跟在战车的后面，有些骑马，有些步行。当他到了卡皮托的时候，他没有按照其他凯旋式的惯例把这些俘虏中任何人处死，而是除国王外，都以公费遣送他们回国去了。这些国王中，只有阿里斯多布拉斯一个人是马上被处死的，提格累尼斯比较迟一点也被处死了。庞培的凯旋式的情况就是这样的。

新旧罗马人统治的国家

118. 这样罗马人大约经过四十二年的时间战胜了米特拉达梯国王之后，又征服俾泰尼亚、卡巴多西亚和住在攸克星海附近的其他民族。在同一次战争中，西里西亚尚未为罗马人征服的那一部分土地，以及叙利亚诸国、腓尼基、西利一叙利亚、巴勒斯坦和直达幼发拉底河的内地地区，虽然这些地区不是属于米特拉达梯的，但是由于战胜米特拉达梯的推动，也被罗马人取得，必须缴纳贡税了，有些是立即缴纳，另一些是稍后一点缴纳。
471 巴夫拉哥尼亚、加拉西亚、福里基亚和密西亚的邻近地区，此外，吕底亚、开利亚、爱奥尼亚和帕加玛邻近的其余小亚细亚全部土地，以及米特拉达梯所曾经夺取的他们的旧日希腊和马其顿，都很快地恢复了。这些地区的人大部分过去是不向罗马人缴纳贡税的，现在都屈服于罗马了。我想特别是因为这些原因，罗马人认为这次战争是一次伟大的战争，称结束这次战争的胜利为伟大的胜利，把“伟大的”（拉丁文为 Magnus[①]）光荣称号给予为

① 参阅第 517 页的注①。——英译者

他们取得这次胜利的庞培，(直到现在人们还用这个称号称呼他)；这是因为许多国家被收复了或并入他们的版图了，由于这次战争延续时间的长久(四十年)，更由于碰上米特拉达梯的这样一个勇敢坚忍的人，他曾表现出他能够应付一切紧急事变。

米特拉达梯的军备

119．米特拉达梯多次有过四百条以上的船舰，有时候他的骑兵达到五万人，步兵达到二十五万人，和相应数量的攻城机械和投射器。他有亚美尼亚国王和攸克星海沿岸、亚速海沿岸和直达色雷斯的博斯波鲁斯的西徐亚各部落王公作为他的同盟者。他和当时正在猛烈进行的罗马内战的领袖们和那些正在西班牙煽动暴动的领袖们①有来往。他也和高卢人建立友好关系，目的是想由那条道路侵入意大利。他曾使海盗充斥于从西里西亚到赫丘利石柱的海面上。这些海盗们使诸城市间的商业和航运都告停顿，造成长时期的严重饥荒。总之，凡是人力所能及的范围内，他不遗余力以发动尽可能最大的军事行动，从东方 473
到西方，所以实际上是拔乱了整个世界，因为整个世界都在战争中受到攻击，因同盟关系而受到牵连，被海盗的骚扰，或者因和战区相近而受到影响。这一次战争是这样变化多端的；但是结果这次战争给罗马人带来了最大的利益，因为它使罗马人领土的边界从日落之处扩张到幼发拉底河，我们不可能按一个个国家来分别叙述这些战功，因为这些战功是同时取得的，是彼此相联系的。但是那些可能分开叙述的，我已经分别排列叙述了。

法那西斯的经历

120．法那西斯围攻法那哥利亚人和博斯波鲁斯海峡附近

① 他与塞多留的关系。参阅本卷第68节。——译者

的市镇，直到最后法那哥利亚人为饥饿所迫，出城作战，在战斗中，他把他们打败了；但是他没有对他们加以迫害，只和他们建
前47 立友好关系，取得他们的人质，就撤退了。不久之后，他攻下了息诺普，他也有意取得阿密苏斯，因为这个缘故，趁着庞培和恺撒正在彼此竞争的时候，他和罗马司令官喀尔文那斯作战；直到最后，他自己的一个敌人阿桑德把他赶出亚细亚，当时罗马人还在忙于别的事情。后来当恺撒已经打垮了庞培，正从埃及回来的时候，他和恺撒本人在斯科提阿斯山附近作战，在这个地方过去他的父亲打败过特里阿里阿领导下的罗马人，他被打败了，带着一千骑兵逃往息诺普。恺撒太忙，没有时间去追赶他，但是派遣多密提阿斯去进攻他。他把息诺普让给多密提阿斯，多密提阿斯同意让他带着他的骑兵离开那里。他把马匹都杀了，虽然
475 他的部下因此非常不满，于是他乘船逃往博斯波鲁斯。[①] 在这里聚集了一支西徐亚人和萨马提亚人的军队，攻下狄奥多西亚和蓬提卡彼昂。他的敌人阿桑德又进攻他，他的部下由于没有马匹，被打败了，因为他们是不惯于步行作战的。法那西斯单独奋战，直到最后受伤而死，时年五十，作了博斯波鲁斯国王十五年。

以后本都的历史

121. 这样，法那西斯从他的王国里被去掉了，恺撒把这个王国给予帕加玛的米特拉达梯，因为米特拉达梯在埃及对他有很重要的帮助。但是博斯波鲁斯的人民现在成为罗马帝国的一部分，元老院每年派一个总督去统治本都和俾泰尼亚。虽然恺撒

---

① 原文说："逃往攸克星海"；但是法那西斯，既在息诺普，这样他已经是在攸克星海边了。所以什威克豪塞建议，改为"逃往博斯波鲁斯"。——英译者

对那些由于庞培赐赠，而持有他们的领土的统治者很为恼怒，因为他们曾经帮助了庞培来反对他，但是他还是认可了他们的称号，只剥夺了阿基拉斯的卡马那祭司职位，把这个职位给莱康米德了。以后不久，所有这些国家以及盖约·恺撒或马可·安敦尼给予其他人的那些国家，在奥古斯都·恺撒占领埃及之后，都变为罗马人的行省，因为在每个事件中，罗马人需要的话，只要有一点点借口就可以这样做了。这样，因为由于米特拉达梯战争的后果，罗马人的领土已经从西班牙和赫丘利石柱扩张到攸克星海，到埃及边界上的沙漠，到幼发拉底河畔，所以这次战争称为伟大的战争，指挥军队的庞培被称为伟大的，[①]这是恰当 477
的。因为他们也占有了阿非利加，直达塞勒尼，（塞勒尼国王阿彼翁在他的遗嘱中，把塞勒尼本土遗赠给罗马人了[②]），所以形成地中海周围整个一圈，只缺埃及一个地方了。

① 这是一个年代的错误。“伟大的”这个称号，是因为庞培在公元前81年战胜阿非利加的马略党人，苏拉给予他的。——英译者

② 公元前96年。——译者

图书在版编目(CIP)数据

罗马史.上卷/(古罗马)阿庇安著;谢德风译.—北京:商务印书馆,2017
(汉译世界学术名著丛书:120年纪念版:珍藏本)
ISBN 978-7-100-14256-4

Ⅰ.①罗… Ⅱ.①阿… ②谢… Ⅲ.①古罗马—历史 Ⅳ.①K126

中国版本图书馆CIP数据核字(2017)第139560号

汉译世界学术名著丛书
(120年纪念版·珍藏本)
罗 马 史
上 卷
〔古罗马〕阿庇安 著
谢德风 译

商 务 印 书 馆 出 版
(北京王府井大街36号 邮政编码100710)
商 务 印 书 馆 发 行
北京通州皇家印刷厂印刷
ISBN 978-7-100-14256-4

2017年12月第1版 开本710×1000 1/16
2017年12月北京第1次印刷 印张33½ 插页6
定价:170.00元